广视角·全方位·多品种

权威·前沿·原创

皮书系列为
"十二五"国家重点图书出版规划项目

中国社会科学院创新工程学术出版项目

河南蓝皮书

BLUE BOOK OF HENAN

河南经济发展报告（2014）

ANNUAL REPORT ON ECONOMY OF HENAN (2014)

打造河南经济升级版

主　编／喻新安
副主编／完世伟　王玲杰

社会科学文献出版社
SOCIAL SCIENCES ACADEMIC PRESS (CHINA)

图书在版编目(CIP)数据

河南经济发展报告：打造河南经济升级版. 2014/喻新安主编. —北京：社会科学文献出版社，2013.12
（河南蓝皮书）
ISBN 978-7-5097-5398-9

Ⅰ.①河⋯　Ⅱ.①喻⋯　Ⅲ.①区域经济发展-研究报告-河南省-2014　Ⅳ.①F127.61

中国版本图书馆 CIP 数据核字（2013）第 293077 号

河南蓝皮书
河南经济发展报告（2014）
——打造河南经济升级版

主　　编／喻新安
副 主 编／完世伟　王玲杰

出 版 人／谢寿光
出 版 者／社会科学文献出版社
地　　址／北京市西城区北三环中路甲 29 号院 3 号楼华龙大厦
邮政编码／100029

责任部门／皮书出版中心　（010）59367127　　责任编辑／高　启　王　颉
电子信箱／pishubu@ssap.cn　　　　　　　　　责任校对／张兰春
项目统筹／任文武　　　　　　　　　　　　　责任印制／岳　阳
经　　销／社会科学文献出版社市场营销中心　（010）59367081　59367089
读者服务／读者服务中心　（010）59367028

印　　装／北京季蜂印刷有限公司
开　　本／787mm×1092mm　1/16　　　印　　张／23.25
版　　次／2013 年 12 月第 1 版　　　　字　　数／373 千字
印　　次／2013 年 12 月第 1 次印刷
书　　号／ISBN 978-7-5097-5398-9
定　　价／69.00 元

本书如有破损、缺页、装订错误，请与本社读者服务中心联系更换
版权所有　翻印必究

河南蓝皮书系列编委会

主　　任　喻新安

副 主 任　刘道兴　丁同民　谷建全

委　　员　（以姓氏笔画为序）

卫绍生　牛苏林　王建国　王玲杰　王景全
刘振杰　闫德民　完世伟　李立新　李宏伟
李怀玉　陈东辉　周全德　林凤霞　赵西三
赵　然　郭小燕　龚绍东

《河南经济发展报告（2014）》
编委会

主　　编　喻新安

副 主 编　完世伟　王玲杰

委　　员　（以姓氏笔画为序）

丁秀平　任晓莉　吴一平　李鸿昌　李　斌
杜书云　杜明军　陈　萍　陈　锐　林园春
赵　然　侯红昌　唐晓旺　袁金星　高　璇
崔理想　曹武军　蔡玉平

主要编撰者简介

喻新安 男,河南省洛阳人,经济学博士,河南省社会科学院院长、首席研究员,区域经济重点学科首席专家,享受国务院特殊津贴专家、河南省优秀专家,中国区域经济学会副理事长,中国工业经济学会副理事长,国家统计局"中国百名经济学家信心调查"特邀经济学家,央行货币政策委员会咨询专家,《中州学刊》主编。长期从事区域经济、产业经济、经济体制变迁等研究。主持国家社科基金课题、省部级课题30余项。出版《策论中原崛起》、《中原崛起的实践与探索》、《全面建设小康社会目标体系》、《中原经济区研究》等著作30多部,在《求是》、《新华文摘》、《中国工业经济》、《改革》、《人民日报》、《光明日报》等发表论文400多篇。

完世伟 男,河南省鹿邑人,经济学硕士,管理学博士,河南省社会科学院经济研究所所长、研究员。中国工业经济学会理事,河南省学术技术带头人,河南省"555人才工程"学术技术带头人、河南省"四个一批"工程人才。长期从事宏观经济、区域经济、产业经济、技术经济及管理等方面研究。主持或参与完成国家级、省部级项目20余项,获各种优秀成果奖10余项,主编或参与撰写出版专著10多部,主持或参与编制区域发展规划30余项,发表论文60多篇。

王玲杰 女,河南省洛阳人,经济学博士,河南省社会科学院经济研究所副所长、副研究员。长期从事宏观经济、区域经济、生态经济等方面研究。主持或参与国家级、省部级项目10余项,在核心期刊发表论文20余篇,获各种优秀成果奖5项,主编或参与撰写出版专著10余部。

摘　要

本书由河南省社会科学院主持编撰，以"打造河南经济升级版"为主题，深入系统地分析了2013年河南经济运行的主要特征以及2014年河南经济发展的走势，全方位、多角度研究和探讨了河南全力稳增长、调结构、促改革的举措及成效，并对河南在稳中求进中打造河南经济升级版提出了对策建议。

本书的总报告均由河南省社会科学院课题组撰写，代表了本书对2013～2014年河南经济形势分析与预测的基本观点，以及对打造河南经济升级版的总体思路、形势前瞻与对策建议。总论篇B.1提出，2013年，在国内外经济形势极其严峻复杂的情况下，河南认真贯彻落实中央和省委关于经济工作的决策部署，深入实施粮食生产核心区、中原经济区、郑州航空港经济综合实验区三大战略规划，着力打造河南经济升级版，稳中有为、持续求进，全省经济呈现出总体平稳、稳中趋升、稳中向好的态势。预计2013年河南省生产总值比上年增长9%，规模以上工业增加值增长11.8%，固定资产投资增长23.6%，社会消费品零售总额增长13.6%，居民消费价格指数为103.2，出口预计增长19.5%，进口预计增长8.5%。预计2014年河南生产总值比2013年增长9.5%，规模以上工业增加值增长12.5%，城镇固定资产投资增长23.8%，社会消费品零售总额增长13.8%，居民消费价格指数为103，出口预计增长20%，进口预计增长10%。总论篇B.2认为，进入新的增长阶段，打造河南经济升级版，是加快中原崛起河南振兴的战略抉择，并对河南经济升级版进行了形势分析与目标前瞻。进而提出，打造河南经济升级版，要坚持以提高经济发展质量效益为中心，全力推动发展质效、发展模式、发展动力、产业发展、经济结构和人民福祉等六个方面的转型升级，推动河南经济发展的质量和效益更高、活力和动力更强、公平性和可持续性更好。

本书的分报告部分，主要通过建立相关指标体系和量化模型，对2013年

中原经济区30个省辖市经济综合竞争力和河南108个县域经济发展质量进行了综合评价，论述了以郑州航空港经济综合实验区打造河南经济升级版的战略突破口；产业报告和行业报告部分，主要立足于对当前河南经济不同领域、不同行业、不同产业发展的态势分析以及对2014年的预测展望，进而分别提出对加快结构调整、促进转型升级、打造河南经济升级版的相应举措。

针对打造河南经济升级版对各部门、各行业提出的不同要求，本书邀请相关科研院所、高等学校和政府部门的知名专家学者，研究分析了各领域在稳增长、调结构、促改革中面临的重点难点问题，并从不同角度提出了打造河南经济升级版的对策建议。

目录

BⅠ 总论篇

B.1 2013~2014年河南省经济发展分析与预测
　　………………………………………… 河南省社会科学院课题组 / 001
　　一 2013年河南经济运行分析……………………………………… / 002
　　二 2014年河南经济面临的形势及总体走势展望………………… / 011
　　三 促进河南经济平稳较快发展的对策建议……………………… / 020

B.2 打造河南经济升级版的形势分析与展望
　　………………………………………… 河南省社会科学院课题组 / 026
　　一 打造河南经济升级版的必要性和紧迫性……………………… / 027
　　二 打造河南经济升级版的现实基础……………………………… / 029
　　三 打造河南经济升级版的形势分析与前瞻……………………… / 037
　　四 打造河南经济升级版的对策建议……………………………… / 041

BⅡ 调查评价篇

B.3 2013年中原经济区省辖市经济综合竞争力评价
　　………………………………………… 河南省社会科学院课题组 / 051

B.4 2013年河南县域经济发展质量评价报告
　　………………………………………… 河南省社会科学院课题组 / 071

BⅢ 转型升级篇

- B.5 河南省以投资优化促进经济转型升级的分析与展望 …………… 李鸿昌 / 107
- B.6 河南省居民消费结构优化升级研究 …………………………… 袁金星 / 123
- B.7 河南产业结构优化升级的切入点及其实现路径研究 …………… 崔理想 / 133
- B.8 河南以产业集聚区打造经济升级版问题研究 …………………… 陈 锐 / 144
- B.9 河南以承接产业转移打造经济升级版的对策研究 ……………… 李 斌 / 156
- B.10 金融支持河南经济升级的脉冲响应分析及
  对策研究 ……………………………………………… 赵 然 石 涛 / 166

BⅣ 形势分析篇

- B.11 2013~2014年河南省农业经济升级形势分析与展望
  …………………………………………………… 吴一平 陈素云 / 181
- B.12 2013~2014年河南省工业转型升级形势分析与展望 …… 曹武军 / 197
- B.13 2013~2014年河南省服务业升级形势分析与展望 ……… 丁秀平 / 207
- B.14 河南对外开放的现状分析与展望 ……………………………… 任晓莉 / 217
- B.15 河南省居民消费价格指数走势分析与预测 …… 蔡玉平 王磊玲 / 229
- B.16 河南省城乡居民收入形势分析与展望 ………………………… 高 璇 / 245
- B.17 2013~2014年河南省财政形势分析与展望 …………………… 刘 倩 / 257
- B.18 2013~2014年河南省房地产业发展形势分析与展望 ……… 杜书云 / 265
- B.19 2013~2014年河南省交通运输业发展分析与展望 ……… 侯红昌 / 275

BⅤ 航空经济篇

- B.20 打造河南经济升级版的战略突破口
  ——郑州航空港经济综合实验区建设
  ……………………………………… 河南省社会科学院课题组 / 287

B.21 加快培育高端航空港经济产业体系研究 …………… 林园春 / 299
B.22 打造郑州国际航空物流中心的路径及对策研究 ………… 杜明军 / 310
B.23 以郑州航空港建设提升河南开放型经济发展质量 ……… 陈　萍 / 321
B.24 郑州航空港要素保障体系建设的策略研究 …………… 王　芳 / 330

Abstract ……………………………………………………………… / 338

Contents ……………………………………………………………… / 340

皮书数据库阅读**使用指南**

总 论 篇

B.1 2013~2014年河南省经济发展分析与预测

河南省社会科学院课题组[*]

摘　要： 2013年，河南经济运行表现出总体平稳、稳中趋升、稳中向好的总体态势。预计全年河南省生产总值比上年增长9%，规模以上工业增加值增长11.8%，固定资产投资增长23.6%，社会消费品零售总额增长13.6%，居民消费价格指数为103.2，出口预计增长19.5%，进口预计增长8.5%。预计2014年河南生产总值比2013年增长9.5%，规模以上工业增加值增长12.5%，城镇固定资产投资增长23.8%，社会消费品零售总额增长13.8%，居民消费价格指数为103，出口预计增长20%，进口预计增长10%。

---

[*] 课题组长：喻新安、完世伟；课题组成员：王玲杰、唐晓旺、袁金星。

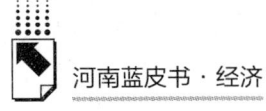

关键词：

河南　经济形势　分析与预测

2013年,在国内外经济形势极其严峻复杂的情况下,全省上下认真贯彻落实中央和省委关于经济工作的决策部署,深入实施粮食生产核心区、中原经济区、郑州航空港经济综合实验区三大战略规划,着力打造河南经济升级版,稳中有为、持续求进,全省经济呈现出总体平稳、稳中趋升、稳中向好的态势,不仅年初经济增速回落过大的局面逐步扭转,而且速度、结构、质量、效益等指标更趋协调,持续健康发展基础更加坚实。但当前宏观环境仍然错综复杂,需求不足的问题尚未有根本缓解,结构性矛盾依然突出,经济回升向好的基础仍不稳固,保持全省经济持续平稳较快发展仍面临许多困难和挑战。

一　2013年河南经济运行分析

今年以来,全省上下认真贯彻落实中央和省委省政府各项稳增长、调结构、促改革、惠民生的决策部署,着力把国家战略转化为发展新优势,稳中求进、稳中提质,速度与质量指标趋于协调,结构和效益指标明显向好,经济运行表现出稳中趋升、稳中向好的总体态势。但当前经济环境依然复杂,需求不足与结构性矛盾相互叠加,内生动力依然不强,实现全年发展目标依然面临严峻挑战。

（一）2013年河南经济运行的总体态势

2013年,在全国经济增速回落的大背景下,河南省主要经济指标增幅也同比回落,增长放缓。进入第二季度特别是下半年以来,随着一系列政策措施效应的逐步显现,全省经济运行呈现出总体平稳、稳中趋升、稳中向好的积极态势。"稳、升、好"是全年经济运行的总体态势的主要体现。

"稳"就是经济运行低位徘徊的局面得到扭转,主要经济指标表现平稳,其中生产总值、固定资产投资、社会消费品零售总额、进出口总值等指标的增速虽然比上年同期增速略有回落，但是2013年前三季度均保持了小幅增长或持平态势，且各主要指标基本都在预期的目标区间内。同时，稳还表现在物价水平保持了基本稳定，且波动幅度不大。

"升"主要表现为，第三季度河南主要经济指标增长速度有所加快，总体出现小幅攀升态势，尤其是工业关联指标持续向好回升，结构调整取得新进展。通过克强指数对耗电量、银行贷款发放量、铁路货运量三个经济指标的结合来判断经济发展情况，呈现了稳中趋升的态势。

"好"主要体现在，农业生产形势较好，工业经济效益开始向好，财政形势总体趋好，城乡居民收入进一步提高。根据河南省宏观经济数量预测模型并结合各类影响变量的综合评估，预计2013年河南省生产总值比上年增长9%左右，其中第一、二、三次产业分别增长3.7%、10.5%、9%；规模以上工业增加值增长11.8%；固定资产投资增长23.6%；社会消费品零售总额增长13.6%；居民消费价格指数为103.2（以上年为100）；出口预计增长19.5%，进口预计增长8.5%（见表1）。

表1 2013年河南主要经济指标预测

单位：%

指标 \ 月份	1~9月	全年（预测）
1. 地区生产总值增长率	8.7	9.0
其中：第一产业增长率	3.7	3.7
第二产业增长率	9.9	10.5
第三产业增长率	8.7	9.0
2. 规模以上工业增加值增长率	11.6	11.8
3. 固定资产投资增长率	23.5	23.6
4. 社会消费品零售总额增长率	13.4	13.6
5. 居民消费价格指数（以上年为100）	102.8	103.2
6. 出口增长率	19.3	19.5
7. 进口增长率	7.8	8.5

这些成绩的取得主要得益于省委、省政府稳增长、调结构、促改革、惠民生的一系列政策措施的实施。一是着力推进稳增长、调结构、促转型。针对年

初主要经济指标增速下滑的复杂严峻形势,河南省委、省政府把稳增长、调结构放在更加突出的位置,抓住关键、标本兼治、综合施策,启动了工业稳增长、调结构百日攻坚活动,有力促进了工业经济速度和效益的稳定回升。组织开展"强投资、促进度"活动,千方百计促开工、促在建、促投产,有效发挥了重大项目的带动作用。二是着力增创发展新优势。河南紧紧抓住三大国家战略带来的前所未有的发展新机遇,努力使三大国家战略转化为区域发展新优势。国家粮食战略工程河南粮食生产核心区规划为农业稳产增产提供了有利条件,推动河南在保障国家粮食安全方面做出新贡献。中原经济区建设发展的全面展开,为河南突出区域比较优势、培育区域增长极、增强区域竞争力奠定了坚实基础。尤其是郑州航空港经济综合实验区的规划建设,空港与陆港联动发展,形成现代化立体综合交通枢纽新优势;航空经济与现代服务业联动发展,形成现代产业体系发展新优势;河南在交通区位、人力资源、产业配套、现代物流、发展环境等方面的竞争优势都得到进一步提升。三是着力实施"一个载体、三个体系"总体工作布局。全省180个产业集聚区以及城市新区、商务中心区和特色商业区建设全面推进,推动项目集中布局、产业集群发展、功能集合构建、资源集约利用,破解发展难题,提高发展成效。加强现代产业体系构建,坚持做优农业、做强工业、做大服务业,加快发展现代服务业、战略性新兴产业和先进制造业的产业结构调整和优化升级取得明显成效。加强现代城镇体系构建,积极优化城市形态和空间布局,形成城乡发展一体化新格局。加快自主创新体系构建,创新驱动能力得到有效提升。四是着力形成加快经济转型升级新动力。河南把提升开放水平和深化改革作为稳增长、调结构、推动科学发展的根本举措,加快重点领域和关键环节改革,着力推进政府职能转变,激发改革红利、增强发展活力。把科学推进新型城镇化作为释放内需潜力的综合性战略举措,以推进人的城镇化为核心,着力提升城镇综合承载能力和吸纳就业能力,城镇化发展质量和水平明显提高。五是着力改善民生,加大民生投入,扎实推进"十项重点民生工程",进一步健全社会保障体系,把保障和改善民生作为各项工作的根本出发点和落脚点。实践证明,省委、省政府的决策部署是完全正确的,各级各部门的工作是有力有效的。

(二)2013年河南经济运行的主要特点

1. 与2012年相比:稳中有进

三次产业发展平稳。前三季度河南生产总值达到23516.02亿元,同比增长8.7%;第一产业实现增加值3527.48亿元,同比增长3.8%;第二产业实现增加值12816.35亿元,同比增长9.9%;第三产业实现增加值7172.19亿元,同比增长8.7%。从生产总值及三次产业前三季度发展走势来看,在年初4个指标均以降速开局后,第二季度开始扭转了从上年第一季度开始的连续走低态势,逐步小幅回升,稳中有进态势明显。其中,生产总值、第一产业增加值、第三产业增加值今年以来保持了环比上升,尤其第三季度末第三产业增加值增速比一季度快了1.6个百分点(见图1)。

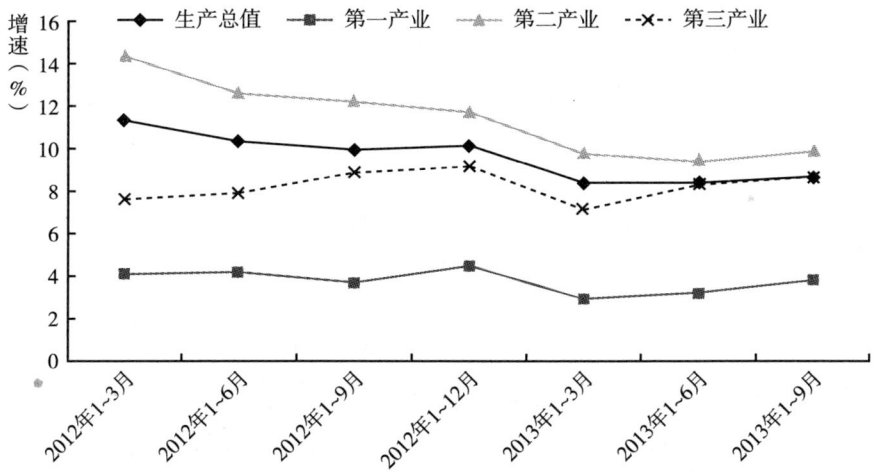

图1　2013年1~9月河南省生产总值及三次产业增加值增速

三大需求稳步增长。河南省固定资产投资保持了较快增长态势,1~9月完成17776.24亿元,同比增长23.5%。其中,工业投资增长18.7%,增速比1~8月微升0.1个百分点;基础设施投资增长22.4%,增速比1~8月加快0.4个百分点。消费平稳增长,前三季度,全省社会消费品零售总额比上年同期增长13.4%,分别比上半年和第一季度加快0.2和0.3个百分点。其中,农村消费市场活跃,1~9月社会消费品零售总额增速达到21.1%,比全省和城镇零售总额增速分别快了7.7个和7.9个百分点。开放带动有力，前三季度，全省进出口总值增长14.4%，比上半年加快2.0个百分点（见图2）。其中，出口增长19.3%，比上半年加快5.3个百分点；实际利用境内外资金约5219亿元，其中实际利用外资95.5亿美元，增长5.3%，预计全年利用省外资金可超过6000亿元，实际利用外资可望达到130亿美元。

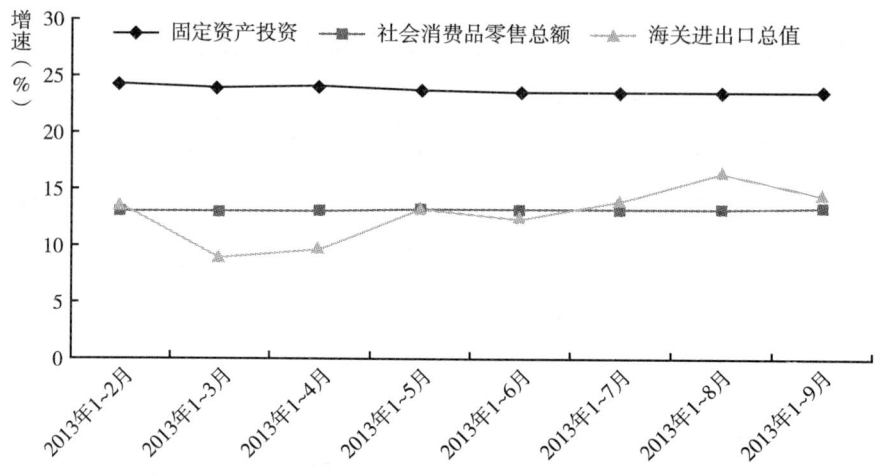

图2 2013年1~9月河南省固定资产投资、社会消费品零售总额、海关进出口总值增速

结构优化调整成效显现。产业结构调整取得明显进展，前三季度，全省高成长性产业和高技术产业增加值占全部工业增加值的比重分别为59.7%、5.8%，分别比上年同期提高2.8个和1.2个百分点；四大传统支柱产业增加值占比为25.3%，同比下降3.0个百分点；六大高载能行业占比为38.1%，同比下降3.1个百分点。从企业结构来看，外商及港澳台投资企业实现增加值增速16.8%，非公有制企业实现增加值增速14.3%，分别比工业增加值增速快了5.2个和2.7个百分点。投资结构继续优化，从投资来源看，1~9月，全省民间投资快速增长，增速达到24.9%，比总投资增速和国有投资增速分别快了1.4个和6.8个百分点；占全省投资的比重为81.6%，同比提高0.9个百分点；对全省投资增长的贡献率达到85.5%。从投资行业来看，交通运输、仓储和邮政业投资增速达到28%，信息传输、计算机服务和软件业投资增速达

到43.5%，房地产业投资增速达到32.1%，文化、体育和娱乐业投资增速达到50.2%，分别比总投资增速快了4.5个、20.0个、8.6个和26.7个百分点。

发展质量效益持续提升。财政收入平稳增长，前三季度全省财政总收入达2756.7亿元，同比增长11.5%，比上半年和1~8月份分别提高1.2和1.1个百分点；地方公共财政预算收入1789.2亿元，增长17.5%，比上半年和1~8月份分别提高0.8和0.9个百分点。城乡居民收入平稳增长，前三季度全省城镇居民人均可支配收入同比增长9.6%，扣除价格实际增长6.7%；农民人均现金收入增长12.5%，扣除价格实际增长9.4%；城乡居民收入增速均高于生产总值增速，且农村居民收入增速明显高于城镇居民收入增速，城乡收入差距逐步缩小。就业形势总体平稳，随着服务业的快速发展，经济增长的就业贡献度增加，前三季度，城镇新增就业112.1万人，完成全年目标的112.1%；新增农村劳动力转移就业87万人，超额完成全年任务；城镇登记失业率3.1%，低于4.5%的控制目标。

2. 与季度增速比：稳中趋升

前三季度，河南省生产总值、规模以上工业增加值、第三产业增加值、社会消费品零售总额、海关进出口总值、地方财政总收入等主要经济指标增速均表现为稳步上升态势，如图3所示，6个指标第三季度末增速分别比第一季度增速快了0.3个、0.5个、1.6个、0.3个、5.5个和3.3个百分点（见图3）。

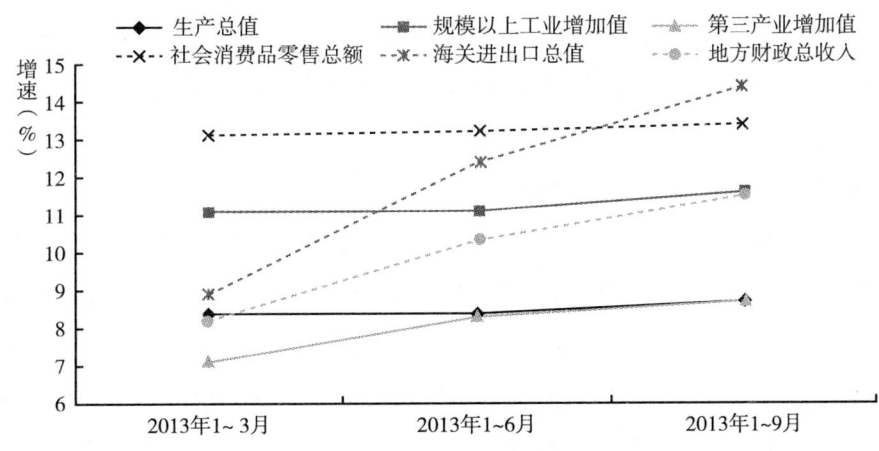

图3　2013年1~9月河南省六个经济指标季度增速比较

3. 与全国及中部比：位次前移

与全国比较，前三季度河南省生产总值增长8.7%，比全国平均水平快1个百分点，在全国的位次比上半年前移4位；规模以上工业增加值增长11.6%，比全国平均水平快2个百分点，在全国的位次比上半年前移5位；固定资产投资增长23.5%，比全国平均水平快3.3个百分点；社会消费品零售总额增长13.4%，比全国平均水平快0.5个百分点（见图4）。

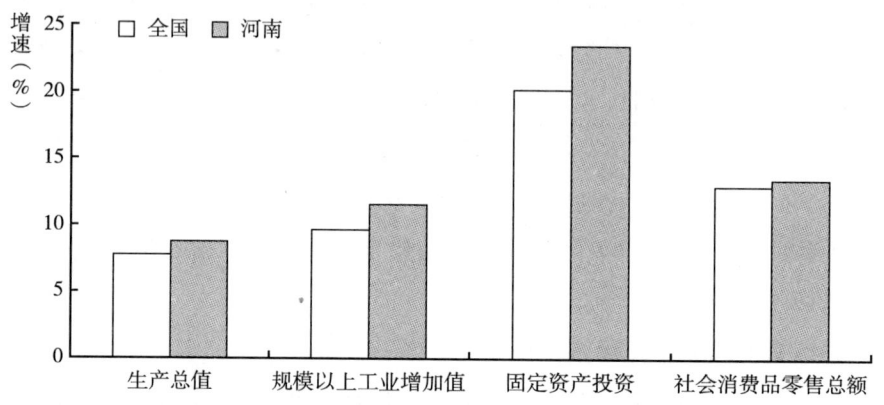

图4　2013年前三季度河南省主要经济指标增速与全国比较

与中部6省比较，前三季度河南省生产总值完成23516亿元，居中部6省第1位；固定资产投资总额17776.24亿元，居中部6省第1位；此外，河南省进出口总值、进口值和出口值也均居中部6省第1位。但是同时也要看到，河南省几个主要经济指标均表现出总量位于中部6省领先地位，而相应增速则相对落后的特征（见图5）。

4. 与目标任务比：存在差距

河南省2013年1~9月主要经济指标与全年目标值对比来看，生产总值全年目标值为增长10%左右，前三季度增速8.7%；地方公共财政预算收入全年增长11%左右，前三季度增速17.5%；全社会固定资产投资全年增长21%，前三季度增速23.5%；社会消费品零售总额全年增长16%，前三季度增速13.4%；外贸进出口总额全年增长15%，前三季度增速14.4%；城镇居民人均可支配收入、农民人均纯收入全年实际增长均在9%以上，力争与经济增长

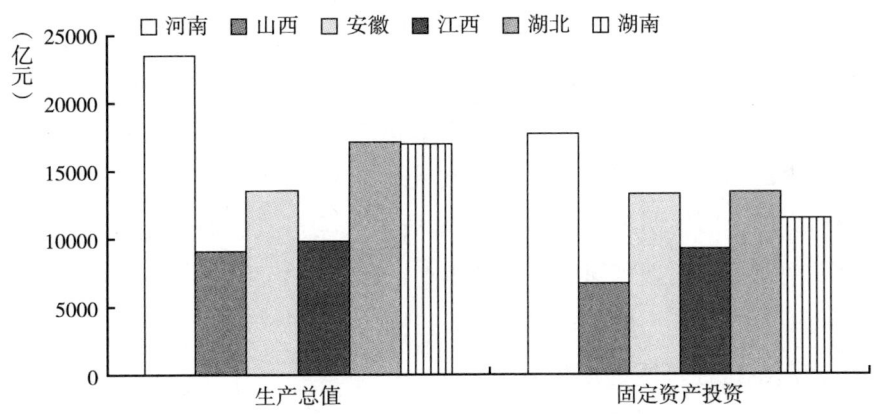

图 5　2013 年 1~9 月中部 6 省完成生产总值和固定资产投资情况比较

同步,前三季度增速分别为 9.6%、12.5%,均高于同期生产总值增速。从对比情况来看,2013 年河南省固定资产投资、地方公共财政预算收入均能较好完成全年目标;随着河南新型城镇化建设全面推进,内需潜力不断激活,同时开放带动战略持续深入,富士康等重点项目带动能力不断增强,社会消费品零售总额和外贸进出口总额预计能够完成全年目标任务。同时,值得关注的是,河南生产总值增速与全年目标任务相比还存在明显差距,第三季度末增速比全年目标增速慢了 1.3 个百分点,即使按全年 9.5% 的增长目标来对照,也要低 0.8 个百分点。初步测算,要实现全年增长 9.5% 的目标,第四季度当季增速需达到 12%,任务十分艰巨。经济减速一方面是受外部发展环境日趋复杂严峻,以及经济增长进入调速换挡期等多重因素影响;另一方面由于河南发展正在进入深度调整期,结构性矛盾突出,新型城镇化红利、改革红利、开放红利等尚未充分激活、释放,内需拉动不足,外贸短板依然有待拉长等多方面因素的综合影响作用。

(三) 2013 年河南经济运行中存在的问题

1. 稳增长的基础仍不牢固

虽然第三季度以来,河南经济总体呈现回升向好的趋势,但是需求不足问题依然突出,结构性矛盾短期内难以根本缓解,不稳定、不协调、不可持续性依然存在，保持经济持续健康发展的基础仍不牢固。内需增长动力偏弱，从生产者和消费者两个角度来看，均存在增长乏力问题。企业景气调查结果并不乐观，前三季度企业家信心指数和企业景气指数连续下滑，低于上年同期水平，并且均低于预期；前三季度，尽管城乡居民收入依然保持较快增长，但相比上年同期而言增速回落明显，1~9月城镇居民人均可支配收入增速和农民人均现金收入增速分别比上年同期下降了2.6个和3.7个百分点。居民收入水平直接影响购买力的提升，也影响着扩内需目标的实现。

2. 经济结构性矛盾仍然突出

河南加快转方式、调结构依然面临严峻挑战。从需求结构来看，投资仍然是拉动河南经济增长的首要力量，是三大需求中唯一保持了较快增长；消费拉动作用明显不足，第三产业增加值增速落后于第二产业和生产总值增速，发展依然滞后；外贸进出口在经历了2011~2012年的井喷式高速增长后，受到全球需求紧缩的影响，增速相比上年出现大幅回落，三大需求中消费和外贸对经济增长的拉动作用都明显偏弱。从产业结构来看，六大高成长行业中的食品、轻工、建材等提速乏力，高科技、高附加值、高竞争力的增长形式尚未形成；四大传统支柱行业发展困难，特别是化工、有色、钢铁等行业是当前国内产能严重过剩行业，国家宏观政策将更加强调结构调整与升级转型，极易受宏观环境与政策变化影响，这些传统支柱行业的转型升级也成为破解经济结构性矛盾的重点难点所在。

3. 工业持续回升压力依然很大

总的来看，虽然前三季度工业出现稳步回升的态势，但是持续回升仍然面临较大压力。一方面河南工业结构的重化工业特征一直比较突出，近年虽然采取了一系列措施加快工业结构调整步伐，但轻重工业发展差距依然明显。前三季度重工业增速一直快于轻工业增速，虽然重工业对拉动经济增长见效比较快，但是重工业整体利润率较低，影响整个工业生产效益的提升。另一方面，1~9月工业生产者出厂价格指数虽然环比有所提高，但同比降幅存在扩大趋势。工业产品出厂价格的连续下降，又压缩了工业企业的利润增长空间。此外，在宏观环境总体保持结构性偏紧的情况下，河南的传统支柱产业、一些竞争力不强的产业都将面临严峻考验。

4. 企业生产经营面临的困难仍较大

2013年以来，市场竞争加剧、市场需求低迷、融资成本上升等是导致企业特别是小微企业生产经营困难的重要原因。前三季度，全省工业生产者出厂价格指数同比下降1.5%，且连续9个月低于工业生产者购进价格指数，价格倒挂直接制约着企业生产积极性的提高。同时，前三季度，全省工业投资增速同比回落6.3个百分点，也低于全省投资增速4.8个百分点，工业投资增速回落既对全省投资产生了下拉作用，也对工业发展后劲产生极不利影响。从企业景气指数来看，企业融资状况连续下滑，企业生产扩张普遍放缓，投资意愿低，信心明显下降，显示中小企业经营状况更为严峻。

5. 农业稳定增产形势不容乐观

2013年，河南夏粮、秋粮连获丰收，预计将继续保持在1100亿斤以上，为国家粮食安全做出了重大贡献，但是同时，粮食生产要在高基点上持续保持稳产增产则面临着更大的风险与挑战。虽然近年来，河南省加大资金投入推进现代农业发展和农业基础设施建设，但是由于河南农业基础较弱，基础设施投资缺口依然较大。今年夏季持续的高温少雨天气导致部分地区出现不同程度的旱情，而目前河南省有效灌溉面积仍然只有耕地面积的72%，由于一些地区农田水利设施老化落后导致无法灌溉而在一定程度上影响了秋作物生产，农业生产基础和抵御风险能力都依然薄弱。此外，近几年农产品价格连续出现大幅波动，价格不稳定性也对农业稳产产生一定影响。

二 2014年河南经济面临的形势及总体走势展望

2013年以来，河南省经济下行压力持续加大，稳增长、保态势面临前所未有的困难和挑战，这与国内外整个宏观经济环境密不可分。同时，河南经济发展还存在很多有利因素，也面临着诸多挑战。展望2014年，随着经济发展外部环境的总体好转以及稳增长、促转型、保态势行动计划的实施，全省经济有望继续保持总体平稳、稳中趋升、稳中向好的态势，全年经济增速有望达到9%左右。

（一）2014年国内外经济形势的总体判断

1. 国际经济发展环境有所改善，但复苏进程仍面临诸多风险

当前，世界经济将延续不均衡的复苏趋势。全球经济正在持续复苏，国际货币基金组织（IMF）预测今明两年全球经济增长率分别为2.9%和3.6%。但经济增长动力切换，亚洲等新兴经济体增速下滑，欧美日等发达经济体复苏态势好于预期，这种分化局面可能延续到2014年，发达经济体将以更大的动能支撑世界经济增长。

美国经济数据渐好，长期复苏基础趋稳定。就业和非制造业数据改善支撑美国经济中长期向好。10月美国就业分项指数增至56.2，接近8月触及的6个月高点，较好的就业数据表明美国经济生产情况趋于良好。同时，较强的消费信心与充足的生产动力形成良性循环。10月美国非制造业指数升至55.4，预估为54.0；9月为54.4。随着经济数据向好，美国退出刺激性货币政策的时间越来越近，政策退出对经济持续复苏影响的不确定性仍然较大，清晰、可信的中期财政整顿计划是维持经济复苏的关键因素。

欧元区首现增长势头，但复苏基础仍较弱。欧元区第二季度GDP环比增长0.3%，结束了此前连续6个季度衰退的局面。与此同时，欧元区投资者信心连续得到改善。11月欧元区投资者信心指数自10月的6.1跳升至9.3，高于预期的6.5，且为连续第3个月报正值。但欧洲就业和工资并未实际增长，金融市场分割、内部结构性失衡等问题仍然存在，预计2014年经济可能维持当前的弱复苏格局。

日本确立经济增长趋势，其国内政策不确定较强。从经济数据看，日本短期增长态势仍然良好。2013年第二季度日本GDP增长3.8%，连续三个季度经济增长，8月日本领先指标为106.5，较4月上升7.2个点，经济增长趋势基本稳定。但国内经济政策不确定性较强，安倍政府不断提出超大规模的经济刺激计划，但面临较高的国家债务压力，财政来源的不确定性将严重影响政策效果，并可能产生较大连锁效应。

新兴市场增长依然强劲，但也面临诸多内外部挑战。与欧美经济稳步复苏的态势不同，亚洲等新兴经济体面临经济增速下滑、资本外流、股市动荡等多重风险。如印度第二季度GDP同比增速放缓至4.4%，低于2012年的5%，8月制造业PMI下降至48.5，是2009年3月以来首度跌破荣枯分界线。IMF最新报告将2014年发展中国家经济增速预期由此前的5.5%下调至5.1%。同时，新兴经济体还面临金融市场动荡的风险。受美国经济数据好转等影响，资金大规模撤离新兴市场，资本大规模流动加大我国资金面的复杂和紧张程度，将促使金融市场较大震动，进而影响实体经济增长态势。

2. 国内经济环境继续企稳向好，但加快转型升级更为迫切

经济增长稳中趋缓，但下行空间有限。2013年前三季度我国GDP同比增长7.7%，低于2012年7.8%的增速，这与我国经济进入了中速增长阶段的特征相一致，但经济下行空间有限。2013年10月中国制造业PMI为51.4%，比9月份提高0.3个百分点，连续第4个月回升，创下18个月以来新高，而小型制造业企业PMI为48.5%，仍处于景气下降区间，这表明中国制造业虽仍保持增长态势，但经济下行压力凸显，增速回落压力较大。从全社会用电量来看，8月全社会用电量明显上扬，增速由7月的8.3%上升到13.7%，而9月增速又回落至10.4%，显示经济运行的不稳定因素仍旧存在。从大趋势看，改革加快推进已成必然，市场在消化吸收改革政策之后将释放巨大活力，传统生产方式在市场推动下逐步进入自动淘汰阶段，转型成效也将渐渐呈现。

持续增长后劲乏力，加紧推动转型迫在眉睫。通常经济增长趋缓可能促使政府通过投资缓解经济下行压力，从而挤压市场正逐步形成的自动转型态势。当前我国经济环境较为复杂，增长与转型矛盾又现强化趋势，如何处理两者关系，同时协调改革步伐与增长空间是发展关键。政府可能采取折中策略，在保持适度增长空间内充分估计风险，推动渐进式改革和转型。

金融风险、地方债务风险是当前面临的两大风险。前期全球资本流入我国市场积累了一定程度的金融资产泡沫，近期显现的资本流入放缓甚至流出现象如果加快，可能引起部分领域泡沫破裂。而长期以来资本市场不完善积累的资金错配现象越来越严重，直接导致近期市场资金紧张、成本上涨。国家审计署近期对地方债务进行审计，部分政府债务超出国际警戒线，在大规模圈地开发等发展模式下，随着债务到期和开发收益不足等影响，地方政府债务风险正在加大。

（二）2014年河南经济运行环境分析

1. 有利条件

国家战略红利逐步显现。今年3月份，国务院正式批复《郑州航空港经济综合实验区发展规划（2013~2025年）》，这是继国家粮食核心区、中原经济区之后，河南又一个上升为国家战略的发展规划。在这一规划中，国务院赋予河南省在航空管理、海关监管制度、服务外包政策、财税政策等方面一系列先行先试的优惠政策，加上此前国务院赋予中原经济区在城乡资源要素配置、土地节约集约利用、农村人口有序转移、行政管理体制改革等方面先行先试的权利，以及国家粮食核心区规划对河南的一系列扶持和补偿政策，河南从中央获得的政策优惠前所未有。2014年，河南省在继续推进中原经济区、粮食核心区规划实施的同时，下大力气推进航空港经济实验区建设。三大国家战略叠加，为河南省带来了诸多政策红利，形成明年河南经济发展的重大利好。

打造经济升级版效应明显。2013年3月，李克强总理提出了"打造中国经济升级版"的战略思想，开始了中国经济加快转型升级的新探索。在此背景下，省委、省政府从河南的特殊省情和区位出发，提出了"打造河南经济升级版"的战略部署。半年来，河南省不断凝聚发展共识、认识把握规律、推动政策创新、完善考评体系，持续抓关键、出实招、见实效，初步扭转了年初经济增速回落过大的局面，全省经济呈现出稳中趋升、稳中有进、稳中向好的态势。2014年，河南省将继续推出一系列加快转型升级的举措，打造经济升级版的效应将进一步释放，成为支撑河南经济发展的重大利好。

产业集聚区支撑作用持续增强。近年来，河南省坚持把加快产业集聚区建设作为事关全局的中心工作，积极承接产业转移，着力引导项目聚集，推进产业集群化发展。前三季度，全省产业集聚区工业增加值增长18%，对全省工业增长的贡献率达到68.9%，拉动工业增长8个百分点，成为全省经济企稳向好的"中流砥柱"。在此基础上，河南省将对产业集聚区建设进行系统总结和部署，进一步提升产业集聚区基础设施和配套服务，突出主导产业集群发展，优化要素配置，强化招商引资、产业升级、改革创新、转移就业的主平台作用。这些政策举措的实施，将会形成明年全省经济继续向好的"助推器"。

招商引资和承接产业转移成效逐渐凸显。近年来，河南省积极实施开放带动主战略，全力以赴大招商、招大商。河南开放的意识、周到的服务、优化的环境，增强了外资和国内各路资本入驻河南的信心，为河南经济注入了发展活力。5年来，河南省共引入世界500强、国内500强企业200多家，造就了电子信息、生物制药、装备制造、汽车等一批战略新兴产业，成为河南经济平稳较快发展的支撑力量。2013年，河南新引进了南航、东航等6家货运航空公司，新开通10条国际货运航线，与空桥、菜鸟等一批跨国公司战略合作不断深化。2014年，河南省将继续加快推进开放招商工作，抓投产、达产，抓落地、开工，抓项目引进，随着这些项目的实施，将会形成2014年全省经济增长的重要支撑。

新型城镇化潜力依然巨大。城镇化是扩大内需的最大潜力所在，也是河南经济社会发展诸多矛盾的聚焦点。省委将于2013年内召开九届六次全会，专题研究科学推进新型城镇化问题。将进一步修改完善科学推进新型城镇化的指导意见和三年行动计划，加快推进中原城市群一体化和农业转移人口市民化，继续提升城镇承载能力，推进新农村建设。这些工作的推进将会进一步带动消费和投资增长，成为明年全省经济增长的重要动力。

2. 不利因素

经济下行压力依然较大。尽管欧美、日本等经济形势有所好转，但是复苏缓慢，外需短时间内难以有较大程度的恢复。同时，我国经济面临"中等收入陷阱"，长期以来积累的结构性矛盾开始显现，未来我国经济将进入一个困难相对较多、增速相对较慢的阶段。基于河南省资源型工业突出、重工业比重较大的特征，河南经济下行的压力尤为突出。国务院化解过剩产能的五大行业中，河南省就有钢铁、水泥、电解铝、平板玻璃4个，这些行业受宏观环境与政策变化影响大、回升空间有限、动力不足，对经济增长的下拉作用仍然会持续较长一段时间。而战略性新兴产业占比低，短期内还难以对全省经济形成重要支撑。这些因素的出现对河南省明年经济发展形成了不利的影响。

要素瓶颈制约仍未破解。一是建设用地需求缺口较大。"十二五"期间，全省每年建设用地需求为60万亩，但是新增建设用地供给只有20万亩，只能满足1/3的用地需求。一批技术含量高、市场前景好、投资强度大的好项目难以落地，成为制约企业发展的主要矛盾。二是资金瓶颈制约依然有待破解。目前，河南直接融资仍然不足，间接融资新增虽然较多，但主要流向大企业、房地产业和地方融资平台，实体经济和小微型企业贷款需求仍较难得到满足，融资成本也有提高。三是企业用工成本上升。目前，河南专业人员和技术工人短缺，高层次技术人才尤其缺乏；同时，企业招工难、用工成本提高较快等现象也比较突出。四是支撑发展的资源环境明显不足。河南工业结构偏重，"粗、低、重、耗"产品多，造成资源利用效率低，污染排放强度大，环境承载力不足。

节能减排压力持续增大。进入第三季度以来，随着市场需求回暖，产品价格逐步回升，企业用电量增加，工业经济稳步回升，全省能源消费呈现稳步回升、逐步加快的运行态势，节能降耗压力逐步增大。同时，随着城镇化的加速推进，能源原材料等高耗能行业，特别是建材及相关的钢铁、有色等行业可能复苏，将引起能耗、电耗增速的回升。此外，河南省节能体制机制和管理方式亟待解决和完善，有利于节能的价格、财政、税收、金融等方面政策还不完善，节能长效机制尚未形成，市场机制作用发挥不够，企业节能内生动力不足；在管理方式方面，政府责任重、企业责任轻，地方责任重、部门责任轻，行政手段多、市场手段少。这些都有可能给明年完成节能目标任务带来挑战。

改革创新有待进一步深化。随着改革进入深水区，改革的牵扯面越来越广，牵涉的部门越来越多，涉及的利益越来越复杂，特别是在缺乏顶层设计支撑的情况下，改革的协同性、系统性面临更多的挑战，下一步深层次改革难度越来越大。就河南省来说，在推进经济发展过程中，已经遇到了土地、户籍、社保、干部、人事、分配等诸多体制方面的障碍，这与国家的基本经济制度相关；在政府与市场的关系上，政府总是不由自觉地伸出那只不应该伸出的手，而这与国家的行政管理体制有关。在中央尚未做出改革的情况下，这些问题仍将在一定时期内成为制约河南经济发展的体制性障碍。

保障和改善民生任务繁重。河南省是一个发展中的省份，民生方面面临的困难和问题很多，广大人民群众看病难、入学难、就业难等问题相对突出，因而，保障和改善民生的任务就异常繁重和艰巨。今年以来，随着经济下行压力加大，河南省一些传统工业企业经济效益下滑，工人失业增加，收入下降，给就业、教育、医疗等提出了挑战。同时，也要看到，由于企业不景气，经济效益下滑，政府收入增长放缓，保障和改善民生的能力弱化，特别是税收制度"营改增"试点行业范围扩大，取消和免征多批行政事业性收费等进一步加大后期增收压力。2014年，河南省仍将在社会保障上加大投入，在政府收入没有相应增加的情况下，必然降低政府的投资能力，形成河南经济发展的不利因素。

（三）2014年河南经济走势展望及主要指标预测

2013年，积极因素不断累积，全省经济总体运行平稳，运行质量有所改善，内生动力持续增强。但当前宏观环境仍然错综复杂，需求不足的问题尚未得到根本缓解，结构性矛盾依然突出，经济回升向好的基础仍不稳固。2014年，在没有其他大的风险的情况下，全省经济稳中趋升、稳中向好的态势有望持续。

1. 积极因素不断累积，稳中向好态势有望持续

当前全球经济总体正进入稳定但速度缓慢的复苏期。中央政策更加强调营造公平开放的市场环境，更加注重激发市场主体活力，充分发挥市场机制作用，释放改革红利，为经济持续健康发展注入新动力，有助于提振市场信心和支撑市场活动。9月中国制造业采购经理指数（PMI）为51.1%，比上月上升0.1个百分点，连续12个月位于临界点以上。

2013年，在省委、省政府一系列稳增长、调结构政策的引导下，各地的投资建设力度增大，河南省传统支柱产业持续回升的趋势明显。随着新型城镇化步伐的加快，房地产的刚性需求将持续释放，房地产业持续稳定增长的基础依然较好。随着产业集聚区和航空港经济综合实验区建设的持续推进，河南省承接产业转移与转型升级不断加快，产业体系不断丰富完善，企业应对复杂局面的能力也显著增强，对市场预期的持续改善正在产生积极作用。在此背景下，当前河南省经济企稳回升的积极因素不断积累。一是工业品出厂价格指数降幅连续3个月收窄。9月，全省工业生产者出厂价格指数（PPI）同比下降1.1%，降幅较6月收窄1.3个百分点。河南省主要产品价格多数环比上扬。截至9月20日，重点监测的27种主要工业产品中，18种上扬，1种持平。二是铁路货运量、周转量降幅连续数月收窄。1~9月,铁路货运量下降0.7%,降幅比前8个月收窄1.4个百分点。铁路周转量增长0.4%,增速由负转正,比1~8月回升1.6个百分点,增速自1~5月以来连续回升。三是重点企业生产形势持续好转。据重点工业企业月度趋势调查,9月,预计正常生产企业占89.5%,比8月提高0.4%,比7月提高0.5%;销售形势明显好于8月的企业比重较8月提高2.2%;预计获得订单明显多于8月的企业比重较8月提高2%。

2. 需求不足与结构性矛盾相互叠加,经济企稳向好的基础仍不稳固

宏观环境有较大不确定性。世界贸易组织9月预计2013年世界贸易增长2.5%,2014年增长4.5%,均低于早前4月的预计。尽管国内经济近期出现了企稳的迹象,但是回升的幅度相对有限,未来一段时期,国家宏观政策将更加强调结构调整与升级转型,大力度刺激总需求的可能性较小,宏观环境将总体维持结构性偏紧的局面。在此背景下,河南省一些传统产业将面临严峻挑战。

企稳回升的基础还不稳固。当前工业增速回升主要靠基础性行业拉动,受宏观环境与调控政策影响大,保持工业持续回升难度较大。前三季度对全省工业拉动作用较大的前12个行业中多数为基础性行业。其中,黑色金属冶炼和压延加工业增长17%,化学原料和化学制品制造业增长14.5%,通用设备制造业增长18.2%。特别是有些行业是当前国内产能严重过剩行业,极易受宏观环境与政策变化影响。在外部环境不稳的形势下,这些行业的未来走势将对河南省工业增速产生较大影响。

企业生产经营积极性不高。2013年以来,河南省企业经济效益持续下行。1~9月,全省工业生产者出厂价格指数(PPI)同比下降1.5%,连续22个月下降,连续9个月低于工业生产者购进价格指数。价格倒挂直接影响企业经济效益的改善。全省规模以上工业企业亏损面达5.2%,同比提高0.3%。企业效益低位运行直接影响着企业生产经营的积极性。据调查,9月全省设备利用率超过50%的重点企业比重较8月下降0.3%。1~9月,全省工业投资同比增长18.7%,增速回落6.3%,也低于全省投资增速4.8%。工业投资增速回落既对全省投资产生下拉作用,也对工业发展后劲产生了不利的影响。

投资增长面临较大压力。1～9月，全省新开工项目投资同比增长19.1%，对全省投资增长的贡献率为26.5%，增速比上半年分别回落3%、9.9%，新开工项目不足，可能对明年的投资增长带来不利影响。同时，房地产业后期走势充满不确定性。2013年以来，全省房地产开发投资与销售保持较快增长，成为全省经济稳中回升的重要原因。但是，随着十八届三中全会的召开，2014年中央可能会出台新的房地产调控政策，对房地产市场形成的冲击不可低估。在2013年增长幅度较大的情况下，2014年全省房地产市场出现回调的可能性较大，对经济的冲击也显而易见，是否会导致宏观经济重新下行，还有待观察。

总之，当前宏观环境仍然错综复杂，需求不足的问题仍没有根本缓解，结构性矛盾仍然突出，未来一段时期，全省宏观经济将呈现出慢节奏、弱复苏、会反复的区间震荡状态。然而，国内外环境的逐步改善、积极因素的不断积累以及稳增长政策效应的持续发挥，仍有助于全省经济回升向好态势的形成。2014年全省经济仍有望延续稳中有进的态势，预计全年GDP增速在9.5%左右。考虑到2013年新开工项目较少，2014年保持全省工业稳步增长的难度增加，预计全年规模以上工业增加值增速在12.5%左右。投资仍将维持窄幅震荡格局，预计全年固定资产投资增速在23.8%左右。消费仍将维持平稳增长态势，预计全年社会消费品零售总额增长13.8%左右。进出口将保持较快增长，预计全年出口增长20%左右，进口增长10%左右。物价水平将保持基本稳定，全年平均涨幅将维持在3%左右（见表2）。

表2　2014年河南主要经济指标预测

单位：%

指标　　　　　　年份	2013	2014
1. 地区生产总值增长率	9.0	9.5
其中：第一产业增长率	3.7	3.8
第二产业增长率	10.5	11.0
第三产业增长率	9.0	9.5
2. 规模以上工业增加值增长率	11.8	12.5
3. 固定资产投资增长率	23.6	23.8
4. 社会消费品零售总额增长率	13.6	13.8
5. 居民消费价格指数（以上年为100）	103.2	103.0
6. 出口增长率	19.5	20.0
7. 进口增长率	8.5	10.0

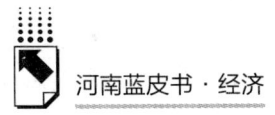

三 促进河南经济平稳较快发展的对策建议

2014年是全面贯彻落实党的十八届三中全会精神的第一年，是实施"十二五"规划承上启下的关键一年，面对依旧严峻的国际国内形势，必须保持清醒头脑，提振精神，坚定信心，把稳增长放在优先位置，坚持稳字当头，将短期与长期、指标与治本、疏与堵结合起来，积极应对各种复杂情况；坚持稳中求进，加大力度促改革、调结构、惠民生，不断激发市场主体活力和内生发展动力；坚持稳中提质，让稳增长与调结构、就业与收入、环境保护与资源节约协调推进，努力提高经济发展的质量和效益，稳中求好、稳中求优，打造河南经济升级版，不断向中原崛起、河南振兴、富民强省的总目标迈进。

（一）着力稳定增长，力促经济稳定回升、持续上升

在国际国内形势复杂多变、全省经济增长方式尚未根本性转变的形势下，应坚持把稳增长作为经济发展的核心，进一步加快经济结构战略性调整步伐，推动经济发展的立足点转到提高增长的质量和效益上来。一是要密切跟踪监测经济运行变化。要进一步加强预警监测，充分考虑各种不确定性因素可能带来的影响，及时发现新情况新问题，及时采取有针对性的措施，防止局部性问题演变成趋势性、全局性问题，切实增强宏观调控的主动性、预见性和敏感性，牢牢把握经济工作的主动权。二是深入剖析问题、科学研判发展趋势。要进一步加强形势分析，敏锐捕捉经济运行中的各种苗头性、倾向性问题，科学把控经济走势，要根据形势发展变化，及时研究制定并适时启动相关政策预案，做到见事早、判断准、出手快，切实增强宏观调控的前瞻性、针对性和有效性。三是保持投资增长基本稳定，适当控制增长节奏。稳定投资增长是稳定经济发展的重要基础，要尽快启动一批符合国家规划要求的大项目、好项目，在政策、资金、用地、环评审批等方面加大支持力度，力促项目早开工、早投产、早达产，尽快形成产能，形成生产力，增强投资对经济增长的支撑作用。

（二）着力促进转型，全力做优农业、做强工业、做大服务业

全国经济进入了中速发展新阶段，河南要充分利用当前市场需求不足形成的"倒逼机制"，把加快经济结构战略性调整和产业转型升级作为突出任务，提升产业竞争力。一是稳定农业生产。农业是国民经济的基础，保持农业持续健康发展是稳增长的重要保障，要持续加大投入，完善农田水利设施、大力改造中低产田，提高农业抗灾减灾能力；继续实施高标准粮田"百千万"工程和农业产业化集群培育工程，在稳定提高粮食生产能力的基础上，推进农业生产向种、养、加、贸一体化转变。二是巩固工业回升势头。把保稳定与促提升相结合，坚持促"好"帮"差"、抓"大"扶"小"、强"国"活"民"，确保企业稳定生产经营；加大工业投资力度，着力推进工业重点项目建设，积极支持工业企业做大做强，加大技改投入、科技投入力度，使投资真正成为助推工业转型升级的有力保障；加快工业结构调整步伐，积极推动产品精深加工，延伸产业链条，不断提高工业产品附加值。三是加快服务业发展。加快发展服务业对于结构调整、社会就业意义重大，十分必要、十分迫切，要有步骤、有计划地扶持服务业发展，进一步推进旅游业、文化产业和服务外包业等大发展；要加强制造业与服务业的分工合作，大力发展现代服务业；要加快发展现代物流、金融、科技服务、电子商务、教育培训和信息服务等生产性服务行业，增强服务功能，提高创新能力。

（三）着力夯实载体，加快推进郑州航空港区和产业集聚区建设

持续坚持把载体建设作为事关全局的中心工作和综合性举措，全力推进郑州航空港区和产业集聚区招商引资项目落地和建设进度，发挥其引领全省转型升级和辐射带动作用。一是全力以赴推进郑州航空港综合试验区建设。航空港综合试验区建设不仅是全省经济发展新的增长点，更是抢占未来发展优势的重大战略，要按照"打造大枢纽、发展大物流、培育大产业、形成大都市"的要求，加快推进综合交通枢纽建设，发展现代物流及相关服务业，以航空制造、电子信息、生物医药、精密机械等航空偏好型产业为重点，积极对外招商，特别要注重引进行业龙头企业；加强研究力量，全面展开中国（郑州）

自贸区申报工作，争取设立汽车、医药等进口口岸；全力推进跨进贸易电子商务服务试点，积极争取国家政策支持，早日形成跨境电子商务经营规模。二是依托产业集聚区、商务中心区和特色商业区打造产业集群优势。严格落实产业集聚区考核评价办法，加大配套基础设施建设，重点推动各地产业集聚区围绕产业链图谱，以发展高端、终端和高附加值产品为核心完善主导产业链条，同时大力开展针对性招商，培育纵向连接、侧向配套的特色产业链，形成产业集群优势；以"两区"为依托，以龙头引进和品牌塑造为重点，推动功能整合、集中布局，同步推进交通、热力、电力等基础设施建设，使"两区"建设尽快出形象、成规模，形成现代服务业集群发展态势。

（四）着力强化引领，加快推进新型城镇化进程

新型城镇化是推进"三化"协调科学发展的突破口，是扩大内需的最大潜力所在，也是全省经济社会发展诸多矛盾的聚焦点，必须强化其引领作用，加速推进三年行动计划。一是新区建设要提速。郑州、洛阳、焦作、开封等城市新区要加快综合交通、污水垃圾处理、供排水、供热供气、生态等基础设施建设，完善功能，引领产业转型升级和人口集聚。二是加快推进中心城市组团式发展。加快中心城区与城市组团基础设施一体化建设，重点抓好中心城区与城市组团间快速通道和快速公交系统建设，推进具备条件的中心城区骨干道路向组团延伸。三是持续突进郑州都市区建设。围绕建设"三大一中"和"两区两城"的目标，以交通道路和生态廊道建设为切入点，统筹推进都市区建设，有序开展城中村改造、旧城改造和合村并城，不断完善城市功能，提高都市区承载力。四是加快中原城市群一体化发展。健全协调沟通机制，全力推进"米"字形高铁布局建设，加速城市群内人才、资金、技术等生产要素自由流动。五是积极推进新农村建设。按照产业、新农村、土地利用、基础设施和公共服务、生态建设规划"五规合一"的思路，出台加快社会主义新农村建设的指导意见，有条不紊推进美丽乡村建设，不断改善农村人居环境。

（五）着力扩大开放，加快建设内陆开放高地

对外开放是河南基本省策，也是应对复杂局面和破解各种制约最直接、最

有效、最综合的战略举措,要坚持以开放扩需求、以开放促转型,打造内陆开放高地。一是要科学承接国内外产业转移。强化理性招商,抓规模、抓质量、抓结构,集中精力促进具有引领性、突破性、方向性的重大产业化项目;注重引资、引技与引智的结合,吸引跨国公司到河南设立区域总部、研发中心、采购中心、培训中心,推动本地企业与外企交流与合作,融入全球创新体系,增强自主创业、自主发展、自主创新能力。二是大力发展对外贸易。要以增强产品、产业、企业国际竞争力为导向,实施出口品牌培育、国际电子商务发展等外贸发展提升战略,在全省探索建立外向型产业园区,推动内陆开放型产业集约、集聚、集群发展,优化全省对外贸易结构。三是扩大对外开放领域。全面推进金融、会展、物流、电子商务等现代服务业等对外合作,鼓励央企、外资参与国有和民营企业改组改造;支持境内外资金参与农业产业化龙头企业改组改造,开展农产品精深加工,推动农业产业化、市场化、国际化进程。四是优化投资环境。进一步下放审批权限,简化审批程序,提高审批效率,增强审批透明度,建立健全招商引资信息处理和受理服务中心、联审联批中心、投诉权益保护中心等专门服务机构,全力营造亲商、爱商、安商、富商的环境。

(六)着力促进改革,切实增强经济发展活力动力

坚持以改革促发展,全面贯彻落实党十八届三中全会精神,按照中央确定的路线图和时间表,深化各项体制机制改革,破除阻碍科学发展的体制机制障碍,增强全省经济发展活力动力。一是继续简政放权。深化行政审批制度改革,按要求和计划取消、下放一批行政审批事项,坚持权力和责任同步下放、调控和监管同步强化,严格事中事后监管,同时加快推进其他具有行政审批性质管理事项的清理工作;有序推动政府机构改革,切实转变政府职能。二是推进新型城镇化相关配套改革。统筹城乡改革,重点推进农村产权制度改革,土地管理制度改革和户籍制度改革;在严格执行土地用途管制的基础上,促进农村集体建设用地依法流转,探索建立城乡统一的建设用地市场。三是深化国有企业改革。加大省属国有企业兼并、重组力度,重点做好河南煤化集团和义煤集团重组的后续工作;积极争取央企总部加快其在河南企业发展步伐,在项目、资金、技术、人才等方面加大投入力度。四是深化金融改革。加大外资银

行引进力度，推动中原银行组建工作，大力发展农村金融，加快发展民营金融机构，推动形成国有、股份、民营、外资、地方五位一体的金融市场组织结构。五是继续推进资源型产品价格改革。重点制定水资源费调整方案，完善水价、电价、天然气价格形成机制，完善阶梯价格制度，满足不同群体多样化需求。

（七）着力破除瓶颈，强化生产要素保障供应

生产要素保障是经济稳定运行的基础和前提，要继续创新要素保障机制，优化资源配置，破解瓶颈制约，切实保障生产要素供应，增强经济发展的活力动力。一是强化资金保障。全面落实"新36条"，重点在铁路、市政、教育等城乡基础设施和社会事业领域，推出一批民间投资能够参与的具体项目，激发民间投资热情；从供需两方面强化金融支持，引导金融机构创新金融产品，扩大信贷投放，督促企业优化财务状况，策划好项目，政府牵线搭桥，定期举办银企对接会。二是强化土地保障。坚持节约集约用地，严格落实城镇和产业集聚区建设用地标准，用地指标优先考虑重点项目，鼓励企业改扩建多层标准化厂房，提供土地利用率和增加容积率，同时加大闲置土地清理工作。三是强化人力资源保障。继续实施全民技能振兴工程，加强校企合作，持续探索联合共建、工学交替等合作模式，在产业集聚区企业开展订单、定向培训，保障企业用工需求。四是强化能源保障。妥善处理电网、电源与用电企业的关系，重点完善煤电互保政策，优化煤电互保机制，进一步完善促进电力发展的良性机制；继续加大农电配网投入和改造力度，解决有电发不出、企业没电用矛盾。

（八）着力惠及民生，努力保障和改善民生

民生所指，民心所向，国运所系，越是困难时期，越要高度重视民生，要坚持民生优先，使经济发展从民生改善中获得持续动力。一是落实积极的就业政策。就业是民生之本，要实施小微型企业成长计划，扶持全民创业，促进高校毕业生、农村富余劳动力、城镇失业人员和退役军人就业，帮扶零就业家庭、残疾人等群体就业。二是全力推进扶贫开发。编制扶贫开发规划，重点做好伏牛山、大别山、桐柏山、南太行等老区、深山区的规划，建立省、市、县三级财政投入扶贫开发并稳定增长机制，加大移民扶贫、产业扶贫、科技扶

贫、交通扶贫力度，推动贫困地区居民摆脱传统落后的生活方式。四是加大环境治理力度。围绕群众关心的大气、水、农村环境等突出环境问题，全面实施"蓝天工程"、"碧水工程"、"乡村清洁工程"，改善居民生存环境。五是加大保障性安居工程建设。加快保障性住房项目选址和土地报批，推动廉租房和公租房并轨，支持企业积极参与城中村、旧城区、棚户区改造，落实财政配套资金，同步建设配套市政设施、公共服务设施。六是加快社会事业发展。持续加大义务教育投入，科学预测人口变动趋势，促进义务教育均衡发展；持续完善基层医疗卫生服务体系，加快实施一批县级医院、乡镇卫生院改扩建项目。

B.2
打造河南经济升级版的形势分析与展望

河南省社会科学院课题组*

摘　要： 打造河南经济升级版，是加快中原崛起河南振兴的战略抉择。近年来，河南省以谋跨越求崛起、建小康富人民、兴河南强中原为目标，努力稳增长、调结构、促改革，为打造河南经济升级版奠定了坚实的发展基础。进入新的增长阶段，打造河南经济升级版，要坚持以提高经济发展质量效益为中心，全力推动发展质效、发展模式、发展动力、产业发展、经济结构和人民福祉等6个方面的转型升级，推动河南经济发展的质量和效益更高、活力和动力更强、公平性和可持续性更好。

关键词： 河南　经济升级版　形势分析　展望

步入新的发展阶段，在国际国内发展环境日趋复杂，经济平稳运行与风险挑战并存的形势下，要实现河南经济长期持续健康发展，不转型升级则举步维艰。打造河南经济升级版，是加快中原崛起河南振兴的战略抉择。打造河南经济升级版，就是要把改革的红利、内需的潜力、创新的活力叠加起来，形成新动力，推动经济结构和经济形态的全面转型。通过改变粗放的经济发展方式，调整不合理的经济结构，让经济的质量和效益、就业和收入、环境保护和资源

---

* 课题组组长：喻新安、完世伟；课题组成员：王玲杰、袁金星、高璇、林园春。

节约等方面有新的大幅度提升，使河南经济发展更有质量、更具效率、更富活力、更可持续。

一 打造河南经济升级版的必要性和紧迫性

河南作为地处内陆的人口与农业大省，在复杂多变的国际国内发展环境下，在爬坡过坎、转型升级的关键阶段，全力打造河南经济升级版是新时期新形势下加快中原崛起河南振兴、全面建成小康社会，推动科学发展、可持续发展的战略选择。

（一）适应国内外环境变化的必然要求

国际金融危机以来，国内外发展环境日趋复杂、发展形势日趋严峻，传统经济增长主要依靠出口和投资的发展模式受到严重挑战。从国际形势上看，当前全球经济正处于深度调整期，仍然具有很大不确定性和不稳定性。全球经济疲软，外需乏力可能会持续相当长时间；世界金融持续动荡，特别是发达国家采取宽松的货币政策，货币升值压力可能会进一步加大；世界各国积极推动转型升级，美英等国实施制造业转型升级战略，产业竞争压力继续增强。从国内形势上看，我国正处在产业升级转型、国际经济波动、宏观调控紧缩的叠加期；原材料价格上升、人民币升值、劳动力成本上升的困难期；资金供给、土地供给、环境承载力的约束期。在这样的大环境下，近两年河南经济发展遭遇了前所未有的难题，既要防过热，又要防下滑；既要保增长，又要稳物价；既要增收入，又要扩就业。在这些矛盾与难题交织下，河南必须充分利用国际国内环境形成的倒逼机制，化危机为转机，化压力为动力，加快推动经济转型升级，打造河南经济升级版是应对新形势新变化的必然要求。

（二）加快发展方式转变的根本举措

加快发展方式转变是一场深刻变革，关系改革开放和经济社会发展全局。河南全力推动经济转型升级、转方式取得了积极进展，结构优化调整持续推进,科技进步和创新支撑作用进一步增强,城乡基本公共服务水平进一步提升,可持续发展能力进一步提高。但目前河南发展方式粗放型特征依然明显,发展质量效率依然亟待提升,中等收入陷阱压力仍然存在,加快转变经济发展方式刻不容缓。打造河南经济升级版正是推动河南产业结构优化调整、加快经济发展方式转变的内在要求,为河南产业转型升级、生产力布局优化提供了有效途径,培育了河南经济发展新的增长点,进一步加速了经济转型升级和发展方式转变。

(三)符合河南发展阶段性特征的战略选择

从发展阶段性特征来看,河南人均GDP接近4000美元,按照国际通行标准,已经进入经济社会发展调整期和各种矛盾集中期,如果不能实现经济转型升级,就有可能陷入"中等收入陷阱";同时,河南正处在工业化发展中期,产业发展处于价值链低端、创新能力偏弱化、质量效益偏低质化、综合竞争实力不强等深层次矛盾依然突出,工业转型升级势在必行。虽然近年来河南城镇化进程快速推进,但总体水平较低,从传统城镇化向新型城镇化的转型升级是提升城镇化发展质量的必然选择。随着投资等传统增长动力的衰减,在自然资源开发殆尽、人力资本成本逐渐提高、原材料价格不断上涨等压力之下,不合理的产业结构、粗放型的经济发展方式以及缺乏创新能力的竞争格局已成为河南经济发展的"绊脚石",只有加快经济转型升级,培育新优势、新动力,才能保持河南经济又好又快发展的良好态势。

(四)实现全面建成小康社会目标的现实需要

随着河南经济发展水平的全面提高,综合实力大幅提升,城镇化发展跨上新台阶,已经基本具备了全面建成小康社会的基础条件。但是河南人口多、底子薄、基础弱、发展不平衡的基本省情没有根本改变,与发达地区乃至全国平均水平相比尚有不小差距,实现全面建成小康社会目标依然面临严峻挑战。打造河南经济升级版,符合全面建成小康社会进程的要求,通过全面提高经济发展的质量和效益,解决缩小收入分配差距,完善社会保障体系等关系人民生活水平提高的各种问题，有力推动了经济发展、社会发展与民生发展相互协调，实现经济发展与居民收入增长相统一，经济发展与公共服务均等化相统一，经济发展与充分就业相统一，使人民群众更多更好地共享现代化成果。

（五）增强发展动力的有效路径

国际金融危机以来，特别是最近几年，我国经济增速明显放缓，依靠投资和要素为主要驱动力的传统经济发展动力已明显不足，急需培育经济发展新动力以实现稳增长目标。从河南发展实际来看，释放改革红利、激发内需潜力、增强创新活力是加快推动经济转型升级的关键所在。通过深化改革处理好政府与市场的关系，完善政府与市场更加协调有序的社会主义市场经济体制，进一步释放改革红利；加快新型城镇化进程，发挥新型城镇化在"三化"协调科学发展中的引领作用和关键作用，激活内需潜力；推动经济发展由要素驱动向创新驱动转变，增强创新动力活力，叠加形成推动经济又好又快发展的新动力。

（六）提升发展可持续性的重要保障

中国经济快速崛起的同时，资源环境压力也在不断加大。加快转变经济发展方式，大力发展绿色经济、低碳经济，加强生态文明建设、提升发展可持续性是经济转型升级的核心构成和必然要求。河南是我国的能源消耗大省，资源枯竭大省，碳排放大省，资源环境制约因素更为凸显，迫切需要打造经济升级版以突破资源环境制约瓶颈，将节约资源和保护环境的空间格局、产业结构、生产方式、生活方式等可持续发展理念和原则融入经济建设的全过程，促进河南经济持续健康发展。

二 打造河南经济升级版的现实基础

改革开放以来，河南经济社会发展取得显著成就，已经成为全国重要的经济大省、新兴的工业大省和有影响的文化大省，尤其是近年来，河南省以谋跨越求崛起、建小康富人民、兴河南强中原为目标，坚持主题主线，加快转型升级，努力稳增长、调结构、促改革，为打造河南经济升级版奠定了坚实的发展基础。

（一）河南加快转型升级的主要做法

1. 持续探索"三化"协调科学发展路子

河南历届省委、省政府坚持立足基本省情，把握不同发展时期的阶段性特征，遵循经济发展规律，探索农业大省实现现代化的发展之路，努力推动经济在更高起点、更高层次发展，以工业化为主导、以城镇化为支撑、以农业现代化为基础，持续探索走出了一条不以牺牲农业和粮食、生态和环境为代价的工业化、城镇化、农业现代化"三化"协调发展的路子。20世纪80年代后期到90年代初期，河南省就提出要全面发展农村商品经济，同时加快产品结构调整、技术进步和企业管理，力促工业跃上新台阶。党的十四大以后，河南省开始探寻工业与农业相互促进、协调发展之路，在强农兴工中寻求经济转型，同时积极探索城市化道路，规划并开展了中原城市群建设。进入21世纪，河南提出要加快工业化、城市化进程，促进农业现代化，要把城市化作为一项重要战略来抓；2003年，河南省委、省政府印发《河南省全面建设小康社会规划纲要》，指出要坚持以工业化为主导、以城镇化为支撑、以推进农业现代化为基础，统筹推进城乡经济社会协调发展，"三化"发展战略不断丰富；2009年河南提出建设中原经济区；2011年国务院颁布《关于支持河南省加快建设中原经济区的指导意见》、2012年《中原经济区规划》获批，中原经济区战略上升为国家战略，确立了"两不三新""三化"协调科学发展路子，为河南打造经济升级版指明了正确的方向。

2. 努力构建"一个载体、三个体系"

近年来，河南省坚持把构建"一个载体、三个体系"作为推动全省科学发展的战略举措和实现途径，尤其是国际金融危机爆发以后，"一个载体、三个体系"建设内涵持续丰富、发展举措不断完善，在破解河南发展深层次矛盾，推动全省经济转型升级和发展方式转变方面发挥了重要作用。在载体建设方面，河南按照"三规合一"、"四集一转"、产城融合的理念规划建设了180个产业集聚区，建立了完善、积累、服务、激励"四个机制"，打造了投融资、中小企业担保、土地开发整体"三个服务平台"，启动实施了现代农业、服务业发展载体建设，有力推动了全省生产力由分散向集聚布局。在现代产业体系建设方面，从2011年开始，河南按照"竞争力最强、成长性最好、关联度最高"的原则，在工业和服务业领域选择了六大高成长产业、四大传统支柱产业、四大先导产业、四大现代服务业共18个产业，制定并实施产业结构调整专题规划，产业竞争力不断提升。在现代城镇体系建设方面，河南创新性地将新型农村社区纳入城镇体系，将原有的四级城镇体系变为五级城镇体系，并且围绕提升城市品位、完善城市功能、优化城市布局和空间形态，制定了中心城市组团式发展以及在城区发展商务中心去、特色商业区等举措，城镇化进程全面提速。在自主创新体系建设方面，把科技创新作为产业结构调整和经济发展方式转变的中心环节，通过培育主体、打造平台、建设基地、创新机制、实施专项，使全省经济发展动力逐步增强。"一个载体、三个体系"建设的持续优化，为河南打造经济升级版提供了明确的路径。

3. 着力打造内陆开放高地

河南省作为内陆省份，坚持把对外开放作为加快全省经济社会发展的全局性综合性战略举措，作为决定河南前途命运的关键和经济工作头等大事来抓，以全面扩大开放"一招应多变"、"一举求多效"，打造内陆开放新高地。从1992年提出并实施开放带动战略，到2003年开放带动升级为主战略，再到2012年上升为"基本省策"，对外开放在全省经济总体布局中的地位不断提升，开放的领域持续扩宽、层次持续提高。河南大力推进对外开放平台建设，全省各地设立了不同层次的高新技术开发区、经济开发区、产业集聚区、承接产业转移示范市、各类综合改革试验区，包括郑州航空港经济综合试验区等，为全省承接产业转移构筑了重要载体。强力推进与央企、国家部委合作，以项目投资、资产重组等形式，突出重点产业、重点项目和重点区域，促进央企在河南扩大投资规模，建设区域总部、研发中心、生产基地等；43个国家部委和单位出台文件或与河南签订战略合作协议，建立了长效对接联系机制，合作成果不断扩大。积极构建开放型经济体系，树立"省外即外"意识，在多渠道、多形式引进境外资金的同时,将长三角、珠三角等沿海发达地区作为招商重点,大力联络沪商、浙商、粤商、闽商来豫投资。不断优化投资环境,硬环境建设方面,着力加强交通、能源等基础设施建设,提高区域承载能力,软环境建设方面,持续创新服务方式,完善推进机制,简化审批手续,营造了良好的发展氛围。更高水平、更大规模的对外开放获得了更多人力、技术和市场资源,为河南打造经济升级版注入了不竭的动力。

(二)河南加快转型升级的主要成效

1. 新型城镇化建设全面推进

河南把新型城镇化建设作为推进"三化"协调科学发展的突破口,按照"核心带动、轴带发展、节点提升、辐射周边"的布局要求,强力实施新型城镇化引领战略,城镇化布局和城镇体系不断完善。城市组团发展快速推进,全省确定了62个城市组团,全面启动了中心城区与城市组团间的交通体系建设,郑州以"两环十七放射"、十条快速通道建设为重点,推进中心城区与城市组团基础设施一体化建设,许昌、平顶山、新乡等地都出台了城市组团发展的规划和措施,全省城市组团建设步伐不断加快。郑州、洛阳、焦作、开封等16个城市新区建设全面推进,综合交通、污水垃圾处理、供排水、供热供气、生态等基础设施建设进展顺利,功能逐步完善,引领产业转型升级和人口集聚的能力明显提升。郑州都市区建设持续推进,围绕建设"三大一中"(大枢纽、大产业、大都市和建设中心城市)和"两区两城"(全国"三化"协调发展示范区、现代航空都市区、国家中心城市、世界文化名城)的宏伟目标,郑州市以交通道路和生态廊道建设为切入点,统筹推进都市区建设,有序开展城中村改造、旧城改造和合村并城,都市区建设日新月异。全省新型城镇化引领三化协调科学发展的格局初步形成。

2. 产业集聚区发挥升级载体作用

河南坚持把加快产业集聚区建设作为事关全局的中心工作和综合性举措,全力推进产业集聚区招商引资项目落地和建设进度,使产业集聚区保持了高速发展态势,发挥了引领全省经济转型升级和辐射带动作用,对全省经济的带动贡献不断加大。2012年,全省产业集聚区规模以上工业增加值同比增长22.6%，对全省规模以上工业增加值增长的贡献率达到63.9%；规模以上工业主营业务收入占全省比重达到47.9%，对全省规模以上工业增长的贡献率达到74.3%；主营业务超百亿元的产业集聚区达到100家，郑州航空港区年产值更是超过千亿元；产业集聚区投资占固定资产投资的比重达到49.0%，对全省固定资产投资增长的贡献率达到68.3%；全省18个省辖市有11个省辖市产业集聚区规模以上工业增加值占全市的比重超过50%。对全省就业的带动日益突出，目前全省产业集聚区规模以上工业从业人员超过280万人，占全省规模以上工业从业人员的一半以上，对全省规模以上工业从业人员增长的贡献率达到165.1%，拉动全省规模以上工业增长8.2个百分点，拉动居民就业和促进人口转移效果十分显著。此外，为了更好地发展服务业和城区经济，河南省加大力度推动商务中心区和特色商业区建设，2013年年底将全面完成"两区"空间规划、控制性详细规划编制论证评审工作，已经批复的许昌、三门峡、平顶山等市的商务中心区和特色商业区，水、电、气、暖、道路、通信等基础设施建设全面推进，已经成功签约落地一批重大项目，综合效益初步显现，推动全省经济转型升级的载体不断丰富和完善。

3. 粮食和农业稳定增产

河南始终把粮食和农业生产放在重中之重的位置，持续探索具有中原特点的新型农业现代化道路，扎实推进国家重要的粮食生产和现代农业基地建设，连续保持了农民增收、农业增收、农村繁荣的良好态势，用全国1/16的耕地生产了占全国1/10左右的粮食，为国家粮食安全做出了积极贡献，对全省经济发展发挥了基础性保障作用。粮食生产屡创新高，2013年河南夏粮生产再获丰收，产量达到647.02亿斤，实现"十一连增"，秋粮生产有望持平略增，全年粮食生产将迎来"十连增"。河南持续加大投入，大力推进高标准粮田"百千万"建设工程，巩固、完善和扩大高标准粮田面积，积极改造中低产田，强力推动土地整理，统筹推进水、电、路、林等生产设施和服务体系建设，农业基础设施不断改善，为粮食增产创造了条件。农业结构调整成效明显，通过积极发展优质粮食生产，已建成豫北、豫中南为主的优质小麦基地、沿黄河地区为重点的优质水稻基地；特色农业发展迅速，在大别山、太行山和伏牛山区形成了茶叶、食用菌、中药材生产基地,在豫西、沿黄河故道形成了优质果品生产基地;多功能农业蓬勃兴起,截至2012年,全省休闲农业企业达到2714家,从业人员超过20万人。农业产业化进程加快,2012年,全省规模以上农产品加工企业达到6600家,实现营业收入1.3万亿元,占全省规模以上工业营业收入的1/4以上,全国的味精、方便面、速冻水饺、速冻汤圆、火腿肠有一半都是由河南生产出来的,涌现出一大批知名的农业龙头企业。农业支撑中原经济区建设的基础性作用得到了充分发挥。

4. 工业结构持续优化

河南抢抓近年来产业转移的新机遇,大力推进新型工业化进程,工业在规模、效益尤其是结构方面得到了全面提升,在推动全省经济转型升级中发挥了主导作用。六大高成长性产业比重明显提高,通过大力开展招商引资,在汽车、电子信息、装备制造等领域积极引进了一批投资规模大、科技含量高、产业关联度强、发展前景好的项目,产业竞争力不断提高,2012年,六大高成长性产业实现增加值占全省工业的比重达到57.9%,比2007年提高8个百分点,对全省工业增长的贡献率为67.2%,拉动全省工业增长9.8个百分点,成为带动全省工业增长的主动力。高技术产业比重持续增加,大力推进自主创新,坚持把加快发展高技术产业和用高新技术改造传统产业放在优先地位,高技术产业发展取得了长足进步,2012年,全省高技术产业实现增加值占全省工业的比重5.6%,比2007年提高2个百分点。六大高载能行业比重明显下降,不断加大对高耗能、产能过剩行业的调整力度,2012年,全省六大高载能行业实现增加值占全省工业的比重为39.9%,延续了逐年下降趋势。工业结构偏"重"的局面不断改善,2012年,全省轻工业占全省工业的比重为31.6%,比2007年提高1.4个百分点,重工业占工业比重下降到68.4%,工业过度依赖传统产业的格局逐渐好转。工业结构的不断优化为第三产业快速发展创造了条件,全省服务业发展持续保持每年10%以上的增速,尤其是物流、金融、文化、旅游、信息等现代服务业发展迅速,形成了一大批新的经济增长点,助推了全省产业层次由低端向高端升级。

5. 自主创新能力不断提升

河南把科技创新作为事关长远发展的基础性、全局性、战略性重大任务，作为促进发展方式转变、推进经济结构战略性调整的中心环节，不断加快自主创新体系建设、实施创新驱动发展战略，建设创新型河南，自主创新能力不断提升。技术创新不断取得新突破，洛阳中硅高科承担的多晶硅产业化关键技术研究与开发专项，打破了国外长期的技术封锁和市场垄断，郑煤机承担的大采高可靠性高液压支架及电液控制系统研制专项，核心技术具有完全自主知识产权等，一大批行业内关键技术、共性技术取得了重大进展。创新载体建设步伐加快，截至2012年，全省省级以上企业技术中心835家，其中国家级59家；工程实验室（工程研究中心）191家，其中国家级22家；国家级工程技术研究中心9个，省级工程技术研究中心570个；省级重点实验室89个，为各类创新活动提供了充分的平台支持。高新技术产业发展步伐加快，自2000年以来，全省高新技术产业增加值年均增长超过20%，在新能源汽车、精密超硬材料、轨道交通装备等高技术领域，形成了明显的技术和市场优势，2012年，全省高新技术产业增加值达到2720亿元，全省国家级创新型（试点）企业达到18家，省级创新型（试点）企业达到259家，国家级高新技术产业开发区数量达到5家。此外，创新活动日益活跃，2012年全省专利授权量达到2.7万件，是2007年的3.8倍；全年实现知识产权质押融资近6亿元，签订技术合同4204万份，成交金额40.2亿元。科技创新对全省促进发展方式转变、推动经济结构战略性调整的支撑作用愈加显现。

6. 开放带动作用明显增强

河南把对外开放作为促进经济转型、实现科学发展的根本动力，强力推动开放招商，积极承接产业转移，利用两种资源、两种市场，不断提高资源配置效率，对外开放呈现出规模扩大、质量提升、领域扩宽的良好局面。开放招商硕果累累，从粤、闽、台到京、津、沪，大开放、大招商带来了大项目、大发展，富士康集团、奇瑞汽车、格力电器郑州产业园等一批龙头型、基地型项目在河南落户，美国联合包裹、深圳华强等一批高端服务业知名企业战略布局河南，截至2012年，在河南投资的世界500强和国内500强企业分别达到76家和146家，在全省加快转方式、调结构中发挥了强力支撑作用。对外贸易"井喷式"发展，2001~2012年，除在2009年金融危机影响下河南进出口增速出现下滑，其他各年全省对外贸易不仅直线上升，而且增速持续加快，2012年全省进出口总值突破500亿美元，达到517.5亿美元，同比增长58.6%，创历史新高；其中出口总额296.78亿美元，增长54.3%；进口总额220.72亿美元，增长64.9%。出口结构持续优化，技术含量高和附加值高的产品出口比例逐年提高，"两高一资"类产品出口大幅下降，2012年全省机电产品出口193.79亿美元，同比增长130.5%；高新技术产品出口162.22亿美元，同比增长184.1%。外资利用不断提高，2012年全省实际利用外资121亿美元，比2007年翻两番，实际到位省外资金突破5000亿元，比2007年增长2.3倍。对外开放在保增长、调结构、促转型、惠民生等方面的综合带动作用日益凸显。

（三）打造河南经济升级版面临的主要问题

经过多年不懈努力，河南经济取得了令人瞩目的成绩，但人口多、底子薄、基础弱、人均水平低、发展不平衡的基本省情尚未根本改变，一些制约经济转型升级的障碍还将长期存在。一是结构性矛盾比较突出。产业结构方面，服务业发展相对不足，全省服务业增加值占生产总值比重长期徘徊在30%左右，落后全国10个百分点；工业结构方面，资源型产业比重较大，建材、有色、化工、钢铁等能源原材料行业占工业总量的比重接近60%，而高新技术、装备制造业等新兴产业比重较低。二是城乡发展不协调。全省城乡居民收入差距仍呈扩大趋势，绝对差距由2002年的4029元扩大到2012年的12917元，城乡经济系统相互分离的状况仍未打破，城乡基础设施和基本公共服务差距较大，城乡户籍制度、就业制度、社保制度、土地制度、产权制度等方面仍存在诸多不公平。三是城镇化率偏低。2012年，河南省城镇化率为42.4%，全国倒数第5位，中部地区倒数第1位，城市规模普遍偏小，城市经济实力不强，综合承载力不足，既难以吸纳和支撑大量的农村人口向城市转移，也难以形成对农村发展的有效辐射带动。四是要素制约日益凸显。土地资源紧缺，建设用地供应严重不足，一些技术含量高、市场前景好、投资强度大的好项目难以落地，影响了工业投入和企业发展；资金瓶颈仍待破解，新型金融组织发展滞后，广大中小企业融资难、融资贵问题难以有效解决；环境承载压力较大，粗放型增长方式没有得到根本改变，"粗、低、重、耗"产品过多，造成资源利用效率低，污染排放强度大，环境承载力不足。

三 打造河南经济升级版的形势分析与前瞻

中国经济正处于增长速度换挡期、结构调整阵痛期、前期刺激政策消化期叠加的阶段，发展环境十分复杂。这一时期也正是河南打造经济升级版，全面提高发展质量效益的关键时期，既有中原经济区、郑州航空港经济综合实验区上升为国家战略等重大机遇，也面临着资源环境约束加剧、区域竞争日趋激烈等严峻挑战。

（一）打造河南经济升级版的有利条件

1. 三大国家战略为打造河南经济升级版带来了前所未有的机遇

国家粮食战略工程河南粮食生产核心区规划、中原经济区规划与郑州航空港经济综合实验区规划，三大国家战略为打造河南经济升级版提供了前所未有的重大机遇。国家粮食战略工程河南粮食生产核心区规划巩固了河南全国第一农业大省、第一产粮大省和第一粮食转化加工大省的地位，为加强农业基础工作、提高农业生产能力创造了有利条件。中原经济区规划上升为国家战略，河南在更高起点上发展的空间更加广阔，战略地位更加突出，发展方向更加明确，国家支持也更加有力。郑州航空港经济综合实验区的批准，标志着河南打造内陆开放高地、集聚高端生产要素、构筑参与国际分工新平台、创造区域竞争新优势的战略突破口已经打开。三大国家战略提供的体制条件和政策环境，为河南经济升级版形成了涵盖面更广、内涵更丰富、作用更综合的体系化科学发展新平台，壮大了河南加快经济转型升级的新优势、新动力。

2. "一个载体、三个体系"建设为打造河南经济升级版进行了总体布局

河南把构建"一个载体、三个体系"作为推动科学发展、加快发展方式转变的具体实践形式和总体工作布局，为打造河南经济升级版，实现后发赶超,加快中原崛起富民强省步伐提供了治本之策。"一个载体、三个体系"从生产力布局优化、发展动力转换、产城融合发展、产业转型升级、提升开放度、实现经济可持续发展等方面多角度、全方位为打造河南经济升级版进行了布局,可以有效解决打造河南经济升级版过程中面临的经济集聚度低、过度依赖投资、城乡二元结构、产业层次低端化、经济外向度低、资源环境约束等诸多难题。"一个载体、三个体系"助力河南充分利用国际金融危机的倒逼机制,聚焦优质资源、完善升级载体、增添发展动力,推动城镇发展方式升级、产业优化升级,开创科学发展新局面。

3. 深化改革开放为打造河南经济升级版激发了动力活力

改革开放以来,河南把对外开放作为基本省策和决定前途命运的关键,持续拓展开放新领域,加快构建开放新格局,以开放推动转型、实现跨越。改革是最大的红利,河南着力把改革创新作为解决深层次矛盾、加快转变经济发展方式的治本之策,着力构建有利于科学发展的体制机制。随着国企改革和战略重组不断深化,非公有制经济快速发展,一批行业领军企业竞争力持续提升;行政管理体制改革扎实推进,省直管县体制改革试点平稳运行,事业单位改革有序展开;医药卫生体制改革取得新成效;文化体制改革阶段性重点任务全面完成;投融资体制改革创新成效明显,社会融资规模扩大。深化改革开放为打造河南经济升级版激发了动力活力,奠定了良好基础。

4. 高端要素汇聚为打造河南经济升级版提供了重要支撑

增强要素支撑能力,尤其是高端人才、现代金融、信息等高端要素是打造河南经济升级版的重要支撑和保障。在知识经济时代,过度依赖廉价土地和劳动力等的"要素驱动"发展模式已难以为继。在加快转型升级的进程中,河南已有的传统基础资源优势、三大国家战略带来的政策优势,再融合郑州航空港、物流港、信息港等的快速发展,形成突出的竞争优势,吸引着全球高端要素的聚集。高端人才的涌入,带来先进发展理念和先进管理模式,进而加速生产方式变革、消费方式升级;吸引资金涌入,提升项目带动作用的同时推动金融等现代服务业发展,形成新的投资热土;吸引创新元素的涌入,带动自主研发集群、新兴产业集群不断壮大,形成科技进步的发生器、加速器。可以说,高端要素汇聚为打造河南经济升级版提供了重要支撑。

5. 现代枢纽建设为打造河南经济升级版构筑了重要平台

随着中原经济区建设发展全面展开，河南全力建设现代综合交通体系，打造全国重要的现代综合交通枢纽和物流中心。郑州航空港经济综合实验区上升为国家战略后，打造国际航空货运枢纽给河南加快转型升级带来新机遇新优势。随着陆港与空港协同发展的现代枢纽建设不断推进，河南作为中原之中，从既有的公路枢纽、铁路枢纽带来的传统基础发展优势，到国家战略打造的航空大枢纽、立体综合交通枢纽带来的高端发展优势，进而升级为新兴产业、高端产业发展的现代经济枢纽，枢纽建设为打造河南经济升级版构筑了重要平台。

（二）打造河南经济升级版的不利因素

1. 全球经济复苏形势严峻

2008年国际金融危机的影响远未消除，美国、欧洲等主要发达国家经济体经济复苏缓慢、通胀问题突出、主权债务风险不断加剧，经济下行压力加大，造成国际金融市场动荡不已，全球制造业活动收缩，发达国家经济可能面临二次衰退风险。与此同时，新兴经济体也面临较大的通胀压力，纷纷实施紧缩政策，造成经济增长明显减速。各国政府都加大了对经济的干预，贸易保护主义抬头，技术性贸易壁垒等贸易保护手段不断翻新而且更趋隐蔽，贸易摩擦范围逐步从传统产业向高新技术产业蔓延，使世界经济复苏更加艰难曲折。在此背景下，我国经济顺势调控，由高速增长区间进入了中速增长区间。国际发展环境趋紧，外部需求减弱，困扰河南经济的有效需求不足问题将长期存在，经济转型升级的空间受到抑制。

2. 区域竞争压力日益激烈

随着城镇化、工业化速度加快，经济发展尤其是产业升级对区域承载能力、功能完善提出了更高要求，经济增长更加依赖于产业集聚、要素集中，哪里发展环境好，哪里要素集聚能力就强，就能在新一轮区域竞争中占据先机。党的十八大提出了"两个翻番"的目标，新一届政府提出要打造"中国经济升级版"，全国各地迅速行动，制订了一系列政策措施，优化发展环境，吸引发展要素。沿海地区、东北老工业基地和中部其他省份在引进资金、技术、人才等生产要素上的竞争更加激烈,产业门槛进一步提高,产业垄断开始形成,产业竞争不断向深层次延伸,已经形成你追我赶的发展态势,区域之间围绕市场、资金、资源、人才的竞争日趋白热化,这使得河南在推进经济转型升级过程中,吸引人、财、物等生产要素困难进一步加大,发展成本将明显上升。

3. 体制机制约束仍将长期存在

随着收入水平提高和生产要素成本上升,之前支撑经济较快增长的劳动力、资源和土地等低成本优势开始减弱,经济要更多依靠扩大内需来拉动增长。而需求结构调整的背后是国民收入分配关系的调整,直接影响到政府、企业和居民的利益关系调整,对财税体制、金融体制、垄断行业体制和资源要素价格形成机制改革的系统性、综合性要求更高,调整的阻力比以往明显加大。就河南而言,资源型产业比重过高、"三农"形势依然严峻、体制机制改革较为滞后、经济增长的多维内生机制尚未形成,未来河南要坚持"调结构、促转型"的发展主线,不仅要面对低成本生产要素减弱的现实,还要面对旧有体制机制的巨大阻力,发展难度可想而知。

4. 发展调整期和各种矛盾集中期叠加影响

未来一个时期,我国工业化、城市化、现代化进入加速期,社会结构、社会组织、社会利益格局都将发生深刻变化。一是由发展水平提高引发人们对社会公平正义、社会保障公共服务等方面的要求将越来越强烈。二是传统的城乡二元结构向现代社会结构快速转换,将深刻改变人们生活方式和社会阶层结构,给社会管理带来新的课题。三是市场化改革进一步深化,经济成分、组织形式、就业方式等发生变化,社会阶层和利益群体随之加快发生新的分化、组合,使分配、利益关系越来越呈现出多元化、多样化趋势。河南的社会建设相对比较滞后,人民群众对自身利益的诉求日趋强烈,社会发展进入矛盾凸显期,各种利益群体之间将不可避免地相互竞争和发生冲撞,会对全省推进经济转型升级产生一定影响。

(三)打造河南经济升级版的前景展望

河南经济升级版,是通过更全面的、更协调的、更系统性的发展版本的优化升级,推动经济发展的质量和效益更高、活力和动力更强、公平性和可持续性更好。升级版的河南经济，将进入一个新的上升阶段，即通过贯彻内涵发展、融合发展、高端发展、开放发展的新理念，跨越中等收入陷阱，实现由大到强的转变；升级版的河南经济，将进入一个新的发展周期，即经济稳步增长与发展质量效益同步提升，稳中求进、进中提质的新周期；升级版的河南经济，将进入一个新的发展轨道，即将改革红利、内需潜力、创新活力相叠加，以新引擎、新动力推进的发展新轨道。通过加快转型升级步伐，着力打造创新能力更强、市场活力更足、经济结构更优化、城乡与区域发展更协调、生态环境更优美、民生保障更稳固的河南经济升级版，探索走出一条具有河南特色的新增长之路。

四 打造河南经济升级版的对策建议

打造河南经济升级版，需要坚持以提高经济发展质量效益为中心，持续探索走好"三化"协调、"四化"同步科学发展道路，促进改革红利、内需潜力和创新活力叠加累积，推进"一个载体、三个体系"建设，加快结构调整步伐，全力推动发展质效、发展模式、发展动力、产业发展、经济结构和人民福祉6个方面的转型升级。

（一）加快经济发展方式转变，推动质效升级

1. 着力打造以发展质量效益升级为中心的河南经济升级版

河南作为一个发展中的中部农业大省，要打造经济升级版，实现全面建成小康和加快中原崛起河南振兴的发展目标，都要求以加快转变经济发展方式为主线，以优化调整经济结构为着力点，以提高经济发展的质量效益为中心，坚持稳中求进，不断增强发展的全面性、协调性和可持续性。稳就是要保持一定的增长速度，进就是要加快发展方式转变，在提高质量效益上取得成效。尤其现阶段要加快经济转型、加快优化升级，就需要在继续保持较快增长速度的同时，既着力稳增长，又加快推动调结构、促改革，实现又好又快发展。这就要准确把握增长速度与质量效益之间的有机联系，综合考虑经济社会发展、民生需求、生态环境承载力等之间的适应关系，促进发展速度、发展质量与结构、

效益之间的相互协调。确保在稳定经济增速的同时，全面提高经济发展的质量和效益，也就是要实现高质量、高效益、可持续的稳定增长，打造以发展质量效益升级为根本特征的河南经济升级版。

2. 加快推动要素投入方式转变

近年来，随着劳动力、原材料，尤其是资源能源价格的快速上升，传统的资源要素投入依赖式粗放发展已经难以为继。加快经济发展方式转变，提高经济发展的质量效益，重点是要加快转变要素投入方式，也就是从主要依靠要素投入、资源耗费、环境污染支撑的数量型、速度型经济增长，进而带来高投入、高消耗、高排放、高污染以及低产出、低效益等不可持续问题，转向资源集约高效利用、环境有效保护的高效率、质量型经济增长。虽然河南是个人口过亿的大省，但是劳动力在数量和成本上的比较优势已经明显弱化；作为国家粮食生产核心区，土地资源瓶颈制约日益凸显；全球日益严峻的能源安全和生态安全形势，使河南以重工业及能源原材料依赖型的产业发展面临更加突出的转型压力。打造河南经济升级版，就必然要加快要素投入方式的转变，通过着力提升人力资源素质，优化投资结构，促进资源集约节约利用，切实提高经济增长的质量效益。

3. 全面推进绿色、循环、低碳、可持续发展

打造河南经济升级版，就要全面落实节约资源和保护环境基本国策，努力建设美丽河南，把人民群众呼吸洁净空气、喝干净水、拥有宜居舒适的生活环境作为发展的重要内容，这既是民生关注的热点问题，也是经济升级的重要目标。全面推进绿色发展、低碳发展，着力引导促进生产方式、生活方式向绿色低碳化转型，增强可持续发展能力和水平；大力发展节能环保等低碳产业，推广利用低碳技术，促进低碳能源、低碳建筑、低碳交通发展。加快推进循环经济试点省建设，明确重点领域和关键环节，降低能源资源消耗强度，综合采取工程减排、结构减排、管理减排等多项措施，落实节能降耗减排目标；加快推进生态省建设，以生态治理、生态修复以及生态网络建设等为重点，加强生态系统建设和保护工作，构筑生态屏障，提高区域生态涵养水平，建设优美生态环境。

（二）坚持"三化"协调、"四化"同步，推动模式升级

1. 在探索"三化"协调、"四化"同步发展道路中推动发展模式升级

持续探索"三化"协调科学发展路子，推动"四化"同步发展是河南实现中原崛起河南振兴的战略抉择，也为打造河南经济升级版理清了思路、明确了路径。加快推动信息化和工业化深度融合、工业化和城镇化良性互动、城镇化和农业现代化相互协调，不断增强新型城镇化的引领作用、新型工业化的主导作用、农业现代化的基础作用和信息化的综合带动提升作用，在加快信息化进程中实现更高水平的"三化"协调发展，培育形成新型工业化、信息化、城镇化和农业现代化互动融合、互促并进的内生型增长、内涵式发展模式，是打造河南经济升级版的必由之路。通过在坚持推进"三化"协调、"四化"同步中释放庞大的内需，为经济升级提供持续动力，推动由投资拉动向内需拉动的升级；加快提升科技创新能力和水平，推动由要素投入向创新驱动的升级；调整优化产业结构，推动产业优化升级；提升资源节约和环境保护水平，推动可持续发展能力升级，进而形成加快产业升级、科技创新、绿色低碳发展的新的发展模式，实现河南经济由大到强、由强到优的转变与升级。

2. 加快推动信息化和工业化深度融合

全过程推进两化深度融合，强化新型工业化主导作用。以50个工业和信息化重大产业示范项目建设为抓手，将信息技术融入研发、设计、生产、管理、销售、服务等产业链全过程，通过信息化提高研发水平、生产效率、产品质量和管理及服务效能，延伸产业产品链条，加快新型工业化进程和转型升级步伐，提升工业综合竞争力。积极支持物联网、云计算、大数据、移动互联网等新一代信息技术的研发和产业化，培育壮大电子商务、电子物流、信息安全、信息服务等新兴信息产业。加快信息化进程，强化信息化综合带动提升作用。加快郑州国家级"两化融合"试验区、国家农村信息化示范省建设，发挥引领和示范带动作用。加大投入力度，加快推进"三网融合"，建设完善信息基础设施，推动智慧城市、数字城市、无线城市建设。

3. 加快推动工业化和城镇化良性互动

坚持产城互动融合发展，以产兴城、依城促产，推动产城之间互促并进、

协调发展。加快推进科技含量高、经济效益好、资源消耗低、环境污染少、人力资源优势得到充分发挥的新型工业化，在为城镇化提供物质积累和产业支撑的同时，提高人力资源利用水平，增强科技创新能力，缓解资源瓶颈制约，优化城镇生态环境，提高城镇化发展质量。充分发挥新型城镇化的引领作用，在加快城镇化进程中促进人才、科技、金融、信息等要素汇聚，为新型工业化提供产业升级必需的先进要素支撑；通过城镇化完善综合服务功能、优化发展环境，提升基础设施，促进集群创新，为吸引集聚大企业、大项目创造优势条件；加快物流、金融、科技、信息等现代服务业发展壮大，为加快新型工业化提供服务支撑。

4. 加快推动城镇化和农业现代化相互协调

加快提升农业现代化水平，推进粮食生产核心区建设，促进农业稳产增产，确保国家粮食安全，并为工业化、城镇化提供劳动力及物质基础支撑。强化城镇产业发展对农村富余劳动力的吸纳能力，加快人口转移的同时促进农业生产经营的规模化、产业化、机械化和集约化，提高农业劳动生产率，促进农业增效农民增收。加快城乡一体化进程，促进基本公共服务均等化以及规划一体化、基础设施一体化。以城镇基础设施扩容工程、城镇义务教育学校扩容改造等重点工程为抓手，不断提升城镇综合承载能力。有序推进农业转移人口市民化，综合采取就近转移、就地转移等多种形式，把具备条件的转移人口逐步纳入城镇住房、医疗、教育等保障体系，着力解决转移人口就业、住房、子女教育等问题。

（三）引导促进"力""利"叠加，推动动力升级

打造河南经济升级版，关键是要形成、壮大推动结构调整和优化升级的新的内生动力，需要把改革红利、内需潜力、创新活力叠加起来，推动动力升级。

1. 以创新驱动增强发展活力

全面推进创新型河南建设，大力实施科教兴豫和人才强省战略，充分发挥高新区的示范带动作用，郑州航空港经济综合实验区的品牌效应、政策效应、先行效应，推进郑州、洛阳国家创新型试点城市建设，加快提升自主创新能

力。强化创新驱动能力,着力构建以企业为主体、市场为导向、产学研相结合的科技创新体系,为稳增长、调结构、促转型注入强大动力。着力提升农业科技水平,推进农业现代化进程,破解"三农"难题;着力推进民生领域的科技创新,落实科技惠民举措;着力突破解决资源环境问题的技术瓶颈,增强可持续发展能力。重点突出创新型企业和高新技术企业培育、研发平台建设和协同创新能力提升,聚焦重大产品的研发、关键核心技术的突破,力争在若干核心领域取得重大突破,掌握一批拥有自主知识产权的关键技术和产品,以科技创新推进传统产业优化升级,以创新驱动催生新兴产业增长点,增强发展活力和竞争力。

2. 以深化改革释放改革红利

全面深化和加快改革,扎实推进重点领域和关键环节改革,在行政体制、财税、金融、投融资、价格、民生、统筹城乡、农业农村、科技等方面取得突破。加快国有经济战略性调整步伐,遵循市场经济规律,推动国有企业股份制、公司制改革,建立现代企业制度。引导扶持非公有制经济发展,以万家中小微企业成长工程为抓手,完善并落实促进中小企业发展的政策措施,建立公平市场准入制度,促进非公有制经济加快发展。深化农村改革,积极探索农村土地产权制度改革,推进集体林权、国有林场和供销合作社改革,积极稳妥推进"人地挂钩"试点。深入推进医药卫生体制改革和文化体制改革,加快户籍制度改革步伐。加快金融体制改革,引导扶持民营金融机构健康有序发展,建立多层次资本市场,拓展融资渠道,缓解中小企业融资难题。加快资源环境管理制度改革,推进水资源有偿使用制度、排污权交易制度、碳排放控制制度等方面的制度创新,实行能源消费总量和主要污染物排放总量预算管理。

3. 以新型城镇化激活内需潜力

作为农业人口大省,河南城镇化率比全国平均水平低10个百分点。随着城镇化进程加速,大量农村人口进入城镇,带来了巨大的市场和内需潜力。以新型城镇化激活这一巨大潜力,就需要在保持城镇化发展速度的同时提高城镇化质量,走集约、智能、绿色、低碳的城镇化发展道路。建设完善现代城镇体系,优化城市形态和布局,推动中心城市组团式发展,促进大中小城市和小城镇协调发展。深入实施城乡建设3年大提升行动计划,加快城乡一体化进程,不断完善城市综合服务功能和承载能力，提升城市建设和管理水平，推进基础设施一体化建设和网络化发展。坚持产业为基、就业为本，强化城市产业功能，加快推动现代服务业发展，提升生活性服务业总体水平，增强就业吸纳能力，同时改善城镇居民消费环境。加快中小城市和小城镇建设发展，增强就近转移人口吸纳能力。

（四）依托"一个载体、三个体系"，推动产业升级

1. 推进产业集聚区建设，完善产业升级载体

着力推进产业集聚区、城市新区、商务中心区、特色商业区、高标准粮田"百千万"建设工程、现代农业产业化集群培育工程等发展载体建设，加快产业升级步伐。按照"四集一转"要求，优化功能布局、集聚要素资源、打造特色产业集群、培育壮大龙头企业、完善配套服务体系，不断加强软硬环境建设，完善基础设施，强化公共服务，全面提升产业集聚区功能作用，为产业升级提供要素、科技、项目、服务等发展支撑。加快商务中心区和特色商业区规划建设，以现代商贸、文化娱乐、金融等为重点，培育一批产业高集聚、产出高效益、功能高复合、空间高密度、就业高容量的服务业集群，打造现代服务业发展新高地，为服务业转型升级提供发展载体。着力提升城市新区建设管理水平，优化城市空间布局，完善城市功能，增强城市发展实力和辐射带动力。以高标准粮田"百千万"建设工程、现代农业产业化集群培育工程等为抓手，推动现代农业发展，建设完善农业升级载体。

2. 推进现代产业体系建设，加快产业结构调整步伐

持续推进现代产业体系建设，落实10大产业调整振兴规划，进一步优化产业结构，培育新增长点，增强产业发展综合实力和竞争力。进一步发展壮大六大高成长性产业，以重点项目建设、龙头企业带动等为着力点，深化"两化融合"，推动集群发展，做大做强汽车、电子信息、装备制造等产业，强化食品、轻工、建材等传统支柱产业的综合实力和拉动作用。着力改造提升四大传统支柱产业，以延伸产业产品链条、强化科技创新等为着力点，促进精深加工产品研发，提高产品科技含量和附加值；坚持绿色低碳化，大力发展循环经济，落实节能降耗减排目标；积极化解产能过剩问题，增强传统支柱产业发展

活力。积极培育四大战略性新兴产业,着力增强自主创新能力和水平,以重大科技成果产业化和品牌化为抓手,增强战略新兴产业产品、技术和服务的市场竞争力,形成新的增长点。加快发展现代服务业,优化服务业发展环境,改造提升传统服务业,培育发展新兴服务业,着力承接转移、促进集聚、打造品牌,积极促进物流、金融、文化、旅游等现代服务业做大规模、提升层级,增强集聚、辐射带动能力。

3. 推进自主创新体系建设,强化产业升级动力支撑

深化落实《河南省自主创新体系建设和发展规划》,着力提高自主创新能力,为产业结构优化升级、经济发展方式转变提供核心动力。积极培育创新主体,以企业创新能力培养工程为抓手,引导企业加大创新投入,建立研发中心,重点培育一批拥有自主知识产权、核心技术和持续创新能力的创新型企业,不断强化企业在自主创新体系中的主体地位和关键作用。建设完善创新载体平台,充分发挥高新区、创新型产业集聚区等的龙头带动作用,加大资金投入和政策支持力度,加快建设创新创业孵化基地,促进企业研发中心、重点实验室等创新平台建设。提升协同创新能力,引导扶持产业技术创新联盟发展,促进产、学、研、金、用相结合,促进高校、科研院所、企业之间开展协同创新,汇聚创新资源,提升科技成果转化水平,联合攻关突破关键核心技术,加快提高原始创新、集成创新、引进消化吸收再创新和协同创新能力。推动开放创新融合发展,加强国际合作平台建设,积极引进海外高端创新资源,促进国际技术转移,支持国际学术组织、科研机构建立研发中心或开展科研合作,以开放合作提高创新起点、促进创新发展。

(五)加快需求结构优化调整,推动结构升级

1. 优化投资结构

要打造河南经济升级版、实现全面建成小康目标,保持投资规模持续稳定增长是稳增长的现实要求,而在继续稳步扩大投资规模的同时,加大宏观调控力度,完善宏观调控政策,优化投资结构,是发挥投资对拉动经济和调整结构的重要作用,提高发展质量效益的必然选择。优化投资方向,以"一个载体、三个体系"建设为重点,以投资结构优化引导促进现代产业体系建设,着力

加大对农业生产和农村生活设施投入；以绿色发展、创新发展为导向，推动传统产业升级、战略新兴产业壮大，优化工业投资结构；加大生产性服务业投入力度，推动现代服务业发展。促进现代城镇体系建设，以改善民生、优化环境为重点，加大对基础设施、公共服务以及医疗卫生、教育文化等社会事业的投入力度。促进自主创新体系建设，以基础研究、前沿技术研究、社会公益研究、重大共性关键技术研究以及循环经济、节能降耗技术等为重点，加大对自主创新、技术改造的投资力度。积极引导民间投资增长。近年来，河南民间投资表现出增速加快并高于同期总体投资增速的良好态势。在发挥国有及国有控股投资对稳定经济重要作用的同时，进一步拓宽民间投资的领域和范围，鼓励引导民间投资进入市政、金融、社会事业等领域，缓解中小企业融资难题。

2. 扩大消费需求

积极推动居民消费模式转变，促进消费增长。提升生活性服务业发展水平，健全方便快捷的商业网络，大力推动旅游、文化娱乐、教育产业发展，满足日益增长的精神文化消费需求，引导居民消费结构升级。积极培育消费新热点，开辟消费领域。着力扩大信息消费，充分发挥河南电子信息产业发展优势，完善信息网络基础，丰富信息消费内容，推动电子商务、网络购物等信息服务类新业态加快发展，加快做大信息消费规模。着力扩大老年消费，大力发展老龄服务产业，创新老年消费产品和服务，积极拓展、扩大老年消费市场，鼓励社会资本兴办养老服务机构、康复机构，提供高水平的社会化养老服务，转变传统养老模式，适应老龄化社会消费需求。着力扩大健康消费，提升医疗服务、保健食品等传统健康产业的总体规模和规范发展水平，积极发展健康管理、健康咨询等新型健康产业，满足人民群众不断增长的健康服务需求，激活健康消费潜力。着力优化消费环境，加强市场秩序整顿和监管，加快信用体系建设，切实维护消费者合法权益。

3. 全面扩大开放

不断强化开放招商"一招应多变"、"一举求多效"的综合带动作用，推动开放向更大规模、更宽领域、更高水平、更好效果发展。提升招商引资质量，以产业结构调整和发展方式转变为导向，着力引进龙头基地型、技术创新型、服务中心型项目，壮大产业集群，提升科技创新水平。创新招商引资方式。构建市场化、专业化、社会化的招商体系，推广委托招商、代理招商、以商招商、节会招商、专题招商等模式；依托产业集群优势，积极开展产业链招商。拓展对外开放领域，推进现代农业、现代服务业、城乡建设领域对外开放，积极引进科技、医疗、教育等合作项目。加强招商引资平台建设，以产业集聚区、城市新区等为重点，积极打造承接产业转移的主平台，充分发挥郑州航空港经济综合实验区的集聚、引领作用，加强综合保税区、出口加工区等开放平台建设，利用黄帝故里拜祖大典等开展平台招商。优化外商投资环境。完善招商政策，简化审批程序，规范审批行为，健全招商引资项目跟踪服务机制，保护投资者合法权益。

（六）着力保障和改善民生，推动福祉升级

1. 坚持经济增长与民生改善同步推进

把实现好维护好发展好最广大人民根本利益作为一切工作的出发点和落脚点，把发展经济与改善民生紧密结合起来，让人民群众成为改革发展的现实受益者。以"十项重点民生工程"为抓手，努力让人民享受到更好的教育、更稳定的工作、更满意的收入、更可靠的社会保障、更高水平的医疗卫生服务、更舒适的居住条件、更优美的环境，使改革发展成果更多更好地惠及广大人民群众。

2. 着力落实收入倍增计划

努力实现居民收入增长和经济发展同步、劳动报酬增长和劳动生产率提高同步，通过增加居民收入加快推动民生改善。深化收入分配制度改革，缩小收入分配差距。全面落实涉农补贴，提高农业生产效益，增加农民经营性收入。着力增加就业，以高校毕业生、农村转移劳动力、城镇困难人员等为重点，加大职业培训以及扶持力度，完善就业市场，改善就业环境，创造就业岗位，积极扩大就业。以创业带动就业，制定优惠政策，优化创业服务，积极引导扶持小微企业发展。

3. 着力提升社会保障和基本公共服务水平

着力推进社会保障体系建设，研究建立城乡社会保障互相衔接和转移机制，推动城镇职工养老保险与城乡居民养老保险衔接，城镇职工医保与居民医

保、新农合衔接。统筹配置公共服务资源，缩小城乡差距，推进城乡基本公共服务均等化。大力发展农村文化产业，健全县、乡、村三级文化设施网络，建立城乡一体的人力资源市场和就业服务体系，推动城乡劳动力平等就业。优先发展教育事业，提高教育质量，扎实推进学前教育3年行动计划，全面实施素质教育，促进义务教育均衡发展。加快发展职业教育，提高高等院校办学水平。加大教育投入，鼓励引导社会力量办学。着力提高人民群众健康水平，提升基层卫生服务标准化水平，加强人口和计划生育工作，完善减灾救灾、社会救助、社会福利制度，大力发展老龄、残疾人、慈善、红十字事业。

调查评价篇

B.3
2013年中原经济区省辖市经济综合竞争力评价

河南省社会科学院课题组*

摘　要：

城市经济综合竞争力是全面衡量一个地区经济、社会、科技、环境等方面发展能力的综合体现。中原经济区上升为国家战略两年多以来，该区域经济实现了快速健康发展，30个省辖市经济综合竞争力稳步提升。本文改进了2013年中原经济区省辖市经济综合竞争力评价的指标体系，对新一年经济综合竞争力进行了评价，并对分项评价指标以及部分典型城市的发展情况进行了分析和阐述，最终提出了一系列区域发展和城市竞争力提升的政策建议。

关键词：

中原经济区　省辖市　经济综合竞争力　层次分析法

---

* 课题组长：喻新安、完世伟、王玲杰；课题组成员：武文超、李斌、袁金星、高璇、林园春、陈锐；执笔：武文超、李斌。

2011年9月，国务院《关于支持河南省加快建设中原经济区的指导意见》正式出台，中原经济区建设上升为国家战略。2012年11月，国务院正式批复《中原经济区规划》，中原经济区进入全面实施阶段。经过两年多的发展，中原经济区在全国范围内的影响力、辐射力、带动力稳步提升，中原经济区内省辖市的经济综合竞争力格局出现了一系列新的变化和趋势。有鉴于此，持续开展中原经济区省辖市经济综合竞争力相关研究，能够持续跟踪反映中原经济区省辖市经济综合竞争力变化趋势，为中原经济区建设提供相应的决策信息和决策依据。

一 背景和评价意义

（一）中原经济区总体情况和发展现状

中原经济区（Central Plains Economic Region）是以郑汴洛都市区为核心、中原城市群为支撑、涵盖河南全省延及周边地区的经济区域，地处中国中心地带，全国主体功能区明确的重点开发区域，地理位置重要、市场潜力巨大、文化底蕴深厚，在全国改革发展大局中具有重要战略地位。2011年国庆前夕，建设中原经济区上升为国家战略。2012年11月，国务院正式批复《中原经济区规划》，建设中原经济区拥有了纲领性文件。中原经济区的战略定位为：国家重要的粮食生产和现代农业基地，全国工业化、城镇化、信息化和农业现代化协调发展示范区，全国重要的经济增长板块，全国区域协调发展的战略支点和重要的现代综合交通枢纽，华夏历史文明传承创新区。规划之初，中原经济区范围包括河南18个地市及山东、安徽、河北、山西的共12个地市3个县（区），总面积约28.9万平方公里，2011年年末总人口1.79亿，地区生产总值4.2万亿元，经济总量仅次于长三角、珠三角及京津冀。

中原经济区按照"两不三新、三化协调、四化同步"的发展思路，遵循"核心带动、轴带发展、节点提升、对接周边"的发展原则，逐步形成放射状、网络化空间开发格局。其中，核心带动是指提升郑州交通枢纽、商务、物流、金融等服务功能，推进郑（州）汴（开封）一体化发展，建设郑（州）

洛（阳）工业走廊，增强引领区域发展的核心带动能力。轴带发展是指依托亚欧大陆桥通道，中原经济区城镇化战略格局，壮大沿陇海发展轴；依托京广通道，拓展纵向发展轴；依托东北西南向、东南西北向运输通道，培育新的发展轴，形成"米"字形重点开发地带。节点提升是指逐步扩大轴带节点的城市规模，完善城市功能，推进错位发展，提升辐射能力，形成大中小城市合理布局、城乡一体化发展的新格局。对接周边是指加强对外联系通道建设，促进与毗邻地区融合发展，密切与周边经济区的合作，实现优势互补、联动发展。

中原经济区自上升为国家战略以来，经过两年多的发展，中原经济区新型工业化稳步推进，优势主导产业迅速发展，战略性新兴产业不断提升，在承接产业转移基础上产业竞争力不断增强，产业集聚效应凸显，截至2012年，河南180多个产业集聚区主营收入占全省比重超40%；新型城镇化发展迅速，中原城市群发展强劲，城镇承载力不断提升，产城融合能力增强，城镇化率持续提升；农业现代化水平不断提升，农业结构优化升级效应明显，粮食生产核心区建设稳步推进，农业社会化服务体系逐步完善，惠农政策支持力度不断增强。截至2012年，中原经济区实现地区生产总值4.6万亿元，地区生产总值比2011年增长8.8%，地区生产总值占当年全国GDP比重9%。2012年中原经济区建设成效表明，中原经济区的优势正在逐步释放为生产力，其在全国范围内的影响力、辐射力、带动力稳步提升。

（二）城市经济综合竞争力的概念内涵

城市经济综合竞争力是在社会、经济结构、价值观念、文化、制度政策等多个因素综合作用下创造和维持的，是城市为其自身发展在区域内进行资源优化配置的能力，也即城市在一定区域范围内集散资源、提供产品和服务的能力，是城市经济、社会、科技、环境等综合发展能力的集中体现。

城市经济综合竞争力是城市综合实力的反映，其具有系统性、动态性、相对性、开放性与差异性的特征。第一，城市竞争力是由各种因素组成的有机整体，它的强弱取决于各个要素综合作用的结果。因此营造城市竞争力将是一项系统工程，必须从整体出发，全面考虑，始终把握系统的整体特性和功能，从而达到在整体上增强城市竞争力的目的。第二，由于在经济运行过程中，各种因素总是处于不断的发展变化之中，导致城市竞争力的内涵也会不断发生变化，因此城市竞争力是一个动态平衡的开放系统，这就决定了提高城市竞争力将是一项长期性的任务。第三，城市竞争力是一个相对的概念，强调与其他城市的横向比较因为只有进行比较才能体现出竞争力的大小。而随着作用因素的不断改变，同一城市在不同的发展阶段竞争力水平也各不相同。第四，城市是一个开放系统，在与外界的交流中摄入能量和物质通过转化过程输出能量和物质，从而获得自身的发展。而城市竞争力的测度指标随着时间阶段的不同作用因素也在不断改变，因此城市竞争力是一个开放性的系统。第五，城市竞争力的表现方式多种多样，更强的引资能力、更好的人居环境、更多的发展创业机会、更优秀的人才聚集都有可能发展成为城市的竞争优势。因此培育城市竞争力可以从一定区域内城市的差别优势出发，权衡自身在区域的角色定位，把城市间的纯竞争关系转变为竞争—合作关系，形成优势互补，相互促进，共同发展的"双赢"局面。

（三）中原经济区省辖市经济综合竞争力评价的意义

根据《中原经济区规划》，中原经济区省辖市范围包括河南全省18个省辖市，山西省的晋城市、长治市和运城市；河北省的邯郸市和邢台市；山东的聊城市、菏泽市和泰安市东平县；安徽省的淮北市、亳州市、宿州市、阜阳市、蚌埠市、淮南市的凤台县和潘集区，共涵盖30个地级市和3个县（区）。省辖市作为区域经济发展的重要载体和支撑点，关系着中原经济区新型工业化、新型城镇化和农业现代化的顺利推进和实施。在中原经济区建设进程中，省辖市在资源配置、要素集聚、产业带动、服务提升等领域都起着导向性和引领性的作用，因此对中原经济区内省辖市经济综合竞争力进行持续跟踪评价具有重大的现实意义。

第一，中原经济区省辖市经济综合竞争力评价能为中原经济区建设提供有价值的决策参考。城市经济是区域经济发展中的核心力量，开展中原经济区省辖市经济综合竞争力评价，可以科学客观地反映各省辖市在经济发展水平、企业竞争力、国际化程度、基础设施竞争力、科技竞争力，以及民生发展等方面的优势和不足，从而有效地反映各省辖市在发展过程中的制约因素和比较优势，为各省辖市制定发展规划提供有效的决策依据。第二，中原经济区省辖市经济综合竞争力评价能够动态反映中原经济区建设进程。省辖市经济综合竞争力评价具有连续性，从长时间跨度上跟踪评价中原经济区省辖市经济发展状况，可以勾勒出中原经济区建设进程和各省辖市发展状况，为持续推进中原经济区建设提供有效的决策信息。第三，进行中原经济区省辖市经济综合竞争力评价研究是促进地市之间经济合作发展的有益探索。中原经济区省辖市经济综合竞争力评价研究能够适应城市间协调和合作的需要，通过经济综合竞争力的评价结果，引导各个地市合理选择能够与自己实现互补和共赢的合作对象，在竞争中合作，促进各类资源和要素的流动和合理配置，促进双方竞争力水平的共同提升。第四，进行中原经济区省辖市经济综合竞争力评价研究是国内外企业选择投资地区的参考。中原经济区省辖市经济综合竞争力评价包含了经济规模、产业结构、金融财政、交通和基础设施等许多方面，这些信息将为国内外投资者选择投资区域提供科学有效的参考依据。

二 中原经济区省辖市经济综合竞争力评价系统的设定

城市经济综合竞争力是在社会、经济结构、价值观念、文化、制度政策等多个因素综合作用下创造和维持的。在构建城市综合竞争力评价的定量分析模型时，必须从多个方面把握城市经济竞争力的内涵和特征。本文在进行中原经济区各省辖市的经济综合竞争力评价时，力争遵循以下几个方面的原则：第一，全面性原则。进行经济综合竞争力评价，就要体现综合性和全面性，只有建立一个综合的、完整的指标体系，才能宏观地、系统地反映中原经济区省辖市经济综合竞争力的分布情况，以及发展过程中城市经济综合竞争力的变化情况。第二，科学性。评价体系一定要能够真实、客观反映城市的经济综合竞争力，指标构成主要选取客观的定量化指标，数据选自于省级的统计年鉴，以及各个地市的年度统计公报，保证数据的客观性和真实性。第三，体现当期中原经济区建设的总体思路。党的十八大报告中指出，当前我国整体处在经济发展方式转变的重要时期。经济发展的过程中更加注重发展质量,要让改革和发展的成果惠及全体人民。中原经济区的发展思路中也体现了科学发展、加快经济发展方式转变,坚持"三化"协调发展,突出保障民生等方面的思想。因此,我们在进行省辖市经济综合竞争力评价的时候,将更加注重人均指标、产业结构指标、收入指标、能耗指标等与经济发展质量和民生密切相关的一些指标。

此外,本研究数据采集来源于中原经济区涉及的5个省份的统计年鉴和各个地市的统计公报。由于数据的有效行和可得性问题,我们在指标选择的过程中,也存在一定的困难和障碍。中原经济区涉及中部的5个省份,不同省份统计年鉴中所选取公布的指标不尽相同,部分指标不能够进行对比,因此未被纳入省辖市经济综合竞争力评价的指标体系当中。

(一)评价指标的设定和变动

遵循评价体系的全面性和科学性,在力图体现当前中原经济区发展总体思路的目标下,通过对统计数据的收集、验证和对比,本文构建了2014年的中原经济区省辖市经济综合竞争力评价指标体系。

该指标体系在2013年省辖市经济综合竞争力评价指标体系的基础上,增加了3项指标,并对各项指标进行了重新分类,新指标体系包括2个一级指标,10个二级指标,以及36个基本变量层指标(见表1)。其中,一级指标包含了经济要素水平和支撑要素水平两个大类。经济要素水平包括了7个二级指标,即经济发展水平、收入和就业、经济增长速度、企业竞争力、能耗水平、经济外向性和财政金融实力;支撑要素水平则包含了3个二级指标,即科技创新能力、交通与通信,以及公共设施水平3个方面。评价指标体系中的36个基本变量指标包含了存量类、增量类、均值类、占比类和比率类共5类指标,力图全面、科学地评估中原经济区各个省辖市的经济综合竞争力。

相对于2013年的中原经济区省辖市经济综合竞争力评价指标体系,2014年增加了三项新的指标,即农村居民人均纯收入、城乡居民储蓄余额和卫生机构床位数。党的十八大报告中明确提出,使发展成果更多更公平地惠及全体人民,并提出了全面建设小康社会"两个翻番"的战略目标,即到2020年实现

表1 2014年中原经济区省辖市经济综合竞争力评价指标体系

系统层	一级指标	二级指标	基本指标
中原经济区省辖市经济综合竞争力评价	经济要素水平	经济发展水平	地区生产总值(GDP,亿元);人均GDP(元);全社会消费品零售总额(亿元);固定资产投资总额(亿元);第二产业占GDP比重;第三产业占GDP比重
		收入和就业	城镇居民人均可支配收入(元);农村居民人均纯收入(元);城镇就业人员数(万人)
		经济增长速度	GDP增长率;人均GDP增长率
		企业竞争力	规模以上工业企业个数;规模以上工业企业主营业务收入(亿元)
		能耗水平	单位GDP能耗(吨标准煤/万元)
		经济外向性	进出口总额(万美元);实际利用外资(万美元)
		财政金融实力	公共财政预算收入(亿元);公共财政预算支出(亿元);年末金融机构存款余额(亿元);年末金融机构贷款余额(亿元);城乡居民储蓄余额(亿元)
	支撑要素水平	科技创新能力	专利申请数;普通高等学校数量;高等学校在校生人数
		交通与通信	民用汽车拥有量;移动电话用户数(万户);互联网宽带接入用户数(万户);公路客运总量(万人);公路货运总量(万吨)
		公共设施水平	年末道路面积(万平方米);供水总量(万立方米);全社会用电量(亿千瓦时);建成绿化覆盖面积(公顷);卫生机构数量;卫生技术人员数量;卫生机构床位数

国内生产总值和城乡居民人均收入比2010年翻一番。由于目前官方公布的统计口径当中,城镇居民人均可支配收入和农村居民人均纯收入还是分开计算,因此,我们将农村居民人均纯收入纳入省辖市经济综合竞争力评价指标体系。城乡居民储蓄余额除了反映一个地区的金融实力,同样也可以认为是衡量一个地区居民财富程度的指标。卫生机构床位数,将其纳入指标体系以后,和卫生机构数量、卫生技术人员数量一起能够更好地反映一个城市当中进行医疗和健康服务的能力和水平。通过加入以上3个指标,中原经济区省辖市经济综合竞争力评价体系相对于2013年更多地考虑了民生方面发展的状况,更科学更全面地反映了各个省辖市的经济综合竞争力情况。

(二)指标数据标准化的方法

前文构建了中原经济区省辖市经济竞争力评价指标体系,但是当中所选取的36个指标分别代表着不同意义的经济变量，而且这些变量的计量单位也不同。因此，要对统计数据进行标准化处理，以方便在计算总体评价得分时，能够将不同指标的得分进行加总和集成。本文对数据的标准化方法选取阈值法，将不同单位和不同数量级的经济变量转换为0~1之间的指数，消除了不同指标值之间不能简单汇总计算的问题。

用阈值法进行数据无量纲化处理的计算公式为：

$$\text{对于正指标} A: \frac{A_i - \min A}{\max A - \min A}$$

$$\text{对于逆指标} B: \frac{\max B - B_i}{\max B - \min B}$$

其中，maxA和minA分别为指标A的最大值和最小值。在本文的经济竞争力评价指标体系当中，单位GDP能耗为逆指标，其他变量均为正指标。通过阈值法处理，对于每个统计指标，排名第一的城市的得分为1，排名末位的城市得分为0，其他城市根据该项指标在30个省辖市之中的排位情况按照上面的公式计算得分。阈值法将统计数据转换为0到1之间的得分，得分反映了一个城市在30个省辖市的排位以及该项指标的表现情况，但是由于无量纲化处理，得分失去了原有的经济意义。

（三）竞争力评价模型和指标计算方法

本文中的中原经济区省辖市经济竞争力评价指标体系包含4个层次，36个评价指标。为了进行总体的经济综合竞争力评价，要对36个基本指标进行无量纲化处理，然后逐层加权合成。

线性加权方法的具体计算方式如下：

$$A = \sum \alpha X_i$$

其中，A为X的上一级指标，α为权重。通过线性加权合成，就能够得到指标A的得分，进而进行排序。利用线性加权法，由基本指标得分计算出二级指标得分，由二级指标得分计算出一级指标得分，并最终得到总的评价得分，以及排名结果。

三 中原经济区省辖市经济综合竞争力评价结果与分析

中原经济区自上升为国家战略以来,中原经济区坚持以科学发展为主题,以加快转变经济发展方式为主线,持续探索不以牺牲农业和粮食、生态和环境为代价的新型城镇化、工业化和农业现代化协调发展的路子。解放思想,加快创新体制,扩大开放招商力度,推动产业结构优化升级,促进城乡一体化发展,着力保障和改善民生,努力推动中部崛起战略。经过不断发展,中原经济区优势正在逐步释放为生产力,其在全国范围内的影响力、辐射力、带动力稳步提升,30个省辖市经济综合力得到了显著的提高。

本文对中原经济区省辖市经济综合竞争力的评价涵盖了36个指标,评价了经济发展水平、民生、金融发展水平、科技研发实力、基础设施建设等多方面的因素,力图得到全面科学的评价结果。评价数据主要来源于2013年河南、安徽、山东、河北、山西5省的统计年鉴,以及30个省辖市的2012年国民经济与社会发展统计公报,数据截至2012年。

(一)总体评价结果与分析

城市的经济综合竞争力分析是全面衡量一个城市和地区经济竞争力的方法。本文进行的2014年中原经济区省辖市经济综合竞争力排名结果列在表2当中,二级指标的分项结果列在表3当中。

表2 2014年中原经济区省辖市经济综合竞争力评价结果

排名	地区	总得分	经济要素	支撑要素	排名	地区	总得分	经济要素	支撑要素
1	郑州市	0.939	0.697	0.242	8	蚌埠市	0.378	0.324	0.054
2	洛阳市	0.496	0.395	0.101	9	新乡市	0.377	0.317	0.060
3	聊城市	0.430	0.364	0.066	10	焦作市	0.362	0.317	0.044
4	南阳市	0.421	0.354	0.066	11	周口市	0.321	0.285	0.037
5	菏泽市	0.409	0.332	0.077	12	开封市	0.321	0.288	0.033
6	许昌市	0.389	0.347	0.041	13	亳州市	0.318	0.296	0.022
7	邯郸市	0.386	0.294	0.092	14	驻马店市	0.318	0.281	0.037

续表

排名	地区	总得分	经济要素	支撑要素	排名	地区	总得分	经济要素	支撑要素
15	宿州市	0.317	0.290	0.027	23	长治市	0.287	0.255	0.032
16	商丘市	0.314	0.264	0.050	24	漯河市	0.285	0.269	0.016
17	阜阳市	0.310	0.261	0.049	25	淮北市	0.275	0.254	0.021
18	安阳市	0.306	0.258	0.049	26	濮阳市	0.274	0.254	0.020
19	晋城市	0.296	0.272	0.024	27	邢台市	0.257	0.205	0.052
20	信阳市	0.296	0.266	0.030	28	鹤壁市	0.235	0.223	0.013
21	三门峡市	0.294	0.282	0.012	29	济源市	0.219	0.215	0.004
22	平顶山市	0.290	0.247	0.044	30	运城市	0.139	0.101	0.038

郑州仍然居于中原经济区省辖市经济综合竞争力的首位，而且从得分上来看遥遥领先于其他地市，充分凸显了中原经济区建设中区域性中心城市的地位。在36个基本指标当中，郑州市在29项当中排名第1位，优势十分明显；10个二级指标当中有8项处于第1位，其他两项为经济增长速度和能耗水平，分别居于第19位和第5位。经过2012年的发展，郑州市有力地巩固了其在中原经济区的领头羊位置。

洛阳紧随郑州之后，依然处于中原经济区省辖市经济综合竞争力排名的第2位。其中，经济要素水平和支撑要素水平综合评价均位于第2位；二级指标方面，5项位居第2位，8项位居前5位，与郑州同样是经济增长速度和能耗水平相对排名靠后，分别居于第12位和第21位；基本指标方面，36项指标有10项居于第2位，25项位于前5位，相对于后面的地市优势明显。洛阳作为中原经济区的副中心城市，经济综合竞争力优势比较明显。

第二梯队总体没有变化，邯郸市提升迅速。在2013年的中原区省辖市经济综合竞争力评价当中，我们将第3位到第12位的聊城、南阳、菏泽、许昌、邯郸、蚌埠、新乡、焦作、周口和开封归为了第二梯队，这些城市具有较好的经济和产业基础，经济规模相对较大，基础设施等方面的支撑也较好。在本次经济综合竞争力评价当中，第3位到第12位仍由这些城市占据。第3位到第6位的聊城、南阳、菏泽和许昌排名和2013年一样，值得注意的是邯郸市，从2013年第二梯队末位的第12位提升了5个位次，一跃提升到了第7位，总体发展势头迅猛。

2013年中原经济区省辖市经济综合竞争力评价

黄淮4市位居中游。黄河以南、淮河流域的周口、驻马店、信阳、商丘4市被称为"黄淮4市",是典型的粮食主产区,工业经济发展相对滞后。在本次经济综合竞争力评价当中,周口市位居第11位,驻马店市位居第14位,信阳位居第20位,商丘位居第16位,4市总体上处于中原经济区省辖市经济综合竞争力的中游。黄淮4市特色相对明显,地区生产总值、全社会消费品零售总额、固定资产投资、财政金融实力等多项经济总量指标位居中上游;工业占比较低,第二产业占比全部排名在第20位以后,人均水平较低,人均GDP和农村居民人均纯收入都位于第20位以后,城镇居民人均可支配收入都位于第25位以后,支撑要素水平良好,能耗水平也表现良好。如果发挥这些地区的相对优势,突出特点,弥补发展短板,实现产业升级、居民收入稳定增长是其未来发展的重要问题。

南北经济特点对比明显。从中原经济区总体来看,北部地区总体表现为能耗相对较高,工业发展相对较好,地区经济相对发达,人均收入水平相对较高。南部地区表现为工业占比较低,单位地区生产总值能耗较低,人均收入水平相对滞后。

评价指标受省辖市规模影响较为明显。由于指标选择的问题,总量性指标较多,人均指标较少,因此中原经济区省辖市经济综合竞争力评价表现为规模大的城市排名靠前,规模小的城市排名居后。具体来看,经济综合竞争力排名前10位的城市当中,有9个地区生产总值和企业竞争力位于前10位,8个地区固定资产投资位于前10位,6个财政金融实力位居前10位。从经济综合竞争力排名靠后的10个地市来看,有7个地区的人口数量在30个省辖市里面居于后10位。经济总量大,产业规模大的地市能够调动更多的资源,生产更多的财富,但是并不代表经济发达,人民收入水平高。例如,经济综合竞争力排名第29位的济源,人均地区生产总值位居30个省辖市的首位,城乡居民人均收入水平也均位居前列。

需要指出的是,由于统计数据有限,不同省份之间统计数据的口径也不尽相同,使评价指标变量的选取受到了一定的局限。此外,数据处理过程中不可避免地会导致信息损失。例如归一化可以对统计数据进行无量纲化处理,使得不同单位的指标数据可以相加。但是不同指标当中的地市间差距也不同,有些数据存在数量级上的差异，有些数据仅仅存在细微的差别，但是通过无量纲化处理都将被计算到 0 到 1 的区间，因此该方法也存在一定缺陷。这些因素不可避免地会对中原经济区省辖市经济综合竞争力的评价结果产生影响，使得评价结果不能完全描述不同省辖市之间经济综合竞争力的对比。

（二）分项指标评价情况

本部分将对于评价指标体系当中的 2 项一级指标和 10 项二级指标的评价结果进行排序和分析（见表3）。具体来讲，一级指标包括经济要素水平和支撑要素水平，10 项二级指标分别被归纳入其中。

表3　2014年中原经济区省辖市经济综合竞争力评价分项结果

排名	地区	总得分	经济发展水平	收入和就业	经济增长速度	企业竞争力	能耗水平	经济外向性	财政金融实力	科技创新能力	交通与通信	公共设施水平
1	郑州市	0.939	0.140	0.150	0.046	0.038	0.137	0.038	0.120	0.125	0.059	0.058
2	洛阳市	0.496	0.087	0.072	0.036	0.021	0.124	0.008	0.039	0.040	0.028	0.034
3	聊城市	0.430	0.067	0.076	0.053	0.028	0.107	0.005	0.024	0.028	0.015	0.023
4	南阳市	0.421	0.057	0.055	0.041	0.013	0.147	0.002	0.035	0.012	0.029	0.025
5	菏泽市	0.409	0.051	0.043	0.070	0.025	0.107	0.002	0.028	0.035	0.026	0.017
6	许昌市	0.389	0.054	0.067	0.057	0.014	0.133	0.003	0.017	0.013	0.017	0.011
7	邯郸市	0.386	0.074	0.056	0.036	0.017	0.068	0.005	0.030	0.027	0.035	0.030
8	蚌埠市	0.378	0.047	0.046	0.071	0.005	0.136	0.003	0.013	0.027	0.014	0.013
9	新乡市	0.377	0.055	0.053	0.051	0.012	0.118	0.003	0.022	0.022	0.017	0.021
10	焦作市	0.362	0.060	0.068	0.049	0.013	0.107	0.003	0.014	0.014	0.015	0.016
11	周口市	0.321	0.033	0.016	0.046	0.010	0.150	0.001	0.026	0.003	0.019	0.014
12	开封市	0.321	0.048	0.025	0.048	0.009	0.142	0.001	0.014	0.008	0.011	0.013
13	亳州市	0.318	0.032	0.038	0.072	0.003	0.138	0.001	0.012	0.004	0.012	0.006
14	驻马店市	0.318	0.037	0.025	0.051	0.011	0.131	0.001	0.023	0.002	0.023	0.013
15	宿州市	0.317	0.032	0.037	0.071	0.005	0.127	0.001	0.015	0.004	0.014	0.009
16	商丘市	0.314	0.039	0.025	0.045	0.008	0.121	0.001	0.023	0.007	0.026	0.017
17	阜阳市	0.310	0.030	0.027	0.061	0.006	0.111	0.001	0.024	0.007	0.029	0.013
18	安阳市	0.306	0.055	0.060	0.019	0.009	0.091	0.002	0.019	0.009	0.022	0.018
19	晋城市	0.296	0.063	0.055	0.055	0.002	0.077	0.001	0.016	0.013	0.005	0.006
20	信阳市	0.296	0.045	0.024	0.030	0.008	0.133	0.001	0.025	0.005	0.014	0.011
21	三门峡市	0.294	0.060	0.035	0.055	0.008	0.109	0.002	0.010	0.001	0.005	0.006
22	平顶山市	0.290	0.053	0.047	0.009	0.007	0.104	0.001	0.021	0.009	0.017	0.017

续表

排名	地区	总得分	经济发展水平	收入和就业	经济增长速度	企业竞争力	能耗水平	经济外向性	财政金融实力	科技创新能力	交通与通信	公共设施水平
23	长治市	0.287	0.060	0.058	0.058	0.004	0.046	0.001	0.021	0.015	0.006	0.010
24	漯河市	0.285	0.034	0.040	0.054	0.005	0.126	0.002	0.007	0.004	0.004	0.008
25	淮北市	0.275	0.041	0.038	0.052	0.006	0.107	0.001	0.008	0.009	0.005	0.007
26	濮阳市	0.274	0.035	0.032	0.056	0.008	0.112	0.001	0.011	0.003	0.008	0.009
27	邢台市	0.257	0.047	0.018	0.030	0.010	0.080	0.002	0.015	0.016	0.018	0.018
28	鹤壁市	0.235	0.034	0.045	0.043	0.004	0.092	0.003	0.003	0.005	0.005	0.005
29	济源市	0.219	0.058	0.066	0.041	0.001	0.048	0.002	0.001	0.001	0.001	0.002
30	运城市	0.139	0.049	0.025	0.004	0.003	0.000	0.001	0.018	0.014	0.010	0.015

1. 经济要素水平

经济要素水平一级指标排名与经济综合竞争力评价差别不大，排名前10位的是郑州市、洛阳市、聊城市、南阳市、许昌市、菏泽市、蚌埠市、新乡市、焦作市和亳州市，排名后10位的是阜阳市、安阳市、长治市、淮北市、濮阳市、平顶山市、鹤壁市、济源市、邢台市和运城市。

从经济发展水平二级指标的排名来看，评价结果位居前10位的是郑州市、洛阳市、邯郸市、聊城市、晋城市、长治市、焦作市、三门峡市、济源市和南阳市；位居后10位的是淮北市、商丘市、驻马店市、濮阳市、漯河市、鹤壁市、周口市、宿州市、亳州市和阜阳市。

收入和就业二级指标方面，评价结果位居前10位的是郑州市、聊城市、洛阳市、焦作市、许昌市、济源市、安阳市、长治市、邯郸市和晋城市；位于后10位的是三门峡市、濮阳市、阜阳市、驻马店市、开封市、商丘市、运城市、信阳市、邢台市和周口市。

经济增长速度二级指标方面，评价结果位居前10位的是亳州市、蚌埠市、宿州市、菏泽市、阜阳市、长治市、许昌市、濮阳市、三门峡市和晋城市；位居后10位的是鹤壁市、南阳市、济源市、洛阳市、邯郸市、邢台市、信阳市、安阳市、平顶山市和运城市。

企业竞争力二级指标方面，评价结果位居前10位的是郑州市、聊城市、菏泽市、洛阳市、邯郸市、许昌市、焦作市、南阳市、新乡市和驻马店市；位居后10位的是淮北市、阜阳市、宿州市、漯河市、蚌埠市、鹤壁市、长治市、运城市、亳州市和济源市。

能耗水平二级指标方面，评价结果位居前10位的是周口市、南阳市、开封市、亳州市、郑州市、蚌埠市、许昌市、信阳市、驻马店市和宿州市；排名后10位的是聊城市、平顶山市、鹤壁市、安阳市、邢台市、晋城市、邯郸市、济源市、长治市和运城市。能耗水平为计算后的指标，排名靠前表示该地市单位地区生产总值能耗比较低。

经济外向性二级指标方面，评价结果位居前10位的是郑州市、洛阳市、聊城市、邯郸市、焦作市、蚌埠市、新乡市、许昌市、三门峡市和菏泽市；位居后10位的地区是晋城市、宿州市、淮北市、开封市、濮阳市、长治市、运城市、驻马店市、阜阳市和商丘市。

财政金融实力二级指标方面，评价结果位居前10位的是郑州市、洛阳市、南阳市、邯郸市、菏泽市、周口市、信阳市、聊城市、阜阳市和商丘市；位居后10位的是焦作市、开封市、蚌埠市、亳州市、濮阳市、三门峡市、淮北市、漯河市、鹤壁市和济源市。

2. 支撑要素水平

支撑要素水平主要衡量一个地区科技创新，道路交通与通信，教育、卫生等基础设施建设方面的水平，是一个地区经济发展的基础，是经济综合竞争力的重要组成部分。在本文的评价结果当中，支撑要素水平一级指标位居前10位的是郑州市、洛阳市、邯郸市、菏泽市、南阳市、聊城市、新乡市、蚌埠市、邢台市和商丘市；位居后10位的是信阳市、宿州市、晋城市、亳州市、淮北市、濮阳市、漯河市、鹤壁市、三门峡市和济源市。

科技创新能力二级指标方面，位居前10位的是郑州市、洛阳市、菏泽市、聊城市、蚌埠市、邯郸市、新乡市、邢台市、长治市和焦作市；位居后10位的是信阳市、亳州市、宿州市、漯河市、濮阳市、周口市、鹤壁市、驻马店市、三门峡市和济源市。

交通与通信二级指标方面，位居前10位的是郑州市、邯郸市、南阳市、阜阳市、洛阳市、商丘市、菏泽市、驻马店市、安阳市和周口市；位居后10位的是开封市、运城市、濮阳市、长治市、鹤壁市、淮北市、三门峡市、晋城市、漯河市和济源市。

公共设施水平二级指标方面，位居前10位的是郑州市、洛阳市、邯郸市、南阳市、聊城市、新乡市、邢台市、安阳市、平顶山市和商丘市；位居后10位的是长治市、宿州市、濮阳市、漯河市、淮北市、亳州市、三门峡市、晋城市、鹤壁市和济源市。

（三）部分典型城市发展和特点分析

郑州市。2012年，郑州市定位于"全国找坐标、中部求超越、河南挑大梁"，努力发挥中原经济区龙头作用、重心作用、示范带动作用，科学谋划并大力推进新型城镇化引领、现代产业体系构建、以网格为载体依靠群众推进工作落实长效机制建设"三大主体"工作，着力"保增长、调结构、促转型、惠民生"，实施开放创新"双驱动"，经济社会发展态势良好。全市生产总值达到5549.79亿元，固定资产投资达到3669.75亿元，城镇居民人均可支配收入24246元，农民人均纯收入12531元，均实现稳定快速增长。新型城镇化强力推进，城乡一体化进程持续加快，实现了全城拆迁面积、城乡基本建设投资、土地收储和争取土地指标3个突破性进展。加快新型工业化步伐，重点打造战略支撑产业，加快培育战略性新兴产业，依托工业七大主导产业，着力打造新材料、铝精深加工、现代食品等6个千亿元级产业基地和汽车与装备制造、电子信息2个5000亿元级产业基地，同时加快推进现代服务业发展，围绕现代服务业7大主导产业和空间布局，加快推进新型农业现代化，推进都市型农业集群发展。开放创新双驱动战略深入实施，全年引进市外境内资金1099亿元人民币，约占全省总量的1/4；实现外商直接投资34.3亿美元，约占全省总量的1/3。高新技术产业产值增长32%，专利申请量增长47.5%，专利授权量增长47.6%。2013年3月，国务院批复了《郑州航空港经济综合实验区发展规划（2013～2025年）》，郑州航空港经济综合实验区会成为郑州市经济发展的新板块和中原经济区的龙头。通过综合交通枢纽建设和航空经济的带动作用，郑州将持续不断地提升自身竞争力，并更好地对中原经济区其他地市的经济发展和产业转型升级起到辐射带动作用。

洛阳市。2012年，洛阳巩固提升中原城市群副中心城市地位，加快洛阳新区建设，优化老城区功能，围绕福民强市总体目标，展开了"六加一"攻坚战，即项目建设、经济转型、机制转换、城建提升、民生改善、环境创优以及国际文化旅游名城建设攻坚战。全年，洛阳市完成地区生产总值2981亿元，增长10%；地方公共财政预算收入205.3亿元，固定资产完成投资2158.7亿元，城镇居民人均可支配收入和农民人均纯收入分别达到22636元和7776元左右，经济社会保持了平稳较快发展的态势。洛阳市是传统工业城市，2012年该市坚持以项目建设保增长、促转型，发展质量逐步提高，传统产业稳步提升，战略新兴产业培育初见成效，工业转型升级步伐迅速，产业聚集度不断提高。国际文化旅游名城建设稳步推进，入选福布斯中国大陆最发达旅游城市。金融服务业、信息服务业快速发展。创新型试点城市建设加快推进，实施重大科技项目195项，荣获国家科技进步奖7项、省科技进步奖22项，专利申请量比2011年增长30%以上。围绕创建全国文明城市、国家环保模范城市，全面加强城市规划、建设和管理，城市布局更加优化，辐射带动能力进一步增强。通过2012年的努力，洛阳市经济发展态势良好，继续保持省辖市经济综合竞争力的第2位。

邯郸市。邯郸市是一个传统的资源型重工业城市，在本次中原经济区省辖市经济综合竞争力评价中处于第7位，相对上年提升了5位，纳入中原经济区的效果显著。在分项指标中，经济发展水平、企业竞争力、经济外向性、财政金融实力、交通与通信、公共设施水平均处于前5位，但是能耗水平处于第27位，属于优势和劣势都相对显著的城市。2012年，邯郸市地区生产总值首次突破3000亿元大关，不断加快钢铁、煤炭、纺织等传统行业的转型升级。装备制造业发展迅速，增加值占规模以上工业的比重由4.7%提高到8.5%，成为主导产业之一。现代服务业日趋活跃，第三产业增加值突破千亿元大关。科技创新能力不断增强，是国家知识产权试点城市。城镇规划体系日趋完善，城市建设稳步推进，集中供水、供热、供气等配套设施进一步完善，产城融合步伐加快。伴随邯郸经济综合竞争力的提升，逐渐实现成为中原经济区内具有重要影响力的中心城市。

济源市。济源市2012年年底总人口只有68万，城市规模较小，因此，地区生产总值、固定资产投资、财政金融、基础设施等多项总量指标在30个省辖市处于末位。与此同时，该市人均地区生产总值处于中原经济区省辖市第1位，达到62358元，城镇居民人均可支配收入居第7位，农民人均纯收入仅次于郑州居第2位，是一个比较富裕的城市。以济源为代表的中原经济区西北部一些省辖市都表现出地区面积小、人口数量少、人均指标较好、资源依赖较重的特点，其他类似的地区还包括鹤壁市、晋城市、三门峡市等。2012年，济源市强化开放带动，把项目建设作为拉动增长、促进转型、积蓄后劲的重要抓手，深入开展"龙头引进年"和"项目落实年"活动，开放招商规模扩大、质量提升、领域拓宽。工业结构转型实现突破，一批传统骨干企业实现技术优化升级，积极引进培育战略性新兴产业和高成长产业，科技支撑能力不断增强。农业生产向规模化发展，新增土地流转面积5.5万亩，农业生产的组织化和机械化水平提升，农业产业化龙头企业发展到41家，农民专业合作社达到608家。积极探索具有济源特色的新型城镇化道路，城镇化率达53.4%，高于全河南省11.2个百分点，并超过全国平均水平。城市建设效果显著，城乡基础设施和生态环境建设进一步加强，被确定为国家智慧城市试点示范市，荣获河南省宜居城市、全国节水型社会建设示范市等称号。

四 政策建议

（一）坚持探索"两不三新""三化"协调科学发展之路

中原经济区建设是国家功能区规划战略的重要组成部分，是实现中原崛起战略最重要的支点。中原经济区的发展思路是以科学发展为主题，以加快转变经济发展方式为主线，探索不以牺牲农业和粮食、生态和环境为代价的新型城镇化、工业化和农业现代化协调发展的路子。要实现中原经济区的发展，中部崛起和中原振兴，离不开30个省辖市经济综合竞争力的提升。要实现北部洛阳、邯郸、安阳等城市传统工业的转型升级，减轻西北部地区焦作、济源、晋城、长治等地区对于资源的依赖，提升以黄淮4市为代表的农业地区的发展和人均收入水平的提高，都离不开对于"两不三新""三化"协调之路的探索。第一，要坚持新型城镇化的引领。大中小城市、小城镇、新型农村社区协调发展，向城乡统筹、城乡一体转变，注重完善城市功能，推动城镇建设与产业发展格局向产城互动转变。第二，坚持新型工业化的带动。推动工业化与信息化融合、制造业与服务业融合、新兴科技与新兴产业融合，构建结构合理、特色鲜明、节能环保、竞争力强的现代产业体系。第三，持续推进新型农业现代化。要推进农业发展方式由家庭分散经营向规模化、现代化、集约化经营转变，提高农业生产率和土地利用率，在确保粮食稳产增产的前提下，因地制宜实施农业结构调整，加快发展节约型农业、循环农业、生态农业。另外，要加强生态文明建设，持续打造美丽中原。把生态文明建设融入中原经济区建设全过程，全面落实节约资源和保护环境基本国策，优化国土空间开发格局，加强资源能源节约，深入推进重点领域节能降耗，加快推进循环经济试点建设。

（二）推进"三大战略"实施，将规划愿景落实到经济发展和竞争力提高上来

2009年，河南省被确定为国家粮食战略工程核心区；2011年年底，国务院相关指导意见出台，中原经济区建设上升为国家战略；2013年3月，郑州航空港经济综合实验区得到国家批复，一举成为带动河南省经济发展的龙头。三大战略在概念和外延上各有侧重，但是目标指向一致，相互之间内在协调，共同为中原经济区建设和地区经济综合实力的提升助力。要实现中原经济区省辖市经济综合竞争力的提高，就要深入推进"三大战略"的落实。要加快粮食生产核心区建设，保证农业发展，粮食产量持续提升，为"两不三新""三化"协调之路奠定基础。通过粮食主产区战略的实施和中原经济区"三化"协调之路的探索，带动农业现代化的进步，农村发展，农民增收。郑州航空港经济综合实验区是中原经济区建设和"三化"协调发展的重点，是河南产业转型升级、加快城镇化进程、加快发展服务业重要的抓手。郑州航空港经济综合试验区的发展能够带动现代服务业、现代电子信息、生物医药、临空经济等高新技术行业的提升，加快产业转移，产业结构优化升级。此外，郑州航空港经济综合实验区对综合交通枢纽的建设能够提升郑州作为中原经济区中心城市的辐射作用，加快知识、信息、人才、技术、资金等方面的流通，带动中原经济区其他省辖市的发展。

（三）扩大开放招商，加强载体和体系建设，推动中原经济区发展转型升级

提升一个地区经济发展水平，离不开开放招商和各类载体建设。中原经济区的产业发展，一方面可以不断承接国内外发达地区的产业转移项目，另一方面发挥郑州航空港经济综合实验区题材效应，加强与世界500强和央企深度战略合作，引进一批电子信息、航空航材、高端制造、生物医药、新兴服务业龙头企业，吸引中小企业配套跟进，带动整个产业链条。不断拓宽开放领域。持续扩大工业开放，深入推进现代农业、基础产业、城乡建设领域开放，强力推进现代服务业开放，力争在金融保险、商贸物流、文化旅游等领域实现新突破。完善配套服务体系。加快完善交通物流体系和各类产业载体配套设施，抓好综合保税区、出口加工区、口岸等开放平台建设，把经济结构战略性调整作为加快转变发展方式的主攻方向，努力推动生产力布局优化和发展动力转换。提升创新驱动发展能力，加快构建自主创新体系，大力推进传统产业技术创新、战略性新兴产业科技成果转化、产业技术创新联盟发展、企业创新能力培育等科技创新工程，培育一批创新型企业和高新技术企业。继续抓好农业、民生领域的科技创新。全面落实人才发展规划和重点领域专项人才规划，创新人才政策机制。

（四）切实保障和改善民生，提高居民收入和就业水平，完善城市各项基础设施建设

党的十八大报告提出让改革和发展的成果惠及全体人民，以及"两个翻番"的战略目标。不断提升居民收入和就业水平，改善城市基础设施也是提升城市竞争力的重要途径。因此，要不断加大民生投入，实施民生工程，在学有所教、劳有所得、病有所医、老有所养、住有所居上取得新进展，努力让人民过上更好生活。扶持中小企业，鼓励、引导非公有制经济发展，促进就业增长。做好高校毕业生、农村转移劳动力、城镇困难人员、退役军人就业工作。健全城乡就业服务体系，以创业带动就业、培训帮助就业、援助扶持就业，鼓励多形式就业。推动承接产业转移、结构调整与扩大就业紧密结合，创造更多

就业岗位。改善就业环境，保护劳动者合法权益，构建和谐劳动关系。千方百计增加居民收入。持续促进农业劳动力向非农产业转移，增加工资性收入，全面落实涉农补贴，降低农业成本，提高农业生产效益，增加农民经营性收入，完善政策机制，提高农民在土地增值收益中的分配比例；增加城乡居民财产性收入，不断提高居民消费能力。加大科教文卫事业投入，优化农村中小学布局，促进义务教育均衡发展；改善普通高中办学条件，提高办学水平；加快发展职业教育，构建现代职教体系。加强基层医疗卫生体系建设，实施重大疾病防控、县级医院和乡镇卫生院改扩建项目，提高基层卫生服务标准化水平，扩大优质医疗资源供给，加快建设一批省辖市综合医院和专科医院。支持省辖市图书馆、群艺馆、博物馆和县（市）图书馆、文化馆建设，丰富人民业余文化生活。完善城市基础设施建设，加快城市各种道路和管网建设，搞好信息基础设施建设，积极推进"三网融合"，全面提升城市的内涵和承载力。

参考文献

国务院：《关于支持河南省加快建设中原经济区的指导意见》。

国家发改委：《中原经济区规划（2012~2020年）》。

黄茂兴、李闽榕：《中国省域经济综合竞争力评价与预测的方法研究》，《福州师范大学学报（哲学社会科学版）》2008年第1期。

王发曾、吕金嵘：《中原城市群城市竞争力的评价与时空演变》，《地理研究》2011年第1期。

世界银行：《政府治理、投资环境与和谐社会：中国120个城市竞争力的提高》，2006年10月8日。

B.4 2013年河南县域经济发展质量评价报告

河南省社会科学院课题组*

摘　要： 河南县域经济的规模总量和就业吸纳能力均在70%左右，在全省的经济发展中处于极其重要的地位。本报告基于2012~2013年《河南调查年鉴》中关于河南省108个县（市）的统计基础数据，参照《河南县市经济社会发展目标考核评价工作实施办法》（征求意见稿），将河南县域经济发展分为：纳入中心城市组团发展范围的县（市）55个、基础条件比较好（人均生产总值2.5万元以上）的县（市）199个、农区县（市）34个等三大类，根据县域经济发展质量的内涵特征和目标要求，基于县域经济发展的规模水平、发展结构、发展效益、发展潜力活力、民生幸福、发展持续性、发展外向度、科技创新，以及农业基础能力等角度出发，构建县域经济发展质量评价指标体系，并运用计量实证手段，进行分析评价，以期发掘优势与差距存在的内在源泉因素，提出河南县域经济发展的对策建议，以期提升全省县域经济发展质量，加快中原崛起河南振兴。

关键词： 县域经济　发展质量　评价

---

* 课题组长：喻新安、完世伟、王玲杰；课题组成员：杜明军、袁金星、高璇、林园春、陈锐；执笔：杜明军。

一 县域经济发展质量评价的重要意义

(一) 河南县域经济发展概况

多年来,河南省委、省政府高度重视县域经济发展,出台了一系列促进县域经济发展的意见和措施,使河南县域经济快速发展,经济总量已占全省的2/3。2012年,河南县域 GDP 总量 20543.38 亿元,占全省比重的 69.40%;从业人员 5267.22 万人,占全省就业总量的 83.77%;地方预算内收入 779.55 亿元,占全省总量的 38.21%;全社会固定资产投资 14876.79 亿元,占全省总量的 69.36%;社会消费品零售总额 6281.52 亿元,占全省总量的 57.55%。县域经济在全省经济社会发展中的地位举足轻重,加快中原崛起、河南振兴、富民强省,关键在县域经济。县域经济的发展状况,不仅直接决定着全省经济发展的规模和水平,而且关系着与全国同步建成小康社会目标的实现。当前,河南县域经济虽然获得了长足发展,但也要清醒地认识到,与实现转型跨越发展的要求相比,县域经济仍是全省经济社会发展的短板;与先进省市相比,仍然存在竞争力不强、结构不优、质量效益不高等问题。加快县域经济科学发展、转型发展迫在眉睫,开展县域经济发展质量评价工作意义重大。

(二) 河南县域经济发展质量评价的现实意义

目前,河南正处于爬坡过坎、攻坚转型的关键时期,加快经济结构战略性调整和发展方式转变迫在眉睫,这就要求我们不但要关注县域经济发展数量的增长,更要关注县域经济发展质量的提升。开展全省县域经济发展质量评价,对县域经济发展的各项指标进行定性和定量的深入研究,具有重要意义。一方面,它有助于客观地分析、比较和评价全省县域经济的发展水平、发展质量和发展潜力。构建县域经济发展质量的评价体系后,可以定量分析全省县域经济的发展质量,进而进行综合发展指标的横向和纵向量化比较,从而客观评价全省县域经济发展的历程和态势,有效防止出现那种只有定性分析、缺乏定量依据的经验型做法。另一方面,它能为县域经济的管理者提供科学的管理和决策依据。借助于县域经济发展质量评价体系，能够深入分析县域经济的各个组成部分，从而掌握县域经济内部哪些因素能够提升县域经济发展质量、对县域经济的发展起促进作用，哪些因素不具有相对发展优势、对县域经济发展起阻碍作用，进而为县域经济的管理和活动提供科学决策依据，为政府的管理和宏观调控进行绩效评估提供评价参考，同时可以对某个特定县域经济的发展进行趋势预测。加快河南县域经济发展，提高县域经济发展质量，需要对其现状及潜力进行系统性评价。因此，开展河南县域经济发展质量评价研究具有十分重要的现实意义。

（三）河南县域经济发展质量评价类别的划分

为深入贯彻落实科学发展观，坚持以科学发展为主题，以加快转变经济发展方式为主线，顺应于全省经济社会发展工作的总体部署，积极配合河南省委省政府的"加快国家粮食生产核心区、中原经济区和郑州航空港经济综合实验区建设"等三大发展战略布局，紧紧围绕切实把推动发展的立足点转到提高质量和效益上来，服务于全省县域经济发展质量提升，在河南省县域经济发展质量评价中，本报告参照《河南省市县经济社会发展目标考核评价工作实施办法》（征求意见稿），综合考虑县（市）发展基础、经济特点和区域特征，按照人均生产总值、功能定位及基础条件，对县（市）分为三类。

第一类，纳入中心城市组团发展范围的县（市）55个：尉氏县、杞县、通许县、孟津县、新安县、宜阳县、伊川县、叶县、鲁山县、汤阴县、内黄县、浚县、延津县、获嘉县、原阳县、博爱县、修武县、温县、武陟县、濮阳县、清丰县、鄢陵县、襄城县、临颍县、舞阳县、渑池县、社旗县、唐河县、镇平县、方城县、宁陵县、虞城县、柘城县、民权县、罗山县、商水县、淮阳县、西华县、确山县、遂平县、汝南县、新密市、新郑市、荥阳市、登封市、偃师市、辉县市、卫辉市、沁阳市、孟州市、禹州市、长葛市、灵宝市、义马市、项城市。

第二类，基础条件比较好（人均生产总值2.5万元以上）的县（市）19个：新乡县、巩义市、栾川县、淇县、中牟县、林州市、宝丰县、西峡县、安阳县、舞钢市、陕县、新野县、桐柏县、汝州市、永城市、洛宁县、许昌县、嵩县、新县。

第三类，农区县（市）34个：汝阳县、南乐县、潢川县、兰考县、长垣县、淅川县、范县、郏县、开封县、商城县、鹿邑县、固始县、南召县、内乡县、台前县、光山县、邓州市、西平县、泌阳县、扶沟县、正阳县、平舆县、淮滨县、息县、郸城县、睢县、卢氏县、沈丘县、夏邑县、新蔡县、上蔡县、太康县、滑县、封丘县。

二 县域经济发展质量评价的指标体系构建及方法选择

（一）县域经济发展质量的内涵

国外关于经济发展质量的研究主要关注与其相关的某一方面，较少对该问题综合评价。国外最早的研究是苏联经济学家卡马耶夫在《经济增长的速度和质量》（1977）中，仅将经济发展质量理解为经济发展的效率。库兹涅茨在《各国的经济发展》中提到经济发展的某些消极后果，并将其归于负的经济价值，但没有对经济发展质量进一步研究。

在国内关于经济发展质量的研究中，李京文在《快速发展的中国经济》（1996）中，对高质量的经济发展作了定性的判断和界定。认为高质量应符合：主要靠科技进步；产业结构优化和总供需大体平衡；不以牺牲环境资源为代价等。狭义角度的经济发展质量研究主要指资源要素投入比例、发展效果及效率，体现的是经济发展方式转变问题。武义青（1996）认为："经济发展质量以投入要素的产出效率来衡量。"郭克莎（1996）认为经济发展质量主要表现在综合要素生产率的增长及其贡献高低、产品和服务质量、通货膨胀状况、环境污染程度。从广义角度而言，不同学者对经济发展质量内涵存在不同看法。钟学义（2001）认为不仅要从生产率角度，还要从经济波动、经济结构等方面对经济发展质量的内涵进行考察。毛海波（2009）把经济发展质量界定为，经济发展的过程中表现出来的国民经济有效性、稳定性、协调性、分享性、创新性及持续性等方面的优劣程度。

综上可见,县域经济发展质量是指一定时期内基于县(市)行政区划角度的国民经济发展的优劣程度,即经济内部以及经济与社会之间的协调状态,其内涵特征为:一是县域经济发展的规模水平。经济规模,也叫经济总量,是用国内生产总值(GDP)表示的创造财富的总水平。发展水平是经济发展的规模、速度和所达到的水准。可用国民生产总值、国民收入、人均国民收入、经济发展速度、经济增长速度等指标来反映。规模水平是县域经济发展质量的重要标志之一。二是县域经济发展的结构协调性。协调性反映经济结构的协调程度。县域经济的结构变化对经济发展质量起着重要作用。结构合理,则资源配置有效,会带来持续快速稳定增长,经济发展质量高。三是县域经济发展的成果有效性。成果的有效性反映经济发展的效率,即县域经济发展过程中投入与产出间的比率关系,发展成果的有效性既是经济发展质量的集中反映,也是持续发展的重要保障。四是县域经济发展潜能的充分性。发展潜能主要包括现有资源的有效利用程度,新生产能力的形成程度,经济系统未来健康发展的外部环境。县域经济高质量的发展应在使其各类潜能得到最大限度发挥,意味着条件允许下的快速增长。五是县域经济发展成果的分享性。发展的最终目的是不断提高生活水平,高质量的经济发展应使更多的人受益。如果在县域经济发展中居民消费增长较少,长期存在贫富分化,失业率有增无减,这样的县域经济发展是低质量的,也是不可持续的。六是县域经济发展的生态环保持续性。经济发展过程是经济要素与自然资源与生态环境有机整合的过程,只有在自然资源被有效利用和生态环境得到有效保护的前提下,县域经济发展的才是可持续的,才是有质量的。七是县域经济发展的创新性。技术创新和制度创新是经济发展的源泉,技术创新与制度创新的结合能促进经济的持续增长。创新能力的大小决定了县域经济发展的潜力和发展质量的高低程度。八是县域经济发展的开放度。开放经济中要素、商品与服务等较自由地跨界流动,可实现最优资源配置和最高经济效益;尽可能充分参加国际、国内分工,在劳动分工中发挥本县域经济的比较优势;提升经济开放度,经济发展质量水平会提高。

(二)构建县域经济发展质量评价指标体系的原则

本文在进行河南县域经济发展质量评价时,力争遵循以下几个方面的原则：一是体现科学发展的总要求。要能全面贯彻落实科学发展的指导思想，重点关注结构、效益、人民福利、可持续发展等方面，切实引导县（市）科学发展和加快转变经济发展方式。二是突出分类控制引导性。强调综合性指标引导县（市）抓好事关县域经济发展质量全局的重点工作，用结果性指标反映县（市）经济发展质量成效和工作实绩，用控制性指标引导县（市）经济发展质量的生态文明建设，突出导向功能。同时，强化分类指导功能。按照各地经济发展水平、发展基础、功能定位，对县（市）进行分类，力求客观评价各县域经济发展质量成效，激励发挥比较优势，加快发展、竞相发展。三是可比性。县域经济发展质量评价的作用不仅体现在对某一特定县（市）经济发展质量的定量描述与评价，还要对不同县（市）经济发展质量情况进行比较分析，或是同一县（市）经济发展不同时期对比分析。因此，在具体指标的选择上尽可能选取具有共性的综合指标，以保证评价结果的可比性。四是可操作性。县域经济发展质量评价应宜于操作。力求评价方法科学合理，评价指标可量化、便于计算、评价和排序，评价结果能直观反映各县（市）位次晋升和降低情况。五是可完善性。县域经济发展质量评价的目的在于更确切地反映各县（市）经济发展质量成果，初期不应过分强调其完备性。在县域经济发展质量统计中，不仅会遇到统计指标不存在、不系统、不完备等问题，还会遇到许多精确度量有难度的内容，无论在指标的设计还是数值测量等方面都存在一定的试验性成分，因此，县域经济发展质量评价的合理完善将会经历一个比较长的历史过程，需克服种种困难，逐步加以完善。

（三）县域经济发展质量评价指标体系的构建

县域经济发展质量评价指标体系是由各个相互联系、相互依赖、相互制约的指标构成的整体，是衡量县域经济发展质量优劣的系统化手段，旨在为科学决策提供参考依据，促进经济发展质量的有效监控。任何单一指标都无法对县域经济发展质量作出全面、准确的评价，本报告按照科学发展的要求，基于县域经济发展质量的内涵特征，数据的可得性、可比性、可持续性和普遍性等特点，构建县域经济发展质量评价指标体系：9类一级指标和52

个二级指标；一级指标包括发展规模水平、发展结构、发展效益、发展潜力活力、民生幸福、发展可持续性、科技创新、发展外向度以及农业基础能力等。

1. 发展规模水平

基于经济发展规模水平对县域经济发展质量的评价，可从其规模和速度两方面测度，规模测量分为绝对和相对规模两个维度。衡量发展规模水平初步选用的指标见表1。

表1 河南省县域经济发展质量评价指标体系：发展规模水平

一级指标	二级指标（6个）	指标计算及说明
发展规模水平	GDP	（正向指标）
	GDP增速	（报告期GDP－基期GDP）/基期GDP×100%（正向指标）
	人均GDP	县（市）GDP/人口规模总数（正向指标）
	经济增长稳定性	当年与上年经济增长率之差与上年经济增长率相除（逆向指标）
	地方财政收入水平	（正向指标）
	地方财政收入与GDP之比	［县（市）地方财政收入/县（市）GDP］×100%（正向指标）

（1）GDP：代表了县域经济一定时期内所生产的财富（物品和服务）总和。它与人均GDP有着密切的联系，该指标能进一步体现县域经济发展状况，经济实力。对县域经济发展质量综合评价有比较重要的基础作用。

（2）GDP增速：保持一定的增长速度对于县域经济发展质量的提升至关重要。速度是经济发展质量的直接反映，保持适当的速度是国民经济高质量运行的基础和集中体现。县域GDP增速是指报告期国内生产总值的增量与基期国内生产总值之比的百分数。它代表了县域经济在一定时期内所生产的财富（物品和服务）总和变动态势。

（3）人均GDP：代表了县域经济人口（或劳动力数量）与其GDP总量之间的关系。反映了县域内劳动对GDP的贡献水平，也是县域内富裕程度的标志，是衡量县域经济发展水平和质量档次，以及人民生活水平的较为客观的衡量标准。

（4）经济增长稳定性：县域经济发展质量的评价要求经济增长应保持稳定性，增长波动应当维持在适当的范围之内。可用当年与上年经济增长率之差与上年经济增长率相除的方法来计算。

（5）地方财政收入水平：县（市）地方政府在县域经济发展中提供公共物品和服务的范围和数量，在很大限度上决定财政收入的充裕状况。县（市）地方财政收入是衡量县域经济财政能力的重要指标，并成为县域经济发展质量的重要标志之一。

（6）地方财政收入与GDP之比：县（市）地方财政收入的多少占县（市）国内生产总值（GDP）的比重，衡量县域经济一定时期内所生产的财富（物品和服务）总和中县级以上政府部门所占的份额。

2. 发展结构

基于结构角度对县域经济发展质量的评价，可从产业结构、城乡结构、区域结构等角度审视发展结构的协调程度。衡量发展结构初步选用的指标见表2。

表2 河南省县域经济发展质量评价指标体系：发展结构

一级指标	二级指标（4个）	指标计算及说明
发展结构	工业增加值占国内生产总值的比重	工业增加值/GDP×100%（正向指标）
	第三产业增加值占国内生产总值的比重	第三产业增加值/GDP×100%（正向指标）
	城镇化率	城市人口/全部人口×100%（正向指标）
	城乡居民收入比	城镇居民人均可支配收入:农民人均纯收入（逆向指标）

（1）产业结构：该指标包括工业增加值占国内生产总值的比重和第三产业增加值占国内生产总值的比重两个指标。产业结构在各类经济结构中居于主导地位，其变化对经济发展起着重要作用，是经济发展质量的重要内容。所谓产业结构比是一定时期三次产业增加值的比值。

（2）城镇化率：是城镇人口与全部人口的比值。城镇化既是经济发展的结果，反过来又促进经济发展，两者相辅相成，互为因果。提高城镇化水平有利于优化城乡结构，促进县域经济持续增长和质量水平提高。

（3）城乡居民收入比：反映的是国民收入在城乡分配的均等化程度。以城乡居民收入差距评价经济发展质量，能较客观、直观地反映和监测城乡居民之间的贫富差距，预报、预警和防止居民之间出现贫富两极分化。

3. 发展效益

发展效益是指经济发展效率，即经济发展过程中投入与产出关系，其高低可反映经济发展质量的优劣。根据投入产出关系，评价经济发展有效性的指标主要见表3。

表3　河南省县域经济发展质量评价指标体系：发展效益

一级指标	二级指标(4个)	指标计算及说明
发展效益	劳动生产率	县域国内生产总值/全社会劳动者平均人数×100%（正向指标）
	投资产出率	县域国内生产总值/当年固定资产投资总额×100%（正向指标）
	贷款产出率	县域国内生产总值/银行贷款年平均余额×100%（正向指标）
	耕地产出率	农业总产值/农业耕地面积×100%（正向指标）

（1）劳动生产率：衡量劳动力投入产出水平，反映社会平均每个劳动者所创造的国内生产总值，即劳动者为社会创造财富的多少。以劳动生产率来评价县域经济发展质量，有利于加快经济发展方式转变，把县域经济发展转移到提高劳动者素质的轨道上来。

（2）投资产出率：一定时期内区域国内生产总值与固定资产投资总额的比值，反映单位固定资产投资额所带来的国内生产总值，是全面评价投资使用效率的综合指标。县（市）投资产出率从投资效率角度反映县域经济发展质量。

（3）贷款产出率：一定时期内区域国内生产总值与银行贷款余额的比值，反映的是银行贷款所带来的国内生产总值，贷款产出率越高，贷款的使用效益越高。以县（市）贷款产出率评价县域经济发展质量，有利于提高有限资金的使用效益。

（4）耕地产出率：农业总产值与耕地面积的比率，反映耕地利用效率。县（市）耕地产出率不仅受耕地质量的影响，还受耕地集约利用程度的影响，将其作为评价县域经济发展质量的指标之一，有利于既注重保护耕地数量，又注重提高耕地质量，并提高其集约利用程度。

4. 发展潜力活力

发展潜力活力指经济发展潜能的充分利用程度。根据经济发展潜能的充分性，初步选用的有以下指标（见表4）。

表4　河南省县域经济发展质量评价指标体系：发展潜力活力

一级指标	二级指标(4个)	指标计算及说明
发展潜力活力	就业弹性系数	当期从业人员增长率/同期GDP增长率×100%（正向指标）
	生产能力利用率	实际产量/生产能力×100%（正向指标）
	投资对县域经济发展贡献率	县域全社会固定资产投资额/国内生产总值×100%（正向指标）
	消费对县域经济发展贡献率	县域社会消费品零售总额/国内生产总值×100%（正向指标）

（1）就业弹性系数：是劳动力就业的增长率与当期GDP增长率的比值，反映经济发展对劳动力的吸收能力。该指标从劳动就业变化角度来衡量县域经济发展质量状况。

（2）生产能力利用率：指一定时期内实际产量与生产能力的比值，它从现有生产能力的利用程度角度来衡量经济发展质量状况。生产能力利用越充分，实际产出与潜在产出之差就越小，经济发展质量越高。遗憾的是目前没有该项指标的统计。

（3）投资对县域经济发展贡献率：反映投资对县域经济发展的拉动作用。固定资产投资包括固定资产的更新、改建、扩建、新建等建造和购置等再生产活动，体现县域经济实力和发展后劲，是反映固定资产投资规模、速度、比例关系和使用方向的综合性指标。

（4）消费对县域经济发展贡献率：社会消费品零售总额是由社会商品供给和有支付能力的商品需求的规模所决定的，衡量消费对经济发展的拉动作用，以及产品结构与需求结构的适应程度，是研究经济发展质量及变化趋势的重要支撑。

5. 民生幸福

居民能否分享经济发展成果是经济发展质量高低的重要标志。发展的目的，归根到底是为了满足人民群众日益增长的物质和文化生活需要。根据经济发展成果的分享性，评价民生幸福的指标见表5。

（1）收入水平：其高低事关经济发展成果，惠及人民的程度和水平。居民收入分为城镇居民人均可支配收入和农村居民人均纯收入。前者反映居民家庭全部现金收入能用于安排家庭日常生活的那部分收入；农村居民人均纯收入指农民纯收入与农村总人口的比值，反映一个农村居民收入平均水平。

表5 河南省县域经济发展质量评价指标体系：民生幸福

一级指标	二级指标（12个）	指标计算及说明
民生幸福	城镇居民人均可支配收入	（正向指标）
	农村居民人均纯收入	（正向指标）
	城镇居民人均可支配收入增长率	报告期居民收入/基期居民收入×100%（正向指标）
	农民人均纯收入增长率	报告期居民收入/基期居民收入×100%（正向指标）
	恩格尔系数	食品支出占居民总支出的比例（逆向指标）
	基尼系数	在全部居民收入中，用于不平均分配的那部分收入占总收入的百分比（正向指标）
	人口就业率	县（市）从业人员/常住人口×100%（正向指标）
	城镇单位从业人员平均工资	（正向指标）
	在岗职工平均工资	（正向指标）
	居民人均储蓄额	县（市）居民储蓄存款/常住人口×100%（正向指标）
	居民人均生活消费支出	（正向指标）
	农村居民人均生活消费支出	（正向指标）

（2）收入增长率：以居民收入增长率评价经济发展质量，有利于更好地满足人民群众日益增长的物质文化需要，实现经济发展的根本目标。居民收入增长率是报告期居民收入与基期居民收入的比率。

（3）恩格尔系数：食品支出占居民总支出的比例，随着收入的变化而变化。以恩格尔系数评价经济发展质量，可使经济发展质量更多地关注居民生活实际幸福水平。

（4）基尼系数：是国际上用来综合考察居民内部收入分配差异状况的指标，指在全部居民收入中，用于不平均分配的那部分收入占总收入的百分比。可较客观、直观地反映和监测居民之间的贫富差距，预报、预警和防止居民之间出现贫富两极分化。

（5）人口就业率：就业能够带动消费和经济发展，事关社会稳定和民生幸福。就业率指就业人口与16岁以上总人口的百分比。就业率也间接能够看出县域经济的失业情况，也体现了人民生活水平，幸福程度。

（6）城镇单位从业人员工资：工资是城镇职工生活的保障，是家庭的一切消费来源。工资水平对农村人口进入城镇工作具有强大吸引力，事关民生幸福。年平均工资的多少能确定其购买能力，是研究县域经济发展质量的一个重要因素。

(7) 居民人均储蓄额：居民储蓄是县域经济发展过程中城镇及农村居民存入银行的货币总额，是城乡居民的收入的一部分，反映了人民收入增加，生活水平提高，发展质量的高低。人均储蓄考虑了人口因素的影响。

(8) 居民人均生活消费支出：消费能促进经济发展，居民人均生活消费支出的多少能反映其生活水平的高低，与生活息息相关，是研究县域经济发展质量和水平档次的重要指标。

6. 发展可持续性

发展可持续性主要选用的指标见表6。

表6 河南省县域经济发展质量评价指标体系：发展可持续性

一级指标	二级指标(11个)	指标计算及说明
发展可持续性	单位产值能源消耗量	能源消耗总量(标准煤)/国内生产总值×100%（逆向指标）
	单位国内生产总值水耗	水消耗总量/国内生产总值×100%（逆向指标）
	人均工业废水排放量	（逆向指标）
	人均工业废气排放量	（逆向指标）
	工业固体废物综合利用率	（正向指标）
	每立方米细颗粒物含量	（逆向指标）
	生活垃圾无害化处理率	（正向指标）
	农村饮水达标率	（正向指标）
	垃圾集中处理率	（正向指标）
	污水处理率	（正向指标）
	森林覆盖率	（正向指标）

(1) 资源消耗水平：每生产单位国内生产总值要消耗多少资源。由于资源种类繁多，一般以单位产值能源消耗量、单位产值水耗等反映资源消费状况。

(2) 环境质量成本：对县域经济而言，环境质量成本变化率可通过：人均工业废水排放量、人均工业废气排放量、工业固体废物综合利用率、每立方米细颗粒物含量、生活垃圾无害化处理率、农村饮水达标率、垃圾集中处理率、污水处理率、森林覆盖率等表示。

7. 科技创新

从根本上来说，技术创新是推动经济结构调整、提高经济效益、加快经济社会发展的重要动力和手段,是衡量经济发展质量的重要标志。初步选用的指标见表7。

表7 河南省县域经济发展质量评价指标体系:科技创新

一级指标	二级指标(3个)	指标计算及说明
科技创新	研究与开发投入占国内生产总值的比重	研究与开发经费投入额/同期国内生产总值×100%(正向指标)
	高技术产业增加值占国内生产总值的比重	高技术产业增加值/国内生产总值×100%(正向指标)
	专利授权指数	报告期获授权专利数/基期获授权专利数(正向指标)

(1)研究与开发投入占国内生产总值的比重:指一定时期内全社会用于基础研究、应用研究和试验发展的经费投入与国内生产总值的比值,已成为各国和国际组织评价科技实力或竞争力的首选核心指标。

(2)高技术产业增加值占国内生产总值的比重:高技术产业化程度一般用高技术产业增加值占国内生产总值的比重来衡量,该比重不仅反映该行业对经济发展的贡献和科技进步状况,还体现科技进步对产业结构优化升级、增强国际竞争力等诸多经济发展质量的内容。

(3)专利授权指数:是反映专利授权变化的动态相对数,衡量自主知识产权掌握程度。只有在科技进步与自主创新的基础上,经济发展才是有后劲、可持续和高质量的。

8. 发展外向度

发展外向度反映对外经济联系及竞争能力的强弱,对发展经济、增强综合实力、提高在国际上的地位和影响具有重要意义,是经济发展质量高低的具体表现。初步选用的指标见表8。

表8 河南省县域经济发展质量评价指标体系:发展外向度

一级指标	二级指标(4个)	指标计算及说明
发展外向度	进出口总值	(正向指标)
	进出口总值相当于国内生产总值比例	进出口总值/国内生产总值×100%(正向指标)
	利用外资和对外投资总额	(正向指标)
	服务贸易占对外贸易的比重	(正向指标)

（1）进出口总值相当于国内生产总值比例：可反映县域经济的国际化程度及其产品和服务在国际市场上的竞争能力。进出口总值相当于国内生产总值比例可反映县域经济的商品和服务贸易与对外联系的紧密程度。

（2）利用外资和对外投资总额：反映了资本要素的国际间流动和配置效率，以及对外联系的紧密程度。衡量吸引外资的能力和强度等，有利于增强经济发展的竞争能力和发展质量。

（3）服务贸易占对外贸易的比重：服务贸易又称劳务贸易，指国与国之间互相提供服务的经济交换活动，该指标可反映县域经济发展质量的对外水平和档次。

9. 农业基础能力

农业是战略性基础产业，农业的基础能力是衡量和评价县域经济发展质量的重要方面。根据河南省情和农业发展特征，农业基础能力主要体现在农业粮食总产量、农林牧渔业总产值、有效灌溉面积、农林水基本建设支出等方面，见表9。

表9　河南省县域经济发展质量评价指标体系：农业基础能力

一级指标	二级指标(4个)	指标计算及说明
农业 基础能力	农林牧渔业总产值	通常是按农林牧渔业产品及其副产品的产量分别乘以各自单位产品价格求得（正向指标）
	粮食总产量	进出口总值/国内生产总值×100%（正向指标）
	有效灌溉面积	（正向指标）
	农林水基本建设支出	（正向指标）

（1）农林牧渔业总产值：指农林牧渔业全部产品的总产值，反映一定时期内农业生产的总规模和总成果，体现了县域经济发展质量的实力基础。

（2）粮食总产量：一个地区一个时期内的各种粮食产量总和，反映了粮食供应能力；特别对河南粮食核心主产区而言，对国家粮食安全意义重大。

（3）有效灌溉面积：指灌溉工程设施基本配套，有一定水源、土地较平整，一般年景下当年可进行正常灌溉的耕地面积，反映耕地抗旱能力。

(4)农林水基本建设支出:各县(市)农林水基本建设的情况是其农村现代化的重要体现,也是该县(市)经济发展程度的体现。

(四)县域经济发展质量评价的方法选择

近些年国内学者关于经济发展质量的研究评价,大都基于中国整体经济发展质量的总体研究,如单薇(2003)从经济发展的稳定性、协调性、持续性、潜力等4方面确立评价指标体系,采用熵的数据处理方法,综合评价了中国1995~2000年间的经济发展质量。李俊霖、叶宗裕(2009)运用经过改进的主成分分析法,综合评价了中国1978~2006年间的经济发展质量。另外,基于区域角度的经济发展质量研究主要集中在中部地区,如毛燕玲、肖教燎和傅春(2008)运用因子分析法分析了中部地区6个省会城市的经济发展质量。王文彬、王雅华(2009)全面比较分析了中部6省的经济发展质量状况。目前,学者们对经济发展质量的分析都未将焦点聚集在县域角度,相对缺乏对县域经济发展质量的分析评价。因而,本报告从县域视角,对2012~2013年河南省县域经济发展质量的变化比较分析,具有十分重要的意义。

目前常用的经济发展质量评价方法大致有三种类型:一是单指标评价,如用万元产值综合能耗、农民人均纯收入等单一指标考察经济发展质量状况。由于单一指标所反映的信息量较小,且往往都是从单一角度来考察,不具有全面性,故单一指标评价发展质量显得片面。二是综合评价,从经济、社会和环境等方面构建经济发展质量综合评价指标体系,运用因子分析、主成分分析、层次分析法、数据包络分析、熵值法等方法展开综合评价。

就方法论而言,每种方法各有优劣。一是因子分析,是研究从变量群中提取共性因子的统计技术。可减少变量数目,可检验变量关系的假设。虽可简化分析,但只能面对综合性评价;对数据量和成分也有要求,采用的是最小二乘法,有时可能会失效;需先进行 KOM 检测数据是否可以运用该法。二是主成分分析,是将多个变量通过线性变换以选出较少个数重要变量的一种多元统计分析方法。虽可将多项指标转化为少数几项综合指标,尽可能多地保留原始变量的信息,且彼此不相关,但当主成分因子负荷的符号有正有负时,综合评价函数意义就不明确,命名清晰性低,数据要求非常系统。三是层次分析法(AHP),

是将与决策总是有关的元素分解成目标、准则、方案等层次基础之上的定性和定量分析决策法。虽可从备选方案中选择较优者,但不能提供新方案,定量数据较少,定性成分多,且权重难以确定。四是数据包络分析(DEA),是基于对多投入/多产出的多个决策单元的效率评价方法,广泛使用于业绩评价。五是熵值法:熵是信息论中对不确定性的一种度量。信息量越大,不确定性就越小,熵也就越小。可通过熵值判断事件的随机性及无序程度,也可以用熵值来判断某个指标的离散程度,指标的离散程度越大,该指标对综合评价的影响越大。因此,熵值法根据各指标值的变异程度确定指标权数,属于客观赋权法,但缺乏指标间的横向比较,各指标权重依赖于样本,不能减少指标维数。

经济发展质量评价从方法论上需解决的问题主要有:一是指标体系的系统性,使得能够可比性处理。二是指标一致化和无量纲化,使得不同单位和性质的指标能够加权比较。三是指标权重的客观决定。所以,综合比较各类方法,县域经济发展质量评价可选用熵值法。

这是基于在县域经济发展质量评价的初期,在数据来源需要不断系统完善的背景下,熵值法既能克服上述经济发展质量评价过程中的3个难题,也比较符合数据逐步系统化过程的客观实际,尤其是熵值法较客观地处理了指标权重问题。主观赋权法一般利用德尔菲法,不仅主观,而且不同专家组之间差别较大,还没有考虑到经济系统内部的各种联系。熵值法弥补了主观赋权的不足,运用系统动力学模型衡量各种指标的内在联系,权重计算客观。因此,本报告采用熵值法,力求准确衡量近年河南省县域经济经济发展质量。

(五)熵值法的基本原理及评价步骤

1. 熵值法的计算原理及方法

(1)判断矩阵构建。首先,判断指标的方向正逆,若是逆向指标,取倒数正向化,构建原始数据矩阵。假设共有 i 个事项,j 个评价指标,则可构建判断矩阵:$R = (x_{ij})ij$ 其中,$i = 1, \cdots, m$,表示共有 m 个评价方案;$j = 1, \cdots, n$,表示共有 n 个描述指标。

(2)数据标准化处理:由于各指标的量纲、数量级均有差异,为消除其对评价结果的影响,需进行标准化处理。数据标准化处理的方法有最大值最小值法、平均值标准差法，在此选用后者。

对指标 x_{ij} 进行标准化计算：$x'_{ij} = \dfrac{x_{ij} - \overline{x_j}}{S_j}$，其中，$\overline{x_j} = \dfrac{1}{n}\sum_{i=1}^{n} x_{ij}$，$S_j^2 = \dfrac{1}{n-1}\sum_{i=1}^{n}(x_{ij} - \overline{x_j})^2$，$\overline{x_j}$ 为第 j 项指标的平均值；S_j 为第 j 项指标的标准差。

（3）各指标同度量化：求第 j 项指标下，第 i 个方案指标值的比重：$p_{ij} = \dfrac{x'_{ij}}{\sum_{i=1}^{m} x'_{ij}}$（共有 m 个方案）。

（4）各指标熵值的计算：第 j 项指标的熵值 e_j，$e_j = -k\sum_{i=1}^{m} p_{ij}\ln(p_{ij})$，其中，$k > 0$，$\ln$ 为自然对数，$e_j > 0$。当 $p_{ij} = 0$ 时，其自然对数 $\ln(p_{ij})$ 无意义，故修正为：$p_{ij} = \dfrac{1 + x_{ij}}{\sum_{i=1}^{m}(1 + x_{ij})}$（分子与分母各加 1）。

（5）k 值及熵值 e_j 的取值范围：若 x_{ij} 对于第 j 项指标值全部相等，则有：$p_{ij} = \dfrac{x_{ij}}{\sum_{i=1}^{m} x_{ij}} = \dfrac{1}{m}$ 此时，$e_j \to \max$，也即，$e_j = -k\sum_{i=1}^{m}\dfrac{1}{m}\ln(\dfrac{1}{m}) = +k\ln(m)$，因而，若，令 $k = \dfrac{1}{\ln m}$，则必有：$0 \leq e_j \leq 1$。

（6）差异系数的确定：关于第 j 项指标的差异系数 g_j 的确定：一般而言，给定 j，若 x_{ij} 的差异性越大，则 e_j 越小；x_{ij} 的差异性上升，则 e_j 减小。所以，e_j 越小，表明该 j 项指标的作用越大。故令，$g_j = 1 - e_j$，差异系数 g_j 越大，表明该指标越重要。

（7）指标权数的确定：对第 j 个指标的权数 w_j 的计算：$w_j = \dfrac{g_j}{\sum_{j=1}^{n} g_j}$（共 $j = n$ 个指标，此为第 j 个指标的权重），其中，$\sum_{j=1}^{n} w_j = 1$。

（8）各方案综合得分：对于第 i 个方案的得分 S_i 的计算：$S_i = \sum_{j=1}^{n} w_j p_{ij}$，（共有 n 指标）

据此，可确定 $i = 1, \cdots, m$ 个方案的优劣。

2. 县域经济发展质量评价熵值法运用步骤

第一，将108个县（市）的县域经济年份看成是108个待评方案，将各类各项评价指标，将逆向指标先取倒数正向化，形成原始数据矩阵。第二，将各项指标无量纲化，同时缩减各类数据的数量级，为不同数据的合成运算奠定基础。第三，将各指标同度量化，计算各指标在各自108个方案中所占比重。第四，计算各指标的熵值，其中：取 $k=1/\ln(m)$，$\ln$ 为取自然对数。第五，计算各指标的差异性系数。第六，计算各指标在所有指标中的权重值。第七，计算综合得分。

三 县域经济发展质量评价结果及分析

（一）基本数据来源及预处理

本报告主要采用上述指标体系，对河南省108个县（市）的县域经济发展质量进行评价。数据主要来源于2012年和2013年《河南调查年鉴》（国家统计局、河南调查总队编）。在后面的实证分析部分，由于统计数据的支持程度和指标判断的实际效果限制，对指标体系略作改动：第一，在评价发展结构时，由于部分县（市）的城镇化率没有统计，整体数据的系统性差，没能采用。第二，在评价发展潜力活力时，生产能力利用率还没有进入统计范围，没能采用。第三，在评价发展潜力活力时，基尼系数、恩格尔系数、居民人均生活消费支出、社会保障补助支出水平等还没有进入统计范围，没能采用。第四，县域经济的发展可持续性、科技创新、发展外向度等类指标尚未进入统计范围，因而涉及较少。尽管如此，基于发展质量内涵要求、县域经济发展特征，以及指标选用原则，所选用的指标体系，对县域经济发展质量的代表性和科学性，以及所采用熵值法的合理性实用性，本研究仍不失科学合理性。

（二）评价结果及分析

1. 纳入中心城市组团发展范围的55个县（市）

表10是纳入中心城市组团发展范围的55个县（市）评价数据及排名。

2013年河南县域经济发展质量评价报告

表10 纳入中心城市组团发展范围的55个县(市)评价结果

县(市)名称	综合评价 得分	排名	发展规模水平 得分	排名	发展结构 得分	排名	发展效益 得分	排名	发展潜力活力 得分	排名	民生幸福 得分	排名	农业基础能力 得分	排名
新郑市	0.08749658	1	0.02878899	1	0.01151702	2	0.01982577	1	0.00728300	48	0.01301152	7	0.00707028	40
新密市	0.08700954	2	0.02652312	2	0.01153466	1	0.01846045	4	0.00820200	34	0.01627193	2	0.00601738	42
荥阳市	0.08100084	3	0.02180225	5	0.01114142	4	0.01797408	5	0.00849000	30	0.01413696	5	0.00745613	36
登封市	0.07986939	4	0.02519084	3	0.01129352	3	0.01571769	7	0.00785300	36	0.01498169	4	0.00483265	53
偃师市	0.07562456	5	0.01792552	8	0.01104967	5	0.01852954	3	0.00729900	47	0.01508771	3	0.00573312	44
灵宝市	0.07194164	6	0.01837572	6	0.01024204	12	0.01637742	6	0.00627900	53	0.01301834	6	0.00764912	34
义马市	0.07150866	7	0.01648071	11	0.01070516	7	0.01931092	2	0.00652900	52	0.01803213	1	0.00049294	55
禹州市	0.07129195	8	0.02284561	4	0.01048774	9	0.00956573	24	0.00910800	25	0.01009236	18	0.00919251	24
辉县市	0.06870502	9	0.01824611	7	0.00960514	26	0.01126686	15	0.00843500	31	0.01070305	13	0.01044886	18
沁阳市	0.06736559	10	0.01603485	12	0.01089530	6	0.01548727	8	0.00721500	49	0.01224784	8	0.00548533	46
长葛市	0.06657005	11	0.01694040	10	0.01051930	8	0.01238609	13	0.00709900	50	0.01116708	11	0.00845818	31
新安县	0.06533500	12	0.01786284	9	0.00992608	19	0.01475189	10	0.00733400	46	0.01040557	15	0.00505462	50
渑池县	0.06509078	13	0.01552695	13	0.01001445	14	0.01504477	9	0.00781500	37	0.01179240	9	0.00489721	52
孟州市	0.06220911	14	0.01284423	15	0.01026967	10	0.01441531	11	0.00766800	41	0.01156838	10	0.00544352	47
唐河县	0.06002689	15	0.00755775	28	0.00842586	48	0.00769228	35	0.01087100	8	0.00753031	40	0.01794969	1
伊川县	0.05906789	16	0.01299893	14	0.00965599	25	0.00951810	25	0.01120600	6	0.00817264	33	0.00751623	35
武陟县	0.05709881	17	0.00959396	19	0.00996469	16	0.00998645	19	0.00896700	26	0.00935014	24	0.00923657	23
濮阳县	0.05691674	18	0.00837719	23	0.00888754	37	0.00819333	32	0.01076100	10	0.00695480	51	0.01374288	5
鄢陵县	0.05652296	19	0.00897764	21	0.00910236	34	0.01061663	18	0.00745100	44	0.00964077	21	0.01073456	15
襄城县	0.05567072	20	0.01152742	16	0.00995799	17	0.00867430	29	0.00597900	54	0.00983137	20	0.00970064	22
孟津县	0.05554233	21	0.01051764	17	0.00948311	27	0.01101274	16	0.00849900	29	0.01027364	16	0.00575620	43
镇平县	0.05532501	22	0.00709292	32	0.00988433	20	0.00703242	41	0.01374800	1	0.00885708	26	0.00871026	28
尉氏县	0.05499590	23	0.00960647	18	0.00941981	29	0.00912968	26	0.00769800	40	0.00788387	34	0.01125807	11
项城市	0.05481897	24	0.00724171	31	0.00927968	31	0.00842621	31	0.00964400	20	0.00842811	31	0.01179926	10
博爱县	0.05467968	25	0.00931019	20	0.01022110	13	0.01279983	12	0.00690400	51	0.01052260	14	0.00492196	51
杞县	0.05431491	26	0.00790914	27	0.00857388	45	0.00866664	30	0.00778100	38	0.00746106	42	0.01392319	4
温县	0.05406019	27	0.00870844	22	0.01025636	11	0.01192770	14	0.00740000	45	0.01019334	17	0.00557435	45
淮阳县	0.05379800	28	0.00572892	39	0.00729417	54	0.00694222	43	0.01041300	12	0.00766579	38	0.01575390	2

089

续表

县（市）名称	综合评价 得分	排名	发展规模水平 得分	排名	发展结构 得分	排名	发展效益 得分	排名	发展潜力活力 得分	排名	民生幸福 得分	排名	农业基础能力 得分	排名
临颍县	0.0532869	29	0.00826555	25	0.00976520	22	0.00973812	20	0.00761600	42	0.00874363	27	0.00911343	25
修武县	0.0529768	30	0.00799200	26	0.01001321	15	0.00965004	22	0.01009700	15	0.01092519	12	0.00429936	54
罗山县	0.0524106	31	0.00517373	47	0.00833585	49	0.00622575	50	0.01164500	5	0.00986385	19	0.01116644	12
宜阳县	0.0518636	32	0.00830297	24	0.00921265	32	0.00885846	28	0.01018400	14	0.00717010	47	0.00813544	33
叶县	0.0517956	33	0.00735703	29	0.00899761	35	0.00737193	37	0.00971400	18	0.00767597	36	0.01067915	16
清丰县	0.0517676	34	0.00524395	44	0.00868231	40	0.00963041	23	0.01054100	11	0.00734321	44	0.01032679	19
方城县	0.0515420	35	0.00600654	37	0.00876810	38	0.00526410	54	0.01366700	2	0.00698934	50	0.01084698	14
商水县	0.0514099	36	0.00548126	41	0.00753415	53	0.00650636	48	0.00893000	27	0.00729858	45	0.01565958	3
通许县	0.0513579	37	0.00631831	34	0.00940609	30	0.01094274	17	0.00775600	39	0.00843858	30	0.00849622	30
卫辉市	0.0506924	38	0.00634169	33	0.00993898	18	0.00889593	27	0.01018700	13	0.00872695	28	0.00660194	41
西华县	0.0503476	39	0.00502980	49	0.00718641	55	0.00669119	45	0.01208600	4	0.00750894	41	0.01184530	7
舞阳县	0.0503218	40	0.00555713	40	0.00866850	41	0.00727253	39	0.01313400	3	0.00740928	43	0.00828043	32
遂平县	0.0502310	41	0.00614073	35	0.00894599	36	0.00729878	38	0.00932000	22	0.00946807	23	0.00905744	26
柘城县	0.0495571	42	0.00507191	48	0.00847689	47	0.00703524	40	0.00996400	16	0.00719824	46	0.01181091	9
确山县	0.0495487	43	0.00547775	42	0.00854999	46	0.00792916	33	0.00923600	23	0.00954510	22	0.00881079	27
虞城县	0.0495186	44	0.00606188	36	0.00874744	39	0.00653627	47	0.00821400	33	0.00707149	48	0.01288755	6
汝南县	0.0494845	45	0.00486108	51	0.00818322	51	0.00671762	44	0.00969200	19	0.00820374	32	0.01182688	8
民权县	0.0480123	46	0.00527495	43	0.00866734	42	0.00650160	49	0.00940400	21	0.00704755	49	0.01111690	13
汤阴县	0.0476777	47	0.00724602	30	0.00978002	21	0.00965336	21	0.00542800	55	0.00849806	29	0.00707228	39
淩县	0.0466417	48	0.00497217	50	0.00942766	28	0.00662121	46	0.00758400	43	0.00756036	39	0.01047631	17
内黄县	0.0460840	49	0.00520841	46	0.00792428	52	0.00788675	34	0.00810400	35	0.00686065	52	0.01009992	20
延津县	0.0452881	50	0.00521722	45	0.00912280	33	0.00760315	36	0.00835700	32	0.00778450	35	0.00720346	38
社旗县	0.0448626	51	0.00442920	52	0.00824293	50	0.00603307	51	0.01106900	7	0.00653689	55	0.00855156	29
原阳县	0.0446151	52	0.00441856	53	0.00859978	44	0.00579882	52	0.00913000	24	0.00673795	54	0.00993003	21
荻嘉县	0.0440472	53	0.00419677	54	0.00969119	23	0.00698312	42	0.00889200	28	0.00918379	25	0.00510034	49
鲁山县	0.0440146	54	0.00599516	38	0.00966842	24	0.00545136	53	0.00982200	17	0.00767583	37	0.00540188	48
宁陵县	0.0418693	55	0.00337633	55	0.00861342	43	0.00495758	55	0.01083500	9	0.00679115	53	0.00729587	37

注：发展可持续性、科技创新和外向发展度3个一级指标由于部分县的数据不全，故没列入本次评价；后表同。

（1）经济发展质量总体评价：位居前5位的依次是新郑市（0.08749658，第1位）、新密市（0.08700954，第2位）、荥阳市（0.08100084，第3位）、登封市（0.07986939，第4位）、偃师市（0.07562456，第5位）。

（2）发展规模水平评价：位居前5位的依次是新郑市（0.02878899，第1位）、新密市（0.02652312，第2位）、登封市（0.02519084，第3位）、禹州市（0.02284561，第4位）、荥阳市（0.02180225，第5位）。

（3）发展结构评价：位居前5位的依次是新密市（0.01153466，第1位）、新郑市（0.01151702，第2位）、登封市（0.01129352，第3位）、荥阳市（0.01114142，第4位）、偃师市（0.01104967，第5位）。

（4）发展效益评价：位居前5位的依次是新郑市（0.01982577，第1位）、义马市（0.01931092，第2位）、偃师市（0.01852954，第3位）、新密市（0.01846045，第4位）、荥阳市（0.01797408，第5位）。

（5）发展潜力活力评价：位居前5位的依次是镇平县（0.01374800，第1位）、方城县（0.01366700，第2位）、舞阳县（0.01313400，第3位）、西华县（0.01208600，第4位）、罗山县（0.01164500，第5位）。

（6）民生幸福评价：位居前5位的依次是义马市（0.01803213，第1位）、新密市（0.01627193，第2位）、偃师市（0.01508771，第3位）、登封市（0.01498169，第4位）、荥阳市（0.01413696，第5位）。

（7）农业基础能力评价：位居前5位的依次是唐河县（0.01794969，第1位）、淮阳县（0.01575390，第2位）、商水县（0.01565958，第3位）、杞县（0.01392319，第4位）、濮阳县（0.01374288，第5位）。

2. 基础条件比较好的19个县（市）

表11是基础条件比较好，人均GDP在2.5万元以上的19个县（市）评价数据及排名。

（1）经济发展质量总体评价：位居前5位的依次是巩义市（0.08503262，第1位）、中牟县（0.08290106，第2位）、永城市（0.07300590，第3位）、林州市（0.06604302，第4位）、安阳县（0.06465948，第5位）。

（2）发展规模水平评价：位居前5位的依次是巩义市（0.02778165，第1位）、中牟县（0.02709917，第2位）、永城市（0.02142335，第3位）、林州

表11 基础条件比较好19个县（市）评价结果

县（市）名称	综合评价 得分	排名	发展规模水平 得分	排名	发展结构 得分	排名	发展效益 得分	排名	发展潜力活力 得分	排名	民生幸福 得分	排名	农业基础能力 得分	排名
巩义市	0.08503262	1	0.02778165	1	0.01168603	1	0.01811260	1	0.00845500	10	0.01470173	2	0.00429561	16
中牟县	0.08290106	2	0.02709917	2	0.01048234	7	0.01643162	2	0.00697800	14	0.01087063	9	0.01103930	4
永城市	0.07300590	3	0.02142335	3	0.00930986	15	0.00788119	19	0.00701800	13	0.00953001	13	0.01784349	1
林州市	0.06604302	4	0.01613482	4	0.01076734	3	0.01103122	9	0.00712600	12	0.01415586	3	0.00682778	8
安阳县	0.06465948	5	0.01455711	5	0.01052180	6	0.01033726	12	0.00679300	16	0.01112147	7	0.01132884	2
栾川县	0.06167294	6	0.01437390	7	0.00962820	13	0.01317854	3	0.00848000	9	0.01258779	5	0.00342451	18
汝州市	0.06164508	7	0.01515386	5	0.01061845	4	0.01058547	10	0.00685000	15	0.01561818	1	0.00932107	6
新乡县	0.05813996	8	0.01039854	9	0.01023796	8	0.01238696	6	0.00505100	19	0.01064970	10	0.00444732	15
宝丰县	0.05781594	9	0.01207708	8	0.01091926	9	0.01277169	5	0.00646100	17	0.01032355	11	0.00493721	12
陕县	0.05719020	10	0.01035635	10	0.01005124	11	0.01192163	7	0.01039100	5	0.00934163	14	0.00414643	17
许昌县	0.05587797	11	0.00881997	13	0.00969819	14	0.00874447	16	0.00809100	11	0.01091230	8	0.01118271	3
西峡县	0.05534606	12	0.01006435	11	0.00958918	5	0.00999548	13	0.01000200	7	0.01286589	4	0.00478275	13
舞钢市	0.05480021	13	0.00918238	12	0.01056566	10	0.00829178	17	0.01056800	4	0.01117117	6	0.00332650	19
洪丰县	0.05430031	14	0.00867025	14	0.00974650	12	0.01292516	4	0.00633700	18	0.00895982	16	0.00545023	11
新野县	0.05426601	15	0.00745933	16	0.00966950	18	0.00822373	18	0.01026000	6	0.00732328	19	0.00969363	5
洛宁县	0.05207554	16	0.00760963	15	0.00872198	17	0.01133854	8	0.00997000	8	0.00779115	18	0.00711211	7
嵩县	0.05203144	17	0.00719044	17	0.00892508	16	0.01038741	11	0.01128800	2	0.00827043	17	0.00644936	9
桐柏县	0.05062656	18	0.00707985	18	0.00911039	19	0.00958891	14	0.01109100	3	0.00827043	17	0.00548598	10
新县	0.04781859	19	0.00434325	19	0.00869184	19	0.00882792	15	0.01129200	1	0.01018940	12	0.00447418	14

市（0.01613482，第4位）、汝州市（0.01515386，第5位）。

（3）发展结构评价：位居前5位的依次是巩义市（0.01168603，第1位）、宝丰县（0.01091926，第2位）、林州市（0.01076734，第3位）、汝州市（0.01061845，第4位）、舞钢市（0.01056566，第5位）。

（4）发展效益评价：位居前5位的依次是巩义市（0.01811260，第1位）、中牟县（0.01643162，第2位）、栾川县（0.01317854，第3位）、淇县（0.01292516，第4位）、宝丰县（0.01277169，第5位）。

（5）发展潜力活力评价：位居前5位的依次是新县（0.01129200，第1位）、嵩县（0.01128800，第2位）、桐柏县（0.01109100，第3位）、舞钢市（0.01056800，第4位）、陕县（0.01039100，第5位）。

（6）民生幸福评价：位居前5位的依次是新乡县（0.01561818，第1位）、巩义市（0.01470173，第2位）、林州市（0.01415586，第3位）、舞钢市（0.01286589，第4位）、栾川县（0.01258779，第5位）。

（7）农业基础能力评价：位居前5位的依次是永城市（0.01784349，第1位）、安阳县（0.01132884，第2位）、许昌县（0.01118271，第3位）、中牟县（0.01103930，第4位）、新野县（0.00969363，第5位）。

3. 农区34个县（市）的评价

表12是农区34个县（市）的评价数据及排名。

（1）经济发展质量总体评价：位居前5位的依次是固始县（0.06318764，第1位）、邓州市（0.06290509，第2位）、长垣县（0.05766354，第3位）、滑县（0.05617689，第4位）、淅川县（0.05615386，第5位）。

（2）发展规模水平评价：位居前5位的依次是淅川县（0.01210363，第1位）、邓州市（0.00967135，第2位）、长垣县（0.00933067，第3位）、兰考县（0.00824100，第4位）、固始县（0.00812687，第5位）。

（3）发展结构评价：位居前5位的依次是范县（0.01027747，第1位）、长垣县（0.01025269，第2位）、台前县（0.00977802，第3位）、兰考县（0.00970870，第4位）、郏县（0.00962877，第5位）。

（4）发展效益评价：位居前5位的依次是南乐县（0.00974751，第1位）、兰考县（0.00926008，第2位）、开封县（0.00905323，第3位）、范县

表 12 农区 34 个县（市）评价结果

县（市）名称	综合评价		发展规模水平		发展结构		发展效益		发展潜力活力		民生幸福		农业基础能力	
	得分	排名	得分	排名	得分	排名	得分	排名	得分	排名	得分	排名	得分	排名
固始县	0.06318764	1	0.00812687	5	0.00806968	26	0.00607333	31	0.01211800	5	0.00856405	9	0.02023571	3
邓州市	0.06290509	2	0.00967135	2	0.00847971	18	0.00744200	8	0.00899700	24	0.00764720	21	0.02066783	1
长垣县	0.05766354	3	0.00933067	3	0.01025269	2	0.00737032	10	0.00834600	32	0.01230917	1	0.01005469	21
滑县	0.05617689	4	0.00614408	13	0.00756015	33	0.00616766	25	0.00864600	27	0.00722896	32	0.02043004	2
淅川县	0.05615386	5	0.01210363	1	0.00870941	13	0.00730615	12	0.01201600	6	0.00860283	8	0.00741584	27
太康县	0.05569192	6	0.00610427	14	0.00798988	27	0.00638450	21	0.01134100	8	0.00729865	30	0.01657362	4
鹿邑县	0.05526108	7	0.00779432	6	0.00884774	11	0.00746828	7	0.00929900	22	0.00788558	17	0.01396616	7
西平县	0.05395671	8	0.00581294	16	0.00857123	14	0.00670617	19	0.01068800	12	0.00892023	4	0.01325814	11
潢川县	0.05327132	9	0.00624746	12	0.00854886	15	0.00703169	17	0.01004900	16	0.00877382	7	0.01262049	13
息县	0.05282154	10	0.00466313	27	0.00817351	25	0.00612192	26	0.01165100	7	0.00818139	12	0.01403059	6
兰考县	0.05197841	11	0.00824100	4	0.00970870	4	0.00926008	2	0.00817700	33	0.00752795	25	0.00906368	24
夏邑县	0.05185592	12	0.00513437	22	0.00832814	20	0.00608797	28	0.00974400	18	0.00786203	18	0.01469941	5
光山县	0.05174796	13	0.00526161	19	0.00822410	23	0.00608125	30	0.01230100	4	0.00933260	2	0.01054740	19
开封县	0.05137553	14	0.00662433	10	0.00911652	9	0.00905323	3	0.00843000	30	0.00740722	29	0.01074423	17
沈丘县	0.05087246	15	0.00681746	8	0.00877325	12	0.00560986	34	0.00964300	19	0.00754479	24	0.01248410	14
郸城县	0.05063438	16	0.00665736	9	0.00822223	24	0.00619710	24	0.00841300	31	0.00728277	31	0.01386192	8
内乡县	0.05009612	17	0.00560353	18	0.00848137	17	0.00718567	13	0.01346000	1	0.00800650	15	0.00735905	28

续表

县(市)名称	综合评价		发展规模水平		发展结构		发展效益		发展潜力活力		民生幸福		农业基础能力	
	得分	排名	得分	排名	得分	排名	得分	排名	得分	排名	得分	排名	得分	排名
正阳县	0.04984780	18	0.00459359	28	0.00772935	31	0.00609261	27	0.00921300	23	0.00837856	11	0.01384069	9
平舆县	0.04977149	19	0.00579827	17	0.00838550	19	0.00652218	20	0.00960100	21	0.00847141	10	0.01099313	16
上蔡县	0.04975050	20	0.00503739	23	0.00923318	8	0.00563046	33	0.00854000	29	0.00769402	20	0.01361545	10
南乐县	0.04902907	21	0.00446028	31	0.00900383	10	0.00974751	1	0.01010000	15	0.00741330	28	0.00830415	25
泌阳县	0.04844471	22	0.00587888	15	0.00793553	29	0.00711883	15	0.00858100	28	0.00749770	26	0.01143277	15
范县	0.04832118	23	0.00456340	29	0.01027747	1	0.00813734	4	0.01111800	9	0.00811788	13	0.00610709	30
郏县	0.04827240	24	0.00715109	7	0.00962877	5	0.00705558	16	0.00963800	20	0.00806582	14	0.00673314	29
扶沟县	0.04808318	25	0.00517813	20	0.00825244	22	0.00624321	23	0.00985300	17	0.00885355	5	0.00970285	22
商城县	0.04771072	26	0.00492155	24	0.00797956	28	0.00737672	9	0.01049600	14	0.00884852	6	0.00808837	26
新蔡县	0.04768967	27	0.00487983	25	0.00788024	30	0.00629985	29	0.00802100	34	0.00741336	27	0.01319539	12
睢县	0.04731941	28	0.00446593	30	0.00767655	32	0.00608355	32	0.01085500	10	0.00761726	22	0.01062112	18
南召县	0.04690374	29	0.00514650	21	0.00936181	6	0.00811497	5	0.01241900	2	0.00707228	33	0.00478918	31
汝阳县	0.04638383	30	0.00626452	11	0.00929689	7	0.00810923	6	0.01070800	11	0.00776467	19	0.00424052	32
淮滨县	0.04607634	31	0.00410212	32	0.00830473	21	0.00586717	32	0.01066500	13	0.00761608	23	0.00952124	23
卢氏县	0.04535265	32	0.00475371	26	0.00852880	16	0.00677230	18	0.01232500	3	0.00910397	3	0.00386887	34
封丘县	0.04388289	33	0.00377318	33	0.00699087	34	0.00718031	14	0.00880400	25	0.00675890	34	0.01037563	20
台前县	0.04112216	34	0.00336342	34	0.00977802	3	0.00730751	11	0.00868800	26	0.00790054	16	0.00408467	33

（0.00813734，第 4 位）、南召县（0.00811497，第 5 位）。

（5）发展潜力活力评价：位居前 5 位的依次是内乡县（0.01346000，第 1 位）、南召县（0.01241900，第 2 位）、卢氏县（0.01232500，第 3 位）、光山县（0.01230100，第 4 位）、固始县（0.01211800，第 5 位）。

（6）民生幸福评价：位居前 5 位的依次是长垣县（0.01230917，第 1 位）、光山县（0.00933260，第 2 位）、卢氏县（0.00910397，第 3 位）、西平县（0.00892023，第 4 位）、扶沟县（0.00885355，第 5 位）。

（7）农业基础能力评价：位居前 5 位的依次是邓州市（0.02066783，第 1 位）、滑县（0.02043004，第 2 位）、固始县（0.02023571，第 3 位）、太康县（0.01657362，第 4 位）、夏邑县（0.01469941，第 5 位）。

4. 108 个县（市）总体评价

表 13 是全省 108 个县（市）的评价数据及排名。

（1）经济发展质量总体评价：位居前 5 位的依次是：新郑市（0.0875，第 1 位）、新密市（0.0870，第 2 位）、巩义市（0.0850，第 3 位）、中牟县（0.0829，第 4 位）、荥阳市（0.081，第 5 位）。

（2）发展规模水平评价：位居前 5 位的依次是：新郑市（0.0288，第 1 位）、巩义市（0.0278，第 2 位）、中牟县（0.0271，第 3 位）、新密市（0.0265，第 4 位）、登封市（0.0252，第 5 位）。

（3）发展结构评价：位居前 5 位的依次是：巩义市（0.0117，第 1 位）、新郑市（0.0115，第 2 位）、新密市（0.0115，第 3 位）、登封市（0.0113，第 4 位）、荥阳市（0.0111，第 5 位）。

（4）发展效益评价：位居前 5 位的依次是：新郑市（0.0198，第 1 位）、义马市（0.0193，第 2 位）、新密市（0.0185，第 3 位）、偃师市（0.0185，第 4 位）、巩义市（0.0181，第 5 位）。

（5）发展潜力活力评价：位居前 5 位的依次是镇平县（0.0137，第 1 位）、方城县（0.0137，第 2 位）、内乡县（0.0135，第 3 位）、舞阳县（0.0131，第 4 位）、南召县（0.0124，第 5 位）。

（6）民生幸福评价：位居前 5 位的依次是义马市（0.0180，第 1 位）、新密市（0.0163，第 2 位）、新乡县（0.0156，第 3 位）、偃师市（0.0151，第

2013 年河南县域经济发展质量评价报告

表 13 河南省 108 县（市）经济发展质量总体评价结果

县（市）名称	综合评价综合		发展规模水平		发展结构		发展效益		发展潜力活力		民生幸福		农业基础能力	
	得分	排名	得分	排名	得分	排名	得分	排名	得分	排名	得分	排名	得分	排名
新郑市	0.0875	1	0.0288	1	0.0115	2	0.0198	1	0.0073	93	0.0130	10	0.0071	75
新密市	0.0870	2	0.0265	4	0.0115	3	0.0185	3	0.0082	76	0.0163	2	0.0060	81
巩义市	0.0850	3	0.0278	2	0.0117	1	0.0181	5	0.0085	69	0.0147	6	0.0043	101
中牟县	0.0829	4	0.0271	3	0.0105	16	0.0164	7	0.0070	98	0.0109	22	0.0110	32
荥阳市	0.0810	5	0.0218	7	0.0111	5	0.0180	6	0.0085	67	0.0141	8	0.0075	68
登封市	0.0799	6	0.0252	5	0.0113	4	0.0157	9	0.0079	81	0.0150	5	0.0048	95
偃师市	0.0756	7	0.0179	11	0.0110	6	0.0185	4	0.0073	92	0.0151	4	0.0057	83
永城市	0.0730	8	0.0214	8	0.0093	51	0.0079	59	0.0070	97	0.0095	36	0.0178	5
灵宝市	0.0719	9	0.0184	9	0.0102	21	0.0164	8	0.0063	105	0.0130	9	0.0076	66
义马市	0.0716	10	0.0165	14	0.0107	10	0.0193	2	0.0065	102	0.0180	1	0.0005	108
禹州市	0.0713	11	0.0228	6	0.0105	15	0.0096	39	0.0091	56	0.0101	31	0.0092	53
辉县市	0.0687	12	0.0182	10	0.0096	44	0.0113	23	0.0084	70	0.0107	23	0.0104	41
沁阳市	0.0674	13	0.0160	16	0.0109	8	0.0155	10	0.0072	94	0.0122	14	0.0055	86
长葛市	0.0666	14	0.0169	13	0.0105	14	0.0124	19	0.0096	96	0.0112	18	0.0085	61
林州市	0.0660	15	0.0161	15	0.0108	9	0.0110	24	0.0071	95	0.0142	7	0.0068	76
新安县	0.0653	16	0.0228	12	0.0099	30	0.0148	12	0.0073	91	0.0104	26	0.0051	91
渑池县	0.0651	17	0.0155	17	0.0100	25	0.0150	11	0.0078	82	0.0118	15	0.0049	94
安阳县	0.0647	18	0.0146	19	0.0105	13	0.0103	30	0.0068	101	0.0111	19	0.0113	27
固始县	0.0632	19	0.0081	44	0.0081	96	0.0061	100	0.0121	8	0.0086	53	0.0202	3
邓州市	0.0629	20	0.0097	30	0.0085	83	0.0074	63	0.0090	57	0.0076	77	0.0207	1
孟州市	0.0622	21	0.0128	22	0.0103	18	0.0144	13	0.0077	86	0.0116	16	0.0054	88

续表

县(市)名称	综合评价综合得分	排名	发展规模水平得分	排名	发展结构得分	排名	发展效益得分	排名	发展潜力活力得分	排名	民生幸福得分	排名	农业基础能力得分	排名
栾川县	0.0617	22	0.0144	20	0.0096	43	0.0132	14	0.0085	68	0.0126	12	0.0034	106
汝州市	0.0616	23	0.0152	18	0.0106	11	0.0106	28	0.0069	100	0.0091	42	0.0093	51
唐河县	0.0600	24	0.0076	49	0.0084	85	0.0077	60	0.0109	20	0.0075	82	0.0179	4
伊川县	0.0591	25	0.0130	21	0.0097	41	0.0095	40	0.0112	16	0.0082	62	0.0075	67
新乡县	0.0581	26	0.0104	27	0.0102	22	0.0124	18	0.0051	108	0.0156	3	0.0044	99
宝丰县	0.0578	27	0.0121	24	0.0109	7	0.0128	17	0.0065	103	0.0106	24	0.0049	92
长垣县	0.0577	28	0.0093	33	0.0103	20	0.0074	66	0.0083	74	0.0123	13	0.0101	45
陕县	0.0572	29	0.0104	28	0.0101	24	0.0119	21	0.0104	31	0.0103	27	0.00411	103
武陟县	0.0571	30	0.0096	32	0.0100	27	0.0100	32	0.0090	58	0.0094	38	0.0092	52
濮阳县	0.0569	31	0.0084	40	0.0089	64	0.0082	53	0.0108	23	0.0070	103	0.0137	15
鄢陵县	0.0565	32	0.0090	36	0.0091	59	0.0106	27	0.0075	89	0.0096	34	0.0107	36
滑县	0.0562	33	0.0061	65	0.0076	104	0.0062	94	0.0086	63	0.0072	96	0.0204	2
淅川县	0.0562	34	0.0121	23	0.0087	70	0.0073	68	0.0120	10	0.0086	52	0.0074	69
许昌县	0.0559	35	0.0088	37	0.0097	37	0.0087	47	0.0081	79	0.0093	39	0.0112	29
太康县	0.0557	36	0.0061	67	0.0080	97	0.0064	89	0.0113	13	0.0073	93	0.0166	6
襄城县	0.0557	37	0.0115	25	0.0100	28	0.0087	48	0.0060	106	0.0098	33	0.0097	48
孟津县	0.0555	38	0.0105	26	0.0095	46	0.0110	25	0.0085	66	0.0103	28	0.0058	82
西峡县	0.0553	39	0.0101	29	0.0096	45	0.0100	31	0.0100	38	0.0109	21	0.0048	97
镇平县	0.0553	40	0.0071	56	0.0099	31	0.0070	76	0.0137	1	0.0089	46	0.0087	58
鹿邑县	0.0553	41	0.0078	47	0.0088	65	0.0075	62	0.0093	52	0.0079	67	0.0140	11
蔚氏县	0.0550	42	0.0096	31	0.0094	48	0.0091	42	0.0077	85	0.0079	68	0.0113	28
项城市	0.0548	43	0.0072	53	0.0093	53	0.0084	50	0.0096	46	0.0084	57	0.0118	25

2013年河南县域经济发展质量评价报告

续表

县(市)名称	综合评价综合 得分	排名	发展规模水平 得分	排名	发展结构 得分	排名	发展效益 得分	排名	发展潜力活力 得分	排名	民生幸福 得分	排名	农业基础能力 得分	排名
舞钢市	0.0548	44	0.0092	35	0.0106	12	0.0083	51	0.0106	27	0.0129	11	0.0033	107
博爱县	0.0547	45	0.0093	34	0.0102	23	0.0128	16	0.0069	99	0.0105	25	0.0049	93
杞县	0.0543	46	0.0079	46	0.0086	77	0.0087	49	0.0078	83	0.0075	86	0.0139	12
淇县	0.0543	47	0.0087	39	0.0097	35	0.0129	15	0.0063	104	0.0112	17	0.0055	87
新野县	0.0543	48	0.0075	50	0.0097	39	0.0082	52	0.0103	32	0.0090	44	0.0097	49
温县	0.0541	49	0.0087	38	0.0103	19	0.0119	20	0.0074	90	0.0102	29	0.0056	84
西平县	0.0540	50	0.0058	72	0.0086	78	0.0067	82	0.0107	25	0.0089	45	0.0133	17
淮阳县	0.0538	51	0.0057	74	0.0073	106	0.0069	79	0.0104	30	0.0077	76	0.0158	7
临颍县	0.0533	52	0.0083	42	0.0098	34	0.0098	33	0.0076	87	0.0087	50	0.0091	54
潢川县	0.0533	53	0.0062	64	0.0085	80	0.0070	77	0.0100	37	0.0088	49	0.0126	20
修武县	0.0530	54	0.0080	45	0.0100	26	0.0097	36	0.0101	36	0.0109	20	0.0043	100
息县	0.0528	55	0.0047	96	0.0082	95	0.0061	95	0.0117	11	0.0082	61	0.0140	10
罗山县	0.0524	56	0.0052	85	0.0083	87	0.0062	92	0.0116	12	0.0099	32	0.0112	30
洛宁县	0.0521	57	0.0076	48	0.0087	69	0.0113	22	0.0100	39	0.0073	92	0.0071	73
嵩县	0.0520	58	0.0072	54	0.0089	63	0.0104	29	0.0113	15	0.0078	70	0.0064	79
兰考县	0.0520	59	0.0082	43	0.0097	36	0.0093	41	0.0082	77	0.0075	83	0.0091	55
宜阳县	0.0519	60	0.0083	41	0.0092	55	0.0089	45	0.0102	34	0.0072	98	0.0081	64
夏邑县	0.0519	61	0.0051	87	0.0083	88	0.0061	97	0.0097	43	0.0079	69	0.0147	9
叶县	0.0518	62	0.0074	51	0.0090	61	0.0074	65	0.0097	44	0.0077	74	0.0107	37
清丰县	0.0518	63	0.0052	81	0.0087	72	0.0096	37	0.0105	28	0.0073	91	0.0103	43
光山县	0.0517	64	0.0053	80	0.0082	92	0.0061	99	0.0123	7	0.0093	40	0.0105	39
方城县	0.0515	65	0.0060	69	0.0088	67	0.0053	107	0.0137	2	0.0070	102	0.0108	34

续表

县(市)名称	综合评价综合		发展规模水平		发展结构		发展效益		发展潜力活力		民生幸福		农业基础能力	
	得分	排名	得分	排名	得分	排名	得分	排名	得分	排名	得分	排名	得分	排名
商水县	0.0514	66	0.0055	77	0.0075	105	0.0065	87	0.0089	59	0.0073	94	0.0157	8
开封县	0.0514	67	0.0066	60	0.0091	57	0.0091	43	0.0084	71	0.0074	90	0.0107	35
通许县	0.0514	68	0.0063	62	0.0094	49	0.0109	26	0.0078	84	0.0084	56	0.0085	60
沈丘市	0.0509	69	0.0068	58	0.0088	66	0.0056	105	0.0096	47	0.0075	81	0.0125	21
卫辉市	0.0507	70	0.0063	61	0.0099	29	0.0089	44	0.0102	33	0.0087	51	0.0066	78
郸城县	0.0506	71	0.0067	59	0.0082	93	0.0062	93	0.0084	72	0.0073	95	0.0139	13
桐柏县	0.0506	72	0.0071	57	0.0091	58	0.0096	38	0.0111	18	0.0083	59	0.0055	85
西华县	0.0503	73	0.0050	90	0.0072	107	0.0067	83	0.0121	9	0.0075	84	0.0118	22
舞阳县	0.0503	74	0.0056	76	0.0087	73	0.0073	70	0.0131	4	0.0074	89	0.0083	63
遂平县	0.0502	75	0.0061	66	0.0089	62	0.0073	69	0.0093	51	0.0095	37	0.0091	56
内乡县	0.0501	76	0.0056	75	0.0085	82	0.0072	71	0.0135	3	0.0080	65	0.0074	70
正阳县	0.0498	77	0.0046	97	0.0077	102	0.0061	96	0.0092	54	0.0084	58	0.0138	14
平舆县	0.0498	78	0.0058	73	0.0084	86	0.0065	86	0.0096	49	0.0085	55	0.0110	33
上蔡县	0.0498	79	0.0050	89	0.0092	54	0.0056	104	0.0085	65	0.0077	73	0.0136	16
柘城县	0.0496	80	0.0051	88	0.0085	84	0.0070	75	0.0100	40	0.0072	97	0.0118	24
确山县	0.0495	81	0.0055	78	0.0085	79	0.0079	57	0.0092	53	0.0095	35	0.0088	57
虞城县	0.0495	82	0.0061	68	0.0087	68	0.0065	85	0.0082	75	0.0071	100	0.0129	19
汝南县	0.0495	83	0.0049	94	0.0082	94	0.0067	81	0.0097	45	0.0082	60	0.0118	23
南乐县	0.0490	84	0.0045	100	0.0090	60	0.0097	34	0.0101	35	0.0074	88	0.0083	62
泌阳县	0.0484	85	0.0059	71	0.0079	99	0.0071	73	0.0086	64	0.0075	85	0.0114	26
范县	0.0483	86	0.0046	98	0.0103	17	0.0081	54	0.0111	17	0.0081	63	0.0061	80
郏县	0.0483	87	0.0072	55	0.0096	42	0.0071	74	0.0096	48	0.0081	64	0.0067	77

2013年河南县域经济发展质量评价报告

续表

县(市)名称	综合评价综合		发展规模水平		发展结构		发展效益		发展潜力活力		民生幸福		农业基础能力	
	得分	排名	得分	排名	得分	排名	得分	排名	得分	排名	得分	排名	得分	排名
扶沟县	0.0481	88	0.0052	84	0.0083	90	0.0062	91	0.0099	41	0.0089	47	0.0097	47
民权县	0.0480	89	0.0053	79	0.0087	74	0.0065	88	0.0094	50	0.0070	101	0.0111	31
新县	0.0478	90	0.0043	103	0.0087	71	0.0088	46	0.0113	14	0.0102	30	0.0045	98
商城县	0.0477	91	0.0049	92	0.0080	98	0.0074	64	0.0105	29	0.0088	48	0.0081	65
新蔡县	0.0476	92	0.0049	93	0.0079	101	0.0063	90	0.0080	80	0.0074	87	0.0132	18
汤阴县	0.0475	93	0.0072	52	0.0098	32	0.0097	35	0.0054	107	0.0085	54	0.0071	74
睢县	0.0473	94	0.0045	99	0.0077	103	0.0061	98	0.0109	21	0.0076	78	0.0106	38
南召县	0.0469	95	0.0051	86	0.0094	50	0.0081	55	0.0124	5	0.0071	99	0.0048	96
淩阳县	0.0466	96	0.0050	91	0.0094	47	0.0066	84	0.0076	88	0.0076	80	0.0105	40
汝阳县	0.0464	97	0.0063	63	0.0093	52	0.0081	56	0.0107	24	0.0078	72	0.0042	102
内黄县	0.0461	98	0.0052	83	0.0079	100	0.0079	58	0.0081	78	0.0069	104	0.0101	44
淮滨县	0.0462	99	0.0041	105	0.0083	89	0.0059	102	0.0107	26	0.0076	79	0.0095	50
卢氏县	0.0454	100	0.0048	95	0.0085	81	0.0068	80	0.0123	6	0.0091	43	0.0039	105
延津县	0.0453	101	0.0052	82	0.0091	56	0.0076	61	0.0084	73	0.0078	71	0.0072	72
社旗县	0.0449	102	0.0044	101	0.0082	91	0.0060	101	0.0111	19	0.0065	108	0.0086	59
原阳县	0.0446	103	0.0044	102	0.0086	76	0.0058	103	0.0091	55	0.0067	107	0.0099	46
获嘉县	0.0441	104	0.0042	104	0.0097	38	0.0070	78	0.0089	60	0.0092	41	0.0051	90
鲁山县	0.0440	105	0.0060	70	0.0097	40	0.0055	106	0.0098	42	0.0077	75	0.0054	89
封丘县	0.0439	106	0.0038	106	0.0070	108	0.0072	72	0.0088	61	0.0068	106	0.0104	42
宁陵县	0.0419	107	0.0034	107	0.0086	75	0.0050	108	0.0108	22	0.0068	105	0.0073	71
台前县	0.0411	108	0.0034	108	0.0098	33	0.0073	67	0.0087	62	0.0079	66	0.00412	104

4位)、登封市(0.0150,第5位)。

(7)农业基础能力评价:位居前5位的依次是邓州市(0.0207,第1位)、滑县(0.0204,第2位)、固始县(0.0202,第3位)、唐河县(0.0179,第4位)、永城市(0.0178,第5位)。

(三)结论反思

1. 河南省县域经济发展质量源于综合性累计效应

本报告将指标体系分为7大部分,一是经济发展规模水平实力指标,二是发展结构梯度上升性和谐度发展性指标,三是基于资源利用效率的发展效益类指标,四是对经济发展具有拉动作用并体现扩大内需导向的发展潜力活力指标,五是体现民生幸福的生活水平指标,六是体现县域经济发展根基的农业基础能力指标等,根据以上的计算结果可知,这些指标在不同的县域经济发展质量评价过程中,相对于评价结果的重要程度是有变动差异的,各县(市)的县域经济发展质量源于综合性累计效应。当然,总的来说,经济实力相对于县域发展质量评价结果而言,都是重要的。尽管不能再以GDP论英雄,但经济实力直接影响到县域经济发展质量及水平档次,同时能增加县(市)政府的财政能力,从而能使县(市)政府加大公共服务力度,让人民生活水平得以改善和提高;结构调整、农业基础能力等项指标之间具有紧密联系,是密不可分的,而经济实力是具有基础地位和带动作用的,是比较重要的指标。因此,提高各个县(市)国内生产总值规模、人均GDP、工业生产总值、固定资产投资、第三产业所占比重、居民收入,以及农林牧渔业的生产建设等,对于提升县域经济发展质量有重要作用。同时要求各县(市)在不断增强河南省县域经济总体经济实力,逐步优化经济结构,提高农业产业化水平过程中,更多关注和谐发展、民生、生态环保等问题。

2. 河南县域经济发展质量存在外部地域空间的差异性及内部发展的不平衡性

第一,各县(市)经济发展质量存在的地域之间的外部性空间差异明显。从各县(市)经济发展质量的综合得分值的落差可看出,河南省县域经济发展质量存在明显的地域空间差异的特征:不论是纳入中心城市组团发展范围的

55个县（市）之间，还是基础条件比较好（人均GDP2.5万元以上）的19个县（市）之间以及34个农区县（市）之间，以及108个县（市）总体之间，其发展质量指数均存在差异，甚至存在明显的差异。这种差异就县域经济整体发展质量而言，属于外部性的、地域之间的空间发展差异。反映出河南省县域经济之间存在明显的发展阶段、发展程度、发展速度、发展水平的差异。表明河南区域经济发展质量差异较大，区域间发展不均衡和协调程度不足的状况比较严重。

第二，各县（市）经济发展质量的决定源泉存在明显差异。从单个县（市）经济发展质量的综合得分值的源泉可以看出，正是由于组成指标体系的发展规模水平、发展结构、发展效益、发展潜力活力、民生幸福、农业基础能力等各类各项指标数值和计算分值的差异，决定了各县（市）经济发展质量的评价排名，反映出决定各县域经济发展质量评价排名需要按照科学发展观的要求，努力实现平衡发展、和谐发展，提升经济发展质量。

3. 河南县域经济发展质量具有城乡一体化的空间集聚特征

根据计算出的河南省108个县（市）的三大分类和总体的县域经济发展质量的综合得分值及其排名情况，可以看出，在河南省108个县（市）经济中，进入"中原城市群"的县（市），如新郑、新密、巩义、中牟、荥阳等县（市），其经济发展质量较好；进入1小时左右交通都市经济圈范围内的县（市），如各临近18个省辖市的部分县（市），其经济发展质量居中或比较好；这些县（市）的县域经济发展质量排名比较靠前。反映出河南省县域经济发展质量具有基于中心城市吸纳集聚效应的城乡一体化的空间集聚特征。进入1小时左右交通都市经济圈范围内的县（市），可发挥交通与通信发达、地广物博、资源条件或经济基础好的比较优势，形成工业园区、核心商业圈、产业集聚区，在空间地域上集聚经济发展要素，提升县域经济发展质量。

4. 提高现阶段河南县域经济的做法

综合考虑上述3个方面的情况，基本上可以得出这样的结论：尽管河南省县域经济发展速度较快，稳定性好，但发展质量的提升与之并不完全对称，存在明显的内部发展不平衡和外部发展不协调。表现为区域和城乡差距偏大，城乡二元经济特征明显，结构不尽合理，经济发展的内生动力较弱，环境方面更是不容乐观。

县域经济发展质量事关河南经济升级版的打造，事关与全国同步建成小康社会，事关中原崛起河南振兴，现阶段提高河南县域经济发展质量需从以下方面着手。

（1）因地制宜，分类指导，打造县域经济比较优势。

因地制宜，突出特色，将比较优势变为竞争优势。县域经济是国民经济的基本单元，但又有所区别，不可能搞自成体系的全门类经济，必须注重发挥比较优势，突出特色。应合理规划，根据经济基础，充分考虑资源、人口等条件，突出发展特色，打造比较优势。

突出分类指导。提升县域经济发展质量，必须正视客观存在的多样性，在政策导向上，按照发展规模水平、功能定位及基础条件，将根据县（市）划分为三类的结果，分门别类，合理确定战略定位，明确发展方向，突出发展重点。

（2）转变政府职能，提高县域政府服务能力。

坚决摒弃"以GDP论英雄"的单一政绩考评制度。目前县域发展的资源浪费与环境污染现状，显然与县（市）政府对GDP的追求相关。应合理调整政府职能，摒弃"以GDP论英雄"，以富民、安民为主旨，努力建设服务型政府，加快实现公共服务理念创新，充分保持政策连续性，切实提高公共服务质量。

以优化政府行为为重点，提高政府管理能力。针对县域经济发展质量存在的薄弱环节，在优化能源、交通、通信、生态等硬环境的同时，着重培育和优化软环境，提升县域经济的整体形象。一是取消一切不利于各类市场主体发展的歧视性政策和人为的限制性障碍，最大限度地减少行政事业性审批程序和收费。二是建立高效的服务环境，提高县（市）政府机关的办事效率和服务质量，增强透明度。三是打破所有制垄断、行业垄断和地区性垄断，保护各类市场主体公平竞争，把公开公正的原则贯穿于县域经济发展的全过程，维护良好的市场竞争秩序。四是塑造良好的信用环境。优惠政策和服务承诺必须保证兑现，要维护政府信誉，建设"责任政府"。

（3）统筹城乡一体化发展，缩小县域经济发展质量差距。

统筹城乡是消除二元经济结构、提升县域经济发展质量的战略之举。必须统筹城乡规划、城乡产业、城乡政策、发展措施。通过城镇的辐射带动，推进县域工业化、城镇化进程，带动农业和农村经济发展，为剩余劳动力向非农产业和城镇转移创造条件；加大对农业的支持保护力度，提高农业综合生产能力和可持续发展能力，促进农业产业化和现代化。

统筹城乡生产力布局，提高农村生产力发展水平。充分发挥市场作用和政府调控职能，建立全新机制，促进城乡要素的双向流动和组合，促进生产力在城乡地域空间上的合理分布、组合和配置。统筹城乡产业结构调整，加快农村第二、三产业发展。顺应城镇产业升级的大趋势，主动接受产业转移，实现梯次发展。大中城市要加快科技进步和结构调整，促进产业升级，尽可能实现适于农村和小城镇发展的产业转移。统筹城乡投入，加大对"三农"支持保护力度。调整国民收入分配格局和财政支出结构，逐步建立和形成支农资金稳定增长机制，加强对农村基础设施建设改善农村生产条件。

（4）调整经济结构，提升县域经济发展质量档次。

一是充分利用河南省各县（市）的资源优势发展特色农业，推动农业产业化现代化体系构建。二是积极发展技术引领型产业，提高对高新技术产业的政策支持力度，扶持科技型中小企业。三是旅游业和文化产业结合发展，打造具有核心竞争力的旅游品牌。注重搞好县域内外的交通运输、旅游住宿、特色餐饮等配套设施建设。同时，认真研究支撑各县（市）发展质量的根本因素，借助最具优势的资源，根据河南"三大发展战略"，健全和完善县域经济发展质量提升政策，加强各项政策间的协调配合，尽量缩小各县（市）经济发展质量的差距。

（5）加快发展第三产业，确保县域经济质量持续提升。

县域经济发展质量提升需要发达的服务业支撑，加速第三产业的发展对于提升全省县域经济发展质量显得尤为重要。一是要推进城镇化进程，改善第三产业发展环境。通过城市规模的扩大、集聚辐射功能的提升和城郊农村城镇化的建设，推进第三产业跨越式发展。二是要拓宽资金来源渠道，加大第三产业投入力度。坚持以政府投入为导向、社会投入为主体、金融信贷为支撑的原则，支持鼓励国有、民营等多元主体以资金、房产、设备、技术、信息、劳务等多元形式投入第三产业。

（6）走可持续发展道路，全面提高县域经济发展质量。

坚持节约资源和保护生态环境的基本国策，正确处理县域经济发展与资源合理利用、生态环境保护的关系，大力发展生态型县域经济。建设生态农业示范区、绿色果品生产基本和优质畜牧生产基地，统筹解决县域生态建设与产业发展的问题。提升传统优势工业，加快"三高"行业的循环式改造，推动产业循环式组合，提高资源利用效率；大力发展低耗能、低耗水、高产出的行业。加强对生态环境的保护和建设，增加对生态环境综合整治和建设的投入，多方筹措环保资金。

参考文献

李京文：《快速发展中的中国经济：热点 对策 展望》，社会科学文献出版社，1996。

任保平：《以质量看待增长：对新中国经济增长质量的评价与反思》，中国经济出版社，2010。

武义青：《经济增长质量的度量方法及其应用》，《管理现代化》1995年第10期。

郭克莎：《论经济增长的速度与质量》，《经济研究》1996年第1期。

钟学义等：《增长方式转变与增长质量提高》，《经济管理》2001年第1期。

毛海波：《浅谈经济增长质量的内涵》，《企业导报》2009年第4期。

单薇：《基于熵的经济增长质量综合评价》，《数学的实践与认识》2003年第10期。

李俊霖、叶宗裕：《中国经济增长质量的综合评价》，《税务与经济》2009年第7期。

毛燕玲、肖教燎、傅春：《中部6市经济增长质量的综合比较》，《统计与决策》2008年第5期。

王文彬、王雅华：《中部地区6省经济增长质量的评价与分析》，《价值工程》2009年第4期。

转型升级篇

B.5
河南省以投资优化促进经济转型升级的分析与展望

李鸿昌*

摘　要： 本文在认真分析了河南省"十二五"以来的经济结构和投资结构的基础上，指出了存在问题。并在研究了投资优化和经济转型升级关系的基础上，提出了相应的对策建议。与此同时，还对河南省乃至中原经济区的未来发展进行了展望。

关键词： 投资优化　结构调整　转型升级

调结构、稳增长是中央对我国经济转型升级发展的战略性思考。经济结构的调整是以投资结构的优化为前提的。今天的经济结构是由过去的投

---

* 李鸿昌，河南财经政法大学教授。

资结构形成的;今天的投资结构又影响、改变和决定着未来的经济结构。在经济转型升级发展的过程中,投资结构优化和经济结构调整的任务相当艰巨。河南与其他发达省份相比,任务更加艰巨。因此,在加大投资力度的同时,尤其要重视优化投资结构,以推动经济结构的转型升级,使经济步入良性发展的轨道。

一 投资结构优化与三大产业协调发展的转型升级

综观世界发达国家所走过的经济发展历程,三大产业的GDP按比重高低最终呈现三、二、一的顺序,尤其是后工业化时期,第一产业占比重很小自不必说,第三产业的比重要大大高于第二产业的比重,达到GDP的75%左右。我国与之相比还有很大距离,河南的距离更大。因此,通过优化投资结构,逐步调整三大产业的结构比例,是河南经济发展转型升级的必由之路。

(一)"十二五"以来,河南三次产业结构与投资结构状况

1. 2006~2012年全国与河南三次产业结构状况

2006年全国的三次产业结构之比为11.8∶48.7∶39.5,河南的三次产业结构之比为16.4∶54.3∶29.3;

2007年全国的三次产业结构之比为11.7∶49.2∶39.1,河南的三次产业结构之比为15.7∶55.0∶29.3;

2008年全国的三次产业结构之比为11.3∶48.6∶40.1,河南的三次产业结构之比为14.5∶56.9∶28.6;

2009年全国的三次产业结构之比为10.6∶46.8∶42.6,河南的三次产业结构之比为14.3∶56.6∶29.1;

2010年全国的三次产业结构之比为10.2∶46.8∶43.0,河南的三次产业结构之比为14.2∶57.7∶28.1;

2011年全国的三次产业结构之比为10.1∶46.8∶43.1,河南的三次产业结构之比为12.9∶58.3∶28.8;

2012年全国的三次产业结构之比为10.1∶45.3∶44.6,河南的三次产业结

构之比为 12.7∶57.1∶30.2。

2. 全国"十二五"前两年三大产业的固定资产投资情况

2011年，全年固定资产投资（不含农户）301933亿元，比上年名义增长23.8%。其中，第一产业投资6792亿元，比上年增长25.0%；第二产业投资132263亿元，增长27.3%；第三产业投资162877亿元，增长21.1%。

2012年，全年固定资产投资（不含农户）364835亿元，比上年名义增长20.8%。其中，第一产业投资9004亿元，增长32.6%；第二产业投资158672亿元，增长20.0%；第三产业投资197159亿元，增长21.0%。

由上可知，2011年全国的三大产业投资增速按高低排序为二、一、三，但到了2012年，这一顺序发生了变化，为一、三、二。

2013年1～9月，全国固定资产投资（不含农户）309208亿元，同比名义增长20.2%（扣除价格因素实际增长20.2%）。分产业看，1～9月，第一产业投资6799亿元，同比增长31.1%；第二产业投资132607亿元，增长17.1%；第三产业投资169802亿元，增长22.3%。三大产业投资增速的顺序与2012年相同。

3. 河南"十二五"前两年三大产业的固定资产投资情况

2011年，全年固定资产投资（不含农户）16932.14亿元，比上年增长26.9%，第一产业投资641.02亿元，增长9.5%；第二产业投资9126.37亿元，增长34.0%；第三产业投资7164.75亿元，增长20.6%。其增速顺序为二、三、一。

2012年，全年全省固定资产投资（不含农户）20870.17亿元，比上年增长23.3%。第一产业投资783.84亿元，增长22.3%；第二产业投资11223.10亿元，增长23.0%；第三产业投资8863.23亿元，增长23.7%。其增速顺序为三、二、一。

近年来，河南第二产业投资总量一直高于第三产业。对比中部其他几个省份（见表1），2013年1～8月，湖北、湖南、安徽以及山西的第三产业投资比重已经超过第二产业，产业结构转型趋势明显，而河南经济仍处于第二产业主导态势。但在投资增长速度上，第一产业为24%，第二产业为18.6%，第三产业为29.9%。其增速顺序为三、一、二，这是一个非常令人鼓舞的发展态势。

表1 2013年1~8月中部6省三次产业投资对比

单位：亿元，%

省份	第一产业			第二产业			第三产业			其中房地产业		
	投资额	所占比重	同比增速	投资额	所占比重	同比增速	投资额	所占比重	同比增速	投资额	所占比重	同比增速
河南	576.2	3.8	24.0	7918.1	51.8	18.6	6796.5	44.4	29.9	2225.2	14.6	22.9
湖北	261.5	2.1	12.6	5885.2	46.3	27.6	6570.0	51.7	28.1	1994.4	15.7	28.1
湖南	407.5	3.9	34.2	4798.1	45.7	23.0	5302.5	50.5	28.1	1530.4	14.6	21.0
江西	176.0	2.2	1.8	4715.2	59.2	20.8	3077.7	38.6	22.5	704.6	8.8	19.5
安徽	231.4	2.0	21.7	5231.2	45.4	19.4	6063.9	52.6	23.8	2489.0	21.6	23.7
山西	329.1	5.9	11.4	2462.3	44.0	14.7	2805.6	50.1	19.6	667.7	11.9	27.6
全国	5787.0	2.2	32.0	113237.0	43.1	16.6	143554.0	54.7	23.0	—	—	—

（二）提升第一产业投资增长速度，促进第一产业稳步发展

从2011年来看，投资结构有悖于经济转型升级的发展方向。河南是农业大省，肩负着稳定全国粮食安全的重任，但其第一产业的固定资产投资增速不仅大大低于河南固定资产投资的平均增速17.4个百分点，而且大大低于全国第一产业的固定资产投资增速15.5个百分点。2012年河南的三大产业投资结构发生了可喜的变化，第一产业的固定资产投资增长速度已大大缩小了与固定资产投资平均增长速度的差距，仅相差0.9个百分点。这一可喜局面在2013年得到了进一步发展。进步是明显的，但是，差距仍然存在。尤其与2012年全国第一产业投资32.2%的增长速度相比，还相差9.9个百分点；与2013年1~8月相差8个百分点。农业发展在中原经济区建设中占有举足轻重的地位。国务院在建设中原经济区"指导意见"中特别强调了农业和粮食的重要性。一直强调河南要把发展农业作为稳定全国粮食安全的第一要务来抓。但是河南第一产业的投资增长速度不仅低于固定资产投资的平均增长速度，更低于全国第一产业的固定资产投资增长速度，这与中央对河南的要求极不相称。换句话说，河南第一产业的固定资产投资增长速度不仅应高于固定资产投资增长速度，也要高于全国第一产业的固定资产投资增长速度。这样才符合中央要河南担负的稳定全国粮食安全重任的要求。

河南是农业大省，粮食产量占全国十分之一，小麦产量占全国1/4，第一产业占比偏大有其历史和现实原因。然而其投资增长速度和发展速度还不尽如人意。加大第一产业的投资增长速度以促进第一产业更快的发展，是三大产业结构转型升级的必然要求。

（三）强化对第三产业的投资，推动第三产业高速发展

2011年，河南第三产业固定资产投资增速比固定资产投资增速低6.3个百分点，占总投资比重的42.3%；全国的相应数字为增速比固定资产投资低2.7个百分点，占总投资的比重为53.9%。河南第三产业在增加值占GDP的比重比全国低14.3个百分点的情况下，其投资增速和占比跟不上全国步伐，发展实在令人担忧。2012年，河南第三产业固定资产投资增速也出现了可喜的局面，比固定资产投资增速快了0.3个百分点；占比42.5%，提升了0.2个百分点。全国的相应数字分别为持平和占比54.0%，提升了0.1个百分点。尽管河南第三产业投资还不尽如人意，但已初步显现了加速第三产业发展的势头。这一良好局面，在2013年又有新的发展。2013年1~8月，河南第三产业投资增速为29.9%，全国1~8月份为23.0%。河南第三产业投资增长速度不仅在本省三大产业中居第一位，而且已经接近全国的增长速度。到了9月，河南第三产业投资增速开始超过全国的增涨速度。

第三产业是广泛吸纳劳动力的产业，有利于农村劳动力的转移，是解决河南隐性失业的重要途径，污染、耗能又较轻，河南反而发展不充分。因此，通过投资优化坚定不移地推进经济结构战略性调整，转变经济发展方式，努力使河南这个人口大省、农业大省进一步发展成为先进制造业大省、现代物流业大省、电子商务大省、信息消费大省和金融服务大省，打造河南经济升级版，就需要在发展第三产业上下工夫。这就要提升第三产业固定资产投资的增长速度，扩大其在总投资中的占比，以促进第三产业的高速发展。

二 投资结构优化与推进新型工业化的转型升级

（一）河南省工业投资结构现状分析

河南省2012年全年工业投资11215.27亿元，比上年增长23.1%。其

中，大高成长性产业投资7319.42亿元，增长33.2%；4大传统优势产业投资2849.25亿元，增长8.4%；6大高耗能行业投资3050.35亿元，增长9.4%。上述数据表明，传统产业和高耗能产业的发展已经得到了抑制，6大高成长性产业的投资在快速增长，第二产业结构已开始步入良性发展的轨道。

2013年1~7月，6大高成长性行业、医药行业投资继续保持较快增长，电力行业投资增速加快，4大传统支柱行业投资低速增长中仍在回落，煤炭行业投资仍在下降，工业投资增速相对较慢。1~7月，全省工业投资6749.17亿元，同比增长18.5%，低于全省投资增速5.0个百分点，增速比1~6月回落0.3个百分点，全省工业投资增长依然相对较慢。1~7月，全省工业投资占全部投资的比重为51.7%，同比降低2.1个百分点。

工业投资中，6大高成长性行业投资在较快增长中有所趋缓。1~7月，全省6大高成长性行业投资4415.16亿元，同比增长24.2%，增速比1~6月回落0.5个百分点，占工业投资的比重为65.4%。6大高成长性行业投资中，电子信息行业投资318.84亿元，增长72.7%；轻工行业投资546.36亿元，增长27.2%；食品行业投资819.66亿元，增长25.5%；装备制造行业投资1636.58亿元，增长22.1%；建材行业投资797.02亿元，增长17.4%；汽车制造业投资296.70亿元，增长10.9%。

4大传统支柱行业投资在低速增长中继续回落，是制约工业投资增长的主要因素。1~7月，全省4大传统支柱行业投资1598.04亿元，同比增长5.2%，低于全省工业投资增速13.3个百分点，增速比1~6月回落1.2个百分点，占工业投资的比重为23.7%，同比降低3.0个百分点。4大传统支柱行业中，化工行业投资630.00亿元，增长5.8%；纺织服装行业投资393.86亿元，增长1.2%；钢铁行业投资140.56亿元，下降19.9%；有色行业投资433.62亿元，受上年同期基数较低的影响，增长21.0%。

2013年1~9月，全省固定资产投资17776.24亿元，同比增长23.5%。全省工业投资增长18.7%，增速比1~8月微升0.1个百分点。6大高成长性产业投资增长22.7%；6大传统支柱产业投资增长7.9%。

数据表明，2012年工业投资结构调整所形成的良好态势得以保持和发展。

河南省正沿着新型工业化的道路健康前进,第二产业发展的转型升级已初见成效。但是,第二产业投资结构调整和发展升级还有很长的路要走。

(二)调整对第二产业的投资结构,加大对战略性新兴产业投资,推动第二产业快速发展

第二产业发展的转型升级主要是改善内部投资结构,提升科技含量,走新型工业化道路。2012年河南第二产业增加值占GDP的百分比高出全国11.8个百分点并不能说明河南工业发展高于全国平均水平,而是因为河南第三产业水平太低在相对指标上推高了第二产业的比重。在河南的第二产业中,资源开发型产业占有很大比重,比如煤炭开采、铝矾土开采、钢铁的冶炼以及水泥等。这些都是高污染、高耗能的产业。因此,虽然从总量上看河南是工业大省,但还不是工业强省。在"十二五"规划指导下,河南工业已迎来新的发展阶段。河南工业发展的空间很大,尤其是"战略性新兴产业"将会提供很多发展机会。因此,第二产业必将呈现出快速发展的态势。但是,这并不意味着第二产业的比重会进一步提高,其所占比重将会被第三产业更快速的发展所平衡。

(三)在投资结构的优化中,要正确处理传统产业投资与新兴产业投资的关系

战略性新兴产业,包括新能源、新能源汽车、节能环保、新材料、生物产业、新兴信息产业、高端装备制造业这7大产业,无疑应该成为河南省投资选择的重点。对于河南来说,这7大产业也不可能是齐头并进的。这里面不仅有资源约束、技术约束、人才约束,还有资金约束和市场约束等等。在全国一盘棋的格局下,河南有可能出现各产业发展快慢不等的状况。投资选择主要是企业行为,政府的作用是引导,是制定相关促进或抑制投资的政策。在新兴产业中,哪些产业在河南发展得好一些,哪些发展得还不够理想,最终要由企业根据市场需求做出的抉择所决定。河南的6大高成长性行业是市场抉择的结果,也将会与时俱进发生新的变化。

重点投资发展战略性新兴产业,并不是不要传统产业。上述战略性新兴产业的发展也有一个过程。新兴产业取代传统产业的地位是需要相当长时间的,

不可能一蹴而就。传统产业是已经成熟的产业，要不要投资和发展，也不是一件简单的事。对传统产业的投资发展也不能一概抑制。以河南的煤炭开采和火力发电这一传统的能源产业为例，当前仍是不可缺少的。当然，煤炭是不可再生能源，不必急于开发，可以放缓这方面的投资。而对于可再生能源，比如对太阳能风能的研究、开发与利用应该给予更多的投资。这些能源不仅是清洁的，而且是取之不尽、用之不竭的。不要因为我们有煤炭就忽略了太阳能风能这些最有开发前景的能源。但是就相当一段时期来看，新能源仍无力取代煤炭及火力发电的位置。况且，通过新技术对传统产业进行改造，也可能使传统产业焕发新生。比如，煤化工就很有发展潜力。因此，不能轻易就放弃对传统产业的投资。传统产业是否需要投资发展，要以市场是否需求为准绳。

总之，要在新型工业化的道路上推进第二产业的发展，就要进行投资优化选择，采纳新技术，选准有发展潜力的行业，并依据市场需求状况抑制或淘汰饱和或过时的产业，推动第二产业高质量快速发展。

三　投资优化与扩大出口的转型升级

关于出口拉动经济增长的问题，河南与全国有很大差别。2011年河南出口仅占GDP的4%，2012年为6.3%。全国这两年均为25%。河南经济的对外开放度与全国相比差距巨大。因此，扩大出口以开拓国外市场需求应是河南经济发展转型升级的重要方面。外向型经济的发展必然会增加河南的就业，人民群众的收入会因此而增加，消费自然会得到提升。因此，在中原经济区建设中，河南要加大对外向型经济成分的投资力度，大力发展出口企业和出口产品，除鼓励本地资金投资于外向型经济成分之外，要大力引进外资，包括境外资金和省外资金两个方面，尤其要抓住沿海资金向内地转移这一发展机遇，大力提高外向型经济成分的比重。

引进外资（包括境外和省外资金），虽然扩大了投资规模，但由于其不是省内GDP分配的组成内容，因而不扩大省内GDP分配中投资所占的比例。因此，引进外来投资，做到了投资拉动与消费拉动两不误，既促进经济发展，又提高人民群众的收入，扩大了GDP分配中用于消费的比例，很好地降低了过

河南省以投资优化促进经济转型升级的分析与展望

高的投资率。在招商引资中,应高度重视的是投资方向和投资结构及其对环境的影响。在这种思考下,河南省大招商、招大商的政策思路应该继续和加强。只有这样的政策选择,才能使中原经济区建设在良性循环的基础上快速发展。

2011年,全国全年非金融领域新批外商直接投资企业27712家,比上年增长1.1%。实际使用外商直接投资金额1160亿美元,增长9.7%。全年货物进出口总额36421亿美元,比上年增长22.5%。其中,出口18986亿美元,增长20.3%;进口17435亿美元,增长24.9%。进出口差额(出口减进口)1551亿美元,比上年减少264亿美元。

2011年,河南省港澳台商控股投资208.12亿元,增长17.0%;外商控股投资159.81亿元,增长38.0%。全年新批准外商投资企业355个。全省实际利用外商直接投资100.82亿美元,增长61.4%,同比提高31.2个百分点。全年进出口总额326.42亿美元,比上年增长83.1%,同比提高51.1个百分点。其中出口总额192.40亿美元,增长82.7%;进口总额134.02亿美元,增长83.5%。机电产品出口84.09亿美元,增长226.8%;高新技术产品出口57.09亿美元,增长830.0%。这一年,河南已放开步伐追赶全国水平,并已取得明显效果。

2012年,全国全年非金融领域新批外商直接投资企业24925家,比上年下降10.1%。实际使用外商直接投资金额1117亿美元,下降3.7%。全年货物进出口总额38668亿美元,比上年增长6.2%。其中,出口20489亿美元,增长7.9%;进口18178亿美元,增长4.3%。进出口差额(出口减进口)2311亿美元,比上年增加762亿美元。

2012年,河南省港澳台商控股投资187.18亿元,下降10.1%;外商控股投资167.26亿元,增长4.7%。全年新批准外商投资企业363个,全省实际利用外商直接投资121.18亿美元,比上年增长20.2%。尽管与上年相比有的下降、有的增长,但由于上年两者高速增长的后续效应,进出口总额仍然大幅增加。全年全省进出口总额517.50亿美元,比上年增长58.6%。其中:出口总额296.78亿美元,增长54.3%;进口总额220.72亿美元,增长64.9%。机电产品出口193.79亿美元,增长130.5%;高新技术产品出口162.22亿美元,增长184.1%。这一年,河南与全国的差距又缩小了一大步。

115

"十二五"前两年,河南与全国相比,不仅实际使用外商直接投资有大幅度增长,进出口总额也有大幅度增长。出口商品的结构也发生了很大变化,机电产品和高新技术产品的出口都成倍增长。但由于基数小的原因,进出口总额占全国的比重仍然偏低。2011年占1.0%,2012年占1.3%。这与GDP占全国5.7%的比重极不相称。

上述情况表明,引进外资和增加出口呈正相关关系。因此,大力引进外商直接投资,改善投资的资金来源结构,扩大河南省的经济开发度,对于河南经济发展的转型升级至关重要。

四 投资优化与民生福祉提升的经济转型升级

经济发展的转型升级在于让人民群众分享到更多的经济改革成果,使民生福祉有大幅度提升。直接涉及民生福祉的内容很多,其中4个方面尤其值得关注,即住房、教育、医疗和环境改善。如何通过投资结构的调整,强化上述4个方面的投资,是河南省经济发展转型升级的重要内容。

(一)高度重视城镇保障性安居工程住房建设,不断实现全体人民住有所居的目标

2011年全国全年房地产开发投资61740亿元,比上年增长27.9%。其中,住宅投资44308亿元,增长30.2%。2011年河南省全年房地产开发投资2620.01亿元,占全国的4.2%;比上年增长23.9%,比全国低4个百分点。其中,住宅投资2022.06亿元,占全国的4.6%;增长20.0%,比全国低10.2个百分点。2011年全国全年新开工建设城镇保障性安居工程住房1043万套(户),基本建成城镇保障性安居工程住房432万套(河南未公布这一数字)。

2012年全国全年房地产开发投资71804亿元,比上年增长16.2%。其中,住宅投资49374亿元,增长11.4%;2012年河南省全年房地产开发投资3035.29亿元,占全国的4.2%;比上年增长15.6%,比全国低0.6个百分点。其中,住宅投资2203.06亿元,占全国的4.5%;增长9.0%,比

全国低 2.4 个百分点。2012 年全国全年新开工建设城镇保障性安居工程住房 781 万套（户），基本建成城镇保障性安居工程住房 601 万套（河南未公布这一数字）。

2013 年 1~9 月份，全国固定资产投资（不含农户）309208 亿元，同比名义增长 20.2%（扣除价格因素实际增长 20.2%），增速比 1~8 月份回落 0.1 个百分点。从环比看，9 月份固定资产投资（不含农户）增长 1.28%。全国房地产开发投资 61120 亿元，同比名义增长 19.7%（扣除价格因素实际增长 19.7%），增速比 1~8 月份提高 0.4 个百分点。其中，住宅投资 41979 亿元，增长 19.5%，增速提高 0.3 个百分点，占房地产开发投资的比重为 68.7%。1~9 月，全省固定资产投资 17776.24 亿元，同比增长 23.5%。河南全省房地产开发投资 2610.40 亿元，比上年同期增长 24.3%，比 1~8 月加快 1.4 个百分点。其中，住宅投资增长 26.2%，比 1~8 月加快 1.0 个百分点。从前三季度的数字看，河南的固定资产投资增速快于全国，河南房地产投资增速快于固定资产投资增速，其中住宅投资增速又快于房地产投资增速。

"十二五"前两年，从房地产投资和其中的住宅投资占全国的比重来看，明显低于 GDP 占全国的比重，更低于人口占全国的比重。其增长速度尤其是住宅投资增长速度更慢于全国平均水平。城镇保障性安居工程住房建设，由于缺乏河南的数字无法比较。从直观和感觉上看，这一关乎人民福祉的投资和建设与全国相比是不容乐观的。但从 2013 年前三季度来看，这一局面大有改观，住宅投资大有加快之势。如果是城镇保障性安居工程住房投资在拉动整个投资的增长，是求之不得的大好事。

近几年国家几次出台针对房地产业的调控政策，其目的在于抑制过高的房价，以适应民生的要求。高房价所推动的房地产的高速发展并非良性发展，换句话说是不可持续的。国家出台的调控政策是正确的。基本住房和粮食一样是人民群众的生活必需品，不可完全商品化。当然，调控政策在一定程度上抑制了住宅商品房建设的发展，这是必要的，将会引导房地产业逐步走向良性发展的道路。

习近平总书记在 2013 年中共中央政治局第十次集体学习时强调，加快推进住房保障和供应体系建设，是满足群众基本住房需求，不断实现全体人民住有所居目标的重要任务。因此，要高度重视房地产业对经济发展的推动作用，尤其要高度重视保障性安居工程住房的投资与建设，使良性发展的房地产业在国民经济发展中仍然保持支柱产业地位。各阶层人民群众的住房问题能得到较好解决，将会大大提高老百姓的幸福指数。这也是经济转型升级的目的所在。

（二）加大教育固定资产投资，改善办学条件，提高教育水平

2011年，全国教育固定资产投资3882亿元，比上年增长13.7%；河南教育固定资产投资229.88亿元，同比增长9.6%，慢于全国增长速度；河南占全国的比重为5.9%，与GDP占全国的比重基本持平。河南人均GDP为25962.48元，全国人均GDP为34999.37元，河南人均GDP为全国的74.18%。河南人均教育固定资产投资219.16元，全国人均288.12元，河南相当于全国平均水平的76.1%。这凸显了河南教育投入量的不足和教育的落后；河南人均教育固定资产投资占全国人均的比重略高于人均GDP占全国的比重，说明河南在人均收入低于全国水平的情况下对教育还是舍得投入的。

2012年，全国教育固定资产投资4679亿元，比上年增长20.3%；河南教育固定资产投资289.92亿元，同比增长25.8%，高于全国增长速度；河南占全国的比重为6.2%，比上年略有提高。河南人均教育固定资产投资274.99元，全国人均345.56元，河南只相当于全国平均水平的79.6%；河南人均GDP为28274.82元，全国人均GDP为38353.52元，河南人均GDP为全国的73.7%。尽管人均GDP占全国的比重有所下降，但由于教育固定资产投资的快速增长，使得人均教育固定资产投资与全国的差距有明显缩小。

应该看到，河南教育落后于全国平均水平是历史形成的，积重难返，不可能一下子摆脱落后的局面。但教育直接关系到民生福祉，是老百姓最为关心的民生问题之一。"十二五"前两年，河南省在财政非常困难的情况下，已加大了对教育投资的力度，进步明显。但要摆脱落后的局面，需要进一步加大努力，包括争取中央的转移支付以及动员民间资本投资于教育，使教育固定资产投资有一个更快的增长，在这个方面，仅靠省政府和地方政府的财政力量是远远不够的。

（三）加大医疗卫生事业的固定资产投资，改善医疗卫生条件，提高全省的医疗卫生水平

2011年，全国卫生、社会保障和社会福利业固定资产投资2331亿元，比上年增长28.1%；河南卫生、社会保障和社会福利业固定资产投资157.39亿元，同比增长41.5%，快于全国增长速度13.4个百分点；河南占全国的比重为6.8%，高于GDP占全国的比重1个百分点。河南人均GDP为25962.48元，全国人均GDP为34999.37元，河南人均GDP为全国的74.2%。河南人均卫生、社会保障和社会福利业固定资产投资150.05元，全国人均173.01元，河南相当于全国平均水平的86.7%。比GDP占比高12.5个百分点。

2012年，全国卫生和社会工作固定资产投资2645亿元，比上年增长23.0%；河南卫生和社会工作固定资产投资163.45亿元，同比增长7.0%，低于全国增长速度16个百分点；河南占全国的比重为6.2%，比上年下降了0.4个百分点。河南人均GDP为28274.82元，全国人均GDP为38353.52元，河南人均GDP为全国的73.7%。河南人均卫生和社会工作固定资产投资155.03元，全国人均195.34元，河南相当于全国平均水平的79.4%。比人均GDP占比高5.7个百分点。

从"十一五"前两年的实际情况看，河南卫生和社会工作人均固定资产投资相当于全国平均水平的80%左右，差距比教育略小，增速忽高忽低不太稳定。河南是人口大省、财政穷省，要想在短时间内使医疗卫生条件赶上全国平均水平实属不易。但是，河南省在医疗卫生领域保持一个较快且稳定的固定资产投资增长速度，逐步缩小与全国的差距，是必须高度重视的一项民生福祉工作。

（四）加大环境保护投资，建设资源节约型、环境友好型社会

2011年全国水利、环境和公共设施管理业固定资产投资24537亿元，比上年增长14.2%，河南省水利、环境和公共设施管理业固定资产投资1283.91亿元，占全国的比重为5.2%，比GDP占比（5.8%）低0.6个百分点；增长

19.5%，比全国高 5.3 个百分点。2012 年全国水利、环境和公共设施管理业固定资产投资 29296 亿元，比上年增长 19.5%。2012 年河南省水利、环境和公共设施管理业固定资产投资 1523.38 亿元，占全国的比重为 5.2%，比 GDP 占比（5.7%）低 0.5 个百分点；比上年增长 18.7%，比全国低 0.8 个百分点。河南是南水北调工程的投资大省，扣除这一投资因素的影响，河南在环境和公共设施管理业方面的投资就会与全国平均水平有更大差距。

从总量上看，中国已成为与美国旗鼓相当的能源消耗大国。但是，我国能源消耗是不经济的。依靠大量消耗资源支撑发展的方式难以为继。河南是煤炭生产和消耗大省，也是发电和耗电大省。与全国相比，河南工业结构更加不合理，能源消耗更不经济。因此，河南更应该高度重视能源消耗问题。高耗能与环境污染密切相关。从河南省的实际情况看，近些年投资增速很高，经济发展很快，环境污染也非常严重。但是，环境污染严重这一结果不能武断地归因于投资增速过高、经济增长过快。应该从过去的粗放型经济增长方式上找原因，并在寻找符合科学发展观的经济发展方式上找出路。

应当看到，"投资—工业化—环境污染"有其内在联系的一面，而且已为世界发达国家走过的道路所证实。发展中国家应该接受发达国家的这一历史教训。同时还应该看到，发达国家所走过的道路并不是唯一的。按照科学的发展观，我们还可以选择另一条道路，这就是"投资—经济发展—环境友好"型道路。这一条道路也正在为后现代化的经济发展所印证。从国土面积具有可比性的角度看，美国、欧盟都和中国差不多，但其投资总量都比中国多。然而，它们的环境保护都比我们好得多。从国内看，投资数量大、增速高的省份也不一定就是环境保护差的省份。因此，这里关键的是投资结构及其所形成的经济结构问题。一定要遵循科学的发展观、选择良性循环的经济发展方式、走环境友好型的发展道路。

从投资角度来说，按照加快转变经济发展方式的要求，从战略上调整投资结构，把握好投资方向，遵循低碳经济的发展道路，做好每个投资项目的环境保护评价，逐步实现经济结构的战略性调整，才能达到"建设资源节约型，环境友好型社会"的宏伟目标。

五 优选投资项目是逐步实现经济转型升级的抓手

中原经济区建设是全国区域经济协调发展的重要组成部分,郑州航空港经济综合实验区是中原经济区建设的核心增长极,也是河南省委、省政府经济发展的战略性思考。中原经济区建设是投资的载体,而投资是中原经济区建设的根本动力。应该说,没有大量的投资,中原经济区的建设要取得跨越式发展几乎是不可能的。河南省要在充分发掘区内资金的同时,大力引进外资,把握好投资方向,选择好投资项目,调整好投资结构,促进经济发展转型升级,为国家全面建设小康社会做出贡献。

(一)狠抓项目带动,优化投资结构

中原经济区建设需要大量投资,投资落地生根的关键是项目。项目建设是中原经济区建设的核心载体,是落实投资实现跨越发展的"抓手"。国务院在推动中原经济区建设的"指导意见"中明确指出,"三化"协调发展是中原经济区建设的内涵和实质,不牺牲农业和粮食、不牺牲生态和环境是两大根本特色。实现新型工业化就要有体现新型工业化的项目;实现农业现代化也要有体现农业现代化的项目;实现城镇化也要有体现城镇化建设的项目规划。离开了项目带动,"三化"就是空话,"协调发展"也无从谈起。靠什么筹集资金?要有项目;靠什么争取银行贷款?要有项目;靠什么引进外资?还是要有项目。有了项目就有了"抓手",中原经济区建设才会落到实处。总而言之,中原经济区建设的美好前景是靠一个个具体项目来描绘的。

(二)狠抓项目带动,注重投资效益

在河南经济建设的历史上,一些花大钱无效益的项目比比皆是。在中原经济区的建设中一定要接受过去的教训,关注每一个建设项目的效益问题。无论是政府主导的项目或是民间主导的项目都要关注。关注项目要从源头做起,项目库的筛选、项目的可行性研究、项目的评估等等,一开始就要做扎实;在项目建设过程中,也要以提高效益、保证质量为准则;进而,建设项目投入使用后还要进

行后评估；等等。说到底，中原经济区的发展是靠一个个有效益的项目来带动的。要知道，一个无效益的建设项目还不如没有项目，它只会拖累中原经济区的建设。

在效益问题上，不只是项目的经济效益，还要高度关注项目的社会效益。国务院在推动中原经济区建设的"指导意见"中所强调提出的"不牺牲生态和环境"，是关注社会效益的最高概括。这些社会效益也只能在一个个建设项目中得到落实和体现。

当前和今后一个时期，应进一步扩大有效投资规模。一是继续加大开放招商力度，大力承接产业转移，紧盯大企业和大项目招商，围绕高端和高成长性项目招商，强化签约项目落实；二是多渠道筹措建设资金，进一步加大金融、资本市场对全省投资的支持力度，激发民间投资活力，积极引导民间资本参与重大项目建设,；三是通过投资项目优选，切实加大投资结构调整力度，巩固提高第一产业投资、优化提升第二产业投资、加快第三产业投资。

总而言之，通过优选投资项目，狠抓项目带动，高度关注项目的效益，投资结构的优化和经济发展的转型升级才会落到实处，中原经济区建设和郑州航空港经济综合试验区建设才能按照国务院"指导意见"中预定的目标得以实现。

参考文献

国家统计局：《中华人民共和国 2011 年国民经济和社会发展统计公报》，新华网·新华时政，2012 年 2 月 22 日。

国家统计局：《中华人民共和国 2012 年国民经济和社会发展统计公报》，新华网·新华时政，2013 年 2 月 23 日。

河南省统计局：《2011 年国民经济和社会发展统计公报》，河南统计网，2012 年 2 月 29 日。

河南省统计局：《2012 年国民经济和社会发展统计公报》，河南统计网，2013 年 2 月 27 日。

国家统计局：《2013 年 1~9 月份全国固定资产投资（不含农户）增长 20.2%》，国家统计局网站，2013 年 10 月 18 日。

河南省统计局：《河南省 2013 年前三季度全省经济形势分析》，河南统计网，2013 年 10 月 23 日。

B.6 河南省居民消费结构优化升级研究

袁金星*

摘　要： 消费结构升级是经济结构调整的重要内容。河南省居民消费结构经历了3次大的调整，正处于向享受型、发展型转型的重要时期，必须把握消费结构升级的特点，克服存在的问题，多措并举推动消费结构优化升级。

关键词： 消费结构　优化升级　河南

党的十八大提出要加快转变经济发展方式，使经济发展更多依靠内需特别是消费需求拉动，同时指出，要牢牢把握扩大内需这一战略基点，加快建立扩大消费需求长效机制，释放居民消费潜力，保持投资合理增长，扩大国内市场规模。可以说，扩大内需是推进经济结构战略性调整的重要方面，消费是拉动经济增长的"三驾马车"之一，提升消费在经济总量中的份额，是经济稳定发展的重要保证，而消费结构是居民消费特征及消费趋势的集中体现，在市场经济体制下，消费结构的优化升级改变需求导向，进而有效推动产业结构规模的扩大和产业结构的优化升级。这也意味着，打造河南经济升级版，要把推进消费结构的优化升级作为重要的内容和实现途径。

一　河南省消费结构优化升级的进程

消费结构升级是指在消费水平和消费质量提高的基础上，消费结构不断由

---

* 袁金星，河南省社会科学院助理研究员。

低层次向高层次发展变化的演进过程。改革开放以来,河南取得的成绩令人瞩目,实现了由传统农业大省向全国重要的经济大省、新兴工业大省和有影响的文化大省的重大转变,居民消费水平不断提高,消费结构发生了显著变化,从温饱到小康,从短缺到富裕,从低档到高档,从单一到多元。梳理消费结构转型升级的轨迹,大致可以分为3个阶段。

第一阶段(改革开放初期至20世纪80年代末)温饱型消费阶段。改革开放以来,我国长期实行的是"重积累、轻消费"、"重生产、轻生活"的社会经济发展模式得到初步改变,长期受供给制束缚的城镇居民消费能力也迅速扩张。这一时期,河南城乡居民恩格尔系数虽呈下降趋势,但都维持在50%以上,消费需求以"吃、穿"为主,消费品市场卖方市场特征明显,以衣着为代表的纺织行业和以"三转一响"(自行车、缝纫机、手表、收音机)为代表的轻工产品是居民消费的热点,消费能力体现在百元级别。这一阶段,属于典型的高积累低消费阶段。

第二阶段(20世纪80年代末至2000年)温饱型消费向小康型消费转型阶段。随着改革开放的深入,国民经济快速发展,城乡居民收入不断提高,特别是市场经济体制的初步确立,消费品市场逐渐变成买方市场。这一时期,城镇居民收入明显提速,河南城镇居民恩格尔系数由1989年的55.3%下降到1999年的40.8%,而农村居民收入相对较慢,恩格尔系数由1989年的51.3%上升到1995年的59.6%,然后才呈现出明显的下降趋势,到1999年降到53.0%。在这个转型阶段,形成了以家用电器普及为代表的耐用消费品热潮,同时,居民消费需求呈现多样化,消费档次趋向多元化,消费品市场活跃,商品从数量到结构不断丰富和提升。彩电、冰箱、洗衣机等家用电器在城市居民家庭迅速普及,城镇居民消费水平开始从千元到万元跨越。而农村居民家庭的彩电、洗衣机等普及率有也有明显提高。到2000年,河南城镇居民家庭平均每百户拥有彩电108.02台、冰箱71.78台、洗衣机87.87台,分别比1990年增加了54.34台、37.8台和12.64台;农村居民家庭平均每百户拥有彩电达38.21台、冰箱6.90台、洗衣机24.52台。第二次消费结构的升级标志着河南城乡居民生活开始步入小康社会。

第三阶段(2000年至今)发展型和享受型消费阶段。进入21世纪,伴随着经济快速增长和居民收入的不断提高以及消费环境的逐步改善,河南居民消费结构进入新一轮加速转型期。这一阶段,河南城镇居民恩格尔系数基本不变,徘徊在33.0%~35.0%,而农村居民恩格尔系数呈现明显下降趋势,由2000年的49.7%下降到2012年的33.8%。居民消费由原有的简单数量增长演变为数量增长与质量提高并行,消费结构向更高层次转化,以住房、汽车等为代表的万元、十万元甚至百万元的大宗商品成为居民新的消费热点,对旅游、餐饮、教育、通信等服务性消费的需求也大幅增加。2001年,全省城镇居民人均住房支出为650.25元,到2012年上升到1190.81元,增长近1倍,而交通和通信支出由299.89元上升到1730.35元,增长了4.7倍。同时,农村居民居住支出占消费支出的比重由2000年的15.7%上升到2012年的21.1%,交通和通信支出由4.3%上升到10.4%。这次以"住""行"为主要消费特征的消费结构升级仍在持续中,同时也标志着河南城乡居民生活开始向全面小康社会迈进。

二 河南省消费结构优化升级的特点

随着我国经济持续快速增长,河南作为内陆腹地,通过长期不懈的探索中原崛起之路,实现了区域化快速发展,到2012年,全省人均国内生产总值(GDP)突破5000美元,初步达到了世界上中等收入国家的水平,居民消费向更高层次转化,尤其是进入21世纪以来,全省消费升级的速度持续加快,呈现出了以下特点。

(一)食品、衣着、居住等基本生活支出比重呈逐年下降态势

2012年河南省城镇居民家庭平均每人食品、衣着、居住(水、电、燃料等)3项支出占全部消费支出的比重为50.3%,比2002年下降了2.7个百分点;农村居民家庭平均每人3项支出占全部消费支出比重为63.3%,比2002年下降了9.3个百分点。

1. 恩格尔系数持续下降

恩格尔系数是居民家庭食品消费占家庭消费总支出的比重,它不仅反映了

一个地区经济发展水平,更能体现该地区居民的生活质量。正如前面所述,进入21世纪,全省城乡居民恩格尔系数下降趋势显著。2012年,河南城镇居民人均食品消费4607.47元,比2000年增加了3220.71元,年均增速10.5%,恩格尔系数为33.6%,比2000年下降了2.6个百分点;2012年,河南农村居民人均食品消费1701.75元,比2000年增加了1047.62元,年均增速8.3%,恩格尔系数为33.8%,比2000年下降了15.9个百分点。恩格尔系数下降说明全省居民生存资料消费比重在不断下降,消费结构在不断升级。

2. 城镇居民衣着类消费比重下降,农村则略有上升

10年来,全省城乡居民用于衣着鞋帽方面的消费逐年增加,2012年,城镇居民人均衣着支出为1885.99元,比2002年增加了1315.51元,年均增长12.7%;占消费支出比重为13.7%,比2002年下降23.9个百分点,消费层次明显提升;而农村居民人均衣着消费支出占生活消费支出的比重则由2002年的6.4%上升到2012年的8.4%,从侧面说明了农村居民生活标准有所提高。

3. 居住类消费上升较快,比重下降[①]

从居民生活所必需的水、电、燃料这三类消费支出看,2012年,河南城镇居民家庭人均支出为707.95元,较2002年增加了409.99元,年均增幅达到9.0%;占全部消费支出的比重则由2002年的6.6%下降到2012年的5.2%。

(二)教育、信息消费成为居民长期的消费热点

1. 教育支出持续增长

社会的发展要求人们不断提高自身的文化素质,知识更新的速度越来越快,同时伴随着居民收入的增长,全省城乡居民对子女的教育消费支出,包括自身知识更新的消费支出逐渐增加。2012年,全省城镇居民家庭平均每人全年教育消费支出549.85元,是2000年的2.3倍,年均增幅达到7.2%。

2. 通信费用快速增长

随着经济和科技的快速发展,移动电话、互联网、宽带接入等先进通信

---

① 由于统计年鉴没有对农村居民居住类消费支出进行细分,故此处不包含农村居民居住类消费的分析。

设施大规模进入居民家庭，人们可以坐在家里获得各类信息，诸如新闻、娱乐、购物服务等，居民家庭信息消费支出不断攀升。以移动电话为例，2012年河南城镇居民平均每百户拥有移动电话200.2部，较2002年增加了155.1部；农村居民为194.1部，较2002年增加了187.77部。通信工具拥有量的快速增长，带来了通信费用大幅上升，2012年全省城镇居民家庭平均每人年通信消费支出605.99元，是2000年的近4倍，占消费总支出的比重为4.4%，比2000年增长了0.5个百分点。可以预计，随着城乡居民收入的提高，信息消费的增长空间潜力将愈发凸显，在消费结构升级方面将扮演重要角色。

（三）旅游休闲和健康保健成为居民提高生活质量的主要消费领域

近年来，河南经济增长迅速，居民收入增幅明显，对生活品质要求逐步提高，旅游、保健等休闲娱乐消费被追崇。2012年，全省国内旅游人数达到36129万人次，其中省内游客25290万人次，分别是2006年的2.8倍和3.3倍，年均增幅分别达到18.7%和22.0%。随着人们工作节奏加快、学习压力加大以及老龄人口比重逐年上升，健康保健消费开始被人们越来越关注。2012年，河南城镇居民家庭平均全年医疗保健消费支出1085.47元，是2002年的2.8倍，年均增幅10.8%；农村居民平均每年医疗保健支出469元，是2002年的6.4倍，年均增幅达到20.4%。收入的增长，让休闲、享受型消费成为居民生活的一种需要，未来旅游休闲和健康养生的生活方式将成为居民要努力实现的生活方式，旅游休闲和健康保健消费市场仍有较大上升空间。

（四）汽车进入居民家庭拉动交通消费迅速增长

汽车是消费结构升级的标志性商品。进入新世纪，尤其是金融危机过后，河南汽车消费迅速上升。2012年，全省城镇居民家庭平均每百户拥有家用汽车15.6辆，是2005年拥有量的9.9倍；农村家庭平均每百户拥有生活用汽车5.07辆，是2005年拥有量的15.4倍。汽车拥有量的快速增长使得交通消费支出不断提高，2012年，全省城镇居民家庭人均平均年交通消费支出1125.25元，占总消费性支出的比重为8.2%，比2005年提高了5.3个百分点。

三 河南省居民消费结构优化升级面临的主要问题

当前,河南人口多、底子薄、基础弱、发展不平衡的省情没有根本改变,总体上仍属于欠发达地区,经济发展水平相对较低,加之受传统文化的影响,消费观念和消费环境尚不能很好地适应消费发展的趋势,有相当一部分居民的潜在购买力还没有得到释放。同时,学界普遍认为当前以"住""行"为主要消费特征的消费结构升级仍在持续中,并且将持续较长一段时期,可以说,河南尚未形成主导型热点,在需求多样多、消费多元化的今天,要从总体上推进居民消费结构向更高层次升级,依然任重道远。

1. 收入水平低制约消费水平提升

收入是形成消费能力的现实基础,是消费结构最基本的影响因素,其影响主要表现在消费层次、消费方式和消费品的收入弹性等。当收入水平较低或收入预期下降时,基本生活资料的刚性消费需求会保持较快增长,而非基本生活资料的弹性消费需求就会相对下降,消费结构呈现出低层级、低价格、低收入弹性的特点,反之亦然。河南是全国第一人口大省,也是农业大省,有6000多万农民,很大一部分农民仍然依靠传统种植业生存,他们收入水平相对较低,同时作为内陆省份,河南民营经济起步较晚,服务业发展也较为滞后,城镇居民就业形势一直比较严峻,在岗职工的工资增长速度也较慢,造成消费能力不足,阻碍了居民消费增长和升级的步伐。2012年,河南在岗职工平均工资水平在全国排名倒数第2位,城镇居民人均可支配收入排名第20位;农民收入近年来虽有快速增长,但是保持快速增长的难度日益加大。

2. 国民收入分配结构不合理导致消费率偏低

长期以来,我国国民收入分配体制不合理,造成城乡居民收入增长缓慢,使人们更倾向于把手中的钱存入银行进行储蓄,造成消费率偏低,制约了消费的持续升温。具体表现为:一是城乡居民收入与人均国内生产总值(GDP)的比值呈逐步下降态势。2012年河南城镇居民人均可以支配收入为20443元,人均GDP为31499元,两者比值为0.65∶1,而2000年两者比值为0.87∶1;2012年河南农民人均纯收入为7525元,与人均GDP的比值为0.24∶1,而

2000年该比值为0.36:1，两项比值均呈下降趋势。二是城乡居民收入增速长期慢于同期公用财政预算收入和人均GDP增速。统计年鉴显示，2001~2012年，河南城镇居民人均可支配收入年均增长13.1%，分别比公共财政预算收入年均增速和人均GDP年均增速低了7.2个百分点和3.2个百分点；农民人均纯收入年均增长12.3%，分别比公共财政预算收入年均增速和人均GDP年均增速低了8个百分点和4个百分点。

3. 高房价削弱了消费增长后劲

我国施行住房市场化改革以后，购房成为居民消费升级的热点商品，尤其是近几年，我国房地产市场历经数次调控，房价依旧保持快速上涨的势头，广大城乡居民特别是刚性需求的消费者压力加大，购买动辄几十万元、上百万元的房子往往要动用多年的储蓄乃至几代人的积蓄，使得众多家庭不敢消费、谨慎消费，影响了即期消费能力，削弱了消费增长后劲，抑制购买其他商品的欲望，使消费结构优化升级受阻。2005~2012年，全省房地产开发企业增加了3410家，2012年全省住宅商品房均价达到3511.3元/平方米，是2005年均价的2.11倍①。郑州2013年上半年市区商品房销售均价为8346元/平方米，其中商品住房销售均价为7365元/平方米。快速上涨的房价削弱了居民的消费意愿，更多的收入存入了银行。2012年全省城乡居民储蓄存款达到17528.08亿元，是2005年的2.7倍。

4. 重实物性消费、轻服务性消费的观念有待改变

消费观念对消费结构的影响是最深刻、最广泛、最持久和最难以改变的，它通过影响消费习惯和消费心理进而直接影响消费者的消费方式和行为。中原文化历史悠久，中原儿女受传统文化影响较多，反映在居民的消费观念上便是人们安于现状、崇尚节俭，对于时尚性、享受性消费不能很快接受，造成在城乡居民消费结构方面，实物性消费多、服务性消费少。2012年，河南城镇居民家庭平均每年全年服务性消费支出3312.06元，占总消费性支出的24.1%，而2005年这一比值为25.9%，服务性消费比重低的局面长期没有得到改变，不利于居民消费层次的提高和消费结构的改善，急需扩展开拓型、现代化的消

---

① 该数据根据《河南统计年鉴2013》计算得出。

费观念，推动消费者适度超前消费，讲究消费效用，积极尝试新的消费方式，进而促进消费结构优化升级。

四 推动河南省居民消费结构优化升级的若干对策

当前，河南城乡居民消费结构正处在优化升级第三阶段的加速转型期，抓住有利契机，提高居民消费能力、稳定消费预期、培育新的消费热点，保持消费需求的稳定增长，推动消费结构向高层次升级，才能不断提高消费对全省经济增长的拉动力，更好地发挥居民消费在打造河南经济升级版方面的作用，切实增强区域经济发展的内生动力。

（一）围绕消费加快产业结构升级，增加消费品有效供给

居民消费结构与产业结构之间存在密切的相关关系。在以市场为导向的今天，产业结构的调整首先是产品结构的更新换代，而消费结构对产业结构又具有导向作用。消费结构变化决定产业结构调整的方向，也决定了经济增长的空间所在。因此，必须要重视围绕消费作优化产业结构的文章。要加强市场调查，深入了解市场的供求情况，了解消费心理和消费需求的变化趋势，及时调整产业结构、产品结构，生产适应市场需要的消费品，增加消费品的有效供给。同时重点加速发展信息产业。信息市场和信息服务发展了，就大大有利于增加商品的有效供给，避免无效供给，就能活跃消费市场，满足新的消费需求，助推居民消费结构优化升级。

（二）完善收入分配政策，提高城乡居民消费意愿

近年来，尽管河南城乡居民收入有了大幅增长，但劳动者报酬的增长步伐跟不上经济发展的增速，加上教育、医疗、居住等刚性消费支出比重较大，居民对其他商品的消费意愿降低，某种程度上抑制了居民消费结构的进一步优化，必须进一步深化收入分配制度改革，有效提高居民收入分配的整体公平，特别是提高劳动者报酬在国民收入中的比重，使城乡中低收入家庭更多地享受到经济发展带来的红利。与此同时，要提高社会保障水平，不断提高教育、医

疗、养老方面的公共财政支出，尤其是要加快保障性住房建设，降低城乡居民为住房等刚性支出而形成的刚性储蓄，进而扭转居民消费意愿持续低迷的局面，促进居民消费结构升级。

（三）发展新兴服务业，释放居民消费结构升级空间

服务业不仅能更好地拉动就业，而且服务性产品是居民消费的必然趋势。从河南城乡居民消费结构的升级过程看，服务性消费支出增速较快，这也是未来消费结构升级的潜力所在。截至2012年，河南第三产业增加值占GDP的比重为31.0%，比全国平均水平低了11.6个百分点，发展空间很大。因此，必须改变原有的"重生产、轻服务"的发展思想，把发展服务业和发展工业摆在同样重要的位置，像抓工业那样抓服务业发展，重点发展新兴服务业，如网络通信服务、特色旅游、家政、养老、保险等高层次服务，提高服务意识和服务水平，完善服务手段，使之尽快成为河南主导型消费热点，释放居民消费结构升级潜能。

（四）注重完善消费政策，营造居民消费良好环境

在打造河南经济升级版过程中，要充分发挥扩大内需的战略基点作用，增强消费对"调结构、促转型"中的拉动力，必须完善消费政策，尽快建立全面系统的消费政策体系，包括居民增收政策、生活保障政策、消费便利政策、消费保护政策等，增强城乡居民的收入和保障预期，增强消费能力和信心，扭转居民消费倾向下降趋势。同时，要进一步改善城乡居民消费环境，良好的市场秩序和商品服务质量，是增加居民消费的前提条件，必须加大市场监管，严厉打击假冒伪劣商品，确保食品、药品质量安全，加大对市场出售商品的检验监测力度，完善社会监督机制，建立诚实守信的商业道德体系，实现微观主体的良好预期，推动居民消费结构升级。

参考文献

王智：《优化消费结构 加速升级转型》，《中国信息报》2010年6月30日。

梁达:《消费升级将为经济发展注入新动力》,《上海证券报》2012年11月28日。
尹世杰:《充分发挥消费需求的拉动作用》,《经济纵横》2002年第3期。
胡丽平、何春花:《河南省城镇居民消费结构变动的实证分析》,《河南农业大学学报》2011年第3期。
殷世贵、尤启明:《近年来我国城乡居民消费结构及趋势分析》,《价值工程》2009年第4期。

B.7 河南产业结构优化升级的切入点及其实现路径研究

崔理想*

摘　要： 产业结构优化升级是实现河南经济转型升级的重要支撑，是打造河南经济升级版不可或缺的环节。本文在对现阶段河南产业发展现状及存在问题分析的基础上，探索了河南产业结构优化升级的3个切入点，即控制增量优化存量、创新驱动、投资结构优化，最后尝试提出较具针对性的实现路径。

关键词： 产业结构　优化升级　路径

现阶段，尤其是中国成为世界第二大经济体后，中国经济已进入从高速增长到中速增长的转型期，已进入只有转型升级才能实现持续发展目的的关键时期，其发展的主要制约因素已由经济总量转向经济结构，特别是产业结构。党的十八大报告中指出："以科学发展为主题，以加快转变经济发展方式为主线，是关系我国发展全局的战略抉择"；"推进经济结构战略性调整是加快转变经济发展方式的主攻方向。必须以改善需求结构、优化产业结构、促进区域协调发展、推进城镇化为重点，着力解决制约经济持续健康发展的重大结构性问题。"产业结构优化升级是国家及地方经济结构战略性调整的重要着力点，亦是实现加快转变经济增长方式目标的必经途径。面对复杂严峻的国内外经济形势，研究如何扎实推进产业结构优化升级，进而实现国家及地方经济又好又快发展，具有重要意义。

---

* 崔理想，河南省社会科学院经济研究所实习研究员。

一 河南产业结构优化升级的必要性

（一）产业结构优化升级是打造河南经济升级版的内在要求

随着中原经济区、国家粮食战略工程河南粮食生产核心区、郑州航空港经济综合实验区3个国家战略规划的实施，河南的战略地位及其综合优势日益凸显。着力打造河南经济升级版，是河南经济转型升级的关键步骤，是将国家战略转化为河南发展新优势的重要举措。打造河南经济升级版的时代要求就是要更加注重内涵发展、融合发展、高端发展和开放发展，实现产业层次更高、创新能力更强、发展环境更优、市场活力更足、质量与效益更好等目标。打造河南经济升级版的关键在于创新发展理念，转变经济发展方式，其核心与重点是实现产业高端化，缓解产业结构性矛盾及非均衡发展，摆脱过去过多依赖低端产业、过多依赖低成本劳动力、过多依赖资源环境消耗的发展模式。产业结构优化升级，是推动国家或地区产业结构合理化和高度化有机统一的必经过程，其目标和要求就是实现产业结构与资源供给结构、人才技术结构、市场需求结构等相适应，促使生产要素从低效率产业向高效率产业流动，从低效益产业向高效益产业流动，从需求缩减产业向需求扩增产业流动。扎实推进产业结构优化升级，将有效改善生产要素的流动方向，达到缓解经济结构性矛盾，实现河南经济转型升级的目的。

（二）产业结构优化升级是转变河南经济发展方式的必然选择

党的十七大以来，加快转变经济发展方式已成为国家及地方的重要战略任务，要求在促进经济增长的实践过程中要推动"三个转变"，即由主要依靠投资、出口拉动向依靠消费、投资、出口协调拉动转变，由主要依靠第二产业带动向依靠第一、第二、第三产业协同带动转变，由主要依靠增加物质资源消耗向主要依靠科技进步、劳动者素质提高、管理创新转变。近年来，面对复杂严峻的国内外经济形势，河南坚持"四个重在"实践要领，大力推进"一个载体、三个体系"建设，积极转变经济发展方式，科学谋划，先行先试，务实发展，持续求进，全省经济总体保持平稳较快发展态势。然而长期积累的深层次矛盾和瓶颈制约依然存在，如需求结构不合理，投资重、消费轻，对投资依赖性强；产业结构不平衡，工业结构偏重，第三产业增速还较偏低；现代产业发展新体系处于建设期，引领作用还不明显等。扎实推进产业结构优化升级，加快转变经济发展方式，解决经济结构性矛盾和瓶颈制约，提高经济发展质量和效益是河南顺应时代要求创造发展新优势的必然选择，也是河南实现科学发展、转型发展、和谐发展、创新发展、开放发展、绿色发展等目标的必经途径。

（三）产业结构优化升级是提升河南综合竞争力的重要支撑

稳增长、求发展、惠民生，关键在于提升区域综合竞争力，而区域综合竞争力的强弱，很大程度上取决于该区主导产业竞争力的强弱。恰如美国经济学家诺斯所认为的，一个地区经济发展要保持良好态势，必须拥有综合竞争力强的主导产业，主导产业竞争优势越大，产生的集聚效应和辐射效应越强，对区域经济发展的带动作用就越强。提升国家和地区的竞争优势，最为重要的工作任务就是发展同时代处于领先地位的新兴产业，持续更新主导产业，形成具有自主创新能力的现代产业体系。当下河南，提升综合竞争力、发挥比较优势的最大障碍来自于经济发展中凸显的多元结构性矛盾，如需求结构矛盾、产业结构矛盾、要素投入结构矛盾等。要缓解此多元结构性矛盾，必须加快转变河南经济发展方式；要加快转变河南经济发展方式，就必须优化升级产业结构。产业结构优化升级，是甄选主导产业发挥其带动作用的过程，是构建现代产业发展新体系提升自主创新能力的过程，也是提升企业竞争力、产业竞争力及区域综合竞争力的过程。产业结构优化升级的扎实推进将有效提升河南综合竞争力，成为全面实施建设中原经济区，加快中原崛起、河南振兴、富民强省总体战略的有力举措。

二 河南产业发展的现状及存在问题

（一）发展现状

1. 产业结构

21世纪以来，河南三次产业呈现"二、三、一"稳定格局。2012年全省三次产业结构为12.7∶56.3∶31.0，与2010年相比，第一产业与第二产业分别下降了1.4个、1.0个百分点，第三产业提高了2.4个百分点；与2012年全国平均水平相比，第一产业和第二产业分别高出全国平均水平2.6个、11.0个百分点，第三产业低于全国平均水平13.6个百分点。2013年1~9月，全省三次产业结构为15.0∶54.5∶30.5，三次产业增速分别为3.8%、9.9%、8.7%，与2012年同期相比，分别回落0.1个、3.1个、0.2个百分点，其中高技术产业增加值同比提高1.2个百分点；6大高载能行业占比同比下降3.1个百分点。

2. 产品结构

近年来，河南大力推进产业集群、集聚、集约发展，实施开放招商、结构调整、优化升级等措施，产品结构有了较大变化。如汽车、电子信息、装备制造、食品加工等6大高成长性产业的产品比重日益增大；化工、有色、钢铁、纺织等传统优势产业，经优化升级后，产品附加值有所提升。由于产业结构调整，是一项长期的工程，因此短期内，河南产品结构改变程度不会太大，比如附加值不高的资源类粗加工的初级产品和中间产品依然较多存在，煤炭、电力、冶金、建材等能源、原材料基础产业和以农产品为原料的初级加工业所占比重依然较大，主要重工业产品多为基础性上游生产资料产品等。

3. 产业链条

近年来，河南着力推进产业结构调整和经济发展方式转变，使得河南产业链条的质量有所提升，部分产业链条得到加强，如新郑产业集聚区现代食品制造产业链条的完善，尉氏产业集聚区纺织服装产业链条的提升，信阳电子信息产业集聚示范区电子信息主导产业链条的延伸等。但不容回避，产业链条的整体格局在短期内很难改变，如当前河南大多优势产业聚集在产业链上游和价值链低端，其效益与资源价格关联度较高，产业链条短的现状依然突出，市场抗风险能力较弱，易受市场需求、资源价格等因素波动的影响。2008年世界金融危机对河南经济的冲击及影响，说明了上述现状的存在。

4. 产业投资

从全社会固定资产投资产业结构看，2012年三次产业投资结构为3.9∶51.5∶44.7，与2010年相比，投资第一产业和投资第三产业的比重分别下降了0.8个、2.4个百分点，投资第二产业的比重上升了3.2个百分点。从投资工业类型看，2013年1～9月，传统的采矿业大类投资增速同比下降16.9个百分点，制造业大类投资增速同比增长20%；从投资行业来看，1～9月，投资前10位中，制造业占据7位，其中投资额位居前3位的是非金属矿物制品业、专用设备制造业、电气机械及器材制造业；投资增速位居前3位的是计算机、通信和其他电子设备制造业、有色金属冶炼和压延加工业、专用设备制造业。相比前两年，传统资源型和高耗能产业的投资比例和增速均出现大幅下降。

5. 产业竞争力

产业竞争力受多种因素影响，表达时可借助多个指标进行简单综合判定，如产业效益（可用产业经济增长贡献率指标表达）、产业创新力（可用单位GDP能耗表达）、市场稳定度（可用产品销售率指标表达）等。2012年全省三次产业经济增长贡献率分别为5.7%、65.1%、29.1%，与2010年相比，第一产业经济增长贡献率与第三产业经济增长贡献率分别提升了1.2个和2.1个百分点，第二产业经济增长贡献率下降了3.3个百分点。2012年产品销售率为98.3%，比2010年稍下降了0.4个百分点，比2011年稍下降了0.3个百分点，总体上保持稳定。2012年单位GDP能耗为0.831吨标煤/万元，比2010年降低了0.097。

（二）存在问题

1. 产业结构性矛盾依然突出

从河南近年来的产业发展形势可以看出，河南产业结构不尽合理，结构性矛盾依然突出，主要体现在两个方面：一是产业结构不适应因收入变化而引起的需求结构变动。以内需为例，城乡居民收入水平参差不齐，消费需求层次各有差异，产业提供的产品及服务与其所需存在差距。二是产业结构不符合技术进步的趋势和投入产出关系的要求。以出口为例，尤其是后金融危机时期，河南出口产品的价格优势呈下降趋势，资源类产品出口比重却依然较大，缺乏竞争力强的品牌，同时存在对龙头企业高度依赖，如"富士康拉动出口"现象。产业结构性矛盾的存在，使得河南产业结构依然是：一产规模大，劳动生产效益却不高；二产比重大，综合竞争力却不强；三产发展势头好，总量比重却偏低。

2. 产业非均衡发展依然存在

河南产业非均衡发展的状况，短期内仍较难改变，主要原因在于：一是第一产业。根据国家粮食战略工程河南粮食生产核心区规划精神，要以保障国家粮食安全为前提，实施农业生产结构调整，提高农业劳动生产率及效益，但河南底子薄，实现从粗放式发展向农业现代化发展，还需要较长的发展时间。二是第二产业。近年来，河南大力实施产业结构调整，使得工业结构得到优化，高成长性产业得到大力发展，新兴产业得到提升，但从根本上改变河南资源类产业主导的格局，还需要一个较长的过程。三是第三产业。近年来，河南第三产业发展态势良好，实绩显著。然而当前，河南居民消费能力还不强，拉动三产发展的能力略显不足；欲改变此现状，亦非一朝一夕所能完成。

3. 产业链质量整体依然不高

随着近年来河南产业结构调整工作的扎实推进，河南产业产业链短小、产业链衔接不紧的状况有所改变，但不容回避的是，河南主导产业偏聚产业链上游、价值链低端的格局并未改变，产业链上中下游之间割裂发展的现象依然存在，产品附加值低、市场竞争力不强的情况依然明显。近些年，受供给层面下滑的影响，河南工业产品尤其是原煤、水泥、钢材、玻璃等主要产品销售受到较大冲击，销售价格下降、销量减少、库存增加，主要原因就是产业所处产业链上游、价值链低端而造成的综合竞争力不强。产业链上中下游之间割裂发展，同节点企业重复建设，造成产业产能过剩。另外，对龙头企业过度依赖，说明河南现阶段的产业发展并未实现从企业竞争力向产业链竞争力、产业竞争力良好过渡。

4. 产业内外在发展动力不足

产业内在发展动力，主要指资金投入；产业外在发展动力，主要指市场消费。在资金投入方面。从近些年的融资情况看，河南产业融资能力不强，尤其是中小企业，变相提高利率、存贷挂钩等现象依然较大范围存在。同时，政府主导的投资结构不均衡，工业投资额远大于服务业投资额，使得产业发展动力不均衡。在消费能力方面。受居民收入水平低和收入分配结构不合理制约，城乡居民消费能力不足，市场消费规模较小，对产业发展的拉动力不强，对经济增长的贡献率呈下降态势。产业内外在发展动力不足，很大程度上制约着河南经济发展主要依靠投资、出口拉动向依靠消费、投资、出口协调拉动转变的进程。

三 河南产业结构优化升级的切入点

产业结构优化升级是三次产业定位更适宜、分工更合理及资源要素分配更优化的过程。结合河南产业发展实际及趋势，可从以下几个方面切入。

（一）控制增量优化存量

控制增量优化存量，就是要从根本上改变河南产业结构不合理的现状，实现产业结构优化升级，整体提升河南经济发展质量和效益，打造河南经济升级版。着力点主要包括两方面：一是在产业方面要控制增量，要充分认识河南产业发展实际及潜力，并以此为依托，大力发展高成长性产业、战略性新兴产业等，通过积极开展有选择性的产业链招商，推动一批符合产业规划的优质项目入驻河南发展，提升产业链接度、延伸度，实现产业链发展质量更高、效益更好、竞争力更强的目标。优化存量，就是要改造提升优势传统产业，通过"整合一批、淘汰一批"措施的扎实有序有效实施，改变产能过剩的现状，提高优势传统产业的综合竞争力以及产业链的本地根植性，实现量变到质变的飞跃。二是在产业关联方面，对影响产业健康持续发展的各种关系密切的要素，如环境容量、土地支撑、资金供求等，也要推行控制增量优化存量，保障产业结构优化升级顺利完成。

（二）提升创新驱动能力

以创新驱动加快产业结构优化升级，是河南发展方式转变、经济转型升级的本质需要，也是控制增量、优化存量工程扎实有序有效开展的战略支撑。以创新驱动加快产业结构优化升级，就是要在充分认识河南产业结构优化升级过程中的技术、要素、政策等系列瓶颈的基础上，通过构建完善的针对性强的自主创新体系和实施创新驱动发展战略，实现物质要素投入驱动向自主创新驱动转变、产品附加值低向产品附加值高转变，逐步摆脱对传统的"资源依赖"、"投资驱动"发展路径的依赖，提高河南综合实力和竞争力。创新驱动的核心建设点是科技创新，其主要建设思路是构建以产业为主线、企业为主体、市场为导向、产学研相结合的技术创新体系，通过原始创新、集成创新、引进消化吸收再创新及协同创新，着力解决控制增量优化存量过程中的技术难题。同时，还要注重管理创新、制度创新、政策创新等，为河南产业结构优化升级提供强有力的支持。

（三）优化投资产业结构

投资结构优化，就是要创新投资理念，调整投资方向及力度，加快产业结构优化升级，促进河南经济发展实现"三个转变"，即由主要依靠投资、出口拉动向依靠消费、投资、出口协调拉动转变，由主要依靠第二产业带动向依靠第一、第二、第三产业协同发展转变，由主要依靠增加物质资源消耗向主要依靠科技进步、劳动者素质提高、管理创新转变。投资结构优化，是实现增量控制存量优化的过程，也是实现河南"两不三新"的过程。为此，在投资产业方面，重点投资高成长性产业项目、战略性新兴产业项目、优势传统产业优化提升项目、先导产业项目、现代服务业项目等，以项目建设落实产业结构优化升级。在投资保障体系方面为投资创新、研发，为产业结构优化升级提供技术、政策支撑。在投资市场方面要优化市场环境，提升居民消费能力，增强对产业发展的带动作用；拓宽融资渠道和平台，保障产业发展资金供求稳定；加强投资载体建设，保障项目落实到位及稳定有序建设等。

四 河南产业结构优化升级的路径研究

产业结构优化升级，是河南落实三大国家战略实现经济转型升级的重要支撑，是践行"两不三新"发展之路的内在要求，因此必须扎实推进产业结构优化升级。面对国内外复杂严峻的形势及重要的战略机遇期，结合河南产业发展实际,以科学发展为主题,以提高河南经济发展质量和效益为最终目标,创新发展思路,探索产业结构优化升级的新路径、新模式。

(一)协调推进三次产业

三次产业并举发展,是产业结构优化升级的最直观表达,其主要建设思路,一是在第一产业方面,要坚持"一保、一调、一增"发展模式,即"保粮食产量,调生产结构,增产出效益"。通过加大资金投入,改善生产条件,提高劳动生产效率及粮食生产能力;在保障国家粮食安全的基础上,调整农业生产结构,大力发展果蔬、花卉等具有市场竞争力的特色农副产品,同时,先行先试,培育壮大生态农业、循环农业、观光农业、有机农业等多样化农业。二是在第二产业方面,积极承接产业转移,找准产业发展方向与承接产业转移的对接点,通过产业链招商,大力发展汽车、电子信息、装备制造、食品、轻工、建材等高成长性产业,积极培育新能源汽车、生物、新能源、新材料等先导产业,优化提升化工、钢铁、有色、纺织服装等传统优势产业。三是在第三产业方面,要优化提升商贸物流、住宿餐饮、交通运输等传统服务业,壮大发展金融、物流、文化、旅游等现代服务业,着力培育咨询、广告、教育(人员培训)、营销、法律等关联生产性服务业。

(二)优化产业发展载体

产业载体,是产业发展的空间形态。优化现代产业载体,改善产业发展环境,有利于吸引产业链核心节点企业入驻河南,有利于吸引急需的人才、资本、信息等创新要素向河南流动,是产业结构优化升级不可或缺的重要环节。其主要建设思路,一是继续完善产业集聚区建设,注重专业培训机构、法律服务、融资服务、市场咨询、物流配送等中介服务机构的建设以及商业休闲、文化娱乐、医疗保健等配套设施的建设,推动产城融合进一步发展,更大程度发挥其招商引资、吸纳就业、改革创新和带动县域经济发展作用。二是结合产业发展需求,尤其是处于郑州航空港的发展建设机遇期,要加快侧重于商业、商务功能的新载体建设,如总部基地、中央商务区(CBD)、休闲商务区(RBD)、邻里中心、休闲商业街等;加快侧重于休闲、生活功能的新载体建设，如城市客厅、城市剧场、度假社区、主题公园、养老社区、医疗健康服务基地等。

（三）推进产业链式发展

发展实践证明，现阶段，企业与企业间、区域与区域间的竞争已演变为产业链间的竞争。产业结构优化升级的核心目标就是提升产业在市场中的综合竞争力，而推进产业链式发展，正是实现这一目标的最佳路径。产业链式发展，其内涵可简要概况为：依据贸易分工理论，引导产业链核心节点企业与关联中小企业分工协作，推进企业关系由散转聚，实现产业链上中下游节点企业无缝链接，形成资源梯度高效利用，环境破坏最小，发展态势持续的新局面，达到提升产业链竞争力及区域综合实力的目的。推进产业链式发展的主要建设思路是立足河南产业发展实际，以产业结构优化升级为目标，针对特定产业链条的问题，按照产业链设计、产业链布局、产业链招商、产业链整合、产业链创新、产业链运行、产业链管理的思路及步骤进行优化升级，淘汰落后产能及生产工艺，减少重复建设，实现节点企业组团式发展、产品附加值增高、产业竞争力提升的目标。

（四）持续优化需求结构

需求结构决定产业结构；需求结构优化升级决定产业结构优化升级。需求结构包括投资结构、消费结构、出口结构；优化需求结构就是优化投资结构、优化消费结构、优化出口结构。一是优化投资结构。创新投资理念，调整投资方向及力度，加快转变传统产业发展理念，转变过去重工业、轻服务业，重资源型产业发展、轻先进制造业发展，重产业实体发展、轻产业软环境发展等粗放式投资方式，要加大对产业实体及产业软环境的投入，借助增量控制存量优化等工程的实施，加快产业结构优化升级步伐。二是优化消费结构。以产城融合为突破口，加大投入和扶持力度，促进城乡居民收入水平大幅提高、收入分配结构更加合理，激活河南消费市场巨大潜力，着力解决河南消费总量低、人均水平低、贡献率低"三低"问题，以巨大消费能力带动产业结构加速优化升级。三是优化出口结构。结合国内外贸易市场形势，提高出口产品质量门槛，促使企业通过技术工艺及设备优化等措施提高其产品附加值，进而促进所属产业的发展质量和效益，为河南产业结构优化升级提供强大动力。

（五）加强保障体系建设

加强保障体系建设，是保障产业结构优化升级扎实推进必不可少的环节。保障体系建设涵盖诸多方面，其主要建设思路包括：一是提升自主创新体系。以全球视野谋划和推动创新，构建以企业为主体、市场为导向、产学研相结合的技术创新体系，为产业结构优化升级提供技术支撑；联合高校、科研院所、政府智库等单位，推进制度创新，制定和实施科学的针对性强的政策措施，扶持产业结构优化升级。二是加强人才供给能力建设。一方面继续实施人才引进策略；另一方面与科研院所、高校等教育机构合作，培养产业结构优化升级所需人才。双管齐下，为产业结构优化升级提供人才支撑。三是创新融资模式，构建融资机制。继续实行优惠的融资政策，完善融资平台建设，拓宽融资渠道，提高民间资金、省外资金比例，建立政府与市场联动的投融资机制，为产业结构优化升级提供资金支撑。四是加大执法力度。对不符合国家政策的项目、落后产能及生产工艺的企业，要加大执法力度，使其尽快退出市场，为符合产业规划的好项目腾空间，加快产业结构优化升级。

参考文献

洪银兴：《中国经济转型升级往哪转？如何升？》，《光明日报》2013年10月21日。

河南省社科院、河南日报社课题组：《着力打造河南经济升级版》，《河南日报》2013年8月28日。

国家统计局：《中国统计年鉴（2013）》，中国统计出版社，2013。

河南省统计局：《河南统计年鉴（2013）》，中国统计出版社，2013。

河南省统计局：《2013年三季度河南经济运行监测报告》，河南统计网，2013年10月30日；http：//www.ha.stats.gov.cn/hntj/tjfw/tjfx/qsfx/jdfx/webinfo/2013/10/1380427402569753.htm。

喻新安、完世伟、王玲杰：《河南经济发展报告（2013）》，社会科学文献出版社，2013。

B.8 河南以产业集聚区打造经济升级版问题研究

陈 锐*

摘 要: 中国经济正迎来一个新的发展阶段,打造经济升级版是最主要的任务,河南省也必须依靠这个大背景来发展自身经济,打造河南省经济升级版。近年来河南省产业集聚区发展较为迅速,产业集聚区是现代产业体系的主要发展形态,也是现代产业走向成熟的重要标志,对于像河南这样的工农业大省来说,进一步发展自身优势产业,摆脱产业发展的低层次化,是打造河南产业升级版的核心,而产业集聚区正是实现这一目的的最重要载体。本文在论述产业集聚区对于打造河南经济升级版重要意义的基础上,研究了河南省产业集聚区发展现状与不足,以及通过产业集聚区的发展打造河南省经济升级版的具体途径。

关键词: 产业集聚区 经济升级版 产业链 河南省

产业集聚区是现代产业发展到一定阶段的产物,是衡量经济体是否发达的重要标志。经济升级和产业升级的过程,就是产业发展由点到面,最后演变为产业集聚区的过程,因而产业集聚区的发展对打造经济升级版有着极为重要的意义。河南省的产业聚集区经过多年的发展,现已具备相当的规模,在河南省

---

* 陈锐,河南省社会科学院经济研究所实习研究员。

打造经济升级版的关键时刻,产业聚集区的发展显然已成为这一过程的重要载体和抓手。

一 产业集聚区建设对于打造河南省经济升级版的重要意义

(一)推动生产力布局优化,提高产业聚集度

产业集聚区在优化生产力布局方面有着很大的作用。早在1890年,英国新古典经济学大师马歇尔就认为,产业集聚可以带来外部规模经济和外部范围经济,其中外部规模经济是指企业利用地理接近性,通过规模效应使得企业成本处于或接近成本最低点,外部范围经济是指当企业集聚时,通过互相协作或垂直关联而实现与供应商和客户之间的业务沟通。由此可见,产业集聚区是产业发展到一定水平的产物,而产业集聚区的出现和壮大又会推动生产力布局优化,促进产业链上下游之间密切协作,从而产生额外的收益并促进创新,最终对经济和产业升级起到直接的推动作用。河南省进入21世纪以来,工农业生产取得了很大的发展,经济年增速一直高于全国平均水平,但产业集聚度依然不高,生产力布局有待优化,而从另一个角度来看,这也意味着河南在优化产业布局和促进产业协作方面有着巨大的发展空间,这一切都要通过产业聚集区的发展来实现。在打造河南经济升级版的过程中,需要河南的产业在布局、协作程度和创新能力方面有一个大的发展,这一点有赖于产业集聚区的健康、有序和持续的发展。

(二)破解产业发展低层次化难题,促进产业升级

打造经济升级版的一个重要方面就是要实现产业升级,由劳动密集型、资源密集型产业过渡到资本密集型、技术密集型的产业,这也是一个老问题。现代产业一般都有集群发展的特征,都会围绕着几个中心环节而形成广大的产业集聚区,因而产业升级不仅仅只是一个环节的升级,而必须是相关整个产业集群的升级,事实也证明了仅仅是一两个环节甚至一两个部门的产业升级并不能带动整个产业体系的升级,因而在打造经济升级版的时候必须注重整个产业集

群的升级，而产业聚集区就是合适的抓手。河南省的产业层次依然不高，产业发展长期以劳动密集型产业和钢铁等重工业为主，不但经济效益低，而且污染严重，这些都是和打造经济升级版的要求不相符合的。要想改变这种状况，必须下大力气发展发展高成长性企业和高技术产业，积极引进和培育技术含量高、关联程度好和经济效益佳的产业。正如前所述，这些行业一般都具有集群性的特征，因而围绕这些核心环节作好相关产业集聚区的文章，就成了打造经济升级版的应有之义。

（三）优化管理机制，全面提升管理水平

现代产业体系具有复杂的组织结构，所需的管理水准和能力也较以往有着更高的要求。从这方面看，现代产业体系所需管理的特点在于管理的范围已不仅仅限于单个企业内部，而是扩大到企业之间，并且这种企业间的协调与管理需要和集聚区企业内部管控体系相对接，这样才能取得较好的效果。这种社会化的管控体系包括企业内部健全的管理体系、企业之间的合作机制和政府调控下的园区管理体系，具有综合性的特征，是现代产业体系顺畅运行所必需的重要保障机制，很多地区经济产业升级的进程不顺利，原因也正在于这种管理机制的缺失。河南省在传统上是个农业大省，工业等现代产业发展较东南沿海地区为晚，管理水平也相对比较落后，在打造经济升级版的大背景下，河南现有的经济管理水平要适应新的经济形势还有一定的困难，本地企业家和管理人员尚未能完全熟练掌握现代产业体系所需技能，因而发展产业集聚区，通过实际的发展历程来淬炼一大批管理人才，同时加速相应社会90化管理机制的形成，能促进河南打造经济升级版的进程。

（四）吸引外来优质生产资源，推进开放合作

对外经济密切与否是衡量一个经济体发展水平的重要标志。对外经济联系密切，经济体就可以充分利用自身和外界两个市场、两类资源来对自身的产业和经济实行优化，促进经济又好又快地发展；对外经济联系程度低，说明该经济体发展程度和市场化程度都较低，从而将经历一个较长时间的启动过程才能步入快速健康发展的轨道，而这个过程往往是对外经济联系逐步培育的过程。

河南省的对外经济联系曾长期处于较低的水平，在全国各个省份当中处于较为落后的地位，直接制约了河南经济的发展。要想改变这一状况，必须从加强对外经济联系特别是产业联系入手，吸引外来投资和优质生产资源是最直接的方法。目前，我国东部地区有大量产业急需转移到中西部，中西部各省份在事实上已形成对这些产业的相互竞争，而投资者首要考虑的是良好的产业链、配套设施和能否取得规模效应，河南已粗具规模的产业集聚区将会对这些产业形成强大的磁吸效应，而这些外来优质资源的引进和对外经济联系的提高也必将对河南打造经济升级版产生极为正面的推动作用

二 河南省产业集聚区现状及主要问题

近年来，产业集聚区在河南省已取得很大发展，逐步变成河南省主要的产业发展形态，取得了良好的效益，对整个河南的经济发展起到了明显的推动作用。在全国打造经济升级版的大背景下，河南要想顺利开展这项工作，并在打造经济升级版的过程中抓住先机，加快发展，实现对先发地区的赶超，必须做好产业集聚区的建设工作。这就需要对河南省产业集聚区的现状和存在的主要问题做一了解。

（一）河南省产业集聚区现状

1. 投资保持较快增长

"十二五"以来，全省投资向产业集聚区集中的态势明显。2013年1~7月，河南省180个产业集聚区完成投资6560.5亿元，同比增长30.8%，高于全省投资增速7.3个百分点，占全省投资比重50.2%。其中，完成工业投资4749亿元，增长30.8%，高于全省工业投资增速12.3个百分点，占产业集聚区投资比重72.4%；完成基础设施投资1009.7亿元，增长29.0%，高于全省基础设施投资增速10.0个百分点，占产业集聚区投资比重15.4%。①在河南

---

① 《2013年1~7月河南产业集聚区投资情况分析》，中国行业资讯网，http://www.china-consulting.cn/data/20131009/d9697.html。

历史上，这样高强度的投资是罕见的，这些投资有力地促进了产业集聚园区基础设施的建设，为吸引更多的企业到河南产业集聚园区投资打下了坚实基础。

2. 集聚效应不断增强

产业集聚区集中了河南多数工业项目。2013年一季度，全省产业集聚区在建项目3767个，占全省在建项目的36.9%，同比提高5.3个百分点。其中，亿元及以上项目2764个，比上年同期增加345个，占全省亿元及以上项目个数的55.5%，新开工亿元及以上项目357个，比上年同期增加17个，占全省新开工亿元及以上项目个数的57.8%。全省产业集聚区亿元及以上项目完成投资1262.29亿元，同比增长45.1%，占产业集聚区投资的比重为84.3%，同比提高6.9个百分点，对产业集聚区投资增长的贡献率高达105.2%。① 产业集聚区的集聚效应与以往相比有了明显增强，河南省多数新建项目都开始有意识地围绕各个产业集聚区进行。

3. 主导产业粗具规模

最近几年，河南省在发展产业集聚区上下了大工夫，不仅形成了一批主导产业，各地区还因地制宜，形成了具有本地自身特色的产业集聚区。经调查，目前河南产业集聚区的主导产业有食品加工、机械制造、冶金、特种陶瓷、医药及精细化工、纺织服装、汽车配件等，郑州在汽车加工制造、洛阳在动力设备、长垣在起重机等方面，都形成了自身的特色和优势。依托这些特色产业，一批本土龙头企业开始成长，并在国内占据不可忽视的地位，这种集聚效应也吸引了一批外来的大企业来河南省相应地集聚区落户，如富士康、华晨汽车等，带来了可观的经济效益和社会效益。

4. 政策支持强度不断提高

河南省委省政府在经济建设的实践中已充分认识到产业集聚区对于全省经济发展的重要性，因而出台了大量支持政策，促进了全省产业聚集区的发展。尽管省级财政比较困难，但河南省依然从2010年起将省级分成的增值税、营业税和企业所得税收入，实行"核定基数，超收返还，一定三年"的办法，

---

① 《河南产业集聚区聚集效应明显》，新华网·河南频道，2013年5月11日；http://www.ha.xinhuanet.com/ttxw/ttxw/2013-05/11/c_115725032.htm。

全额返还产业集聚区,以支持产业集聚区的发展;符合国家产业政策的集聚区内大工业项目生产用电,执行省网直供电价;2009～2012年,对于产业集聚区内的企业,除了中央规定的收费项目外,免除各项行政事业性费用;在研发经费、住房补贴和家属随迁方面提供优惠政策,支持产业集聚区引进发展急需的高技术人才。这些措施从各个方面有力地支持了河南地区产业集聚区的发展。

(二)河南省产业集聚区存在的主要问题

1. 创新能力薄弱

按照现有产业组织理论,产业集群是工业化发展到了一定程度的产物,它能够优化配置现有资源,整合创新力量,形成一定的网络并产生明显的知识溢出和技术溢出效应,无论是发达国家还是发展中国家,都很重视产业集聚区的发展。近年来河南的产业集聚区有了很大发展,深刻改变了全省产业发展落后的面貌,但由于在历史上发展的欠账,产业层次并不是很高,发展产业仍以技术含量较低的原材料工业和劳动密集型产业为主,创新能力尤为薄弱。国外相关经验表明,产业集聚区的一大功能就是培育创新能力,促进优质企业互相学习,互相协作和借鉴,从而产生发散式和网络式创新,并直接用于生产。河南产业集聚区在这个方面还比较薄弱,企业间未能形成互相学习和借鉴的机制,知识交流渠道也不畅通,从而难以发挥产业集聚区应有的知识和技术溢出效应,这对河南省产业集聚区的进一步发展已经构成了明显的不利影响。

2. 产业链不完善

进入新世纪以来,全省逐步形成了数十个产业集聚区,对经济增长起到了明显的推动效应,规模效应逐步凸显。在看到成绩的同时也应看到,河南省各产业集聚区的产业链并不十分完善,也未能完全做到"资源集约型、环境友好型"的发展要求。现代产业的组织形态已形成一整套严密的结构,只有产业链比较完善,并且上下游协作顺畅,才能真正做到资源集约型和环境友好型发展,而这一切都建立在产业链比较完善、上下游产业密切协作、运转顺畅的基础之上。河南由于以往产业发展较为落后,起初多以单个企业为主发展相关产业，且当时主要市场都在省外，上下游协作企业都以省外企业为主，本土企业之间既缺乏合作关系，更缺乏合作意识，这就造成了河南在形成产业集聚区后仍在相当程度上存在产业链不完善的问题，从而加剧了资源浪费和环境污染。河南产业集聚区要想进一步发展，必须进一步下大力气解决产业链不完善的问题。

3. 资金瓶颈制约

要想产业集聚区充分地发挥功能，需要大量运转良好的基础设施，这些设施的建设远非一日之功，而是建立在大量投入的基础之上，且有一定的投资周期和保养成本。对于河南省而言，建设资金不足一向是经济发展的较大障碍，虽然近年以来这一困难较以往大为缓和，但资本储量和投资水平与东部地区相比仍有较大的差距，这就影响到河南产业集聚区的发展。目前全省各产业集聚区都不同程度地存在着水、电、路、光缆和厂房等基础设施供应不足的问题，难以支撑企业和聚集区不断发展的需要，附属的生活设施也难以满足工作人员的需要，究其原因，还是与投资强度不足有关。尽管全省上下已做了很多努力，成立了一些投融资平台，也拟定了引进民间资本的计划，但由于基础设施投资的公益性，民间资本的投资意愿并不高，因而河南在有效利用有限资金，使之服务于个产业集聚区的基础设施建设方面，还有很多工作要做。

4. 体制机制创新不足

完善的产业保障体系和服务体系是现代产业发展的一个重要特征，它可以完成各项附加值增值活动，并以一种核心产品或产业为基础，形成多种有差异化的商品群。在河南，企业长期以来只是单纯注重发展核心产品或产业，缺乏对产品和产业差异化发展的重视，对金融、研发、营销和广告等能使产品附加值大为提高的外围服务业更是重视不足，这与发达地区形成了鲜明的对比，法律咨询、技术服务、专业培训、融资服务和市场咨询等服务性行业发展也比较落后。此外，由于产业集聚区具有相当的公共性，要求相关的管理与规划功能必须到位，这就对政府的相关管理机制提出了较高的要求。河南产业集聚区起步较晚，缺乏经验，而相关管理岗位牵涉的部门较多，要求管理人员具有广泛的知识范围和较高的协调管理能力，依据河南目前的情况是很难全部满足这些产业集聚区的人才需求的。同时，一些聚集区的管委会没有正式的编制，或者编制不统一，人员不到位，机构也存在着种种不完善之处，职能和权限也不明确，这些问题都构成了对产业集聚区发展的束缚。

三 以产业集聚区打造经济升级版的对策

大力发展产业集聚区，是打造河南经济升级版的重要举措，也是河南省经济发展水平更上一层楼的重要保证。针对目前全省产业聚集区存在着一些问题，应遵循党中央、国务院的部署，以提升产业经济区的产业层次为重点，以转变发展方式为指导，以提高地方经济发展水平为目标，明确产业聚集区下一步发展方向，为打造河南经济升级版而努力。

（一）延长产业链价值链

产业链是一个相对宏观的概念，描述一个具有一定内在联系的企业群结构。在产业链中，上游环节向下游环节输出产品或服务，下游环节向上游环节反馈信息并实现上游环节的价值，通过价值和信息的交换而形成一个整体。产业链要想形成和发挥作用，必须跨越空间和时间两个维度，这两个维度必须有一定的切合程度，才能控制成本并产生经济效益。一般来说，产业链各个环节的价值实现量是有差异的，经常存在着产业链中个别环节实现的价值量超过其应有水平，从而对其他环节的价值实行"剥夺"的现象，如果一个区域的产业链较短，依赖于其他地区实现价值增值，则容易出现此类现象。河南产业聚集区虽然已成规模，但在全国产业链上依然处于提供原材料的位置，产业链相对较短，离最终产品需求有一定的距离，因而不可避免地出现了上文所说的价值"剥夺"现象，这也是河南经济发展水平不高的一个重要原因。要想打造河南经济升级版，必须改变这种状况。应充分发挥产业聚集区的功能，延长产业链，确保价值不致流失而最大限度留在省内，为此需做到：第一，适当发展中下游产业，完善产业聚集区的产业链。在各产业聚集区现有产业的基础之上，适当发展一些需省外协作的部分，不但可以解决价值流失和就业的问题，更能以此为抓手，主动承接发达地区产业转移，提高本省经济素质。第二，对价值链一些缺失的关键性链条进行弥补。河南的产业聚集区已渐成气候，但一些关键环节仍然缺失，结果造成整个产业聚集区经济素质不高，为此要重点发展这些缺失环节，完善甚至创造新的产业链，这对打造河南经济升级版至关重要。第三，要加强各个产业集聚区之间的协作，在更高的层次上打造新的产业链。产业集聚区不是单独存在的，它们都是产业链上的一个环节，河南产业链之间彼此缺乏协作，导致产品附加值不高，应加强省内各个产业集聚区之间的协作，这样就能在更高层次推进产业升级，对打造河南的产业升级版具有重要意义。

（二）积极培育内在研发能力

在发达国家，产业集聚区一般都具有强大的技术能力，并且产业集聚区本身就成为新技术和新产品的孵化平台，国内经济发达省份的产业集聚区一般也具有不俗的研发能力。产业集聚区之所以得到很大重视，正是因为它具有从实验室到产业化的一系列连续的技术开发平台，能将产学研最大限度地结合起来，从而得到适合市场需要的产品。相较于发达经济体，河南的产业集聚区技术力量尚不高，园区内企业技术能力不足，技术对于企业间的凝聚作用还不明显，这就需要进一步强化全省企业的技术能力，重视培养集聚园区企业的创新能力和意识，鼓励其提升自身的技术能力和产业层次。值得注意的是，任何举措只有转化为集聚区内企业本身的技术能力，才能切切实实地转化为企业真正的技术能力，才能最大限度发挥产业集聚区在研发和创新上的优势，从而为打造河南经济升级版而做出贡献。为此需做到这样几点：一是以产业集聚区为载体，构筑有效的产学研合作平台。以产业集聚区为载体和纽带，鼓励企业和科研院所进行项目合作和技术交流，政府也应将一些重大科技项目和科研设备放在产业集聚区，同时应推出政策鼓励技术人员创业，从微观和宏观两个方面完善创新体系，提高技术消化、吸收能力，进而建立起多层次的创新体系，促进产业升级。二是加强省内的技术能力，支持产业集聚园区的可持续发展。河南技术实力与外省份相比没有特别的优势，这就需要增强本省技术实力，为产业集聚园区的发展提供足够的支持。应该加强省内高校和科研院所的实力，积极引进外来的科研人员和实用型技术人才,加强省内职业技术学校的建设,重点扶植一些集聚园区内的具有相对技术优势的企业,鼓励其加强与省内外科研院所的合作,并为其引进人才提供一定的优惠政策。三是理顺科研的投入机制。企业无疑应该是科技创新的主体和主力,科技成果如果不能转化为生产力,只能白白消耗资源,只有为企业所利用,科技成果才能转化为财富和发展成果。产业集聚区为河南省理顺科研的投入机制提供了良好的平台,要以企业为主体,结合各个集聚园区的特点,联合科研院所与高校,形成创新联盟,真正做到研发同步、风险共担、利益共享,将有限的科研投入切实运用到刀刃上。

(三)鼓励企业采用先进技术推进节能减排

与经济发达省份相比,河南的产业集聚区的生产设备较为落后,对资源的消耗也较大,对环境造成了不利的影响,这对河南省要打造经济升级版,降低生产过程的消耗,大力推进节能减排,成为一个重要的亟待解决的问题。相比于其他的几点,资源消耗的降低和节能减排的推进,能带来直接的经济效益和生态效益,既是打造经济升级版的前提,更能起到立竿见影的效果。为此需做到这样几点:一是加快现有集聚区内企业的技术改造,支持企业采用先进技术改进现有生产流程,有计划有步骤地逐步采用新技术,对一些重大项目的技术改造提供优惠贷款和补贴,对主动采用新技术、淘汰落后技术的企业提供税收上的优惠和一定的财政补贴。二是对招商引资设立一定的门槛,积极引进先进制造业、技术水平较高的产业和高新技术行业,对于一些技术水平不高、污染较大的企业,坚决将其排斥于全省产业集聚区之外,不但要算经济账,更要算环境账和发展账,应该将招商引资的重点转向那些高科技、高附加值和现代生产性服务业,真正提高全省产业聚集区的经济质量。三是做好循环经济的发展工作,大力推进节能减排。循环经济以充分运用物料为中心,重视生产物料的循环利用,有效地减少了浪费,对环境也起到了有效的保护作用。经济升级版不仅包含着增长指标,更包含着发展指标和环境指标,应该大力发展循环经济,重点推进节能减排,吸取东部地区发展的经验教训,坚决不走前人走过的弯路,真正做到经济增长和环境保护双翼齐飞,实现对社会进步有益的发展。

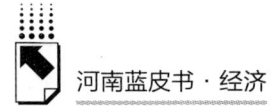

（四）建立符合经济升级版需要的管理体制

与其他产业组织形态不同，产业聚集区的管理有着相当的公共性，单凭企业内部的自治机制很难解决管理上的问题，必须由政府介入以解决管理上的难题。对于像河南这样的省份，更需要政府在产业聚集区的运作中扮演相当的角色，但政府在管理上扮演重要角色并不意味着要求政府大包大揽、越位管理，而是要求政府必须把握好自身的角色，以产业聚集区顺畅运转、打造河南经济升级版为其管理活动的目标。事实证明，如果没有良好的管理体制，产业聚集区甚至不能健康发展，更不用说为打造经济升级版贡献力量，因而转变观念，建立起符合经济升级版需要的管理体制是目前的重要任务。一是要切实认清产业集聚区在管理上的特殊性，产业集聚区的管理与一般的管理不同，区内企业之间以经济契约和产业协作相连接，政府只是起到规范作用，确保相关合约能顺利履行，一些经济上的纠纷可获得比较公平的处理，这就需要政府主要起一个服务的功能，而不能怀着管制的心态来处理聚集区的日常事务，政府在制定日常规章时必须充分考虑到对集聚区内企业的影响，便利企业的经营。二是政府要充分发挥企业的能动性，建立起企业自律机制，政府在为集聚区内企业提供公共服务时，也应该有意识地帮助企业树立彼此之间的信任，建立起公认的行为规范，以企业自律代替他律，降低管理成本，大力支持建立相关行业协会，组织行会内企业积极参加各类会展。三是做好规划工作，根据打造经济升级版的要求，结合集聚区发展实际，明确优势，优化布局，做好各个产业集聚区在全省经济体系中的定位工作，并且制定出切实可行的目标，打造有着自身优势和特色的产业集聚区。

（五）创新投融资体系

产业聚集区的发展，对相关基础设施的建设提出了较高的要求，如果考虑到打造经济升级版这一重大任务，河南省的基础设施对产业集聚区发展的支撑作用就更显薄弱。基础设施的不足，关键在于投资的不足，河南省虽是经济大省，但人均收入并不是很高，仅仅依靠省内金融体系提供的有限贷款显然难以满足产业集聚区基础设施建设乃至全省基础设施建设的要求，这就需要开展投融资模式创新,积极利用省内外可以利用的资金,来填补产业集聚园区基础设施建设的缺口。为此需做到以下几点:一是在基础设施中盈利性较强、公益性不高的项目中,应积极引进民间资本,并实行优惠的融资政策,利用 BT、BOT 等模式,最大限度发挥民间资金的优势,节约政府的资金成本,解决建设资金和既有资金缺口巨大的矛盾,充分调动起民间资金参与产业集聚园区建设的积极性。二是在规范政府投资行为的前提下适当加大政府对产业聚集区的投资,相关管理部门应会同财政部门,根据打造经济升级版的要求和对宏观经济形势的预测,确定适度财政投资规模水平,保持政府对产业集聚园区必要的公益性投资,与贴息、税收等多种手段结合,确保投资能落到实处,在法律法规许可的前提下探索企业直接融资,形成多样化的投融资体系。三是充分发挥金融杠杆对产业集聚区的支持作用,政府应当根据宏观经济形势,结合打造本省经济升级版目标,在中观层次运用货币政策工具,引导金融机构加大对产业集聚区的支持,适当扩大对产业集聚区的授信额度,并针对园区企业特别是中小企业的发展需要,开展金融创新,逐步解决中小企业贷款难的问题。

参考文献

周兵等:《产业集群形成的理论溯源》,《商业研究》2004 年第 14 期。
吕玉辉:《河南产业集聚区发展中的政府决策、定位与管理创新》,《黄河科技大学学报》2011 年第 6 期。
赵新勇:《产业集群的形成机理和作用机制研究》,《商业研究》2006 年第 5 期。
陈鹃:《河南省产业集聚发展问题分析》,《河南财政税务高等专科学校学报》2009 年第 6 期。
张辉:《全球价值链下地方产业集群升级模式研究》,《中国工业经济》2005 年第 9 期。
刘荣利、王浩:《谈河南产业集群的发展现状及特点》,《黄河科技大学学报》2006 年第 4 期。

B.9
河南以承接产业转移打造经济升级版的对策研究

李 斌*

摘　要： 本研究以河南经济升级版的内涵作为视角，研判河南承接产业转移与打造经济升级版的内在一致性并分析其重大现实意义，在此基础上对河南当前承接产业转移的发展现状和存在的问题进行客观分析，认为产业转移分布不均衡、产业综合性配套能力不足、产业转移中省际竞争增大、资源环境压力较大、政务环境改善不够等因素制约河南承接产业转移进程，并从优化承接方向、强化承接载体、规范承接环境、打造配套服务体系等角度有针对性提出以承接产业转移为契机打造河南经济升级版的对策措施，为相关部门制定决策提供科学有效的借鉴和参考。

关键词： 承接产业转移　河南经济升级版　对策建议

产业转移意味着技术、资本等生产要素在原有配置基础上的优化与升级，为产业承接地带来了宝贵的发展机遇。河南省政府于2009年9月出台了《河南省人民政府关于积极承接产业转移加快开放型经济发展的指导意见》，并实施了一系列战略措施加快推进河南承接产业转移步伐和力度，随着以郑州富士康等为代表的优质产业转移项目在河南落地并迅速发展，承接产业转移的正外部性日益显现，极大地促进了河南产业结构的优化升级和外向型经济的快速发

---

* 李斌，管理学博士，河南省社会科学院经济研究所助理研究员。

展,为河南打造经济升级版奠定了良好的基础。当前,承接产业转移是河南实现与沿海发达地区对接和互动的重要举措,也是河南利用后发优势,打造经济升级版,实现跨越式发展的有效路径。如何科学高效引导优质产业项目向河南转移,并以承接产业转移为契机打造河南经济升级版,是河南当前亟须深入研究的重大现实问题之一。

一 以承接产业转移为契机打造河南经济升级版的现实意义

产业转移是指由于资源供给或产品需求条件的变化,引起产业在空间上以企业为主导的转移活动,其通过生产要素在区域间重新配置,促进国家或地区产业结构调整优化和升级。经济升级版意味着区域经济要达到更高的产业层次、更强的创新能力、更优的发展环境、更足的市场活力、更好的质量与效益。产业转移背后的资源优化配置机制反映了产业转移的条件与打造经济升级版在动力机制上具有耦合性,产业转移的动因与打造经济升级版在目标体系上具有一致性,产业转移的模式与打造经济升级版在内涵要求上具有统一性。

当前,我国经济正在加快转型升级,进入打造中国经济升级版的新时期。河南作为全国经济大省,具有特殊省情特征和后发优势,河南经济升级版的本质是经济质量与增长速度的统一,动力来自改革重启与创新驱动的统一,目标是改善民生与促进公平的统一,这就意味着河南要更加注重内涵发展、融合发展、高端发展和开放发展,坚持创新发展理念,转变发展方式,走转型升级的新增长之路。在此背景下,河南以发展开放型经济为主导,发挥自身在产业基础、区位交通、生产要素等领域的比较优势,依托遍布全省的产业集聚区,以承接产业转移为契机,打造河南经济升级版具有重大的现实意义。

(一)承接产业转移提高经济质量效益,加速河南经济内涵发展

打造经济升级版要求河南在发展过程中转变发展方式,追求经济发展质量

与效益的统一，走内涵式发展道路。当前，河南经济发展过程中面临产业结构不尽合理，规模与效益质量不匹配等问题，通过发挥自身比较优势，打造优质发展环境，强化产业承载能力，积极承接国外及国内东部发达地区优质产业转移，以产业转移带动资源、技术、人才等生产要素向河南集聚，促进河南产业结构优化升级，实现内涵式发展。

（二）承接产业转移促进城乡区域协调，推动河南经济融合发展

经济升级版意味着以经济结构的优化升级带动城乡区域协调发展，当前河南在推进城乡区域协调发展进程中存在着区域间发展不平衡，城乡间发展不协调等问题，通过积极承接产业转移，发挥产业集聚区的资源要素集聚效应，对加强承接地产业承载力及持续发展能力具有极大的推进作用，特别是通过优质产业转移项目的实施，能极大促进承接地经济发展，带动当地就业、基础配套设施建设等的发展，从而优化城乡区域发展格局，推动产城融合、区域互补，实现河南经济融合发展。

（三）承接产业转移提升产业创新能力，加快河南经济高端发展

打造河南经济升级版的动力之一就是发挥区域创新体系的创新驱动力，通过持续的创新活动推动河南经济优化升级。在经济发展过程中，产业转移都伴随着以技术为代表的创新行为的扩散和转移，因此河南应以承接产业转移为契机，充分引导和利用产业转移带来的创新因素，提高河南产业整体创新能力，以创新促发展，加快河南经济实现高端发展、转型升级打造河南经济升级版。

（四）承接产业转移优化经济发展环境，扩大河南经济开放发展

开放式发展是河南经济升级版的内涵之一，当前河南发展开放型经济面临着难得的历史机遇，在此背景下，应充分发挥郑州航空港经济试验区的辐射作用，积极承接产业转移，通过承接产业转移带来的新理念、新技术、新产业等形成河南优化经济发展环境的新优势，优化河南产业发展环境，持续提升产业承载能力，推进河南产业经济内涵式、开放式发展，形成内陆开放新高地，打造河南开放型经济的升级版。

二 河南承接产业转移打造经济升级版的现状及制约因素分析

河南是我国东部产业转移和西部资源输出的重要枢纽。近年来，河南省委、省政府大力实施开放带动战略，要求全省把扩大对外开放、承接产业转移作为"最直接、最有效、最综合的发展手段和发展途径"，以各类产业对接活动为平台，以大力推进产业集聚区建设为载体，以优先承接高成长性产业、传统优势产业和先导产业为重点，以构建产业转移多方合作机制为保障，加快探索扩大承接产业转移的新载体、新平台、新途径，促进河南经济转型升级。目前，河南以承接产业转移为重点，"一举应多变"，"一招求多效"，全力打造河南经济升级版，取得了明显效果，同时河南也存在诸多制约性因素，如承接产业偏重型化、产业发展环境尚待优化等问题。客观判断河南承接产业转移的成效，深刻认识其中存在的问题，关系到河南以产业转移为契机打造经济升级版的最终成效。

（一）发展现状

1. 承接产业转移优势明显，承载产业转移能力持续增强

长期以来，由于具有庞大的市场需求优势、优越的区位、交通优势和充足的人力资源保障优势，河南成为中西部地区承接东部地区产业转移的桥头堡。随着国家三大战略在河南落地实施，河南在承接产业转移方面具备了更大的灵活性和政策空间，这必将为河南承接产业转移带来更多的新优势。在此背景下，2008年起河南依托全省180多个产业集聚区，加大投入提升产业转移承载力，经过5年多培育，产业集聚区已经发展成为全省经济特别是县域经济的重要增长极，在培育主导产业、提升自主创新能力、完善配套服务功能、促进产城互动发展、破解要素瓶颈制约、健全长效发展机制等方面积累了一批先进经验和成果。省统计局发布的最新数据显示，2013年上半年，河南产业集聚区工业增加值同比增长17.5%，增速高于全省平均水平6.4个百分点，占全省工业增加值比重45%，对河南工业增长的贡献率达到69.8%。河南承接产业转移的新优势和强大的产业承载力，为打造河南经济升级版实现中原崛起提供了强劲支撑。

2. 承接产业规模持续增加，承接产业持续发展动力强劲

近年来，河南以产业集聚区为依托，积极承接产业转移，优质高成长性产业项目规模持续增加，产业持续发展动力强劲。根据河南省工信厅统计数据显示，2013年1~5月，全省新签约项目571个，合同引进省外资金2344亿元，开工在建项目1167个，实际到位省外资金918亿元。从规模看，签约的大项目较多，10亿元以上项目70个，合同引进省外资金1102亿元，占总签约资金的47%。从承接地域看，承接长三角、珠三角和环渤海地区项目分别达到142个、108个和112个，三地引进项目占全部项目的60%以上。这些新引进的项目部分已经开工建设，其中140个10亿元以上的在建项目带来了220亿元省外资金。

3. 承接产业结构不断优化，产业升级高端发展能力增强

河南在承接产业转移过程中，重点围绕电子信息、汽车及零部件、食品、家电、纺织服装、制鞋、新型建材和金属制品等8大领域，开展形式多样的集群引进活动，承接的产业逐步向价值链高端倾斜，引进产业项目结构不断优化。2013年前10个月，华茂新材料建设项目（投资额66亿元）、中煤科工矿用机电产业园项目（投资额50亿元）、国产超临界燃煤发电机组项目（投资额48亿元）、邓州鸿业纺织项目、洛阳盛润机械项目等一大批龙头型、基地型重大项目相继落户河南，将形成一批具有"发动机"效应的优质高端产业，为河南经济转型升级、打造河南经济升级版发展注入强大的动力。

4. 承接产业转移效应显著，开放型经济发展势头强劲

以承接产业转移为契机培育进出口龙头企业、推动外贸跨越式发展，打造内陆开放新高地是河南打造经济升级版的迫切要求。近年来，河南通过承接产业转移促进对外贸易取得了长足发展。2007年全省进出口突破100亿美元，2012年进出口突破500亿美元，特别是富士康项目的成功引进，使河南开放型经济格局发生巨变。2013年上半年富士康进出口129.9亿美元，增长24.6%，占全省进出总额的53.3%，占据全省的"半壁江山"，其增量占全省增量的95.6%。受富士康带动，全省出口产品结构更趋优化，高新技术产品进出口完成131.5亿美元,增长24.1%,超过全省平均增速11.7个百分点。由此可见,河南通过承接产业转移把人才、企业、项目、市场网络等引进来,加速了河南产业链条完善的步伐,带动了河南进出口能力,极大地提升了河南开放型经济发展水平和质量。

(二)制约因素

1. 承接产业转移分布不均衡,制约区域产业协调发展

由于河南省内各地区经济社会发展水平的不平衡性,使得产业转移的区域性扩张遇到了一定的障碍,经济发达地区和滞后地区在承接产业转移进程中的失衡局面拉大,对于城乡统筹、区域协调发展显然不利。从产业投向看,承接产业转移投向工业所占比重最大,投向第三产业次之,而且主要集中在房地产业,而城市公用事业、教育卫生、金融、社会中介等服务行业投资明显不足,尤其是公共基础设施项目。产业转移投向地区结构和产业结构不尽合理,表明河南通过利用产业转移来达到优化产业结构、调整产业布局的目标还有很长的一段路要走,承接产业转移在地区和产业发展上的不平衡性制约了河南打造经济升级版的步伐。

2. 产业综合性配套能力不足,瓶颈性制约效应明显

河南虽然具备门类齐全的产业基础,但产业整体实力仍然较弱,缺乏较强竞争力的产业集群,特别是在着力培育的新兴产业如电子信息、新材料、生物医药等,更是缺乏龙头企业强力带动、配套企业相互衔接、关联企业紧密对接的完整产业链,导致转移企业难以找到合适的配套企业,一些当地的产品或原料又常常达不到转移企业的要求,企业所需的零配件仍需要到东部地区或国外采购,这必然增加企业负担,抵消其在土地、资源、劳动力等成本方面的优势。同时河南虽然人力资源丰富,但高端的技术、管理、金融、经贸人才相对匮乏,制约了高端产业的转移与发展。

3. 产业转移中省际竞争增大,新优势尚未完全释放

国家出台《促进中西部地区承接产业转移的指导意见》后,省域之间,尤其是河南周边省份之间在招商引资、承接产业转移方面的竞争日趋激烈,大有招商抢资源之势,在当前中部各省比拼招商优惠政策的激烈竞争态势下,河南在承接产业转移中的三大传统优势（市场需求优势、区位及交通优势和人力资源保障优势）在逐渐衰退，与周边省份在优势上逐渐趋同，同时国家针对河南制定的三大战略所带来的政策红利尚未充分释放，如何在有限的转移企业资源中发挥新的比较优势，提供差异化的服务，错位竞争，以承接产业转移打造河南经济升级版，成为河南面临的一个重大课题。

4. 资源环境压力较大，制约产业转移空间

长期以来，河南由于人均资源有限、生态承载力较弱，在承接产业转移中承载着巨大的环境压力，此外河南作为国家粮食主产区，基本农田保护面积大，建设用地预留空间少，承接产业转移中的土地供给缺口日益突出，部分地区可用的建设预留地严重不足，有的甚至无地可用，严重制约河南承接产业转移的水平和规模。在承接产业转移中如何实现市县发展与省域发展、经济发展与资源节约，以及环境保护的统筹协调，成为河南打造经济升级版进程中面临的新挑战。

5. 政务环境改善不够，影响产业转移效率

当前河南在承接产业转移中，政府职能还未根本转变，管理越位、错位、缺位问题还较为突出，"事难办"仍在一定范围内不同程度地存在；各职能部门之间的协调不够，合力不强；在一些外资项目的推进中，不少职能部门习惯被动办事，不积极主动为外商协调解决问题，存在应付、讲形式的情况；政府部门权力意识偏重、服务意识较差，审批项目复杂且环节多。此外，法治环境、经营环境、生活环境、人文环境等方面也存在不少有待改进的地方，这些软环境方面的滞后影响着河南承接产业转移打造经济升级版的进程。

三 以承接产业转移为契机打造河南经济升级版的对策措施

（一）以构建现代产业体系为目标，明确承接方向

立足河南比较优势，因地制宜承接和发展特色产业，在承接中发展，在发展中提升，积极构建现代产业体系。坚持政府引导和市场运作相结合，以产业集聚区为主要载体,着力引进关联度高、辐射力大、带动力强的龙头型、基地型大项目,着力完善产业链,做强装备制造业,加快提升原材料产业,加速壮大消费品产业,大力培育高技术产业。以承接大项目→完善产业链→打造产业集群→建设产业基地的思路,促进产业转移向规模化、集群化发展,不断提升承接产业转移的水平和层次,推进河南产业结构优化升级。一是大力承接市场空间大、增长速度快、转移趋势明显的汽车、电子信息、装备制造、食品、轻工、建材等市场需求空间广阔的产业,吸引发达地区产业链、产业链关键环节和龙头企业落户河南。二是鼓励支持化工、钢铁、有色、纺织服装等传统优势企业引进战略投资者,积极承接促进精深加工、延长链条提升水平的项目、技术、设备,向产业链高端方向发展。三是积极引导外来资金投向新能源汽车、生物、新能源、新材料等战略性新兴产业,加快核心关键技术产业化,形成产业规模,占领未来发展制高点。通过承接产业转移,一批重大项目落户中原,推动工业投资大幅增加,成为河南经济发展的新引擎。

(二)以打造产业集聚区作为依托,夯实承接载体

以河南180多个产业集聚区作为承接产业转移的主要平台和打造经济升级版的重要载体,通过产业集聚区满足产业转移对于资源、空间、区位、劳动力等方面的多元化需求,通过承接产业转移,将产业集聚区打造为河南省各市县经济重要的增长极、产业转型升级的突破口、招商引资的主平台、农民转移就业的主渠道、改革创新的示范区。对产业集聚区因地制宜、分类指导,积极承接集群式、链式产业转移,培育壮大主导产业,做强辐射带动有力的产业基地,做优特色鲜明的产业集群,做精充满活力的特色园区;基地之间、集群之间、园区之间错位竞争,加强优势产业集群之间的垂直分工和水平协作,增强竞争力。龙头带动,就是依托行业龙头企业,优先配置资源,扶持龙头企业做大做强;推动龙头企业与关联企业、上下游企业深化合作,加强中小企业配套协作,实现龙头企业带动下的集群化发展。

(三)以深入优化投资环境为契机,打造服务体系

进一步优化投资环境,积极完善承接产业转移的综合服务体系。一是进一

步健全机制,加强联动,提高政务服务水平。承接产业转移是一项系统工作,涉及省、市、县(区)各级政府和多个职能部门。各级各职能部门要按照省委、省政府的统一部署,进一步转变工作作风,增强服务意识,加强协调配合,努力营造一个宽松的投资环境,吸引省外产业向河南省转移。二是进一步促进社会服务机构的发展,提高社会服务水平。河南省要抓住国际服务业转移及我国服务业开放步伐加快的机遇,以社会服务机构为主体,以市场运行机制为动力,以政府推动为支撑,大力发展金融、保险、科技服务、人力资源开发、要素市场等生产性服务业;大力引进第三方物流企业,降低物流成本,提高物流的速度、质量、规模和效益;积极发展运输、仓储、物流产业,改善产业配套条件;培育、引进一批规模大、信誉好、业务能力强的会计师事务所、财税事务所、翻译事务所、报关行等服务机构,不断完善社会服务体系,为转移进来的产业实现持续高速发展提供服务支撑。

(四)以提高政府保障水平为重点,优化承接环境

要切实转变政府职能,着力打造服务政府、责任政府、法治政府和廉洁政府。进一步加强审批事项改革,减少政府审批项目,优化办事流程。深化投融资、土地、资本、劳动力等体制改革,为市场主体和资源、信息、技术、人才、各类生产要素的自由畅通流动创造条件,营造"安商、亲商、富商"的良好氛围。积极利用各种有利政策,抢占承接产业转移先机。对已出台政策进行全面梳理、整合,使之产生叠加效应,同时加强督察,确保已出台的各项政策逐一落实到位。针对新形势新要求,认真研究河南产业发展现状、特点、趋势和国际国内大企业的投资动向,出台有针对性、操作性强的新政策,特别是围绕引进大项目、大企业、大投资,强化政策支持,做到"人无我有,人有我优"。

(五)以加强资源环境保护为抓手,追求持续发展

河南在承接产业转移打造经济升级版进程中,要加大环保投资力度,不断提高河南省环境容量和生态承载力;完善河南环境准入制度,提高"三高"产业进入门槛;提升河南省生态产业链整合与重构能力,提升产业承载力促进

产业转型升级；转变招商引资方式，从以"项目招商"为核心转向以"生态产业链"为平台承接产业转移；加强企业技术创新能力，提高企业清洁生产达标率；提升环境保护意识，加强产业转移企业环境管理；盘活闲置和存量土地、提高土地投资强度和用地密度等措施，在保障项目用地的同时，实现土地的集约节约利用；大力发展循环经济，探索兼顾经济、生态、社会效益的承接模式，在承接产业转移过程中转变发展方式，打造河南经济升级版，推进河南经济、社会、生态协调可持续发展。

参考文献

黄东升：《加快河南转型发展　打造经济升级版的若干思考》，《决策探索》2013 年第 12 期。

梁静波：《河南承接产业转移的制约因素和对策建议》，《宏观经济管理》2012 年第 1 期。

赵西三：《国内价值链构建下中原经济区承接产业转移的特点与趋势研究》，《地域研究与开发》2012 年第 2 期。

车湘辉：《河南省承接产业转移的现状及建议研究》，《中国管理信息化》2013 年第 16 期。

王琪：《河南省产业集聚区体制机制问题研究》，《决策探索》2013 年第 10 期。

B.10
金融支持河南经济升级的脉冲响应分析及对策研究*

赵然 石涛**

摘　要： 在国际国内的新形势下，河南省经济发展亟待升级，而一直被喻为经济"血液"的金融体系对于经济升级的支持还有待进一步提高。本文以河南省2001~2012年的数据为样本，运用结构性向量自回归模型（SVAR）基础上的脉冲响应函数，分析金融支持对河南省"经济升级"影响的现状。金融对河南省"经济升级"的支持力度欠缺，"经济升级"需要的金融支持，获取金融支持将为经济升级提供有力动力。最后，本文在分析的结果上提出政策建议。

关键词： 金融支持　经济升级　SVAR－脉冲响应分析

后次贷危机以来，在中国经济增长乏力的情况下，河南省经济依旧保持高速增长的趋势，但金融要素没有发挥其重要作用。在响应李克强总理提出"经济升级"建设河南经济升级版的过程中，金融作为现代经济的核心应该发挥更为重要的作用。

---

* 本文为河南省社会科学院2014年重点课题："打造河南经济升级版的金融支持研究"阶段性成果，课题编号：2013B04。
** 赵然，金融学博士，河南省社会科学院金融与财贸研究所，研究方向：区域金融、金融监管；石涛，西方经济学硕士，河南省社会科学院金融与财贸研究所，研究方向：区域金融、消费金融、企业信用。

一 河南经济建设亟待金融支持

2013年，在李克强总理提出中国经济升级版，为实现2020年经济发展目标时指出："关键在推动经济转型，把改革的红利、内需的潜力、创新的活力叠加起来，形成新动力，并且使质量和效益、就业和收入、环境保护和资源节约有新提升，打造中国经济的升级版。"依据总理的论述，我们可以把"经济升级"的内涵剖析为4个层面：一是经济总量的增长，二是新"四化"协调发展，三是民生工程升级，四是生态环境改善。

依据"经济升级"的内涵，河南经济建设升级具有很强的时代紧迫性。近年来，河南省根据形势变化特点，突出扩需求、创优势、破瓶颈、惠民生4个着力点，经济建设取得了显著的成果。由于历史发展的阶段影响，河南经济建设在很大程度上还停留在"量"的变化上，在"质"的飞跃还有待进一步满足。2011年，国家发改委副主任杜鹰在河南省调研时指出，河南经济建设存在8个方面的难题：一是工业经济总量第五核心竞争力不强；二是城镇化率低于全国平均水平；三是区位优势还未能转变为经济发展优势；四是文化优势和潜力有待挖掘和发挥；五是环境保障和环境容量的压力大；六是劳动力资源配置不合理；七是人多财弱，民生改善需加强；八是农业比较效益低，农民种粮积极性不高。如何释放改革红利来进一步解决河南省经济发展的问题呢？金融是经济发展的活力所在，是经济发展的"血液"。因此，在当前形势下，如何发挥资本，尤其是民间资本在新一轮经济转型中的纽带作用，成为经济升级的关键。

不可否认，河南金融发展相对全国水平存在滞后的现象，突出表现在：金融业发展相对滞后，供给总量相对不足，尤其是金融对产业的贡献率不足；资本市场发育不全，融资结构不平衡的矛盾比较突出，间接融资比例高，直接融资比例低；金融资产质量不高，金融年均坏账率在6.5%左右，高于全国平均水平；风险监测和管理压力增大。面对"经济升级"的紧迫形势，在金融发展水平相对不高的情况下，探索如何发挥金融核心作用，具有重要的现实意义。本文将以河南省2001~2012年的数据为例,在分析金融支持"经济升级"现状的基础上,探索金融支持"经济升级"的方式和方法。

二 金融支持河南经济升级的分析

根据经济学原理,金融与经济增长之间存在紧密联系。在改革开放的初期,我国的金融政策没有向中西部地区倾斜,这使得经济发展较为迅速的东部地区和中西部地区在金融发展上存在明显差距。金融发展与经济增长之间应该存在良性互动,良好的金融体系可以更有力地促进经济的健康发展,而经济的健康发展可以有效地为金融发展提供可持续的动因。结构性向量自回归模型(SVAR)被广泛应用在经济和金融的相互影响的研究上(蒋益民、陈璋,2009;陈涤非等,2011;李自磊、张云,2013),鉴于SVAR模型不需要对内生变量进行认定,可以假设每一个内生变量都是其他内生变量的若干期之后值来进行回归检验的特征,本文选取SVAR模型作为研究数据的方法。

(一)模型选择及变量选取

1. 模型选择

为了更好地分析金融支持对河南省"经济升级"的影响,基于Jean-Baptiste Gossé 和 Cyriac Guillaumin(2013)的结构性向量自回归模型来分析金融支持对"经济升级"的影响程度:

$$\sum_{s=0}^{p} \begin{bmatrix} A_{11}(s) & A_{12}(s) \\ A_{21}(s) & A_{22}(s) \end{bmatrix} \begin{bmatrix} y_1(t-s) \\ y_2(t-s) \end{bmatrix} = \begin{bmatrix} \varepsilon_1(t) \\ \varepsilon_2(t) \end{bmatrix} \tag{1}$$

在式(1)中,对于 $s = 0,1,\cdots,p$,有 $A_{12}(s) = 0$,$y_1(t-s)$是外生变量的向量值,$y_2(t-s)$是内生变量的向量值;$\varepsilon_1(t)$是外部结构冲击的向量值,$\varepsilon_2(t)$是内部结构冲击的向量值,在满足$E[\varepsilon(t) \mid y(t-s), s > 0] = 0$及$E[\varepsilon(t)\varepsilon(t)' \mid y(t-s), s > 0] = 1$,$\varepsilon(t) = [\varepsilon_1(t), \varepsilon_2(t)]'$是高斯随机向量

值，在本文中，$y_1(t-s)$ 表示的是金融支持，$y_2(t-s)$ 表示的是"经济升级"的4个变量，即经济总量、产业发展（四化协调度）、民生工程（基尼系数）以及生态环境建设（人均占有公共绿地面积）。

在 SVAR 中，随机值的变化将导致内生变量的变化，并系统性地影响内生变量的未来值，为了直观地反映变量之间的影响关系，我们将基于 SVAR 模型，通过脉冲响应函数的方式来进行模型的分析。为了避免随机项不相关，我们采用 Cholesky 分解，使得误差项正交，从而让误差项组成一个系统，来反映对内生变量的影响。

基于上述原理，本文以代表贷款总量作为自变量，以经济总量、四化协调度、基尼系数以及人均占有公共绿地面积为因变量，分别对上述变量进行脉冲相应分析，以期分析金融支持对"经济升级"的影响，本文将以 STATA11.0 软件实现上述模型的数据运算和分析。

2. 变量选取及数据来源

对于金融支持的内涵，本文认为：就狭义而言，金融支持包括金融信贷的支持；广义包括金融政策、金融环境等方面。金融信贷又表现为金融总量、金融产品、金融服务等方面，由于金融产品、金融服务量化数据的可得性具有一定的难度，同时，E. S. Shaw（1973）在计算金融深化程度时，也采用金融总量这个指标（熊鹏、王飞，2008；仇娟东、何风隽、艾永梅，2011；肖祎平、刘新卫、张恒，2013），为此，本文采用金融总量指标来量化金融支持度。

围绕李克强总理提出的"经济升级"概念的内涵，在结合现有学者对此概念剖析的基础上，本文"经济升级"的内涵归为4个方面：一是经济总量的增长，二是信息化与工业化的融合，三是民生福利的增长，四是社会生态环境的改善。考虑到河南省经济发展的现状，以及数据的可得性，结合学者们的引用率，本文构建的"经济升级"量化指标体系包括经济总量、四化协调度、基尼系数以及人均占有公共绿地面积等4个指标，金融支持量化主要采取贷款规模总量来进行反映。① 详细指标见表1。

---

① 本文所有数据，未经特别说明，均来自 2002~2013 年的《河南省统计年鉴》。

表1　指标体系表

一级指标	二级指标	变量代码	引用
金融支持	贷款规模	ADBT	熊鹏、王飞，2008；仇娟东、何风隽、艾永梅，2011；肖祎平、刘新卫、张恒，2013
经济升级	经济总量	AGDP	王定祥、李伶俐、冉光和，2009；干春晖、郑若谷、余典范，2011；邵全权，2012；刘宏、李述晟，2013
	四化协调度	CORF*	冯献、崔凯，2013
	基尼系数	GCN	曾五一、许永洪，2009；王宋涛、谢兰兰，2013；张玲、肖成刚、宋洁，2013；卞红飞、王必好，2013
	人均占有公共绿地面积	AVPF	马世骁、许萍、孙彦，2012；牛晓春、杜忠潮、李同昇，2013

* CORF 数据来源于：石涛：《中国各地区"四化"发展效率动态分解及协调度测度——基于非参数生产前沿分析》。

（二）数据稳健性检验

由于本文采取的是时间序列数据，为了检验数据的稳健性，本文采取 ADF-Fuller 单位根检验来对本文所有变量进行稳健性分析，检验结果见表2。

表2　单位根检验及秩结果

变量名	T值	变量名	T值
ADBT	0.619(1)	GCN	-3.581*
AGDP	-0.570(1)	AVPF	-2.093(0)
CORF	-4.200*	—	—

注：*1% 的置信水平；T值括号内数字表示的是协整的秩数。

从表2中，我们可以看出变量四化协调度（CORF）、基尼系数（GCN）通过了单位根检验，为平稳时间序列，对此变量将采取稳健时间序列的脉冲相应函数进行分析。贷款规模（ADBT）、经济总量（AGDP）、人均占有公共绿地面积（AVPF）均没有通过单位根检验，利用协整方式，我们得出了这些变量协整后的秩，以便后续进行脉冲相应函数分析。

（三）模型分析

1. 模型的稳健性分析

通过利用协整方式，对变量经济总量（AGDP）、人均占有公共绿地面积（AVPF）进行协整，由图1和图2我们看出通过协整后，除了单位根外，特征向量值均处于圆圈之内，表明模型处于稳定状态。

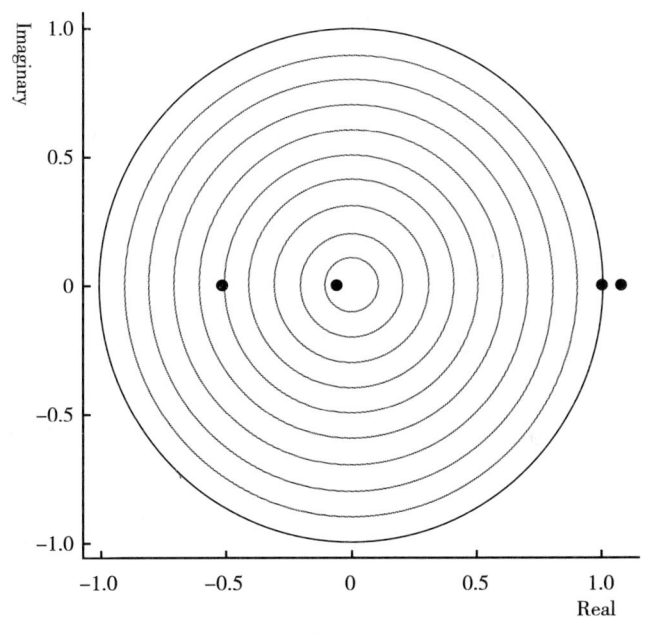

图1 变量 AVPF 协整效果

2. 模型结果分析

（1）河南省经济总量增长的金融支持力度不够

通过图3我们可以看出：总体而言，金融支持经济总量增长力度欠缺。我们设定从2001~2012年为8个周期，第二周期点（2003年）之前金融对经济总量增长的冲击效应呈现上升趋势；从第二周期点到第四个周期点（2005年）之前呈现下降趋势，并在第四周期（2005年）之后一直保持较为平稳的冲击趋势，冲击效应较为微弱。据河南省2002年《政府工作报告》显示，当年河南省加大了金融支持重点企业和基础设施建设，通过扩大信贷投放，增加对企

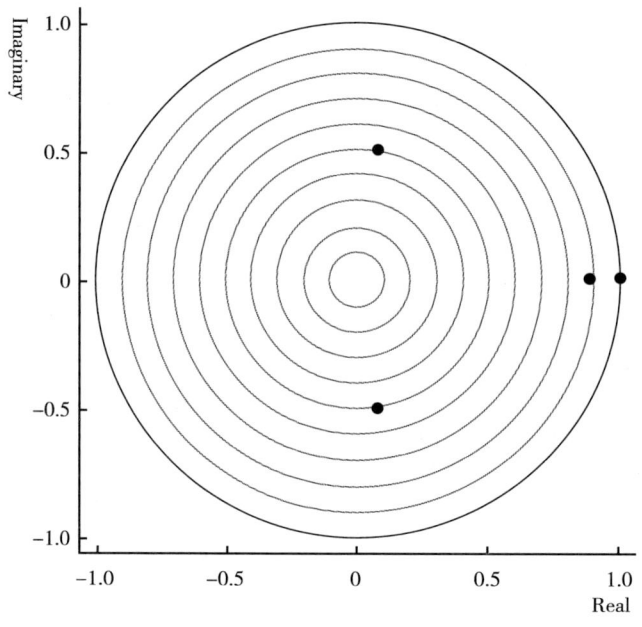

图 2　变量 AGDP 协整效果

业技术改造、农业结构调整和民营科技企业的资金支持,并支持全国性股份制商业银行在河南省设立分支机构。而 2005 年国内高通货膨胀率以及金融改革的起步,国家加强了对金融机构贷款及其他收益方式的监管,并开始大力支持产业升级。信贷约束以及产业升级资金的需求,导致金融支持对经济总量增长的冲击效应不明显,尤其是产业升级所需资金的支持效应,具有一定的滞后性,当期显示不明显。

但是,经济总量增长对金融支持的依赖性却逐渐上升。自第二周期之后,经济总量对金融支持的冲击效应不断增长,一方面扩大了贷款的规模,另一方面暗含对金融支持的依赖性不断增强,为此,必须加大对经济增长的信贷需求,扩大金融支持的量的力度。

(2) 金融支持对河南省"四化"协调发展作用明显

新"四化"包括工业化、信息化、农业现代化以及城镇化,"四化"协调发展对于推动经济升级具有重要作用。总体而言,截至 2012 年,河南省"三化"协调发展持续推进,城镇化率达到 42.4%,比 2007 年提高 8 个百分点；二、三产业比重提高2个百分点以上，信息化在产业发展中的比重相对较低。

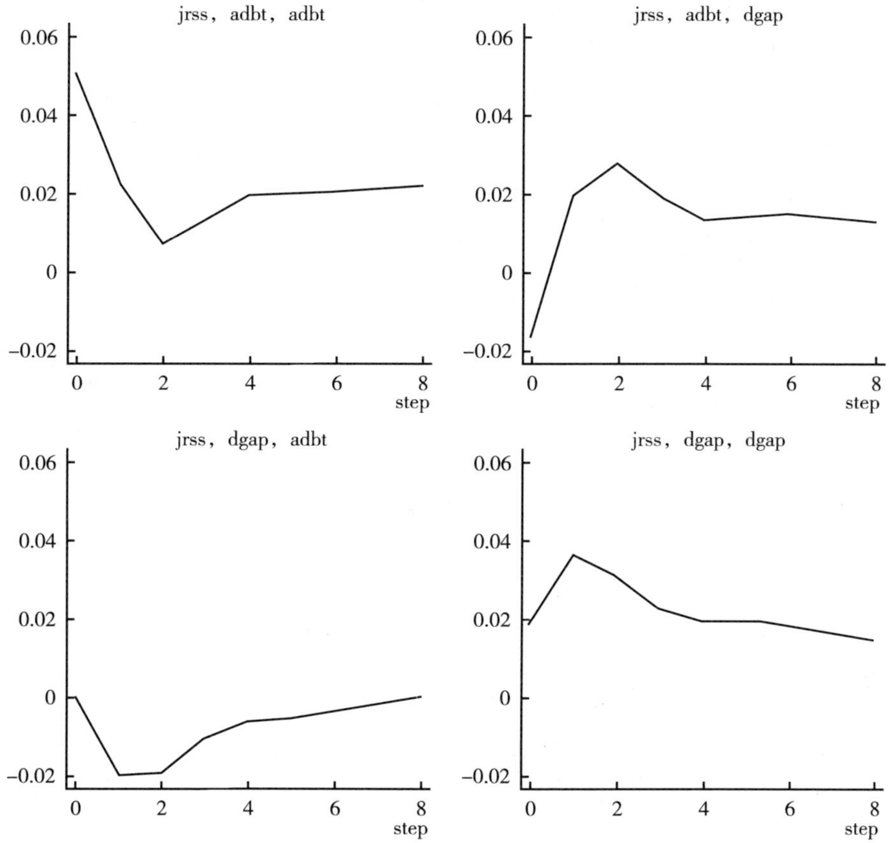

图3 变量AGDP脉冲效果

注：Jrss是系统存放文件名，下同。

通过图4我们可以看出：在整个考察期内，金融支持对河南省"四化"协调发展的冲击效应振幅较大，尤其是自第四周期点（2005年）后，金融支持对河南省新"四化"协调发展的冲击效应逐渐由负值转向正值，并呈现上升的趋势。自十八大提出新"四化"以来，河南省加大了对新"四化"协调发展的力度，据河南省2013年《政府工作报告》显示，过去五年（2007~2012年）河南省围绕破解深层次矛盾，把经济结构战略性调整作为加快转变发展方式的主攻方向，努力推动生产力布局优化和发展动力转换，建设和完善科学发展载体。按照"三规合一"、"四集一转"、产城融合的理念规划建设了180个产业集聚区,启动实施了现代农业、服务业发展载体建设,推动生产力由分散向集聚布局;按照"竞争力最强、成长性最好、关联度最高"原则,制定实施产业调整振兴规划,发展壮大六大高成长性产业,改造提升四大传统优势产业,积极培育四大战略性新兴产业,加快发展四大现代服务业,培育产业发展新动力,不断提升"四化"协调发展对经济升级的推动作用。

"四化"协调发展意味着产业结构的优化,而产业结构的调整需要信贷规模,从图4中,我可以看出:"四化"协调发展对金融支持的冲击效应均值为3%,并保持上升的态势,充分说明要加大对"四化"协调发展的金融支持力度。

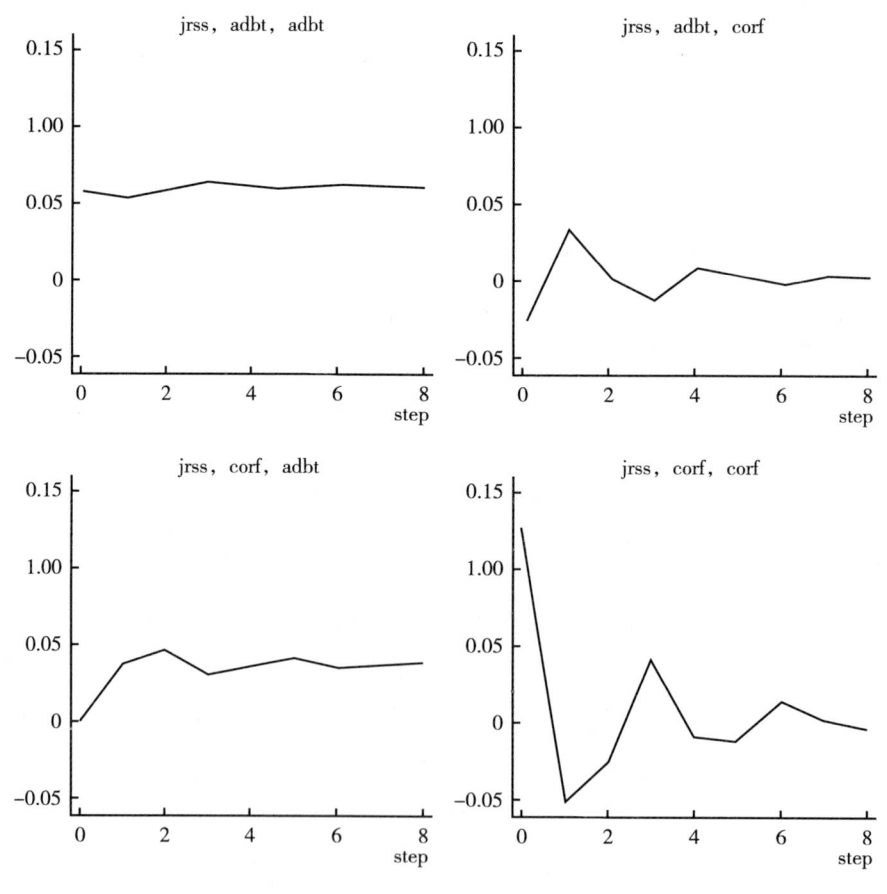

图4 变量 CORF 脉冲效果

(3) 河南省民生发展的金融支持微弱

作为农业大省、人口大省，民生工程一直是河南省委省政府工作的重点，截至 2012 年，城镇居民人均可支配收入和农民人均纯收入扣除价格因素分别是 2007 年的 1.5 倍、1.6 倍；五年（2007~2012 年）内累计实现 525 万农村贫困人口稳定脱贫；公共服务水平持续提升，人民群众衣食住行用条件明显改善。但是，金融支持对居民富裕程度的提高冲击效应较低。

本文主要用贷款总量也即全省的贷款总量，作为金融支持的替代变量；由于河南省金融深化的程度较低，城镇居民的金融意识和金融消费观念强于农村地区，为了简化分析，我们剔除了农村的基尼系数，直接采用城镇基尼系数来进行模型分析。通过从图 5 中，我们可以看出：在考察期内，金融支持对提高

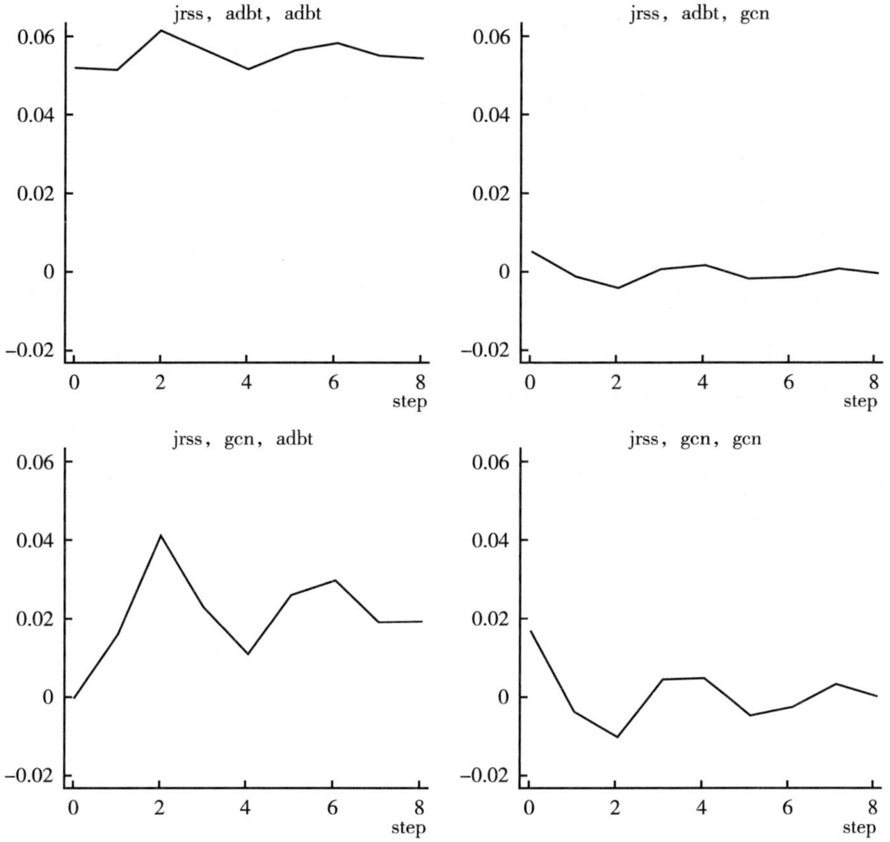

图 5　变量 GCN 脉冲效果

居民富裕程度的冲击效应值较低，绝对值低于0.2，即河南省信贷对于提高居民的富裕程度没有起到显著的效果；而居民富裕的程度对金融支持的冲击效应却呈现波动上升的趋势。本文采取的是绝对值的金融总量分析，可以近似地作为金融覆盖面的替代变量，由此可见，河南省用于民生的金融支持项目力度较小，不能够有效满足居民民生需要对金融的需求，必须加大对此的扶持力度，创新金融服务方式，提高金融服务的水平。

（4）河南省生态环境建设的金融支持力度薄弱

作为工业省份，河南省的生态环境问题一直很突出，成为困扰河南省经济发展的重要因素。近年来，省委省政府下大力气强化了对生态环境问题的治理，加强了对生态环境建设的投资力度，取得了一定的效果，但金融支持生态环境建设的力度薄弱。

通过图6我们可以看出：金融支持对人均绿化面积的冲击效应非常不明显，呈现负值；而人均绿化面积对金融支持的冲击效应也非常不明显。与民生工程一样，生态环境建设都是公共物品，在投资上，公共物品的回报率相对较低，而且回收期长，主要由政府承担建设投资，而政府又以自身的信誉作担保进行融资建设，这部分被融资的资金，在会计上当期会减损金融机构的利润，且容易成为坏账，这一独特性导致金融机构不愿意投资生态环境建设。为此，如何减轻政府的融资压力，提高金融服务效率，尤其是创新在公共物品投资的方式，是金融支持生态环境建设的重点。

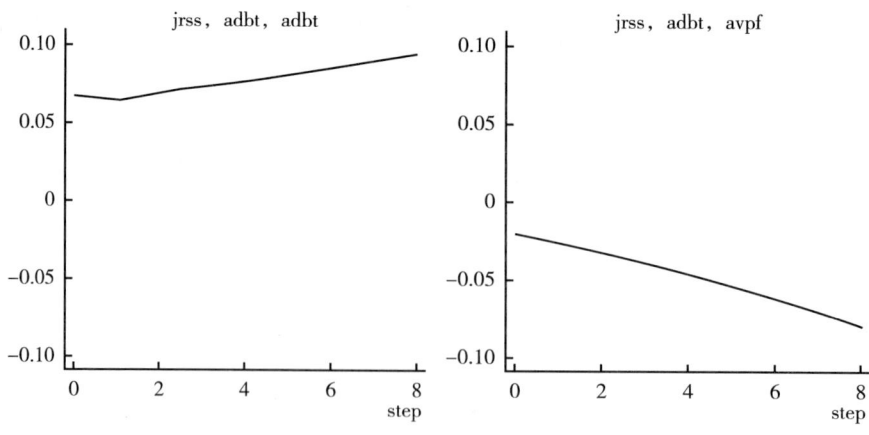

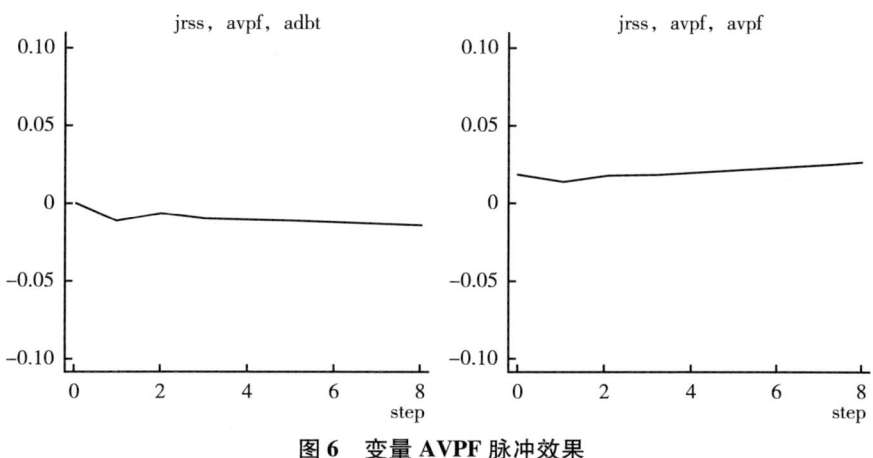

图 6 变量 AVPF 脉冲效果

三 结论及对策分析

本文以河南省 2001～2012 年的数据为样本，运用 SVAR 模型基础上的脉冲响应函数，分析了金融支持该省"经济升级"的现状，得出结论如下：总体而言，金融对河南省"经济升级"的支持力度不够，突出表现在总量增长，民生发展以及生态环境建设上，金融支持对"四化"协调发展的作用明显。"经济升级"的核心在于金融支持，如何发挥金融支持的作用，尤其是创新金融服务的方式，是"经济升级"能否成功的关键。在新形势下，在赢利性和非赢利性产品的金融供给上，如何推动金融服务，尤其是如何活跃民间资本，成为金融服务的重点。针对河南省"经济升级"中金融支持的现状，提出如下几点建议。

（一）从量上扩大金融支持的规模，推动经济增长

古典经济增长理论告诉我们，储蓄率直接影响国民收入，只有足够多的资金才能推动经济增长。在总体上，必须要继续加大对河南省"经济升级"的金融支持力度，尤其是信贷规模，多途径扩大信贷来源，可以通过世界银行、国际货币基金组织等国外金融机构，国家开发银行等国内政策性金融机构，以及中国建设银行、招商银行等国内大型商业性金融机构进行融资，从总量上，为河南"经济升级"保证充足的"血源"。

（二）创新金融服务方式，提升"四化"协调发展水平

新"四化"协调发展是国家适应新形势的重要举措，如何协调"四化"发展对于提升"经济升级"具有重要的作用。为此，必须创新金融服务方式，提高金融服务能力。一是要大力发展融资的新渠道，在四化基础设施建设缺口上，除了建立传统的银行信贷之外，还可以建立诸如信息化、工业化建设的专项融资产品，通过上市融资、债券发行、股权投资基金等方式，着实解决资金困难。二是充分发挥民间资本的作用，引导设立新兴产业发展基金、创业引导资金等，支持产业结构升级；引导社会资本设立并购基金和新兴产业发展基金，支持农业现代化、新型工业化和产业结构调整；设立风险资金池，解决小微企业信贷支持。三是可以围绕以人为核心的城镇化建设，建立一揽子的养老、医疗、保险、理财在内的全面金融解决方案，为城镇化建设提供全方位的金融支持。

（三）多样化金融理财产品，拓宽消费信贷市场，增加居民收入

为了提高居民收入，在金融创新中，一是提高居民的金融理财意识。河南省金融深化程度低，金融覆盖面不高，居民的金融消费意识薄弱，为此，要加大对金融产品的宣传，普及金融知识，提高居民的金融理财意识。二是创新理财产品。要针对河南省居民的收入现状以及消费偏好的实际，培育一批适合当地居民的金融理财产品，多途径获取资本收益。三是扩大消费市场，改善居民生活质量。各金融机构要以扩大内需为着眼点，结合河南省消费特点和消费市场变化，积极探索新的消费信贷方式，尤其是要不断拓展服务消费领域，培育文化、旅游等新的消费热点，并适时推出相应的消费信贷产品。四是加大对农村居民消费金融产品的开发，要积极开发符合农民消费特点的消费信贷产品，发展农村消费信贷，活跃农村消费市场，为农民扩大消费提供便利。

（四）活跃资本市场，推动公共服务产品升级

生态环境建设等公共物品的投资建设，一方面加大政府的财政负担，另一方面难以得到趋利性金融机构的青睐，为此，必须要活跃资本市场，创新融资

方式，推动公共服务升级。一是活跃资本市场，尤其是加大民间资本参与的力度。生态环境建设项目具有有限非竞争性和非排他性，民间资金具有进入的条件，这不仅可以增加公共物品的供给，还能拓宽融资渠道，减轻政府的基础设施投入压力，对于吸引要素的流入和提高竞争力具有重要作用。二是继续依靠传统型金融机构的融资支持。长期以来，我国公共物品建设的重要资金来源是银行贷款，在贷款风险处理、贷款规模上具有一定的优势，但也必须依据现代化市场发展的要求，进行融资产品的创新，不断提高金融服务的水平。三是减少土地在公共物品融资方式中的比重，将土地作为融资的重要基础，会加大政府财政对土地的依赖程度。当前，地方政府财政被视为"土地财政"导致了房价的居高不下，即"土地财政"的负福利性效应。

参考文献

李克强：《在改革开放进程中深入实施扩大内需战略》，《求是》2012 年第 4 期。

蒋益民、陈璋：《SVAR 模型框架下货币政策区域效应的实证研究：1978～2006》，《金融研究》2009 年第 4 期。

陈涤非、李红玲、王海慧、张建平：《通胀预期形成机理研究——基于 SVAR 模型的实证分析》，《国际金融研究》2011 年第 3 期。

李自磊、张云：《美国量化宽松政策是否影响了中国的通货膨胀？——基于 SVAR 模型的实证研究》，《国际金融研究》2013 年第 8 期。

Gossé J. B., Guillaumin C., "Can external shocks explain the Asian side of global imbalances? Lessons from a structural VAR model with block exogeneity." *Review of International Economics* 21 (2013).

ES Shaw, *Financial deepening in economic development.* (New York: Oxford University Press 1973)

熊鹏、王飞：《中国金融深化对经济增长内生传导渠道研究——基于内生增长理论的实证比较》，《金融研究》2008 年第 2 期。

仇娟东、何风隽、艾永梅：《金融抑制、金融约束、金融自由化与金融深化的互动关系探讨》，《现代财经》2011 年第 6 期。

肖祎平、刘新卫、张恒：《基于金融深化与贫困水平动态关系的湖北省扶贫路径探讨》，《武汉金融》2013 年第 6 期。

王定祥、李伶俐、冉光和：《金融资本形成与经济增长》，《经济研究》2009 年第 9 期。

干春晖、郑若谷、余典范：《中国产业结构变迁对经济增长和波动的影响》，《经济研究》2011年第5期。

邵全权：《保险业结构、区域差异与经济增长》，《经济学（季刊）》2012年第2期。

冯献、崔凯：《中国工业化、信息化、城镇化和农业现代化的内涵与同步发展的现实选择和作用机理》，《农业现代化研究》2013年第3期。

曾五一、许永洪：《CPI偏差与恩格尔系数异常的关联度》，《改革》2009年第7期。

王宋涛、谢兰兰：《公平分配与居民福利——收入差距对中国居民恩格尔系数的影响分析》，《统计与信息论坛》2013年第3期。

张玲、肖成刚、宋洁：《四川城镇居民恩格尔系数变化与评估研究》，《西南金融》2013年第4期。

卞红飞、王必好：《我国城镇居民恩格尔系数与消费者价格的变动关系分析》，《中国统计》2013年第4期。

马世骁、许萍、孙彦：《城镇化水平综合评价方法研究》，《沈阳建筑大学学报（社会科学版）》2012年第3期。

牛晓春、杜忠潮、李同昇：《基于新型城镇化视角的区域城镇化水平评价——以陕西省10个省辖市为例》，《干旱区地理》2013年第2期。

《河南省政府工作报告》（2003～2013年）。

形势分析篇

B.11
2013~2014年河南省农业经济升级形势分析与展望

吴一平 陈素云*

摘 要: 2013年,河南省农业经济发展态势良好,主要农产品全面增产,农产品价格相对平稳,农村居民收入持续增长,新型农业经营主体发展较快,农业基础设施投入增加,但农产品产量增速有所下降,农资价格小幅上涨,规模经营比例依然较低,农业生产抗风险能力依然较弱。河南省农业经济发展面临的主要问题是:保障粮食安全与农民增收的矛盾,农业发展与环境保护的矛盾,农户分散经营与农业社会化生产之间的矛盾,农业基础薄弱与资金投入不足的矛盾。展望2014年,在经济结构调整将

---

* 吴一平,经济学博士,河南农业大学经济与管理学院院长、教授,博士生导师,研究方向为现代农业建设、农村可持续发展;陈素云,管理学博士,河南农业大学经济与管理学院副教授,研究方向为农业循环经济。

引发农业增长方式转变、城镇化的加速将推动城乡二元体制改革、土地流转制度改革将改变土地增值收益分配不公的格局背景下，河南省农业经济会有较大的发展空间。

关键词：
　　经济升级　农产品供求　土地制度　经营主体

2013年，在全球经济缓慢复苏、中国经济增速回落、河南省推进中原经济区建设和航空港区建设的背景下，河南省农业经济发展平稳，实现夏粮连续11年增产，农民收入持续增长，农村社会事业持续发展，农村民生状况持续改善，但保障粮食安全与农民增收、农业发展与环境保护等矛盾依然存在。由于成本上升、需求萎缩，未来中国经济增长将更多依靠制度红利推动，形成由投资、消费为主体的内循环经济，在中国政府大力推进结构调整和经济再平衡的形势下，河南省农业经济发展将迎来新的发展机遇。

一　2013年河南省农业经济发展态势分析

（一）主要农产品全面增产，但增速有所下降

1. 粮食作物持续增长

2013年，河南省夏粮总产量持续增长。夏粮总产量达到3235.20万吨，比上年增加49.2万吨，增长1.54%，实现连续11年增产、连续6年超过300万吨，占全国夏粮产量的24.53%，与2012年所占比例基本持平。其中，小麦总产量3226.4万吨，比2012年增加49.05万吨，增长1.54%，占全国小麦产量的27.90%。夏粮的增长速度比上年降低0.16%。

在2013年夏粮增产中，因播种面积增加而增产15.8万吨，贡献率为32.11%；河南省粮食播种面积为539.33万公顷，比2012年增加2.67万公顷，增长0.5%。因单产提高而增产33.4万吨，贡献率为67.89%；河南省夏粮平均单产5999公斤/公顷，比上年提高62公斤，增长1.03%（见图1）。相

较于2012年，播种面积增长率提高17.86%，从2004~2013年的趋势分析，播种面积贡献率呈下降趋势，粮食单产贡献率呈上升趋势（见图2）。

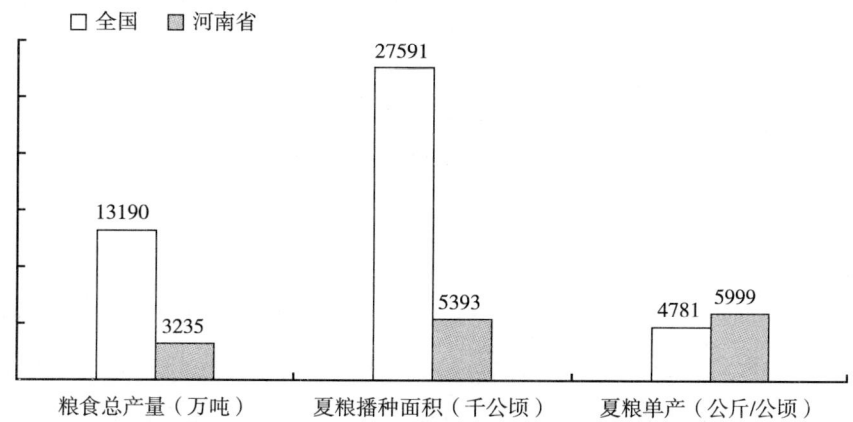

图1　2013年全国和河南省夏粮对比

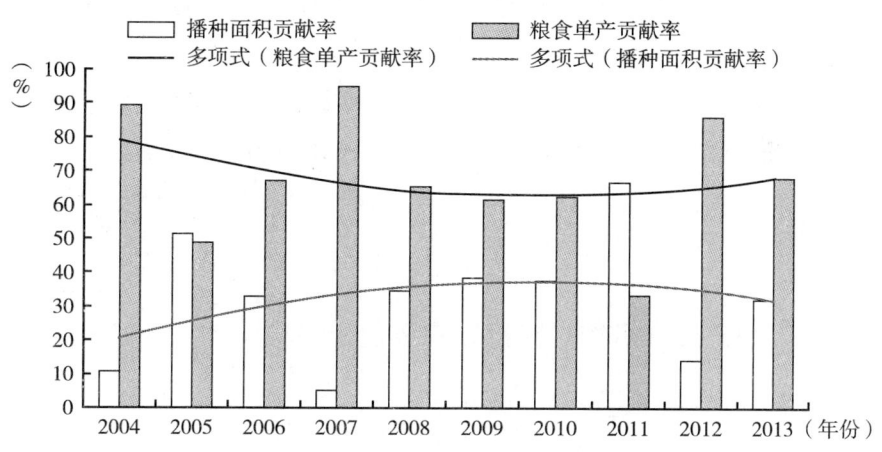

图2　2004~2013年河南省夏粮贡献率对比

据农业部门预测，河南省2013粮食总产量预计5729.45万吨，比上年增长89.05万吨。2013年秋播进展基本顺利，截至10月28日，河南省已麦播7611万亩，占预计播种面积的94.5%。

2. 其他农作物供应充足

农业部门预计2013年河南省油料总产580万吨，比2012年增长2%，其中油菜籽产量为89.8万吨，比上年增长2.5%。蔬菜前三季度播种面积145.33万公顷，总产量为5800万吨，与上年同期基本持平。新发展花卉苗木面积1万公顷，鲜切花和食用与药用花卉所占比重显著上升。水果面积稳定在46.67万公顷，总产量为900万吨，同比增长4%。食用菌前三季度总产量为120万吨（干鲜混合），同比增长5%。茶叶前三季度产量为4.8万吨，同比略增。棉花种植面积继续下降，由于单产提高，预计总产量为25万吨，与上年基本持平。

3. 畜牧业总体稳定

2013年1~9月，河南省肉类总产量为490.50万吨，比上年同期增长3.4%。其中，猪肉产量为332.80万吨，增长5.3%。禽蛋产量为293.90万吨，比2012年同期增长1%。其中，6~9月份禽蛋产量为119.5万吨，占前9个月销量的40.66%。牛奶产量为197.50万吨，比2012年同期增长0.1%。2013年1~9月生猪出栏量为4330.50万头，比上年同期增长5.2%；生猪存栏量为4010.1万头，增长1.6%。生猪出栏头数大于存栏头数，而且出栏头数高于存栏头数增幅，预示着新的生猪生产周期的开始。2013年上半年，河南省牛存栏量为871万头，同比增长1.1%，出栏量为260.3万头，同比增长0.1%；羊存栏量为1588万只，同比增长0.9%，出栏量为1005.8万只，同比减少1.2%。

（二）农产品价格相对平稳，农资价格小幅上涨

1. 粮食价格平稳上涨

2013年1~9月，全国居民消费价格指数比上年上涨2.5%，食品价格上涨4.4%，其中，粮食价格上涨4.9%。河南地调队的统计资料显示，2013年6月河南省小麦市场均价115.62元/50公斤，同比上涨14.6%，比年初下降1.6%；玉米平均价格112.12元/50公斤，同比上涨2.3%，比年初上涨3.2%；花生油、豆油、菜籽油价格继续呈下降趋势，三种食用油均价为16.98元/公斤；花生仁价格为12.55元/公斤，同比下降10.96%；油菜籽价格5.7元/公斤，比2012年同期价格高15.7%。

2. 畜牧产品价格波动较大

2013年1~9月，肉禽及其制品价格上涨4.1%，其中，猪肉价格下跌0.9%，牛肉价格上涨28.8%，羊肉价格上涨14.1%。基于2011年增加的产能而导致的2013年初生猪供应量增多以及年初黄浦江"死猪事件"引致的猪肉需求量减少，2013年1~4月，河南省生猪价格连续下跌，由17.2元/公斤降至11.89元/公斤，生猪价格的低迷致使部分中小规模养殖户缩减规模或退出生猪养殖领域。政府于4月启动生猪市场调控预案和第二轮冻猪肉收储，生猪价格自5月初开始连续上涨，9月河南省平均生猪价格上涨至15元/公斤以上（见图3）。随着膳食结构的变化以及受死猪事件和禽流感影响，人们对生猪和禽类产品的消费比例下降，更多地转向了蔬菜、水产品和牛羊肉，拉动牛羊肉价格继续维持涨势。6月底，牛肉54.41元/公斤，比2012年同期上涨31.3%；羊肉58.64元/公斤，比2012年同期上涨19.2%。

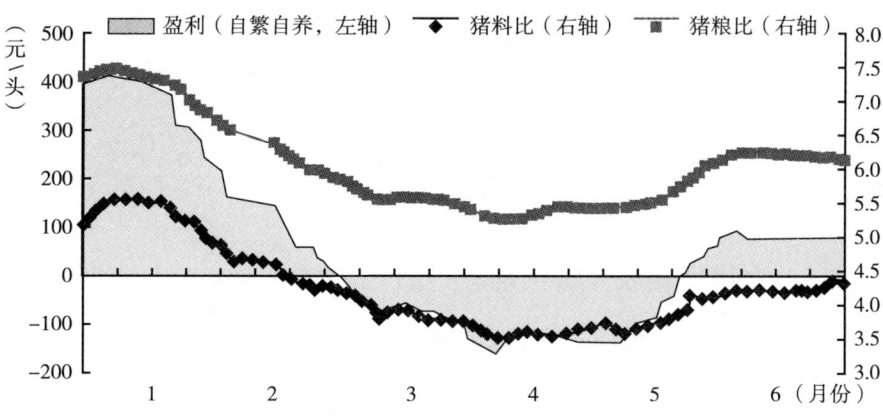

图3 2013年1~6月猪粮比价及养殖盈利走势

2013年4月初暴发的H7N9禽流感对河南省家禽养殖业影响严重，禽产品价格快速下跌，家禽业遭受巨大损失。受疫情影响，家禽养规模大幅缩减，河南省补贴禽类养殖及屠宰加工企业以提振家禽养殖业信心。6月底，H7N9禽流感影响消失和补贴机制的效用显现，鸡蛋和白条鸡价格分别恢复为7.59元/公斤和12.91元/公斤，与2012年同期持平。

3. 农资价格涨幅下降

2013年1~9月，河南省商品零售价格总指数比上年同期上涨2%，农业生产资料价格总指数上涨2.1%，其中饲料上涨7%，畜产品下跌0.2%，机械化农具上涨0.2%，化学肥料下跌3.1%，化学农药上涨2%，农用种子上涨7%，农用覆膜上涨2.4%，农业生产服务上涨6.3%。农业生产资料总体涨幅较2012年同期有所降低，饲料、化学农药和农用覆膜的涨幅高于2012年（见表1）。

表1 河南商品零售及农业生产资料价格总指数

指 标	2012年1~9月	2013年1~9月	指数增减（百分点）
商品零售价格总指数	102.6	102.0	-0.6
农业生产资料价格指数	105.8	102.1	-3.7
其中:饲料	106.5	107.0	0.5
畜产品	102.9	99.8	-3.1
机械化农具	100.7	100.2	-0.5
化学肥料	107.5	96.9	-10.6
化学农药	101.8	102.0	0.2
农用种子	108.4	107.0	-1.4
农用覆膜	99.0	102.4	3.4
农业生产服务	106.9	106.3	-0.6

（三）农村居民收入持续增长，城乡居民收入差距有所加大

2013年前三季度河南省农村居民人均现金收入6797.55元，比上年同期增加754.17元，增长12.5%，扣除价格因素实际增长9.4%，比全国农村居民人均现金收入低829.45元。其中，工资性收入2850.13元，增加368.77元，增长14.9%，增速低于全国平均2.2%；来自农业的现金收入1683.59元，增加202.08元，增长13.6%；第二、三产业现金收入人均893.36元，增加98.01元，增长12.3%（见图4）。

2013年上半年，河南省城镇居民可支配收入11522.86元，城乡居民收入绝对差距额为7381元，比2012年同期增长15.49%；城乡收入比为2.78:1，比2012年同期相对差距增长2.21%。农民人均生活消费支出2581.18元，比2012年同期增长15.5%，扣除价格因素实际增长12.6%。

2013~2014年河南省农业经济升级形势分析与展望

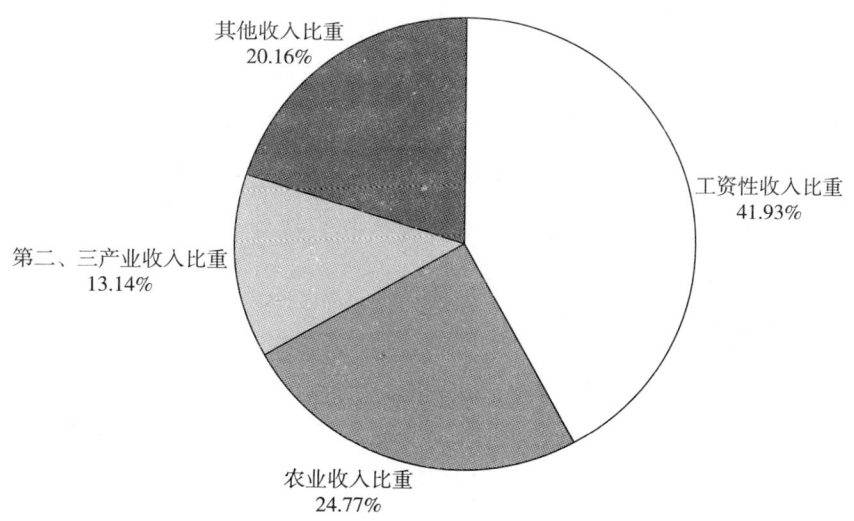

图4 2013年前三季度农民人均现金收入比重

（四）新型农业经营主体发展较快，但规模经营比例依然较低

农民合作社发展迅速，2013年7月，河南省在工商部门登记注册的农民合作社达到6.35万家，居全国第4位；入社农户348万户，占全省农户的20.8%。种植大户快速成长，农业部门统计数字显示，截至3月，河南省种粮大户共计1.15万户，经营耕地面积28.8万公顷，占河南省耕地的3.7%。家庭农场有所起步，截至7月，在工商部门登记注册的家庭农场为3810家农业产业化龙头企业不断壮大。截至6月，河南省各级农业产业化龙头企业6400多家，其中国家级龙头企业60家，省级635家，规模以上龙头企业实现营业收入7543亿元。截至8月，河南省农业产业化集群达到139个，企业自建联建的种植基地新增400万亩，新建规模养殖场9000个，各集群招商引资规模达155亿元。

（五）农业基础设施投入增加，但农业生产抗风险能力依然较弱

截至2013年8月，河南省整合各类涉农项目资金113.2亿元，建成高标准粮田38万公顷，高标准粮田区域内粮食生产能力均达到吨粮以上水平。

截至9月,河南省重大水利项目投资247亿元,建设河口村水库、出山店和前坪水库、南水北调中线一期工程、大型灌区续建配套与节水改造、大中型病险水闸除险加固、重要河道治理等水利工程。2013年,河南省完成造林28万公顷,新发展速生丰产林1.3万公顷、高效经济林1.64万公顷,并建设重点地区防护林、荒山荒地造林等国家和省级重点林业生态工程。2013年,河南省投资建设民生工程,建设惠及570.16万农村居民和125.65万农村学校师生的饮水安全工程;新增农村沼气用户5万户以上,新建大中型沼气工程119处、沼气服务网点424处;新建农村道路7000公里;改造完成4067户农场、林场棚户区。尽管河南省加大了农业基础设施建设,但2013年的旱情依然影响到部分地区的农产品产量,农业生产抗风险能力依然较弱。

二 河南省农村经济发展面临的主要问题

(一)保障粮食安全与农民增收的矛盾

2013年河南省夏粮产量实现连续11年增产,贡献了全国近1/3的小麦产量,小麦产量居全国第1位,但由于粮食价格偏低、农资价格上涨等因素,种粮收益增长较慢(见表2)。

表2 2013年小麦亩均生产收益

单位:%

指标	绝对值	比2012年增加
一 收入	941.8	
1. 粮食收益	895.8	10.9
2. 种粮补贴	46.0	
二 成本	580.5	7.6
1. 物资费用	246.2	9.0
种子费用	55.5	8.6
化肥	168.7	8.6
农药	19.6	14.6

续表

指标	绝对值	比2012年增加
2. 生产服务支出	148.3	10.9
机耕	58.2	1.7
机播	14.5	6.6
机收	52.4	6.1
排灌	21.5	90.3
2. 人工成本	186.0	3.4
三 净收益	361.3	15.0

以河南调查总队抽取农户平均种植面积5.2亩计算，种粮农户2013年上半年种植小麦收益为2290元，而2013年全国农民工半年务工平均收入达到15252元，后者是前者的6.66倍（见图5）。

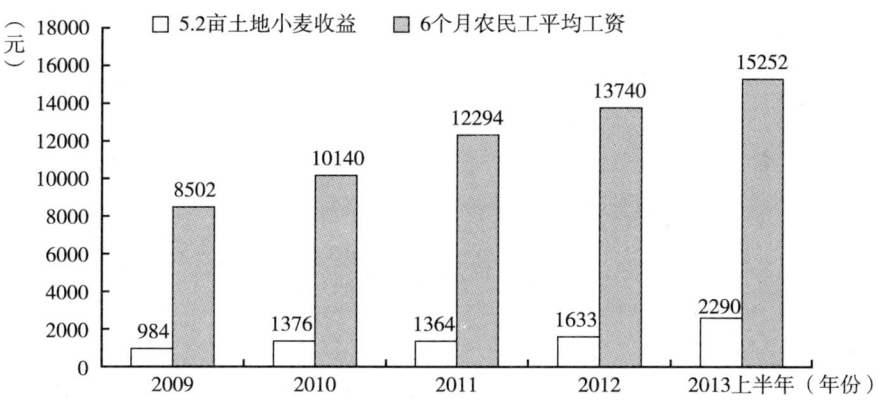

图5 种粮与务工收益比较图

2013年1～3季度河南省农民人均纯收入低于全国农民人均纯收入829.45元，基于农民增收的角度，政府的制度设计为通过工业化和城镇化进程吸纳农村剩余劳动力，增加农民的工资性收入，而农民的市民化将改变消费结构，增加粮食的消费量。与此同时，随着青壮年劳动力流入城市，农村的粮食生产面临劳动力老龄化的问题，在粮食播种面积持续减少和农业生产力提升困难的背景下，使粮食的供给与需求产生的缺口增大，粮食安全问题值得担忧。土地流转进行规模化经营也许是解决这一矛盾的途径，但在粮食种植收益比较低的境况下，大规模土地流转的非农化和非粮化倾向成为不得不考虑的问题。如何合理配置土地、水、资金、人力等稀缺的资源要素，解决保障国家粮食安全和农民增收的矛盾，是河南省农村经济发展面临的一大困境。

（二）农业发展与环境保护的矛盾

目前河南省农产品产量尤其是粮食产量的提高过多依赖化肥、农药等资源消耗和环境污染型要素的投入，农产品产业链条的拉长也有赖于一定的能源消耗。统计数据表明，我国的化肥使用量12年增长了41%，年均增长2%，化肥使用量世界排名第2位，是美国的4.2倍、印度的3倍、德法的2倍，而同期粮食的年均增长仅为2%。农业生产中石化能源过多地使用，导致了土壤重金属污染、农产品质量安全等问题。而循环农业、生态农业和有机农业等替代农业的运行机制尚未进入良性循环，由于其存在较大的正外部性，单纯的市场机制尚不能支撑。如何在经济效益、社会效益和生态效益间寻求平衡，是河南省农村经济发展必须面对的难题。

（三）农户分散经营与农业社会化生产之间的矛盾

这一矛盾主要表现为农业组织化程度低，难以建立以现代装备为基础、现代科技为支撑、现代经营为特征，劳动生产率高、土地产出率高、综合效益高的现代农业产业体系。这一突出矛盾，是导致节约化、标准化、产业化等水平偏低的主导因素之一，其根源在于缺少提高农业组织化程度的有效载体，不能将农民有效组织起来进行生产经营。近年来，河南省以农民专业合作社为载体、提升农业的组织化程度，专业合作社发展到了6.35万家，但入社农户仅占全省农户数的20.8%，远未解决组织化水平偏低的问题。

（四）农业基础薄弱与资金投入不足的矛盾

近年来，河南省政府投入大量资金进行高标准良田建设和中低产田改造，但由于河南省农业基础薄弱，目前河南省有效灌溉面积仍然只有耕地面积的72%，大中型灌区骨干建筑完好率不足40%；机电井的配套设施不完善，部分地区机电井由于变压器不配套而无法使用。60%以上的小型水库为20世纪70年代所建,年久失修,毁坏严重,难以发挥作用,严重制约了抗灾能力的发挥;小浪底水库建成后,由于调水调沙,黄河河床逐年下切,致使河南省不少引黄口门引水能力逐年下降,加之缺乏必要的引黄调蓄工程等原因,分配给河南省的引黄水量指标多年平均利用率不足五成。抗旱能力不足的同时排涝的风险加大,由于近几年的干旱天气,农户的防涝意识不足,大量农田排水沟渠被破坏。河南省全社会固定资产投资中用于第一产业投资的绝对额虽然连年增加,但相对比例逐年下降,由2008年的5.13%降至2012年的3.85%。

三 2014年河南省农业经济走势展望和预测

(一)2014年农业经济发展环境预测

1. 经济结构调整将引发农业增长方式转变

联合国预计,2014年发达经济体的风险有所缓解,全球经济缓慢复苏,IMF预计2014年全球增长将为3.75%,全球经济复苏缓慢将导致我国外需不足的矛盾继续突出。同时,由于成本上升、需求萎缩,未来我国经济增速将阶段性下降,迎来一段相当长的经济中速增长时期,多数机构预测,2014~2015年中国经济正处在由高速增长到中速增长的转换期,增长率维持在7%~8%。中央政府在"去杠杆化、结构性改革和避免大规模刺激计划"的经济思路下,显示出推进经济结构性改革的强烈意愿,主动调控投资领域、推动产业结构升级,而且已经开始实施了部分结构性改革措施。经济结构调整将引发农业增长方式转变,高投入、高能耗不可持续的农业增长方式将被高科技、低能耗的可持续农业增长方式替代,这将为循环农业、生态农业和有机农业等替代农业的发展提供契机,也有利于农业生物育种创新和推广应用。区域的经济结构调整有利于加强粮食主产区生产能力和农产品加工转化能力建设。

2. 城镇化的加速将推动城乡二元体制改革

未来中国经济的增长将更多地依靠制度红利推动,形成由投资、消费为主体的内循环经济,而城镇化将成为扩大内需的主要着力点。长期以来,我国城镇化滞后工业化，城镇化进程还处于初级阶段，城镇化的推进仍会推动城市公共基础设施建设，带动轨道、环保、水电等行业投资增长，为企业发展提供长足动力。据测算，城镇化率每提高1%，就会带动中国GDP一年内增长0.8%。城镇化的发展将致力于大中小城市和小城镇协调发展，以深度城市化替代传统城市化和城乡二元结构，在大城市推动公共服务由户籍人口向常住人口拓展，各地公共服务对户籍人口和常住人口实现均等化等制度的形成将有益于二元体制的破解。

3. 土地流转制度改革将改变土地增值收益分配不公的格局

中央政府未来的发展重点将放在提高经济增长的质量和效益上，深化经济体制改革将是未来政策的重点。经济体制改革的重点之一是土地流转制度改革，以破解"城市土地国有，农村土地集体所有"的城乡二元土地制度，加快农村土地的流转，推动农村土地交易市场化。未来中央可能在多地试点农村集体建设用地流转，实施以土地为基础的不动产统一登记制度，进行全国农村土地确权，赋予农民集体土地处置权、抵押权、转让权；缩减政府征地范围，全面推行农村土地特别是非公益性集体建设用地市场化流转；农村集体土地按市价补偿给农民，被征地农民纳入社保体系。建立两种所有制土地权利平等、市场统一、增值收益公平共享的土地制度，促进土地利用方式和经济发展方式转变。

（二）2014年农业经济发展态势预测

1. 农产品供求基本平衡

城镇化进程中，城市居民农产品刚性需求增加，农村土地、劳动力资源减少，将加剧农产品供需矛盾，但土地流转制度的改革，将提升土地产出率，由此2014年农产品供求将趋于平衡。但应注意城镇化过程中不能按照传统模式，应走保障国家粮食安全的新型城镇化道路。城镇化必须以粮食和其他重要农产品有效供给的增长为基础，考虑目前面临的全球"竞争农业化"、"粮食武器化"和"种子殖民化"的问题，应注重生态用地的统筹管理，切实保护耕地红线，实行精细化管理，节约集约用地，提高土地利用率。城镇化过程中应确立三条线：耕地红线、权益底线、文化防线；打牢三个支撑：产业支撑、保障支撑、功能支撑。

2. 农村居民收入较快增长

土地流转制度改革将释放土地红利，增加农村居民的财产性收入；经济结构调整和农产品价格上涨，以及河南省对农业基础设施投入加大有利于提升农村居民的家庭经营收入。2014年经济形势的向好将带动农村居民的工资性收入，河南省航空港区的建设也将提供更多的就业岗位；农业补贴力度加大增加农村居民的转移性收入。由此分析，2014年河南省农村居民收入将继续较快增长。同时，在中央政府刺激消费、拉动内需的政策指引下，农村消费也将继续扩大。

3. 城乡一体化进程加快

新型城镇化致力于保障农村居民权益，缩小城乡差距，核心是提高资源的配置效率，同时农民能够从这种资源利用效益提高中获得收益，实质在于产权和治权上的统一和对等。通过使农民与市民同等的民主政治权利、赋税权利、国民财富占有权利、自由迁徙权利、人身和财产安全保障权利、发展权利，以及基本医疗保障制度、养老保险制度的建立，城乡二元格局有望打破，城乡一体化进程将加快。

4. 新型农业主体迅速发展

在城镇化推进和农业土地流转的背景下，土地规模经营将促进新型农业主体的迅速发展，土地流转信托等体制的创新将催生新的农业经营主体。政府的涉农项目向农民专业合作组织倾斜，以合作社作为项目依托，将农业粮食种植奖励项目、小型农田水利建设项目、现代农牧业示范项目等优先选择基础条件好的农牧民专业合作社组织实施，以及引导人才和资金流向合作社流转的政策也将进一步加速农业服务组织的发展。

四 河南省农业经济升级对策建议

（一）创新农业经营制度，完善土地流转制度

基于现有的农村土地产权制度存在产权主体模糊、产权权能残缺、土地产权缺乏合理的流转机制、农民土地权利缺乏实现途径、城乡土地产权不对

等、城乡土地市场割裂等问题，必须对土地产权制度进行创新。应坚持和完善农地集体产权制度，在农地集体产权的前提下，实现农民永佃、农民租赁经营、股份合作制、股份投包制、多层次的土地所有制、共有制等各种创新模式。完善现行"两权分离"的农地制度，实施所有权、承包权、经营权"三权分离"的农地制度。强化用益物权，将处分权的功能加入用益物权，强化用益物权的属性功能。土地产权制度应明晰归属、权能完整、流转顺畅、保护严格。完善土地承包经营权流转管理和服务，引导土地向种田能手、专业大户、家庭农场和农民专业合作社等主体流转，发展农业适度规模经营，确定能使种地的平均收入与打工农民的平均收入相等的种植规模。规范土地流转程序，建立健全土地流转的各项规章制度，加强政府对土地流转的引导、服务和监督力度，以县、乡、村为单位，建立土地流转平台。县级建立农村土地流转市场，乡（镇）建立农村土地流转服务站，村级配备土地流转信息员。在此基础上，采取措施加大土地流转管理和服务，探索建立土地流转竞价机制，保护好农民的土地权益。同时，建立健全土地承包经营纠纷调解仲裁体系，加强调解仲裁员队伍建设。在完善农村土地确权和土地登记托管制度、建设土地流转信托的流通市场、规范农用土地用途的前提下，适度发展土地流转信托。

（二）创新农业组织制度，培育新型农业主体

组织制度创新的关键在于培育新型主体，新型主体以市场化为导向、专业化为手段、规模化为基本、集约化为特征，是商品农产品的主要提供主体。新型农业主体无优劣之分，种粮大户、家庭农场、农民合作社、龙头企业在不同农业领域发挥各自的功用，应通过培育土地流转市场、健全配套扶持政策、完善人才培养体系、建立工作引领机制的途径，培养新型农业主体。农业是自然再生产与经济再生产相互交织的产业，这一本质特征决定了农业应以家庭经营为主。培育新型经营主体的同时，应特别关注个体农户，正确处理承包经营农户与新型农村主体的关系。小规模兼业经营是农业基本经营体制的基础，是其他主体规模扩大的源泉，与各类新型主体长期并存。培育新型农村主体应兼顾效率和公平，既应提高劳动生产率，也应提高土地产出率，不仅要解决农业问

题，还要解决农民问题，维护农户的基本权利。工商企业进入农业经营对农户有一定的引领作用，但也应注意工商企业进入农地可能产生非农化、非粮化问题，应界定工商企业的经营方向，农业资源的使用方向，以及和其他农业主体的关系。

（三）创新农业经营模式，构建利益共同体

经营模式创新在于构建"利益共享，风险同担"的利益共同体，不同产业领域适宜不同的经营模式。粮、棉、油、糖等大田作物适宜采用规模经营户＋社会化服务的模式；果、蔬、菜等园艺作物适宜采用规模生产基地＋合作社的模式；养殖业适宜采用规模养殖场＋龙头企业的模式。由于粮食种植收益较低，不适宜在粮食种植区进行大面积土地流转的方式规模经营，而农户的分散经营又不利于实现农业现代化，提升农业效益。考虑河南省农民外出务工较多，应鼓励种粮大户领办农机、植保合作社，发展托管模式，代外出务工的农户耕作，收取托管费用，种粮收益仍归属农户。这种模式既利于现代化耕作方式的推进，也利于保障粮食安全。

（四）创新农业金融制度，破解农业资金瓶颈

通过金融制度创新，解决农业资金投入不足的问题。金融制度创新的重点是解决中间规模主体的信贷需求。较大规模经营主体的资金可自主解决，较小规模主体对资金的需求量相对较少，金融制度创新支持的对象应重点关注中间规模主体。金融制度应从需求和供给两个角度创新：需求角度，进行产品创新、服务创新和机制创新；供给角度，从货币、财税和监管政策方面扶持金融企业。建立商业保险和政策性农业保险相结合的农业保险制度，分散农业巨灾风险，在各级政府财政预算中要安排一定的农业保险补贴资金，对优势农业产业和重点农业生产经营组织给予保险补贴；可借鉴林业保险制度，政府财政出资每亩种粮农田投保1元，保障金额400元；以产业协会、农民专业合作社联合社为载体，开展各产业内部的互助合作保险。

参考文献

陈锡文：《农业和农村形势发展：形势与问题》，《南京农业大学学报（社会科学版）》2013年第13期。

韩长赋：《积极推进新型农业经营体系建设》，《人民日报》2013年8月7日。

张红宇：《构建以"三权分离"为特征的新型农地制度》，《中国经济时报》2013年7月26日。

黄延信、李伟毅：《城乡统筹背景下的农村金融改革创新》，《农业经济问题》2012年第5期。

马晓河：《城镇化是新时期中国经济增长的发动机》，《国家行政学院学报》2012年第4期。

B.12 2013~2014年河南省工业转型升级形势分析与展望

曹武军*

摘　要： 本文根据工业转型升级的内涵，结合河南省发展实际，全面总结了河南省2013年1~9月工业转型升级的主要特点以及存在的问题。在对国内外形势进行分析的基础上，对河南省2014年工业转型升级进行了展望，并提出了河南省2014年进行工业转型升级的重点工作。

关键词： 河南　工业发展　转型升级

2013年，河南工业发展面对复杂多变的国内外环境，深刻把握工业转型升级的内涵，结合河南工业发展的实际进行转型升级工作，成为河南突出工业发展重要地位的重要途径，也成为"稳增长，稳求进"的重要体现。河南工业通过积极谋划，强力推进，不断加大项目投入，提升产业结构，增强可持续发展能力，工业转型升级取得了一定的成效。但是在工业转型升级发展过程中，也暴露出了一些问题。本报告立足河南实际，对河南工业2013年工业转型工作进行总结，并对2014年河南工业转型工作进行展望与分析。

一　2013年全省工业转型升级总体运行情况

2013年，全省工业以转型升级为主线，稳中有为、持续求进，工业经济

---

* 曹武军，博士，郑州大学副教授；主要研究方向：区域经济，产业经济。

发展质量和水平逐步提升,产业结构调整持续优化,总体上保持了平稳较快发展态势。其运行呈现如下特点。

(一)工业经济总量大幅扩张

2013年1~9月,实现全部工业增加值11539.08亿元,同比增9.7%,工业经济总量跃居全国第4位;规模以上工业增加值增速11.6%,高于全国平均水平4.6个百分点,增速居全国第14位、中部第3位。规模以上工业实现主营业务收入12816.35亿元,同比增长9.9%;实现利润2989.7亿元,累计增长12.1%;工业投资完成8903亿元,同比增长18.7%。

(二)产业结构调整成效显现

2013年1~9月,全省规模以上工业增加值同比增长9.7%,其中,轻工业增长11.2%,重工业增长12.6%,轻、重工业比例增长比例为1:1.12。省6大高成长性产业增加值增长13.1%,4大传统支柱产业增长11.7%;高技术制造业增加值增长61.2%,对全省规模以上工业增长贡献率达到13.9%,比上年提高0.3个百分点。工业投资占固定资产投资的比重为50%。其中,6大高成长性产业投资增长33%,占工业投资的比重为64.72%,同比提高1.2个百分点。

(三)集聚发展水平明显提高

按照"核心带动、轴带发展、节点提升、对接周边"原则,全省已形成放射状、网络化发展格局,郑汴新区成为带动全省经济快速增长的核心增长极,豫北经济区、豫西、豫西南经济区及黄淮经济区结合资源禀赋,形成了各具特色的主导产业。2013年1~7月,全省产业集聚区规模以上工业生产保持较快增长,规模以上工业增加值同比增长17.7%,增速结束了连续4个月下滑的态势,增速比1~6月加快0.2个百分点,增速高于全省规模以上工业增加值增速6.5个百分点。产业集聚区规模以上工业增加值占全省的比重为45.5%,同比提高5.6个百分点,对全省规模以上工业增加值增长的贡献率为67.9%,拉动全省规模以上工业增长7.6个百分点。产业集聚区规模以上工业生产总体保持了较快增长的运行态势。

（四）产业组织趋于合理

截至2013年9月，全省规模以上工业企业近20000家；全省销售收入超千亿元的企业3家，百亿元企业达到45家，超50亿元企业102家，14家企业进入中国500强。2013年全年新增规模以上工业企业增加近千家。

（五）创新能力逐步增强

2013年1~9月份，全省R&D投入经费240亿元，占GDP的比重比上年同期提高了0.1个百分点，全省高新技术产值达到2200亿元，专利授权量近1600件。

（六）对外开放水平提升

2013年前三季度，全省工业领域承接产业转移实际到位省外资金3462.79亿元。全省新签约项目1281个，合同引进省外资金5121.61亿元，开工在建项目1717个，实际到位省外资金1776.3亿元；竣工投产项目493个，实际利用省外资金603.93亿元；竣工投产项目预计年新增销售收入1416.05亿元、新增利税185.76亿元、新增就业近10万人。全省形成了郑州航空港的智能终端、安阳内黄的陶瓷、安阳清丰的家具、新乡长垣的起重装备、许昌的中原电气谷、商丘民权的制冷、漯河临颍的休闲食品、信阳工业城的电子信息等近百个特色产业集群。

（七）节能降耗取得成效

严格按照国家产业政策、行业发展规划、环保政策及国家标准，对不符合国家产业政策、环保评审不达标和超标排放的生产能力落后的企业进行关停，坚决淘汰落后产能。2013年1~9月份，全省规模以上工业综合能源消费10700万吨标准煤，同比下降2.0%，41个行业大类中，单位工业增加值能耗下降的有37个，下降面达90.2%。

二 当前工业转型升级发展中存在的一些突出问题

总体上看，全省2013年工业转型升级取得了阶段性成效。但仍然主要存在以下问题。

（一）转型升级步伐依然缓慢

1~8月，河南规模以上重工业增速为11.5%，高于轻工业增速0.3个百分点。重工业的比重仍在加大。从过去经验看，重工业比例增加对拉动经济增长见效快。但从工业效益来看，2012年河南规模以上重工业平均利润率是6.9%，而轻工业平均利润率是9.4%，在重工业中国有及公有制企业的平均利润率更低，仅为2.9%。河南重工业比重增速加快，反映出国内经济形势在好转，有利于经济进一步回升，但重工业整体利润率较低，会拉低整个工业生产效益，影响节能降耗目标的实现。观察中部其他省份，1~8月，湖北省轻工业增加值为2443.4亿元，增长11.8%，快于重工业增速0.8个百分点；江西省轻工业增加值为1146.7亿元，同比增长12.9%，快于重工业0.7个百分点。与此同时，湖南和山西战略性新兴产业产值和增速都大幅提高。1~8月，湖南战略性新兴产业产值为2462.18亿元，同比增长33.9%；山西战略性新兴产业完成投资2787亿元，同比增长21.3%。相比之下，河南增长的结构性矛盾更为突出。

（二）面临形势复杂严峻，工业增速明显趋缓

受世界经济持续低迷、国内经济增速放缓、市场需求不足、生产成本上升等多种复杂因素影响，2013年以来，全省工业增速趋缓。一是企业经营困难。1~6月，规模以上工业企业实现主营业务收入27246.8亿元，同比增长13.3%，较去年同期回落2.6个百分点；应收账款3025.1亿元，同比增长25.6%，较去年同期上升1.5个百分点；主营业务成本占主营业务收入的比重为86.1%，同比上升0.7个百分点；工业企业成本费用利润率为7.93%，较去年同期下降0.25个百分点，企业成本上升，赢利能力下降，企业经营困难增加。二是工业增速趋缓。全省规模以上工业增加值同比增长11.1%，较去年同期回落4.3个百分点。6月，工业增速10.8%，较上月增长0.1个百分点，与1~2月的11.5%、3月的10.5%、4月的11.3%、5月份的10.7%相比，增速波动幅度逐步收窄，经济增长趋缓态势更加明显。2013年1~6月，完成工业投资5611.6亿元，同比增长18.8%，略低于"十二五"期间年均增长20%的目标，增速呈明显递减态势。三是有效需求不足。6月，全国制造业

采购经理人指数（PMI）50.1%，较5月份回落0.7个百分点，创3月以来新低。国内工业生产者出厂价格指数（PPI）同比下降2.7%，自去年3月以来连续16个月同比下降。1~6月，全省消费品零售总额、投资、出口额同比增幅分别较去年同期回落2.3个、0.1个、77.6个百分点。前6个月全省工业生产者出厂价格指数同比下降2.3%，工业生产者购进价格指数同比下降1.7%。消费、投资、出口三大需求增幅全部回落，工业生产者购进、出厂价格指数同时下跌，市场有效需求明显不足。

（三）自主创新仍较匮乏，竞争能力总体不强

工业发展长期存在着科技含量不高、投入开发不足、科技进步相对缓慢等问题，企业关键核心技术储备不够，集成创新和原始创新能力不足，管理方式粗放，企业往往重视规模扩张而忽视自主创新、品牌建设、效益提升，缺乏核心竞争优势。从前面数据可以看出，全省原始创新不够，专利申请数量偏少，质量偏低，特别是发明专利比重不高，大量专利属于实用新型和外观设计。自主创新能力不足导致全省大企业竞争能力差，重大装备靠进口，出口贸易中只能以低成本、低价格、低档次获得竞争优势；中小企业抗风险能力弱，经不起要素和市场变化的冲击。

（四）产业组织偏弱偏散，后续发展潜力不足

一是产业集中度不高。全省产业组织结构仍存在"小而全、小而散"的问题，带动能力强的企业巨头少；产业集聚区仍存在主导产业不突出、产业集群规模小、产业定位低、创新能力弱等问题，集聚集约效应弱，辐射作用不明显；产业链发育不足，企业之间、产业之间、地区之间缺少专业化分工，一些产业集聚区内的企业缺少关联度，"集而不聚"。二是产品层次偏低。全省工业门类虽然多达40个，但多数产业拥挤困守在产业链上游和价值链低端，高投入、高耗能、低产出的初级产品、中间产品数量较多，科技含量高、附加值较高的高加工度产品较少。工业产量位居全国前列的主要是氧化铝、电解铝、甲醇、水泥、耐材、尿素、纯碱、原煤、玻璃等，多属原材料初级产品加工。即使在装备制造、食品、建材、化工、钢铁等优势产业中，也存在传统产品和初加工产品比

重大、高端新产品少、适应市场变化能力弱等问题。三是企业发展不均衡。2013年，全省超百亿元企业仅有45家，其中26家属于能源原材料行业；全省中小企业有40多万家，每万人拥有39家，大大低于全国83家、浙江500家的水平。

（五）配套系统相对滞后，改革攻坚难度加大

一是要素市场化改革亟待深化。工业用地招拍挂出让方式有待规范完善，科技、人才等创新要素集聚能力不强，反映资源稀缺程度和环境治理成本的价格机制不够健全，市场配置资源的基础性作用尚未充分发挥。二是管理体制问题亟待解决。政府职能转变、政府资源配置及其作用发挥，与政府的公共服务要求还有差距，职能交叉、多头管理等问题比较突出。特别是改革已进入攻坚阶段，对统筹协调和综合配套的要求更高，进一步深化改革的难度更大，复杂性和艰巨性明显加大。郑州航空港经济综合实验区的设立，使我们更强烈地感受到深化改革的重要性和紧迫性，要求深化体制创新的内容更多，对改革攻坚的要求更高。三是促进民营经济发展政策亟待落实。民营企业进入垄断行业和领域的"玻璃门"依然存在，中小企业融资难、用地难问题仍十分突出。

三 河南2014年工业转型升级展望

（一）工业转型升级面临的形势

1. 从国内外形势来看，河南省工业转型升级面临着众多挑战

一是国内外经济形势依然严峻。近年来，随着欧债危机的加剧，国际经济环境的不稳定性、不确定性增强，世界经济已由危机前的快速发展期进入深度转型调整期，需求增长乏力，仍将延续低速增长的态势。我国作为世界第二大经济体，受其影响加剧，工业转型升级受到资金和市场的双重挑战。二是区域竞争力日趋激烈。针对复杂多变的国内外环境，各个省份的竞争日趋激烈。针对工业而言，各个省份都把工业转型升级作为走新型工业化道路的关键，出台各种措施引导工业转型升级。湖北、陕西、湖南同处于中部省份，河南的工业基础、科技教育、高级人才都与它们有一定的差距，这使河南在工业转型升级

的招商引资、政策先行先试的空间受到挤压。三是环境要素倒逼压力极为强烈。随着工业化和城市化进入高速发展时期，高投入、高消耗、低产出、低效益的经济增长方式则将进一步加大资源的供求缺口和环境的压力，导致经济运行的成本过高，这促使工业转型升级之路必须加快，这使河南在工业转型升级的时间空间受到挤压。

2. 工业转型面临的利好因素

一是中央与省的经济精神为转型升级提供了政策保障。党中央、国务院在2012年底召开的中央经济工作会议上提出了"稳中求进"的工作总基调，把稳增长放在更加重要的位置。省政府在2013年7月召开的全省经济运行电视电话会议上，提出了"稳增长"，把"加快经济结构战略性调整和产业转型升级作为突出任务"，这为河南进行工业转型升级提供了政策和时间。二是中原经济区与郑州航空港经济综合实验区为转型升级提供了载体保障。中原经济区的"两不三新"道路为工业转型升级提供了途径，为一些机制体制的创新和要素的获取提供了平台。三是新型城镇化引领为转型升级提供了要素保障。随着新型城镇化的深入推进，产城互动、以城带乡的局面正在形成，其中释放的土地、劳动力、工业服务业要素的集聚，为工业转型升级提供了必要的要素保障。

（二）工业转型升级2014年展望

2014年，有利于河南经济走势稳中向好的条件较多，如经济结构趋于改善，经济运行稳中有升，金融环境相对宽松，物价相对温和适宜，企业库存回落等。但制约经济运行的结构性矛盾也亟待解决。有利与不利因素呈交织叠加。预计在国家和全省着力推改革、精准调结构、依靠激发市场活力和内生动力促进经济增长等各项政策作用下，河南经济运行将保持平稳增长态势。

四 河南省2014年工业转型升级的重点

（一）加快培育发展新兴产业

电子信息、装备制造（含节能环保）、生物医药按照"承接转移、集群发展、龙头带动、基地支撑、高端突破、创新引领"的思路,一个产业一个产业的大抓特抓,以产业集聚区为载体,引进和培育龙头型企业和基地型项目,努力提升自主创新能力和本地配套能力,千方百计做大产业规模。其中,电子信息产业以智能手机产业为重点,以郑州航空港经济综合实验区为中心,按照"一区多点"发展布局,打造全球重要智能终端(手机)生产基地。装备制造坚持智能化、基地化、服务化,实施重大技术装备创新工程,着力研发并推广应用数控系统、智能系统和数控装备制造。节能环保大力发展高效节能、先进环保和资源循环利用的新装备和产品。生物医药坚持引进培育与自主创新并重,做大做强新型疫苗、血液制品、诊断试剂和现代中药。新能源、新材料、新能源汽车按照"营造环境、抢占先机、瞄准高端、技术创新、集聚要素、重点突破"的思路,以企业为主体,以产业化和市场化为重点,加强规划引导,加大政策扶持,重点在新型电池、超硬材料及制品、新型合金材料等领域,加快龙头带动、技术突破、示范应用,抢占未来发展的战略制高点,培育形成新的经济增长点。

(二)加快载体工程建设

要努力打造一批具有较强竞争力的现代产业集群,就要把各类载体建成工业转型升级的重要平台,经济发展的重要增长极。郑州航空港经济综合实验区、108个产业集聚区等都是载体,是全省培育产业、促进集群发展的主板块,是产城互动、加快城乡一体化的主平台。一是要强力推进郑州航空港经济综合实验区建设。把航空港实验区建设作为全省首位工程,突出规划引领、基础设施先行、商务环境营造、主导产业发展和管理体制完善,着力构建以航空港为核心的"一网、两链、三港一体"国际化综合交通枢纽。加快机场二期、区内道路、公共服务等基础设施建设;加快中航材等航空偏好型企业以及菜鸟网络、中兴、华为、酷派智能手机等产业项目引进。充分发挥郑州航空港经济综合实验区龙头作用,带动全省产业结构优化升级。二是要统筹抓好产业集聚区、开发区等其他载体建设。按照"三规合一"、"四集一转"、产城互动的基本要求,规划完善;加快基础设施和公共服务设施建设、提高综合承载能力;搭建公共服务平台、提高服务水平。提升产业集聚区核心竞争力。围绕做大做强主导产业，积极承接产业转移，集聚优质产业资源和生产要素，加快构建规模大、竞争力强、成长性好、关联度高的产业集群。

（三）突出抓好集群引进工作

一是实施集群引进和培育工程。重点做好智能手机产业集群引进和培育工作，按照"全链条、全服务、全要素、无障碍"的"三全一无"发展模式，促进智能手机品牌商、代工商、配套协力商、运营商、物流商"五商"并进，全力打造全球最大智能手机产业基地。集群式承接汽车及零部件、食品、家电、家具、纺织服装及制鞋、新型建材、金属制品等产业，"一业一策"制订专项行动计划，省市县三级联动推进。二是构建承接产业转移长效机制。发布河南承接产业转移目录，总结以往承接产业转移系列对接活动的成功经验，针对重点产业定期开展小规模、多形式、重实效的对接活动。抓好已签约项目的跟踪服务，推动项目早落地、早投产、早见效。不定期举办政、产、学、研、用专题对接活动，以技术转移、人才转移引领产业向更高层次延伸。三是完善承接产业转移配套服务体系。努力改变主要靠减利让税等优惠政策"请进来"的承接方式，着力筑巢引凤，从根本上提升自己的承载力、竞争力、吸引力。重点加快完善交通物流体系，加强各类产业承接载体的配套基础设施和生活服务设施建设，抓好综合保税区、出口加工区、口岸等开放平台建设，建立"大通关"机制。健全承接产业转移信息处理和受理服务机制、联审联批和代理服务机制，强化投诉权益保护机制，优化经济发展环境。

（四）大力推动民营经济发展

一是支持中小企业和民营经济健康快速发展。落实中央和全省关于中小企业、民营经济的各项优惠政策，发挥好中小企业专项资金作用，加快实施一批中小企业结构调整项目。抓好中小企业公共服务平台网络建设，力争全省综合服务平台和首批窗口平台尽快实现互联互通。二是缓解中小企业融资难题。继续深化担保机构规范整顿，推进企业信用体系和中小企业融资平台建设，发行集合票据、集合债、集合信托，拓展各类直接融资渠道，千方百计解决中小企业融资难题。三是加快中小企业转型升级。实施万家中小微企业（民营经济）

成长工程,围绕"百户升级、千户进规、万户创办"目标,重点扶持100家中型企业,培育1千家中小型企业,带动创办1万户小微型企业,引导企业走"专精特新"之路,推进建设一批以产学研为一体的中小企业孵化园、特色企业园区。推动建立省中小企业发展专项资金的稳定增长机制,主要用于支持中小企业创新发展、结构调整、开拓市场、集聚发展,以及优化中小企业服务环境等。

(五)做好节能降耗工作

进一步转变发展理念,树立资源节约、环境友好、绿色低碳、可持续等工业发展新理念。一是大力发展高新技术产业和生态环保产业。大力发展节能环保产品与绿色产品。推广清洁生产模式,开展清洁生产技术应用示范企业认定工作,在汽车、电子信息、装备制造、建材等重点行业组织开展资源节约型和环境友好型企业创建活动。大力支持节能技改,鼓励企业建设能源管控中心。加快先进成熟节能新技术、新工艺、新设备和新材料的推广应用。做好全省节能产品认证工作。二是加强节能管理。对钢铁、铝、煤炭等高耗能行业加强节能管理,强化重点耗能企业耗能设备监测,严格查处工业节能违法行为。严格执行国家和省关于淘汰落后产能的相关政策,提高能源消耗、环境保护等准入门槛。严格节能评估审查,把好新上项目的能效关,严格控制高耗能、高排放和产能过剩行业新上项目,坚决淘汰落后产能。

参考文献

河南省统计局网站,http://www.ha.stats.gov.cn/hntj/index.htm。
河南省工业和信息化厅网站,http://www.iitha.gov.cn/。
中国中小企业河南网,http://www.smehen.gov.cn/。
国家发展和改革委员会:《郑州航空港经济综合实验区发展规划(2013~2025年)》(发改地区〔2013〕481号)2013年3月8日。

B.13 2013~2014年河南省服务业升级形势分析与展望

丁秀平*

摘　要： 2013年河南省服务业在全国、全省经济减速运行的大形势下，实现了平稳增长，行业发展亮点纷呈，呈现了良好的发展态势。但河南省服务业发展滞后、产业竞争力不强等问题仍长期存在。在河南省服务业未来发展面临较多的有利条件和积极因素，产业发展空间广阔的大形势下，如何加快服务业发展，加速服务业转型，并通过转型健全产业服务功能，支撑整体经济实现转型升级，将成为未来服务业发展的主线。

关键词： 服务业转型　高端服务业　服务功能

在国家积极进行"稳增长、调结构、促改革"的大背景下，全国各地普遍把推动服务业大发展作为促进产业结构优化升级的战略重点，加大了对服务业发展的重视程度和支持力度。河南省服务业近年来保持了良好的发展态势，基本形成了与国民经济各行业相互融合、互动发展的产业发展新格局。随着服务业进入全球化和现代化发展新阶段，河南省服务业同时迎来了更大的发展空间和更大的竞争压力，自身也存在着转型升级的要求。2014年应该进一步加大服务业转型发展力度，为实现服务业长期、持续、快速、健康发展夯实基础，同时也为整体经济的转型升级提供支撑和动力。

---

* 丁秀平，河南省发改委产业研究所，高级经济师；主要研究方向为产业发展和投融资。

一 2013年河南省服务业发展概况

2013年郑州航空港经济综合实验区建设正式上升到国家战略,商务中心区、特色商业区在全省的广泛开建,各种新兴服务行业、业态、企业的迅速发展,都为河南省服务业发展注入了新的发展活力,服务业呈现出稳中有升的发展态势,服务业总量连续多年居全国第8位、中部6省首位。

(一)产业运行稳中有升

2013年在全国、河南省经济增长放缓的情况下,河南省服务业虽然增长速度比上年有所减缓,但前三季度增速与全省生产总值增速持平,而且高于国家服务业增加值平均增速0.3个百分点,在年内呈现逐季加速增长的态势。据统计,2013年第一季度服务业同比增长了7.1%,上半年同比增长了8.3%,前三季度同比增长了8.7%(见表1);2013年9月服务业增加值达到7172.19亿元,占生产总值的比重为30.5%。

表1 河南省服务业增长情况一览

单位:%

统计时间	生产总值增速	第三产业增速					
		合计	交通运输、仓储和邮政业	批发和零售业	住宿和餐饮业	金融业	房地产业
2012年1~9月	10.0	8.9	6.3	9.1	7.1	17.0	1.1
2013年1~3月	8.4	7.1	4.3	6.3	4.3	15.9	9.0
2013年1~6月	8.4	8.3	5.1	7.2	4.2	14.3	10.9
2013年1~9月	8.7	8.7	5.6	7.4	4.5	15.3	10.3

从2013年前三季度第三产业各行业的发展情况来看,基本上实现了稳定增长,其中金融业、房地产业发展较快,增速分别达到了15.3%和10.3%,而住宿和餐饮业呈现低位运行的态势,同比增长了4.5%。与上年情况相比,除了房地产业前三季度增速高于上年9.2个百分点外,其他各行业增速均比上年有所下降,交通运输、仓储和邮政业,批发和零售业,住宿和餐饮业,金融

业增速分别比上年同期下降了0.7、1.7、2.6、1.7个百分点。在行业发展中,批发、住宿和餐饮业增长放缓的现象比较突出。

从社会消费品零售总额增长情况来看(见图1),2013年前三季度全省实现社会消费品零售总额8812.7亿元,比上年同期增长了13.4%(扣除价格因素,实际增长了11.2%),高于全国平均水平0.5个百分点。但在整体消费品零售总额增幅同比回落了2个百分点的情况下,限额以上零售业、批发业、住宿业、餐饮业企业的消费品零售总额增速同上年相比均降幅较大,分别下降了3.1、11.3、16.3、15.5个百分点。尤其是2013年前三季度住宿业零售总额比上年降幅达到了4.9%,住宿业后续增长乏力的现象应该引起关注。

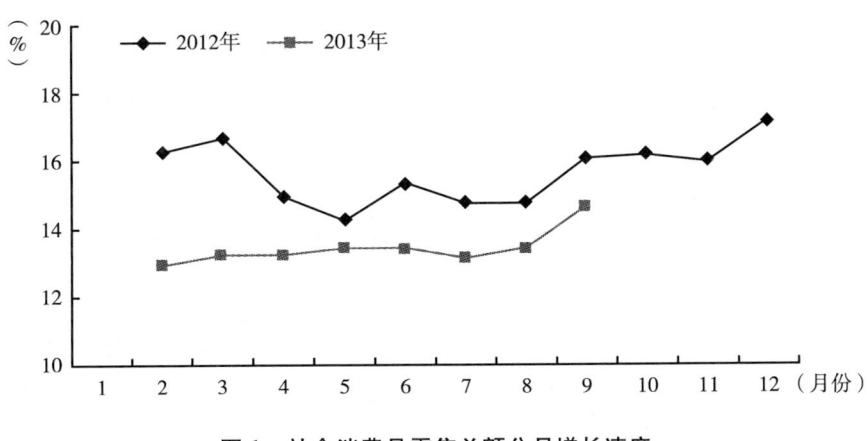

图1 社会消费品零售总额分月增长速度

从固定资产投资情况来看,2013年前三季度服务业固定资产投资额增长较快,总体比上年增长了29.5%,增速高于全国平均水平7.2个百分点,也高于全省全社会固定资产投资增速6个百分点。其中文化、体育和娱乐业以及信息传输、计算机服务和软件业投资增速分别高达50.2%和43.5%,行业发展势头较好。

(二)行业发展亮点突出

航空物流的迅猛发展,成为2013年河南省服务业发展最大的亮点。随着航空港经济综合实验区的建设,美国UPS国际快递、俄罗斯空桥以及顺丰等知名企业入驻航空港区,连通北美、西欧、东亚、东南亚、澳洲的货运航线网络初步形成，2013年10月机场国际货运航线已达到20条。2013年前三季度，郑州机场货邮吞吐量超过了14万吨，同比增长了40.3%左右，增速排在全国第1位，据有关部门预测，到2013年底郑州机场货邮吞吐量将会达到25万吨，同比将增长65%左右。加之郑欧国际货运班列的开通运行，中原国际陆港的打造，航空物流、快递物流、保税物流等发展迅速。

全省电子商务发展势头良好，尤其是在成功申报国家跨境贸易电子商务试点后，与ebay、阿里巴巴、顺丰等知名电商、网商和快递物流企业战略合作进一步加强，与阿里巴巴联手打造的阿里巴巴·河南（郑州）产业带平台正式开建。数字认证、在线支付、现代物流、信用、标准等电子商务支撑体系趋于完善，郑州市成为全国21个国家电子商务示范城市之一，吸引了百度、360、腾讯微博、新浪微博、快钱等多家行业龙头企业签约入驻，带动了全省电子商务快速发展。据商务部门初步测算，2013年全省前三季度电子商务交易额达到3100亿元，比去年同期增长29.2%；网络零售额达到430亿元，比去年同期增长了46.9%。

金融服务方面也取得新进展，郑东新区金融聚集核心功能区集聚功能不断加强，据有关部门统计，2013年全省前三季度郑东新区金融机构已达到175家。期货交易品种研发不断加快，郑州商品交易所在2012年底增加了玻璃、油菜籽、菜籽粕3个交易品种，2013年又新增了动力煤期货交易品种，粳稻期货、晚籼稻期货也即将上市，并完成了马铃薯期货这一国内首个鲜活农产品期货的合约及规则设计工作。

新兴文化产业快速发展，目前全省移动多媒体广播电视用户数跃居全国第2位；动画片产量跃居中部第1位、全国第8位，国家动漫产业发展基地（河南基地）跻身全国10佳创意产业园区之列，原创动漫"猪脚乐园"、"少林海宝"、"虫虫计划"等作品全国闻名。以"禅宗少林音乐大典"为代表的演艺品牌，以"快乐星球"、"小樱桃"、"少林海宝"、"漫画月刊"、"中原动漫嘉年华"为代表的影视动漫品牌，以新郑黄帝故里拜祖大典、郑州国际少林武术节等为代表的文化旅游节会品牌，正成为中原文化发展的新名片。

（三）问题犹存　期待破解

从整体上看，河南还存在一些长期的问题上没有大的突破，2014年需要在这些问题上作出更有效的应对和安排。

第一,服务业发展滞后的局面未有改善。从服务业增加值占比这一指标来看,河南省长期大大低于全国平均水平,如2012年全国平均水平为44.3%,河南省仅为30.3%;2013年前三季度全国平均水平为45.5%,而河南省为30.5%,与"2015年服务业增加值占比达到33%以上"的"十二五"规划目标,还有不小的距离。如何更好地挖掘和利用河南这个巨大的服务市场潜力,培育壮大长期、持续的发展动力,带领服务业进入快速发展的轨道,是今后发展中需要研究解决的重要问题。

第二,服务行业缺乏核心竞争力。目前河南省服务业整体发展层次还较低,高端服务基本上由省外提供。各行业普遍缺乏具有全国竞争力的龙头企业、服务品牌和品牌产品,行业和企业竞争力和抗风险能力都较弱,发展基础不牢固,容易受环境和形势影响,而产生大的波动。能否有效地形成和壮大产业竞争力,突破低端化发展格局,成为能否实现服务业的转型升级的关键。

第三,产业服务功能不健全。制造业的发展、升级与竞争力提升需要强大的生产性服务业提供支撑,而目前河南省生产性服务技术水平和专业化程度较低,尤其是产业链两端的研发、设计、技术服务等上游环节,和营销、物流、品牌、市场网络等下游环节的服务质量、成本、层次、创新等无法满足制造企业所需要的高端服务。将生产性服务业发展提高到更重要的位置,进一步完善产业服务功能,有效支撑、带动全省经济实现转型升级,既是对服务业发展的要求,也是未来服务业发展的途径和方向。

第四,服务企业发展动能有待加强。2013年餐饮、住宿、旅游等行业部分企业出现了经营困难,行业经营方式、发展模式都面临一个大的调整。而信息服务、健康、养老等服务行业在政策暖风频吹的有利形势下,也存在一个如何提高发展起点、提升产业层次的问题。另外企业在发展中也存在运营成本居高不下,人员工资、房租上升过快,企业盈利能力弱等问题。针对这些问题,能否加大对服务业的支持力度,促进服务行业在商业模式、服务方式、品牌建设方面有一个质的提升,营造促进服务业大发展的市场环境、创业环境、经营环境,吸引更多的优质服务要素向河南集聚等,成为影响今后服务行业能否健康、快速发展的关键。

二 2014年河南省服务业发展面临的形势分析

（一）国际服务业发展环境分析

从国际经济发展形势来看，目前全球经济普遍被认为是处于"弱"复苏状态，经济复苏过程艰难曲折，各国经济政策制定复杂多变，国际经济环境充满了风险和动荡，对中国产业发展也将会形成一定的冲击和影响。从国际经济发展整体趋势来看，尽管发达国家存在"再工业化"的发展倾向，但它们已成功实现了由制造经济向服务经济的华丽转变，越来越多的传统制造业跨国公司已转型成为真正的服务供应商，并通过掌控研发和市场营销等核心环节以及进行强大的供应链管理，使其在国际竞争中的地位更加巩固。发达国家的发展路径为包括中国在内的发展中国家提供了经验和示范，全球范围内服务经济发展已成为一种趋势和潮流。

发达国家跨国公司利用信息和网络技术搭建了全球化、网络化平台，在全球各地布局构建生产和服务网络，通过最大限度重组与整合利用全球资源，降低制造与交易成本，改变了工业化时代以规模化生产为特征的发展模式，也使得服务业的重组和资源优化配置达到了空前高度。今后跨国公司对中国服务业领域的扩张和兼并重组也将有所加强，同时跨国公司在中国的发展战略方向也会有所变化。据商务部有关专家分析，"目前跨国公司对中国的投资由看重要素成本和政策优势向市场和软环境优势转变，由最初把中国作为世界工厂、制造基地向最终销售地转变，要更多地占领中国市场"。经济学人智库的报告也称，"跨国公司对华投资转向挖掘中国消费市场，目的地向三、四线城市转移，东部沿海地区将减半"。有着巨大服务消费市场的河南省，也可能会成为跨国企业中国布局的重要站点。

（二）国内服务业发展形势分析

从国内发展形势来看，目前中国正处于转型升级的关键阶段，由于主动进行经济结构调整，2013年GDP有实质性的减速。虽然当前经济回升基础尚不稳固，深层次矛盾依然突出，发展还面临不少风险和挑战，但当前经济发展的基本面良好，尤其是8～9月主要的经济指标如PMI、PPI、工业增加值、用电量、货运量等都出现了回升向好的势头，2014年经济运行将会呈现缓慢复苏态势。在"稳增长、调结构、促改革"的经济发展主基调下，服务业对转型升级的支撑作用，以及对就业和经济增长的稳定器的作用将日益凸显，从而将会得到更多的重视和支持。2013年国家陆续出台了信息消费、节能环保、养老服务、健康服务等领域支持政策措施，放宽了铁路、电信、金融等领域的市场准入，今后也将会有更多的支持政策出台，相关服务行业将会面临着较大的发展机遇。

另外，上海自由贸易试验区的正式成立，标志着中国服务业的对外开放达到了一个新阶段。随着服务业开放、创新、改革的进一步深化，将进一步激发服务业发展活力，改善服务业发展环境，促使国内服务业发展的层次和水平更上一个台阶，这当然也会对河南服务业发展产生积极的影响。

但在国内服务业地区发展格局上，由于东部处于工业化后期发展阶段，服务业成为发展重点，此前人们普遍预料的随着制造业由东向西的转移，服务业也会进行转移的趋势并未显现，相反随着上海自贸区、长江经济带等的构建，反而可能对于中西部高端服务要素形成巨大的虹吸效应。加之由于服务业本身就具有向大都市集聚的特性，且产业内垄断竞争的格局已经形成，发达国家和发达地区服务龙头企业向中西部加紧布局，伸展网络，抢占高端服务市场，对处于中西部的河南本地服务企业形成巨大的竞争压力，河南省服务业向高端发展困难重重。

（三）河南省服务业发展的前景展望

在河南省经济发展状况方面，从2013年前三季度来看，全省生产总值同比增长了8.7%，高于全国平均水平1个百分点，全省经济运行在复杂形势下总体呈现稳中趋升、稳中有进、稳中向好的态势。随着国家和河南省稳增长、调结构政策效应的逐步显现，河南三大产业企稳向好、三大需求稳中有升的发展态势有望继续保持，为服务业发展打下了良好的发展基础。从服务业长期发展形势来看，中原经济区和郑州航空港经济综合实验区建设这两个国家战略的加快实施，都为河南省服务业发展提供了新的发展动力。尤其是在《郑州航空港经济综合实验区发展规划（2013~2025年）》中，将发展现代服务业放在突出位置，不仅为航空物流、商务、金融、会展等行业提供了广阔的发展的空间，也为这些行业树立全国竞争优势提供了良好的机遇和条件。同时航空港经济综合实验区的建设也为河南省服务业与国际接轨打开了大门，如果能在此基础上借鉴上海自贸区经验，通过加大服务业开放推动全省服务业的改革和创新，将会推动服务业发展水平和层次再上一个新台阶。

从2014年及近中期的发展形势来看，未来服务业发展同时存在着有利和不利两方面的因素，一方面随着《2013年河南省服务业重点领域发展行动方案》、《2013年河南省商务中心区和特色商业区建设行动方案》以及国家有关支持政策的具体落实，将会对服务业发展起到一个提振作用，而且近几年服务业固定资产投资一直高于全社会固定资产投资增速，产生的效益将会在近中期逐渐释放，加上"两区"以及物流等方面一批重大项目的建设，近中期服务业发展势头较好。但另一方面餐饮、旅游等行业仍将处于转型期，房地产业前景不明，短期内这些行业很难恢复到原来的消费水平。而生产性服务消费方面，由于工业大幅增长的压力较大、转型期较长，对物流、商务等方面服务的需求短期内很难有较大增长，加上由于在服务企业发展中存在的要素成本过高、融资难度较大的问题短期还无法有效解决，企业投资能力和投资意愿短期内也很难有大的改善，近中期服务业实现大幅增长的基础和条件还不具备。总之，从整体发展形势来看，2014年及近中期服务业仍将呈现稳中趋升的发展态势，发展中的积极因素在逐渐增多，亮点也将频繁出现，未来河南省服务业发展空间广阔。

三 促进服务业转型发展的政策建议

目前河南省服务业发展态势良好，未来还存在着较大的发展潜力，今后应该更有效地利用有利条件和机遇，既解决当前存在的现实问题，又能针对影响发展的长期性和整体性问题，作出有效的应对和安排，推动河南省服务业实现大发展。

（一）瞄准新兴行业和领域，培育竞争优势

由于目前服务业内龙头企业垄断竞争的格局已经形成，对河南省传统服

行业向高端发展形成巨大压力。而同时在服务领域里，随着产业链的延伸和专业化分工程度的提高，基于新技术、新管理方式、新经营模式而形成的新兴服务行业、新兴产品和新兴业态层出不穷。今后在河南省服务业的发展中，应该着重寻找新的产业发展机会，把推动新兴服务业发展摆在更加重要的位置，重点瞄准依托新技术、新理念发展起来的新兴行业，以及传统行业中的新兴发展领域，培育壮大能形成具有全国竞争力的优势行业、领域、企业和产品，形成带动服务业向高端发展的突破口和抓手。

（二）围绕完善产业服务功能，拓展发展空间

工业转型升级需要强大的生产性服务支撑。今后应该针对工业发展中存在的技术创新能力不足，营销渠道和网络建设不足，品牌功能弱等问题，着力发展研发和技术服务等相关"短板"服务行业，完善技术开发、贸易平台、融资服务等方面功能，深入推动服务业与制造业的产业融合、补链渗透，壮大制造业及两端服务环节的全产业链。围绕完善服务功能，发展研发和技术服务业，可从支持技术推广、技术中介、技术及信息咨询等瓶颈环节入手，推动各种技术成果、创意设计或其他知识产权产品的信息交流和交易；发展商贸业，可着重发展供应链管理，以及为企业"走出去"提供市场开发与营销等的贸易服务等。另外对于能源、原材料产业比重较大的河南省来说，发展合同能源管理服务、污染治理设施运营服务等节能环保服务行业，既是形势发展的要求，同时也有广阔的市场空间。

（三）加强服务载体建设，促进集聚发展

应该继续加大推进商务中心区、特色商业区以及文化、物流、信息服务等专业园区建设，引导各集聚区进一步明晰发展特色和发展路径，突出特色主导产业，重点培育和引进具有行业影响力的企业，提升集聚区产业能级。引导服务企业依托街区、楼宇以及各制造业集聚区进行集聚发展，支持发展养老社区、小微CBD等各种形式的集聚载体，提高服务业集聚水平。要加强集聚区综合配套设施的统一规划、统一建设，加快推进区内各类服务平台建设，积极搭建土地整理、投融资、信息服务、技术支持等要

素平台。注重加大服务业集聚区的推介和宣传力度，通过龙头企业带动，打造集聚区品牌。

（四）增强企业发展活力，推动转型发展

要加大对本地竞争潜力大、成长性好的企业支持，支持其"走出去"建立品牌、对外扩张网络、跨区经营、重组整合外部资源，拉近其与发达地区先进企业的竞争起点。应着力培养服务企业的国际视野和全球竞争意识，借鉴国际通行做法来规范企业行为，培育企业迅速适应全球形势变化的能力，缩小与跨国公司、先进企业在服务产品、管理技术和服务水平等方面的差距。对于商贸、物流运输等传统领域众多中小企业，应加快信息技术的推广，以及现代化管理方式、经营组织、服务业态、先进技术手段的广泛应用，提高企业创新活力。应推动地区之间、区域之间、行业之间、企业之间开展多种形式的合作，建立战略联盟，通过优势互补、分工合作，提高河南省服务企业综合服务能力。

参考文献

王雪坤：《中国外贸发展正在酝酿六个深层次的变化》，《经济研究参考》2013年第38期。

B.14 河南对外开放的现状分析与展望

任晓莉[*]

摘　要： 近年来，河南十分重视对外开放工作，不断提升对外开放的地位，不断强化对外开放的功能和作用，并将对外开放提到河南的基本省策的高度。坚持科学发展，坚持实施对外开放带动战略，采取了许多行之有效的政策和措施，抓住了新时期我国新的历史机遇，坚持对内对外开放并举，逐步形成了全方位、多层次、宽领域的开放格局，对于打造内陆开放高地，加快实现中原崛起、河南振兴产生了积极的影响。因此，有必要总结河南对外开放所取得的成就，剖析河南对外开放的差距，预测未来河南的对外开放发展趋势，并在此基本上提出河南加速对外开放的现实路径和政策选择。

关键词： 对外开放　河南　基本省策　政策选择

近年来，在新技术革命不断兴起，国际国内区域竞争不断加剧的新形势下，河南坚持以开放带动为主战略，把对外开放作为应对国内外经济复杂局面和破解各种矛盾和问题的战略举措，强力打造内陆开放高地，以开放促发展、促改革、促创新、促转变、惠民生，持续扩大对外开放，对外开放的步伐不断加速，对外开放的质量不断提升。特别是2012年以来，河南将对外开放作为基本省策和决定河南前途命运的关键抉择持续推进，取

---

[*] 任晓莉，河南省社会科学院研究员。

得了令人瞩目的新成就，对外开放成为河南最大的经济增长点和最有活力的领域。

随着上海自贸区的成立，全国形成新一轮的对外开放大格局，特别是新近召开的党的十八届三中全会强调要适应经济全球化新形势，以开放促改革，全面深化改革开放，扩大内陆沿边开放。作为中西部地区重要省份之一的河南省要在新一轮的对外开放中迎头赶上，要由经济大省迈向经济强省，实现更大规模、更高水平的发展，"在促进中部地区崛起中发挥更大作用"；要实现中原崛起，河南振兴，实现全面建成小康社会的目标，必须进一步提升对外开放的水平，实现对外开放的新突破，这是河南实现新发展的核心任务。

一 河南建设内陆开放高地取得的新成就

改革开放以来，河南省的对外开放取得了很大的发展，进出口总额数量不断提高，引进外资数量逐年增长，经济社会发生了很大的变革。特别是2010年富士康（郑州）项目的入驻落户，在促进郑州综合保税区建设的同时，也大幅提高了河南的外贸依存度，促进了河南产业结构的优化升级和劳动力市场的规范运作，取得了以下成就。

（一）对外开放实现跳跃式发展

近年来，河南省对外开放呈不断上升趋势，2008～2011年，河南省的进出口总额分别为175.28亿、134.38亿、177.92亿、326.42亿美元，除2009年因受国际金融危机的严重冲击，经济下滑，进出口总额比2008年减速23.3%外，其他年度均有可观的增速，2010、2011年，进出口总额分别比上年增长32.4%、83.5%。继2011年河南省进出口总额达到326.42亿美元，一举跃过300亿美元台阶后，2012年河南省进出口总值达517.50亿美元，与2011年相比增长58.50%，外贸历史上首次突破500亿美元大关，外贸依存度首次超过10%，外贸发展结构进一步优化。其中，进口220.7亿美元，增长64.9%；出口296.8亿美元，增长54.3%，在全国排名第12位，比

河南对外开放的现状分析与展望

2011年提高两位,增速排全国第3位,在中部6省居第1位。这其中郑州富士康集团下辖的3个企业进出口总额为293.9亿美元,增长2.1倍,占河南全省进出口的一半以上,是拉动河南外贸高速增长的主力军。2013年1~9月,河南进出口总额达387.4亿美元,其中出口总额为231.6亿美元,进口总额为155.8亿美元,同比增长分别为14.4%、19.3%、7.8%,居全国第18位。在国际市场需求持续萎缩、全国外贸增速大幅下滑的形势下,河南进出口逆势上扬,保持了高速增长的良好发展势头。截至2012年,河南出口超亿美元的商品发展到36个,机电产品、高新技术产品出口占比分别达61.5%、49.2%,均比2007年提高了30个百分点,与河南省有贸易往来的国家和地区超过200个,出口超亿美元的贸易市场发展到35个,对新兴市场出口占比提升到40%。

2004年,河南全省进出口贸易总额突破50亿美元,2006年河南全省对外贸易总额一举跃升至百亿美元,2011年河南省进出口总额就跃过300亿美元,2012年河南省进出口总值突破500亿美元大关(见图1)。从近8年的增幅来看,河南的对外贸易不断实现跨越式发展,不断迈上新台阶,发展势头迅猛,成就突出。

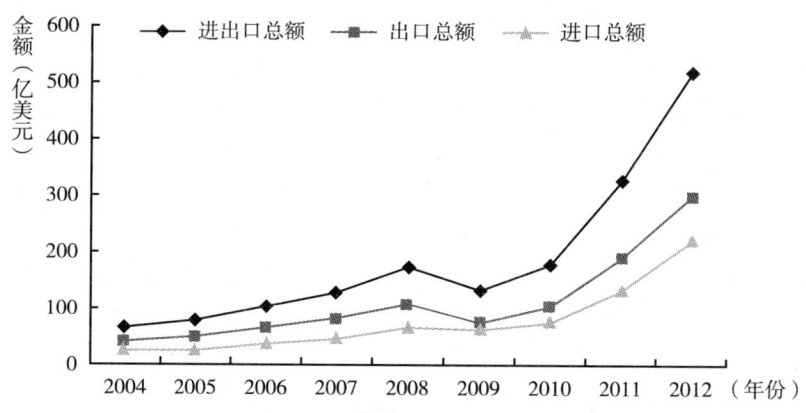

图1 2004~2012年河南对外贸易发展趋势

从利用外资方面来讲,2008~2012年,河南省实际利用外资分别为40.33亿、47.99亿、62.47亿、100.82亿、121.18亿美元,实际利用省外资金分别为1849.20亿、2201.90亿、2743.40亿、4016.30亿、5026.66亿元人民币。2012年全年新批准外商投资企业363个，全省实际利用外商直接投资比上年增长20.2%，实际利用省外资金比上年增长25.2%。进入2013年，河南全面落实党的十八大精神，着力实施《中原经济区规划（2012~2020年）》，采取多项措施，深化完善举省开放体制，努力推进全省大招商，着力转变外贸发展方式，着力培育外贸竞争新优势，开放招商呈现新的局面，预计可以超额完成进出口增长15%、实际利用外贸增长10%的年度目标。

在"引进来"方面，河南这几年取得了突破性的成就，发生了非常可喜的变化；在"走出去"方面，河南的对外经济技术合作发展势头也非常良好。2008~2012年，河南承包工程、劳务合作和设计咨询业务新签合同额分别为13.73亿、17.00亿、25.26亿、29.34亿和34.71亿美元，分别比上年增长31.8%、23.9%、48.6%、16.1%和18.3%；完成营业额分别是12.77亿、17.90亿、23.23亿、31.99亿、37.09亿美元，分别比上年增长27.3%、40.2%、29.8%、37.7%和15.9%（见表1）。

表1 2008~2012年河南"引进来"与"走出去"规模数据

单位：亿美元，%

年份	实际利用外资		对外承包工程和劳务合作等营业额	
	金额	比上年增长	金额	比上年增长
2008	40.33	37.1	12.77	27.3
2009	47.99	19.0	17.90	40.2
2010	62.47	11.2	23.23	29.8
2011	100.8	61.4	31.99	37.7
2012	121.1	20.2	37.09	15.9

资料来源：根据《河南统计年鉴》相关年份数据计算。

河南对外开放的大发展，与河南省承接产业转移取得的新成就有关。特别是2010年成功引进的富士康项目，标志着河南对外开放、承接产业转移实现重大突破；标志着河南出口商品结构实现重大的优化，一举从过去长期依赖钢铁、铝、铅等为主的出口商品结构向电子信息产品为主的出口商品结构转变。特别是2012年一批基地型、集群型项目的成功落地和一批高端服务业知名企业的进入等,为河南的大开放增添了新的活力。加上河南相继出台的一系列推动开放、推进招商的措施以及一些重大活动的带动,使得河南的对外开放工作取得较大的成就。

(二)对外开放对全省经济社会发展的带动效应

河南省对外开放的扩大,对全省经济发展和经济格局产生了重要影响。

一是促进了全省国民经济的迅速发展。据河南省统计年鉴提供的数据,对河南省2008～2012年的出口额、进出口额、利用外资额与GDP进行相关分析可知,对外贸易与河南省GDP的相关系数为0.890,呈比较显著的相关态势;利用外资与河南省GDP的相关系数为0.953,呈显著的相关性。2012年,引进资金、出口两项合计拉动河南GDP增长5个百分点左右,对全省经济增长的贡献度超过1/3,这说明对外贸易、利用外资对全省经济社会的全面发展起到了良好的支撑作用,与全省的经济发展是相互促进、相互带动的。

二是促进了河南经济结构的转型,起到了调结构、促转型、惠民生的作用,提高了河南资源的配置效率和区域经济的运行效率。对外开放促进了产业结构的良性转变,特别是外资的引入通过加强主导产业,培育新兴产业,带动相关产业等方式调整优化产业结构,也间接地促进河南经济的发展。1995年河南省三次产业结构为25.40∶47.31∶27.29,2001年为21.89∶47.15∶30.96,2005年为17.9∶52.1∶30.0,2006年为16.4∶54.3∶29.3,2011年河南省三次产业结构调整为13.0∶57.3∶29.7,河南省产业结构中第一产业呈显著下降趋势,第二、三产业呈上升趋势。

三是加速了河南省省内市场与国际市场的融合,同时也促进了劳动力、资本、技术、信息等要素市场的形成和发育,加速了河南的市场化进程。外资企业的进入加快了省内所有制结构的多元化,加剧了市场竞争的程度,促进了河南域内市场竞争机制的发展和市场竞争力的提高。外商投资企业先进的技术和管理方式同时还对河南的经济发展产生了示范效应,并通过技术外溢效应、管理人员当地化、产业关联等多种途径为区域学习和掌握,提高了省内企业的技术和管理水平。外商投资企业带来的先进的技术、工艺、设备和产品推动了河南省企业的技术进步，加快河南省产业结构的调整和优化升级，使河南省机械、电子、汽车、化工、轻工、纺织、食品等许多技术水平和生产工艺有了明显的进步。

二 河南对外开放的地位分析与差距

河南对外开放近年来取得了令人瞩目的成就，已确立了全方位对外开放的格局。但由于经济实力、现行政策、管理体制以及投资环境等方面的制约，河南的对外开放无论是速度还是程度仍远远落后于沿海发达地区。早在2006年我国的外贸依存度已经达到60%，而同年的河南仅为6%。同期的发达地区如广东省为74.12%，浙江省为28.16%，甚至邻近的山东省也达到了15.89%，分别是河南的12.35、4.69和2.64倍。2012年，虽然河南的外贸依存度历史性地达到10.9%，但与全国平均水平及发达地区相比，差距仍然巨大；与全国的投资度相比，河南的国际投资开放度比重明显偏低。全省对外开放的程度、领域以及对经济社会发展的促进作用还有相当大的提升空间。

（一）河南对外开放在全国的地位分析

河南的对外开放虽然不断得到发展与突破，推动了全省经济的快速发展，但不论是对外贸易总额还是实际利用外资在全国所占的比例都极小，外贸经济对全国经济的发展贡献度也很低，与经济大省的身份极不相称。

从表2可以看出，2007~2012年，虽然河南进出口总额绝对量实现快速增长，但进出口总额在全国所占比例不高，一直在0.7%左右徘徊。2012年是河南引资额快速增长的年份，进出口总额占全国的比例实现较高增长，却仍只占全国的1.34%，连2%都不到。

从引进外资看，2007年前，河南实际利用外商直接投资（FDI）在全国所占比例一直徘徊在1%左右，2007年河南实际利用FDI达到4.01%，出现了历史性的突破。2008年以来，河南实际利用FDI在全国所占比例不断攀升，2012年占到了10.85%，全国1/10的引资额在河南，这是非常令人欢欣鼓舞的现象，但与河南建设经济强省的期望值相比仍显不够。

河南对外开放的现状分析与展望

表2 2007～2012年河南与全国对外贸易及实际利用外资增长态势比较

单位：亿美元，%

指标 年份	进出口额			出口额			实际利用FDI		
	全国	河南	河南占全国比例	全国	河南	河南占全国比例	全国	河南	河南占全国比例
2007	21738.00	128.05	0.59	12180.00	83.91	0.69	748.00	30.62	4.01
2008	25616.00	175.28	0.68	14285.00	107.14	0.75	924.00	40.33	4.36
2009	22072.00	134.38	0.80	12017.00	73.46	0.61	900.00	47.99	5.33
2010	29728.00	177.92	0.60	15779.00	105.34	0.67	1057.00	62.47	5.91
2011	36421.00	326.42	0.89	18986.00	192.40	1.22	1160.00	100.82	8.69
2012	38668.00	517.50	1.34	20489.00	296.78	1.45	1117.00	121.18	10.85

资料来源：据《中国统计年鉴》《河南统计年鉴》相关年份数据计算。

（二）从开放度看河南全国及广东、浙江、山东等发达省份的差距

衡量一个国家和地区的对外开放成就主要的一个指标就是对外开放度，即市场的开放程度，遵循国际惯例，我们在此选择外贸依存度作为开放度的评估和衡量指标，即用对外贸易总额与国民生产总值相比，得到外贸依存度指标，指标的变化意味着一个地区对外贸易在国民经济中所处地位的变化。根据各年度我国及各省的国民经济和社会发展统计公报以及相关省份的统计年鉴，我们选取全国平均值及我国发达地区典型省份的数据计算出2007～2012年的外贸依存度并进行汇总，汇率按国家公布的当年人民币兑美元的平均汇率计算，全国平均及河南、广东、浙江、山东的对外开放度见表3。

表3 2007～2012年河南与全国平均值及典型省份外贸依存度的比较

单位：%

指标 年份	河南外贸依存度	全国外贸依存度	广东外贸依存度	浙江外贸依存度	山东外贸依存度
2007	6.20	56.41	155.10	69.40	36.02
2008	6.61	53.00	133.00	68.28	35.35
2009	4.82	42.13	106.00	75.85	38.58
2010	5.25	47.81	116.10	63.03	32.20
2011	6.91	50.10	110.00	62.44	43.98
2012	10.95	47.00	109.00	56.96	39.40

资料来源：据相关省份国民经济和社会发展统计公报数据计算。

从表3可以看出，河南的经济开放度与我国发达地区相比，一直存在着较大的差距。虽然2012年，河南的外贸依存度有了历史性的突破，达到了10.95%，与自身相比，是一个了不起的进步，但是却只有同期全国平均依存度的23.29%、广东的10.04%、浙江的19.22%，就是与相邻省份的山东省相比，也只是山东的27.79%。这说明，河南开放度还比较低下，追赶的任务还很繁重。

三 河南提升对外开放水平面临的新要求、新挑战及未来趋势分析

在加快经济社会发展的过程中，必须进一步扩大对内对外开放的范围和视野，必须全面提升对外开放的层次、提高对外开放的水平。进入21世纪以来，从我国的经济发展来看，随着经济结构、社会结构的变化，我国已开始由生存型社会向发展型社会过渡。在这个特定的发展阶段，全社会面临的生存性压力在逐步减弱，发展性压力在全面增强。尤其是随着我国科学技术的突飞猛进，各地区之间的经济竞争日趋激烈，差距日渐扩大。各地区都面临着日渐扩大的竞争压力，竞争和发展性的压力迫使各区域不得不寻觅路径加快发展。

河南的发展在全国范围内是比较落后的，对外开放程度低是其落后的重要原因，因此强力扩大对外开放，快速提升对外开放水平，是加快河南经济社会发展的全局性综合性战略举措，是决定河南前途命运的关键抉择和基本省策。中原能否崛起，河南能否振兴，全面建成小康社会目标能否顺利实现，关键取决于河南对外开放水平的高低。

进一步扩大开放，河南面临着良好的发展机遇，河南作为中原的主体，区域优势明显，尤其是中原经济区的加快建设和郑州航空港经济综合实验区的设立，使河南在中国改革开放的大局中占据了更为重要的战略地位，随着以航空经济为引领的现代产业基地的构建，现代航空都市和中原经济核心增长极的规划，河南正在成为中国的新兴市场和国内外战略投资者青睐的热土，正在成为中国极具增长潜力的区域。

河南的对外开放在面临难得发展机遇的同时，也面临着严峻的挑战。从国

际形势来看，经济全球化进一步加剧，但经济复苏进程仍然缓慢，世界金融危机带来的深层次矛盾尚未根本消除，全球性经济运行下行的趋势仍难有明显的改观，市场流动性仍然短缺，投资和消费信心不足，国际经济环境中的不确定不稳定因素增多。在全球经济低迷的形势下，贸易保护主义持续加剧，河南面临的贸易形势仍然不容太大的乐观。同时，发达国家推行的"制造业回流"，也使得海外企业投资能力和意愿降低，区域间招商引资竞争加剧，多方位、多层次的国际竞争仍然不容忽视。从国内来看，我国生产要素价格不断攀升，劳动力供应结构性短缺及土地供应趋紧的形势不容乐观，河南原有的劳动力和传统的生产成本优势相对减弱。但从长远来看，河南对外贸易的总体形势和基本面还是好的，仍有不少有利条件和积极因素，产业转移的内在动力和趋势没有改变，河南开放招商仍处于战略机遇期，各方面条件越来越完备，优势日渐凸显，仍可大有作为。尤其是在当今世界，经济全球化的主体已不只是限于民族国家，公司、个人、消费者和富有活力的区域都在日益成为经济全球化的主体。过去我国珠三角、长三角地区在制造业领域是实施开放带动战略的成功典范，现在在承接国际服务转移与外包中一些内陆中心城市也已成为重要的先导地区，因此河南作为中部地区的重要区域，完全有可能在创新中早日实现崛起，在对外开放中创出新的天地。

从以上分析来判断，尽管目前面临着不容乐观的国际形势，河南的对外开放仍然面临着难得的机遇。综合以上因素和2012年全年及2013年前三季度河南利用外资的增长情况，初步判断，2014年河南的对外开放将在以前的基础上，实现较快的平稳增长，就在全国的位置来讲，会在对外贸易总额上有所前移，利用FDI方面取得新的突破，与东部发达地区开放度的差距会进一步缩小。河南应积极进行新的战略性前瞻性探索，一方面致力于强力开拓对外开放新局面；另一方面积极把握时机，创造条件继续打造国际和东部产业转移的开放平台，大幅度提升河南的开放水平，创造河南参与全球化、实现跨越式发展的新优势。

四　河南进一步扩大对外开放的政策建议

当前，河南的对外开放已经站在一个新的历史起点上，在谋求中西部协调发展的今天，河南至今已有3项战略上升为国家战略，建设中原经济区和郑州航空港经济综合实验区的战略规划要求必须快速提升对外开放水平。在这一新形势下，河南加大对外开放必须站在更高水平上进行谋划，必须准确把握当前的国际国内形势，准确把握互利共赢、多元平衡、安全高效的开放型经济体系的基本内涵，进一步更新对外开放理念，把对外开放工作的重点放在如何提高对外开放效益、如何提高对外开放水平上，实现以下4点对外开放工作中心的转变：一是实现开放指导原则的转变，在继续搞好对外开放规模扩张的同时，引导对外开放的科学发展。二是努力实现更高层次的开放发展目标，提高利用外资的综合优势和总体效益，推动引资、引技和引智的有机结合。三是努力实现对外开放竞争战略的转变，从廉价劳动力优势扩展为以自主创新为核心的体制、人才和技术综合优势。四是提高对外开放的水平和视野，战略重点从优化开放政策拓宽到关注、统筹对内对外开放。

（一）用足用实中央给河南的各项政策，营造良好的投资环境

要根据党的十八届三中全会的精神，围绕构建开放型经济新体系，进一步分析和研究招商引资的新形势、新情况和新特点，在研究国际投资规则和通行做法及经验的前提下，进一步采取各种有效措施，营造良好、便捷的投资环境，改善对外开放的发展条件，营造开明开放的政策环境，深化外商投资管理体制改革。要执行好中央给河南的有关三大战略的政策，做实中央已经批准的重大战略规划，规划好、利用好中央给河南的各项有关优惠政策，制定符合省情的有创新性的对外开放政策，加快实施中央批准的重大实验方案和发展规划；全力探索省际面的国际合作与交流新途径，增进全省各地方、各层次与国际市场的了解与沟通，积极寻找尽可能多的市场投资合作切入点。

（二）探索引进外资的动力机制，构造开放引资的新平台

要采取切实有效的方式，搞好引资工作。依托现有开发区的比较优势，搞好各开发区的招商引资工作，从"政策招商"逐渐转向"产业招商"，着力抓好河南企业同世界500强的对接，推动河南省企业利用外资，引进资金和关键技术，加速产品升级换代。同时抓好各类项目的落实和引进。在做好政策、法

规的宣传解释工作的同时，要按照"统一、开放、竞争、有序"的要求，营造公平竞争的市场环境。要着力打造政府信用体系，以争创服务品牌为工作的中心，营造优质高效的服务环境。要加强诚信和维权建设，营造诚实守信的人文环境。要致力于打造廉价、优质的要素环境，构建廉洁、高效、公正、公平、优惠、稳定的开放引资新平台。

（三）进一步实施"走出去"战略，拓展海外投资的新途径

实施"走出去"战略，是在更高层次上推进经济国际化的有效方式，当前，无论从开拓市场空间、优化产业结构、获取经济资源、争取技术来源，还是突破贸易保护壁垒、培育具有国际竞争力的大型跨国公司，"走出去"都是一种必然选择，也是河南对外开放提高到一个新水平的重要标志。"走出去"既需要有积极的紧迫感，更需要扎实有效的准备和基础工作。河南要有步骤、有重点地培养企业，使其真正成为实施"走出去"战略的主体。要继续发挥河南省的自身优势，培育有竞争力的企业和产业，大力增强外经企业综合竞争能力。要鼓励更多的实力较强的企业取得外经经营权，不断扩大外经队伍。加强对现有外经企业管理和服务。促使外经企业打实基础，开拓业务，扩大规模，壮大实力。大力发展多元经营。按照多元化经营思路，引导外经企业调整经营方式和业务结构，根据企业特点和市场需求，开拓经营领域，拓宽经营市场，提高外经综合业务开拓能力。鼓励外经企业横向联合。围绕重点劳务承包工程，促进项目合作，鼓励外经企业与外贸、金融、工业、建筑、设计等企业联合，依托各方优势，以项目为载体，以利益为纽带，以合力为依托，形成整体优势承揽项目，共同开拓国际经济技术合作市场。要积极实施"走出去"战略，更好地利用域外的要素和市场，拓展发展空间。可以建立海外投资发展资金，对企业的海外投资活动实行资助。对凡是符合政府鼓励政策的企业对外直接投资项目，都予以资金资助，打破政策歧视，鼓励非公有制企业发展，支持更多有实力的企业"走出去"。也可以设立传统产业"走出去"专项扶持基金。可以针对需转移出去的传统产能中有条件的企业设立专项扶持基金，有目的、有计划、有国别地选择传统产业"走出去"。此外，还可制订相应的税收鼓励扶持政策和规范管理措施。最后要大力提升对"走出去"企业的服务功

能，由政府机构、官办民营机构、民办官助机构和民办民营机构等分工协作相互配合构建统一多层次和高效率的中小企业"走出去"服务体系，全力支持具有比较优势的企业走出去。

（四）加快各领域改革开放，建立求实求效开放的行政管理体制

要进一步转变政府职能，最大限度地减少事前审批事项，加强事中事后管理，建立一站式政府服务机制和服务效率监督检查机制，建设以诚信政府、法治政府、高效政府和责任政府为核心的服务型政府，为大幅度提高河南的经济开放度提供基本的前提和保障，推动河南对外开放实现更大的飞跃。在以信用为基点，严格依法建立全方位公开的社会信用信息网络的同时，加快转变政府职能，改革行政方式，创新区域合作的管理体制，精简合并行政机构与行政层级，建立公正、廉洁、高效、精干的管理体制，打破行政壁垒，实现区域协调。实施先行先试的贸易、投资和金融政策，促进金融市场产品创新，提高人力资源素质和劳动效率，制定实施引进人才的中长期计划和政策，为复制推广上海自贸区经验准备条件，通过破除体制机制上的障碍，积极推进构建科学的全方位、多层次的对外开放格局。

B.15 河南省居民消费价格指数走势分析与预测

蔡玉平 王磊玲*

摘　要：

河南省居民消费价格走势既遵从了全国物价变动的基本态势，又呈现出明显的区域特征。2012年以来，随着经济增长速度回落，河南省CPI指数增速呈现出先下降后微弱上升的态势，较长时间维持在3%以内。进入2013年，虽然物价水平各月份有所波动，但整体上呈小幅上升态势。与全国相比，河南省居民消费价格指数的变化呈现出"上升早、波动大、涨幅高"等特点，这一特点主要是由于河南省经济发展的水平以及经济结构特征所决定的。2013年第四季度以及2014年，河南省居民消费价格走势整体上呈现缓慢上升态势，但涨幅不会太大。预计2013年全年居民消费价格指数涨幅在3.5%以内，2014年会上升到4%左右。针对河南省居民消费价格缓慢上升趋势，省委、省政府应高度重视，采取切实可行措施，在促进经济稳定快速增长同时，最大限度地舒缓居民消费价格指数上涨压力。

关键词：

居民消费价格指数　翘尾因素　通胀预期

---

* 蔡玉平，经济学硕士，郑州大学商学院教授、副院长，主要从事宏观经济形势和政策、财政金融理论和商业银行经营管理等领域的研究和教学；王磊玲，管理学博士，郑州大学商学院讲师，主要从事农村金融领域的研究。

居民消费价格指数（简称 CPI）通常指一定时期内居民所消费商品及服务项目的价格水平。在我国的经济统计中，CPI 涵盖城乡居民生活消费的食品、烟酒及用品、衣着、家庭设备用品及维修服务、医疗保健和个人用品、交通和通信、娱乐教育文化用品及服务、居住等八大类、262 个基本分类的商品与服务价格。CPI 的变化不仅反映了经济运行的状况，而且在很大程度上影响着居民生活水平，因此无论是理论研究者、还是政策制定者甚至普通百姓，都对其高度关注。准确地把握河南省 CPI 变动态势，分析其变化特点及变动规律，对省委、省政府出台科学的调控政策、稳定物价、保持经济平稳增长具有十分重要的意义。

一 河南省 CPI 运行整体情况

2013 年 1~9 月 CPI 同比上涨 2.8%，与去年同期持平。其中城市上涨 2.8%，农村上涨 2.9%。

（一）2013 年前三季度 CPI 温和上涨

受全国以及河南省经济增长速度回落影响，2012 年河南省 CPI 呈现出先下降后微弱上升的态势，前三季度逐渐下降，第四季度企稳回升。进入 2013 年，前三季度物价虽然逐月有所波动，但整体呈现上升趋势。总体来说，2012 年 1 月至 2013 年 9 月河南省 CPI 指数呈现出"两头高中间低"的特征（见图 1）。

2013 年前三季度 CPI 同期上升 2.8%，与 2012 年同期涨幅持平。8 大类商品和服务价格同比全部上涨，8 类价格涨幅低于上年同期。其中食品上涨 5.4%，涨幅比上年同期高 1.1 个百分点；衣着同比上涨 2.6%，涨幅比上年同期低 0.8 个百分点；烟酒及用品上涨 0.8%，涨幅比上年同期低 3 个百分点；交通和通信上涨 0.2%，涨幅比上年同期低 0.6 个百分点；家庭设备用品及维修服务上涨 1.5%，涨幅比上年同期低 1.4 个百分点；医疗保健和个人用品上涨 1.7%，比上年同期低 0.2 个百分点；娱乐教育文化用品及服务上涨 2.6%，涨幅高于上年同期 1.5 个百分点。

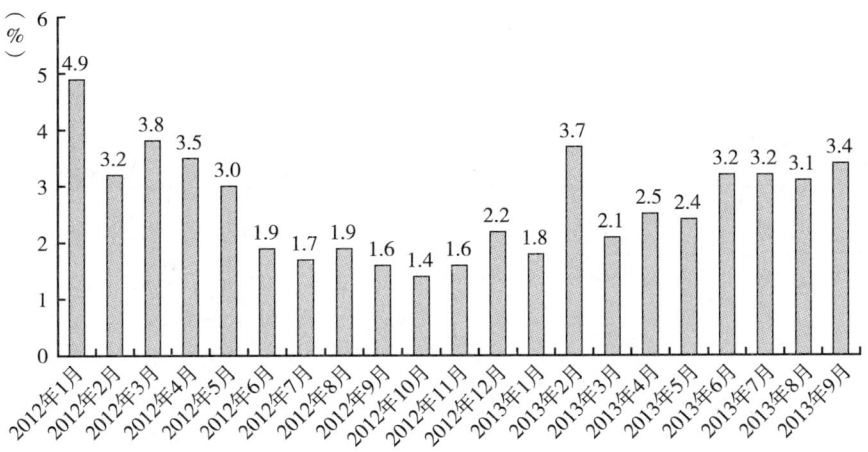

图 1　河南省 2012 年 1 月至 2013 年 9 月 CPI 同比变动情况

数据来源：国家统计局国家数据网，http://www.stats.gov.cn/workspace/index（后面图 2～图 11 的数据出处均同此）。

（二）各月同比、环比变动情况

河南省各月 CPI 同比涨幅呈现"逐月走高"，环比波动相对较大。

1. 各月 CPI 同比涨幅"逐月走高"

2013 年 1～9 月 CPI 同比涨幅分别为：1.8%、3.7%、2.1%、2.5%、2.4%、3.2%、3.2%、3.1% 和 3.4%。2013 年 2 月 CPI 同比增长 3.7%，增长呈现一定的跳跃性，主要是由于春节与上年错月和雾霾天气等因素引起的；3 月以后 CPI 开始温和上升；6 月同比上涨 3.2%，之后连续四个月都在 3% 以上；9 月份涨至 3.4%。

2. CPI 环比波动相对较大

与 2012 年环比波动情况相比，2013 年前 5 个月环比波动相对较大，1～2 月环比上涨 1.3%；3 月环比下降 1.2%；4 月环比不变；5 月下降 0.8%，波动相对较大；6 月之后环比开始呈现连续小幅回升态势，主要是由于肉禽、鲜菜、服务等商品和服务价格上涨引起的（见图 2）。

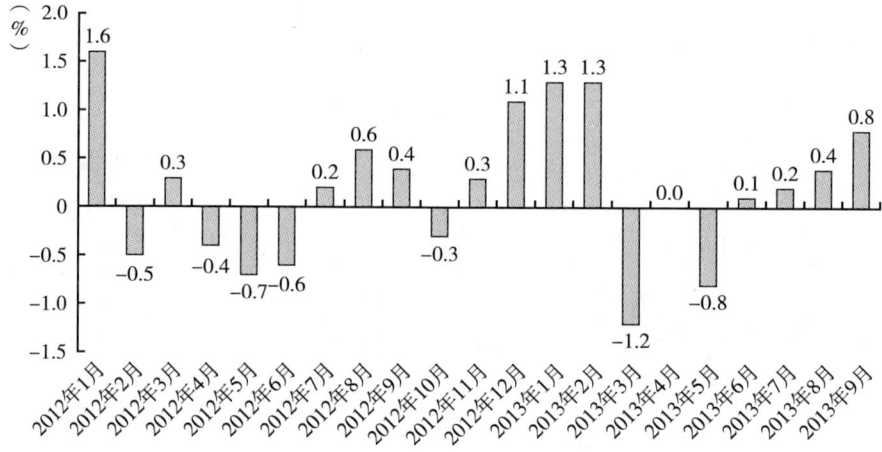

图2　2012年1月至2013年9月河南省CPI环比变动情况

二　河南省CPI走势特征分析

2013年河南省CPI基本呈现温和上升趋势，新涨价因素尤其是食品类、服务类价格上涨是推动CPI上涨的主要动力。与全国相比较，河南省CPI呈现出"上升早、波动大、涨幅高"等特点；与中部6省相比，呈现出CPI"相对偏高、持续期长"等特征。

（一）河南省CPI内部结构特征分析

2013年前三季度CPI指数累计上涨2.8%。由图1可以看出，CPI从6月开始大幅度上升，一直持续到9月，连续4个月在"3%"以上，这主要是由于食品价格，尤其是肉禽及其制品和鲜菜价格上涨引起的，进入9月和10月，中秋节和国庆节的节日效应也助推了物价的上涨。

1. 新涨价因素影响CPI程度大

据测算，2013年1~9月CPI同比涨幅2.8%，其中翘尾因素的影响程度小于新涨价因素。7月翘尾因素的影响达到全年最高值，为2.2%，高于同期新涨价因素1.2个百分点，之后翘尾因素影响开始减弱，9月份减至1.2%，低于当月新涨价因素1个百分点。预计今后几个月，翘尾因素的影响会进一步弱化。

此外，食品价格如鲜菜、肉禽及其制品等价格上涨较快，非食品服务项目涨价较快，进一步验证了新涨价因素是推高物价的重要原因。由此可见，新涨价因素是影响河南省2013年前三季度CPI走势的主要原因。

2. 食品类价格上涨是CPI上涨最主要推手

2013年前三季度食品价格涨幅位居8大类商品和服务之首，为5.4%，涨幅高于去年同期1.1个百分点，影响CPI总水平同比上涨约1.66个百分点（见图3）。其中，粮食上升6.7%，涨幅比去年高出2.5个百分点；肉禽及其制品上升4.5%，涨幅比去年高出4.6个百分点；鲜菜上升6.9%，涨幅低于去年11.9个百分点。

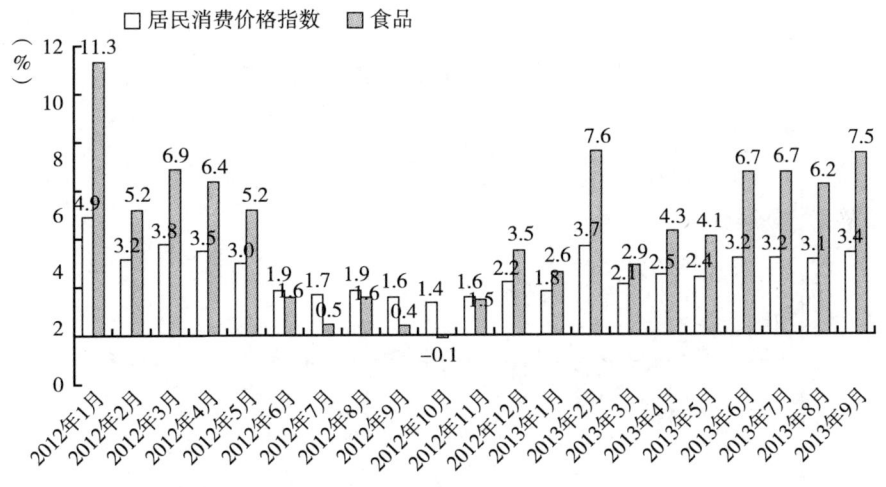

图3　2012年1月至2013年9月河南省食品价格与CPI同比变动情况

各月环比、同比数据显示，进入6月以后，食品价格涨幅加剧，主要是是肉禽及其制品、鲜菜、鲜果价格上涨过快引起。6~9月，肉禽及其制品CPI环比上涨分别为5.1%、1.2%、1.5%和1.4%，同比价格分别上涨为7.2%、8.0%、8.7%和8.1%；鲜菜价格环比涨幅分别为-6.8%、5.5%、5.6%和7.4%，同比涨幅分别为16%、17.7%、11.1%和24.1%；鲜果同比涨幅分别为17.5%、12.3%、9.7%和16%（见图4、

图 5）。此外，受节日效应的影响，蛋价格快速上涨，8 月环比价格上涨 12.2%①。

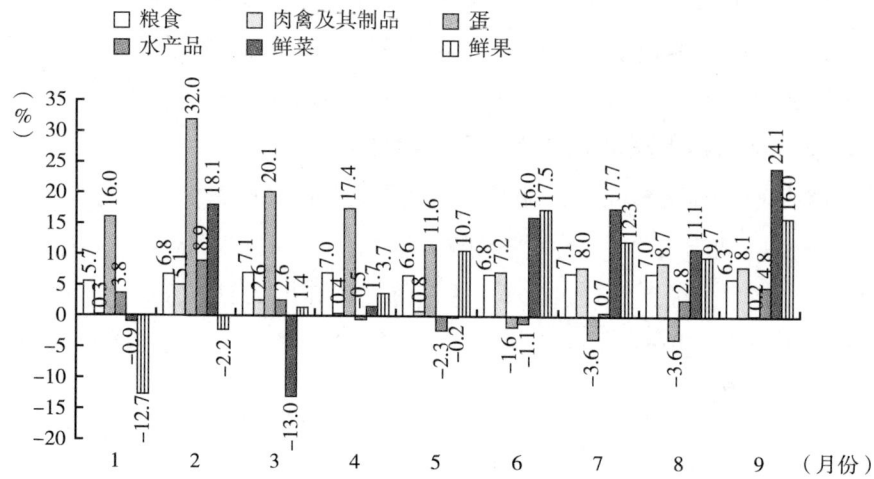

图 4　2013 年 1～9 月河南省食品各类同比变动情况

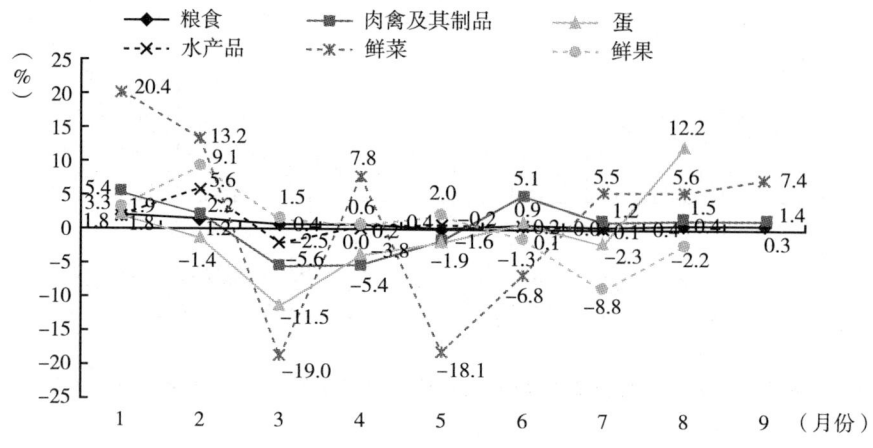

图 5　2013 年 1～9 月河南省食品各类环比变动情况

3. 服务类项目价格上涨是另一重要动力

娱乐教育文化用品及服务类同比价格稳步上升。受经济回暖、居民消费结

---

① 资料来源：http://www.ha.stats.gov.cn。

构升级等因素影响,对娱乐教育文化用品及服务的需求增多,教育服务和娱乐服务价格上涨较为明显(见图6)。分年度来看,娱乐教育文化用品价格2012年上升1.2%,2013年前三季度上升2.6%,高于去年同期1.5个百分点。

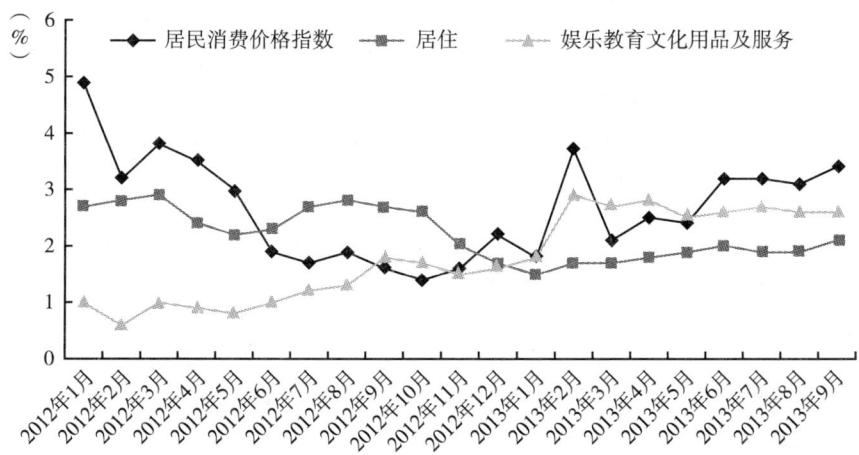

图6 2012年1月至2013年9月居住、娱乐教育文化用品及服务与CPI同比变动情况

4. 农村CPI涨幅高于城市

数据资料显示,河南省2013年前三季度城市CPI上升2.8%,农村CPI上升2.9%。2013年城市和农村CPI均呈现上升趋势,而农村CPI上涨相对更快(见图7)。

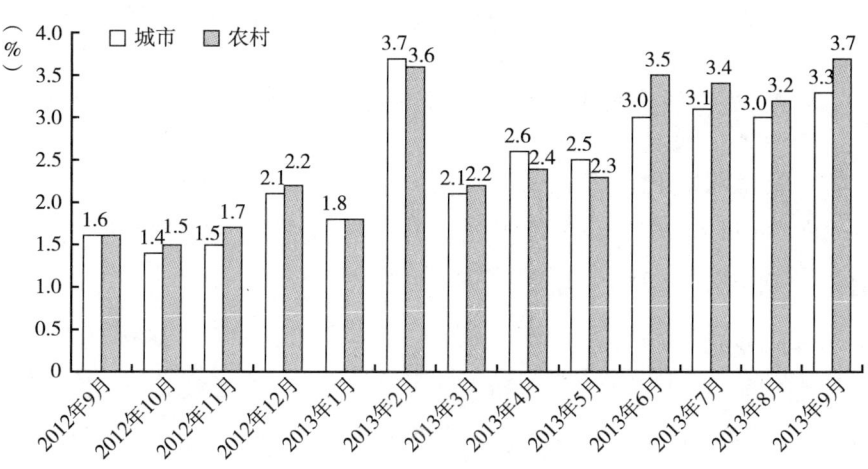

图7 2012年9月至2013年9月农村和城市CPI同比价格比较

（二）与全国CPI平均水平比较

将河南省CPI与全国平均水平进行比较，具体分析如下。

1. 同比变动幅度大于全国平均水平

2012年1月~2013年9月河南省CPI变动与全国平均水平存在较高的一致性，但是变动幅度大于全国平均水平。

2012年1~10月河南省CPI指数呈现持续下滑趋势，这一阶段河南省CPI水平平均低于全国2个百分点左右，之后开始出现企稳回升，但仍低于全国平均水平。2013年河南省CPI出现小幅升高，与全国平均水平差距甚微，5月之后CPI上涨幅度开始明显超过全国平均水平（见图8）。

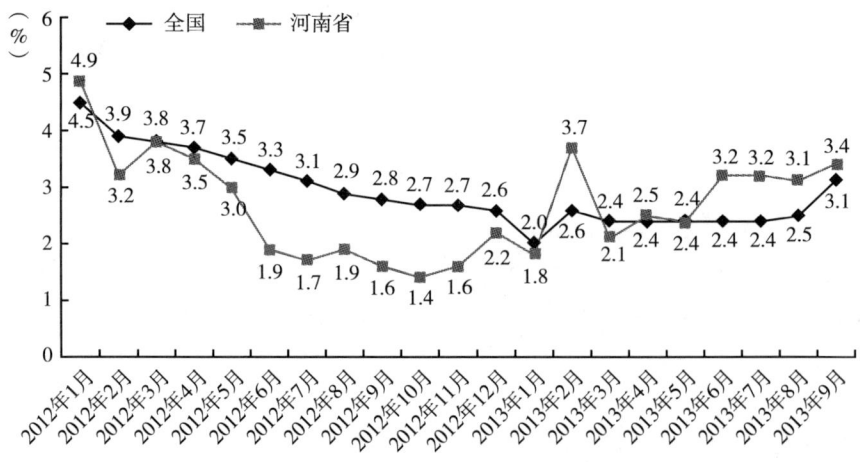

图8　2012年1月至2013年9月河南省与全国CPI走势比较（同比价格）

2. 同比上涨早于全国

河南省CPI自2012年10月开始上升，而全国CPI在2013年2月出现上升趋势，河南省CPI同比上涨早于全国。

2013年前三季度河南省CPI上涨2.8%，高出全国平均水平0.3个百分点，新一轮的CPI上涨受食品价格上涨影响较大。河南省食品消费价格指数上涨5.4%，高于全国1个百分点。与去年同期相比较，全国食品消费价格下降了1.1个百分点，而河南省则恰恰相反，上升了1.1个百分点。这一现象应该与河南省是农业大省,受农产品价格变动更为敏感有关。

3. 6大类商品和服务价格同比涨幅高于全国平均水平

受2012年河南省CPI普遍低于全国平均水平的影响,河南2013年前三季度6大类商品和服务价格同比涨幅高于全国平均水平。其中,食品同比涨幅高出全国1个百分点,烟酒及用品高出0.2个百分点,衣着高出0.3个百分点,医疗保健和个人用品高出0.2个百分点,交通和通信高出0.6个百分点,娱乐教育文化用品及服务价格高出1.2百分点;家庭设备用品及维修服务价格与全国持平,仅居住价格低于全国1个百分点(见图9)。

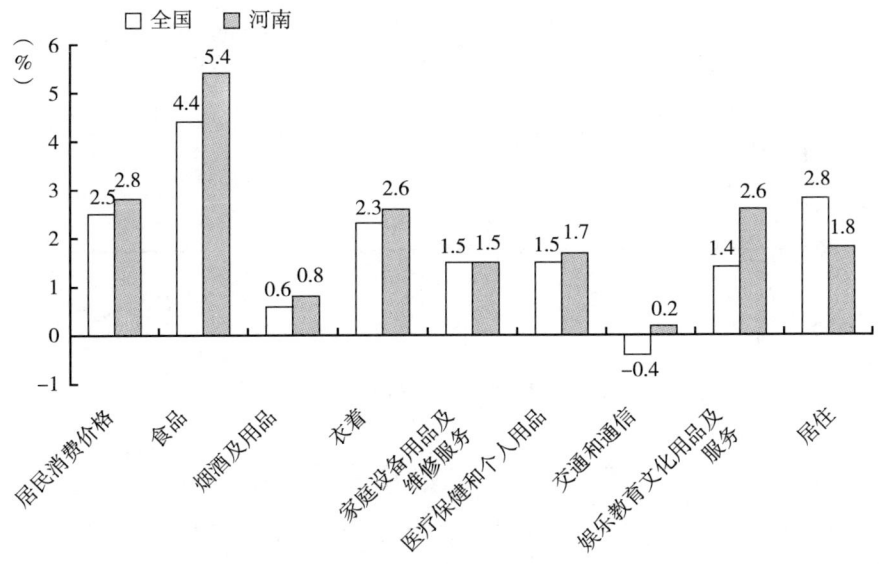

图9 2013年前三季度河南 与全国CPI及8类商品和服务比较

综上所述,与全国CPI平均水平相比,河南省CPI呈现出"上升早、波动大、涨幅高"等特点。究其原因,主要是与河南的经济结构有很大关系,河南省是农业大省,CPI对经济发展、农产品供求等要素变动更为敏感。

(三)与中部其他5省CPI水平比较

为进一步明确河南省CPI变动特征,故与中部其他省份CPI变动情况进行比较。

1. CPI上涨幅度在中部偏高

河南CPI上涨幅度相对较大,在中部6省排名靠前(见图10)。2013年前三季度山西CPI上升3%,位居中部6省之首;河南省和湖北CPI均上升2.8%,并列第2位;安徽省和江西省CPI均上升2.3%,并列第3位;湖南省CPI上升2.2%,为中部6省最低。

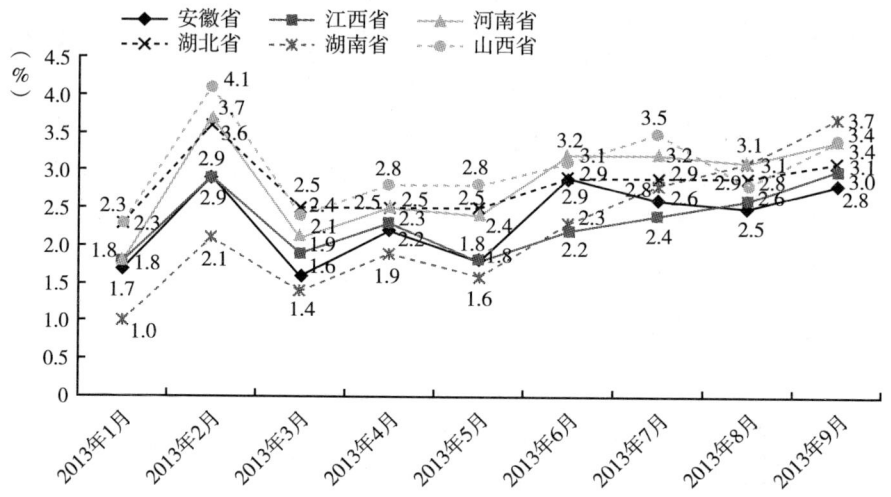

图10 2013年1~9中部6省CPI同比变动情况

与去年同期相比,6省中安徽、江西、湖北、湖南4省低于去年同期,分别低于0.1%、0.6%、0.3%和0.1%,河南CPI涨幅与去年持平,山西省CPI涨幅高于去年同期。

2. 前三季度同比涨幅在3%的月份最多

前三季度河南有5个月消费价格指数超过3%,是中部6省前三季度CPI指数在3%以上最多的省份。

2013年中部6省CPI延续上年温和上涨的趋势。2月受春节等因素影响,CPI上涨较快,其中河南、湖北和山西同比上涨超过3%,分别为3.7%、3.6%和4.1%。春节过后各地区CPI稍有回落,但进入6月,河南、山西物价出现大幅上涨,CPI指数超过3%。其他省份物价上涨则相对缓慢,湖南8月超过3%,湖北和江西9月超过3%,安徽CPI比较平稳,涨幅还没有超过3%。

三 2013年第四季度及2014年CPI走势分析

一般来说，CPI是宏观经济的晴雨表，经济增长快，CPI的涨幅会较高，反之，如果经济增速出现下滑，CPI的涨幅也会下降。预测CPI未来走势，需要分析未来河南省经济运行态势以及影响物价变化的主要因素。

（一）货币供给增长较快是推动物价上升重要因素

长期以来，我国货币供给增长速度远远超过经济增长速度，这是导致CPI长期上涨的一个重要因素。2012年，我国货币供给增长明显放慢，但2013年货币供给增长明显加快。从图11可以看出，2013年1~9月我国广义货币供应量增长速度同比超过2012年1个百分点。货币供给对物价上升的推动作用具有滞后性，这预示着2013年第四季度和2014年前两个季度物价具有上升的货币支撑。

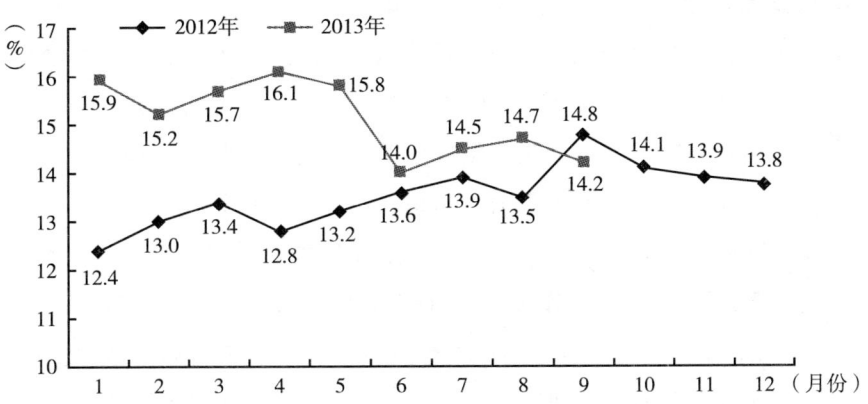

图11 2012年1月至2013年9月我国广义货币供应量同比增长情况

（二）河南省经济运行仍将延续稳中有进态势

2013年，河南省前三季度国内生产总值比上年同期增长8.7%，较一季度和上半年均加快0.3个百分点，在全国的位次较上半年前移4位。在中央和省政府一系列稳增长政策的引导下，各地的投资建设力度不断大，基础设施建设加快推进,助推了传统支柱产业生产的持续回升。随着城镇化步伐的加快,房地产的刚性需求将持续释放,房地产业持续稳定增长的基础依然较好。特别是产业集聚区和航空港经济综合实验区加快建设,承接产业转移与转型升级不断加快,产业体系不断丰富完善,企业应对复杂局面能力显著提高,对市场预期的持续改善正在产生积极作用。一般来说,CPI是宏观经济的晴雨表,经济增长快,CPI的涨幅会较高,反之,如果经济增速出现下滑,CPI的涨幅也会下降。河南省经济运行仍将延续稳中有进态势,将对未来物价上升形成较强推力。

(三)内需不足的问题依然存在

虽然2013年第三季度以来,河南省投资增长出现了加快态势,并推动了经济增长微弱回升。但是由于宏观经济环境不确定性因素仍然存在,经济结构矛盾依旧突出,内部需求不足难以根本性缓解。

1. 投资需求活力不强

首先,企业生产积极性不强。2013年前三季度,全省工业生产者出厂价格指数(PPI)连续22个月下降,9个月连续出现出厂价格指数低于购进价格指出,形成价格倒挂,导致企业效益持续低位运行。此外,规模以上工业亏损面不断扩大,进一步抑制了企业生产的积极性。

其次,投资增长不稳定。一方面新开工项目投资增速下降,项目不足。据河南统计局测算结果显示,新开工项目完成投资对全省投资贡献率同比下降9.9个百分点,对第四季度以及2014年投资增长以及工业持续发展将产生不利影响。另一方面房地产后期走势不确定性较多,体现在土地购置面积持续下降、新开工面积增长缓慢。2013年1~2月、一季度、上半年和前三季度全省房地产开发企业土地购置面积同比分别下降50.9%、37.7%、26.0%和24.4%;全省房屋新开工面积同比增速分别为3.4%、-11.9%、0.0%和4.0%。

2. 消费需求仍然不足

受宏观经济不景气、消费习惯等因素影响,虽然2013年全省消费市场有所增长,呈现出平稳增长态势,但与2012年同期相比,消费市场仍然不景气。

2013年前三季度，全省社会消费品零售总额增长13.4%，分别比上半年和一季度加快0.2和0.3个百分点，低于去年同期2个百分点（见图12）。

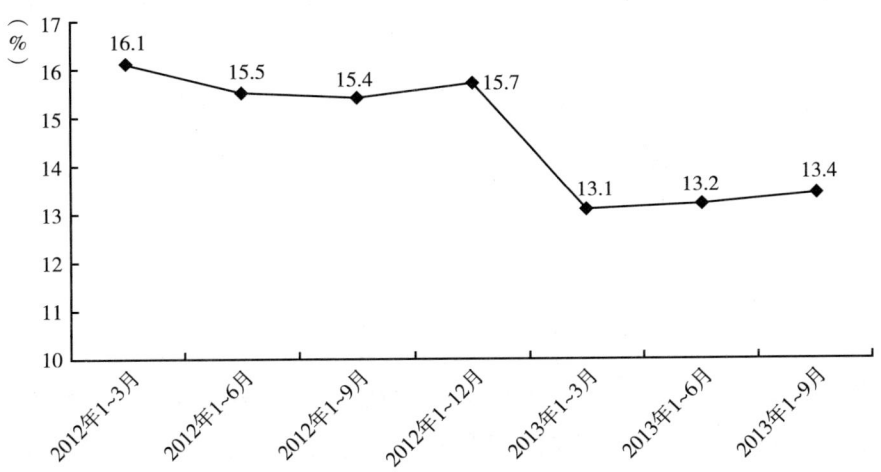

图12　2012年1月至2013年9月河南省社会消费品零售累计增长情况

2013年前三季度城镇居民收入同比增速9.6%，扣除价格因素实际增速为6.7%，低于同期GDP同比增速（8.7%）2个百分点；农村居民收入同比增速12.5%，扣除价格因素实际增速为9.4%。受收入水平增速限制，居民支出增速有所下降。据统计，2013年前三季度，全省城镇居民人均消费支出10929.11元，同比增长7.6%，扣除价格因素，实际增长4.8%，远低于2012年人均消费8.5%的增速。

（四）农产品供给不确定因素较多

2013年河南省全年粮食总产量继续超过1100亿斤，连续10年增产、连续8年超千亿斤。畜牧业生产克服禽流感和生猪价格波动带来的不利影响，生产总体正常、发展平稳。前三季度，全省肉（猪、牛、羊、禽肉）、蛋、奶（牛奶）总产量同比分别增长3.4%、1.0%和0.1%。

进入10月，受节日、天气等因素影响，蔬菜等农产品供应稍有紧张，物价进一步出现小幅波动。据河南省商务厅监测，10月24日重点监测的60种生活必需品中，肉、禽、蛋和蔬菜的价格已经出现小幅回落，但受未来天气、季节等不确定性因素还较多,农产品供给和流通环节还存在一些不确定性,因此农产品物价变动仍有较大上涨的可能。

在食品类物价上涨极大助推物价上涨的大背景下,食品类物价稳定有利于河南省物价的稳定。由于农产品生产受天气等自然条件影响较大,农产品供给的不确定性因素较多,再加上河南省是农业大省,农产品流通交易市场发达,食品类价格极易受此影响引发波动。

(五)未来河南省物价变动走势预测

2013年第四季度河南物价总水平将继续保持稳步上升趋势。从CPI内部结构看,虽然翘尾因素会持续减弱,但受食品类价格水平持续上涨影响,CPI涨幅将继续升高。因此,未来两月CPI或有小幅上升,但大幅波动的可能性不大,2013年CPI将呈现前低后高的走势,全年CPI涨幅应在3.5%左右。

2014年宏观环境仍然错综复杂,需求不足的问题仍难以根本缓解,结构性矛盾依然突出,经济上行的动力依然较弱,宏观经济将呈现出慢节奏、弱复苏、区间反复震荡的状态,但全年经济增长将延续2013年三季度以来的弱回升趋势,但增速不可能有很大提高。随着宏观经济运行的小幅回升,加之河南省经济以农产品生产和资源品生产为主的结构特征,2014年河南省CPI也会呈现小幅上升态势,整体水平高于今年,也高于全国水平,全年CPI增幅将可能突破4%。

四 加强稳定物价宏观调控的对策建议

为应对河南省未来物价存在的通胀预期,相关部门应该采取有效手段增加生产、保障供给,管好流通,稳定市场,以有效稳定物价。

(一)继续加强惠农政策,确保农产品供求平衡

1. 确保粮食、猪肉等主要食品供需平衡

河南省是传统的农业大省,是全国的粮仓,要努力确保粮食、猪肉等主要

食品供需均衡。首先,要继续加强和完善各项支农惠农政策,充分调动农民种粮积极性。提高种粮补贴,将补贴实惠真正落实到种粮农民手中,提高农民种粮的意愿。其次,要稳定农资价格,降低粮食生产成本。确保农业生产资料供应,加强农资流通市场监管,控制农资质量和价格,确保农民粮食生产的收益,间接提高农民种粮积极性。最后要完善各项涉农费用制定,要坚持城市支持农村、工业支持农业的原则,减缓农村物价水平波动。

2. 加强蔬菜生产基地建设

河南省是粮食生产大省,但蔬菜对外依赖度高,稳定蔬菜价格是稳定农产品价格波动的重要一环。随着城镇居民生活水平的提高,对蔬菜等食品需求越来越旺盛,蔬菜等农产品价格对城镇居民的影响也越来越重要。因此要稳定蔬菜价格,亟须扩大蔬菜种植面积,保障蔬菜供给,建立健全蔬菜储备制度,切实提高蔬菜的自给能力和应急供应能力。

(二)加强流通环节管理,降低流通成本

1. 建立完善农产品信息体系

建立完善的农产品信息体系,加强对生产、流通、消费等各个环节的监测,为农产品生产,尤其是蔬菜、瓜果种植户提供及时准确的市场信息,对蔬菜、瓜果种植进行合理引导,减少蔬菜、瓜果等种植的盲目性。

2. 降低流通成本

要进一步改善流通环境,降低流通成本。首先,要进一步整顿市场秩序,加强涉农收费的整顿,在继续实施"绿色通道"的同时,要杜绝不合理、违规罚款收费,尽可能减少收费环节。其次,建立冷链物流体系,加强采摘、运输、储存等物流环节上的损失控制,进一步降低流通成本。有关资料显示,目前河南省在这一环节上的损失率高达20%～30%,流通中的腐损直接导致了蔬菜产量的降低、供应量的紧张,是影响蔬菜价格波动的一个重要原因。

(三)加强民生价格的监管,稳定居民生活

1. 掌握好资源性产品价格调整节奏和力度,预防管理通胀预期

面临物价水平可能超出调控预期的压力,各项物价政策的制定必须要严格

控制。在具体物价调控时,要根据实际情况,充分考虑调价幅度与群众实际承受能力的关系,避免水、电、燃气等资源性产品价格出现集中提价或者价格涨幅过大。

2. 加强教育、医疗收费监管,继续监测调控房产市场

首先,要进一步规范教育服务收费,加强教育收费管理,严格教育、培训收费公示制度。其次,继续控制医药价格,加强对医疗服务价格的监管。最后,要监测房地产市场,加大保障房的建设和投入,通过市场化途径缓解房地产供需矛盾,引导房价合理回归,降低居住类价格上涨。

参考文献

罗忠洲、屈小粲:《我国通货膨胀指数的修正与预测研究》,《金融研究》2013年第9期。

史秀红:《近年来我国物价上涨原因探究》,《经济师》2013年第4期。

王昱焱、任龙、周升起:《中国2008~2012年CPI指数变化及影响原因探析》,《经济研究导刊》2013年第7期。

李朝鲜、赵军普:《我国通货膨胀产生的内在逻辑与治理政策建议》,《现代财经》2013年第4期。

张红、杨飞:《房价、房地产开发投资与通货膨胀互动关系的研究》,《经济问题》2013年第1期。

徐静:《我国通货膨胀的特点与成因分析》,《财会研究》2013年第4期。

李勇辉、王丽艳:《当前我国通货膨胀的成因及对策研究》,《当代经济管理》2013年第8期。

李成、郭哲宇、张琦:《预期、投资推动与中国通货膨胀》,《上海金融》2013年第4期。

河南省统计局综合处:《2013年前三季度全省经济形势分析》,河南统计网,2013年10月23日。

郑东涛、田少勇、王建国:《2012~2013年河南省CPI走势分析》,河南统计网,2013年3月4日。

刘梦玲、李青、孔晓瑞:《河南省蔬菜价格上涨原因及对策研究——基于郑州市地区的分析》,百度文库,http://wenku.baidu.com/view/5a8f9c2c647d27284b73510e.html。

B.16 河南省城乡居民收入形势分析与展望

高 璇*

摘 要： 2013年，河南省城乡居民收入仍保持较高的增长态势，居民收入增速继续高于经济增速，收入差距正在缩小，收入分配结构不断优化。当然也存在一些问题，总体水平依然较低，分配结构有待于完善，农民收入还需加以提高。2014年，河南省城乡居民收入将继续呈现快速增加势头，收入分配结构将进一步优化，分配政策进一步完善，农民收入进一步提高，并建议从加快经济发展、调整分配结构、健全分配制度、完善社会保障体系等方面加以努力，为2020年实现河南收入倍增计划奠定坚实基础。

关键词： 河南 城乡居民收入 分析态势与展望

党的十八大明确提出"2020年实现国内生产总值和城乡居民人均收入比2010年翻一番"的目标。2013年是全面落实党的十八大精神和实施《中原经济区规划》的开局之年，也是为全面建成小康社会奠定坚实基础的重要一年。随着河南各级政府民生工程的逐步落实，2013年河南省城乡居民收入实现了快速增长。本文将对2013年河南城乡居民收入水平的现状进行回顾，在此基础上对2014年居民收入状况进行展望，并在文章的结束部分提出河南进一步提高居民收入的政策建议。

---

* 高璇，经济学博士，河南省社会科学院助理研究员。

一 2013年河南省城乡居民收入水平状况分析

(一) 2013年河南省城乡居民收入水平发展现状描述

随着河南经济社会的快速发展,城乡居民收入增加显著,2013年前三季度数据显示,城镇居民人均可支配收入持续增加,到9月末达16644.04元,同比增长9.6%,农民人均现金收入态势较好,到9月末达6797.55元,增速为12.5%。其具体情况主要表现在以下4个方面:

1. 居民收入增速高于经济增速

2013年前三个季度的统计数据表明,河南居民收入增速一直高于国内生产总值的增长速度,且农民的收入增长速度更快。从2013年第一季度开始,城乡居民收入的增速(城镇居民人均可支配收入增速为9.8%,农民人均现金收入的增速为10.8%)就高于国内生产总值的增速(8.4%),并在第二季度和第三季度延续这一态势,且农民人均现金收入增速呈不断扩大之势(见图1)。

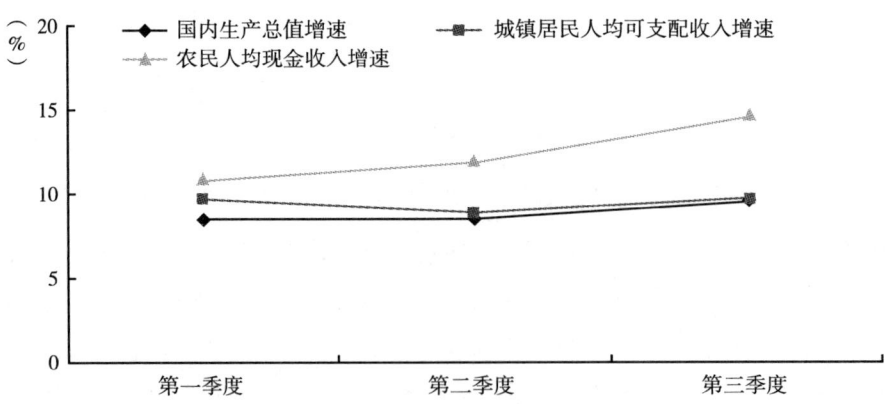

图1 2013年前三个季度河南城乡居民收入增速与国内生产总值增速的变化趋势

2. 农民收入与城镇居民收入的相对差距缩小

2013年前三个季度的统计数据显示,河南农民人均现金收入1~9月都保持在12.5%的高增长速度，同时城镇居民人均可支配收入虽也有较高增长，1~9月保持在9.6%的增长，但相较于农民收入，呈现缩小之势。从具体每一季度的分析来看，前三季度以来城镇居民人均可支配收入与农民人均现金收入的比值在不断缩小，从第一季度的2.76∶1，缩小至第三季度的2.11∶1。可见，河南农民收入与城镇居民收入的相对差距呈现缩小的态势（见图2）。

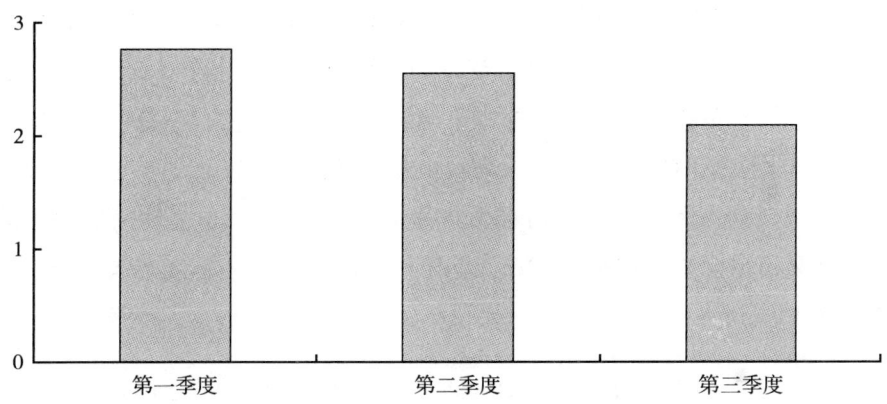

图2　2013年前三个季度河南城乡居民收入比

3. 居民收入分配结构有所改善

从城镇居民收入分配情况来看，2013年前三季度河南统计数据显示，工资性收入为11152.25元，占城镇居民人均可支配收入的67.0%，较2012年工资性收入的贡献率下降了5.4%；经营性收入为2588.39元，占城镇居民人均可支配收入的15.6%，较2012年经营性收入的贡献率上升了3.1%；其他收入为2903.4元，占城镇居民人均可支配收入的17.4%。可见，城镇居民收入分配结构有所完善，增加除工资性收入外的其他收入是其发展趋势。从农民收入分配情况来看，2013年前三季度，河南农民家庭经营性收入为3354.77元，占农民人均现金收入的49.4%；河南农民的工资性收入为2580.13元，占农民人均现金收入的38%；其他现金性收入为862.65元，占农民人均现金收入的12.6%。可见，河南农民完全依靠家庭经营收入的农民收入分配结构有所调整，其他现金性收入逐年提高，农民收入分配结构进一步改善。

（二）2013年河南城乡居民收入水平的比较分析

1. 与全国的比较

前三季度，河南城乡居民收入总体保持了较高的增长态势，与全国平均水平相比仍有一定差距，但这种差距存在缩小之势。2013年前三个季度中，城镇居民人均可支配收入与全国平均水平比较，差距显著，但差距逐渐递减（见图3）。第一季度河南城镇居民人均可支配收入较全国平均水平低1566.29元，第二季度低1033.67元，第三季度低925.50元。相较于城镇居民收入，河南农民人均现金收入与全国平均水平比较，总体上还存在一定差距，但差距并不显著，其个别时候河南农民人均现金收入还高于全国水平。第一季度河南农民人均现金收入低于全国平均水平748.43元，而第二季度河南农民人均现金收入却高出全国平均水平73.16元，第三季度延续第一季度态势，低于全国平均水平154.18元。

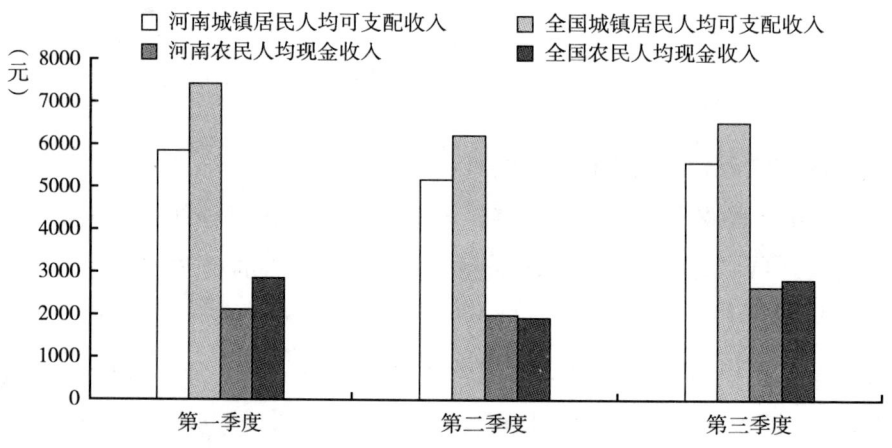

图3 2013前三季度河南及全国城乡居民人均收入

2. 与中部其他5省的比较

据2013年前三季度统计数据显示，在中部6省中，城镇居民人均可支配收入排名由高到低依次是湖北、湖南、安徽、河南、山西、江西，其中河南城镇居民人均可支配收入处于中下位置，排第4位，比第1位湖北城镇居民人均可支配收入少789.00元。从各季度分指标来看，第一季度河南排名第4位，比第1位湖南少800.00元，第二季度河南仍排名第4位，比第1位湖北少215.00元，第三季度排名第2位，比第1位湖北少30.00元。可见，河南虽1~9月总量上排名仍处于中部第4位，但其差距持续缩小（见图4）。2013年前三季度，在中部6省中农民人均现金收入排名由高到低依次为安徽、湖北、湖南、河南、江西、山西，其中河南农民人均现金收入排名第4位，比第1位安徽少601.00元，河南总体水平还比较弱（见图5）。从各季度分指标来看，第一季度河南排名第5位，较第1位安徽少650.00元，第二季度河南排名第2位，较第1位安徽少38.00元，第三季度河南排名第2位，较第1位江西少11.00元，河南农民人均现金收入波动较大，但趋势向好。

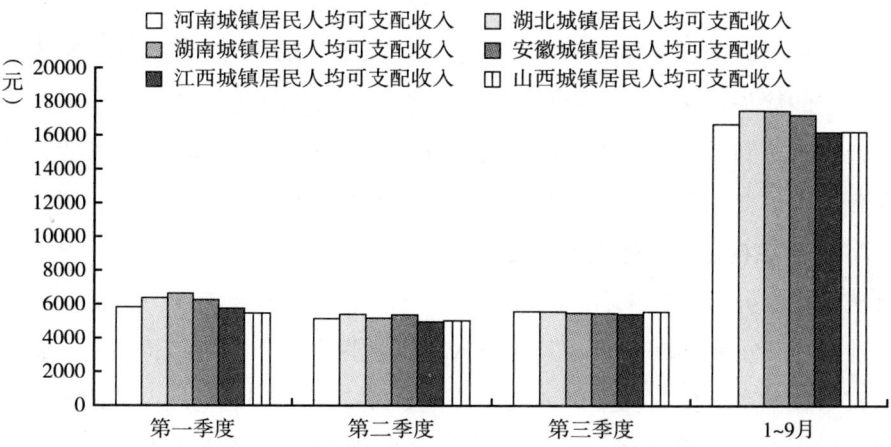

图4　2013年前三季度中部6省城镇居民人均可支配收入

（三）河南城乡居民收入中存在的问题

面对河南城乡居民收入水平偏低的事实，以及在中部6省所处的中下游地位，笔者以为河南城乡居民收入主要存在3个方面的问题。

1. 总体水平依然较低

2010年以来，随着河南对提高城乡居民收入水平的重视，河南城乡居民收入实现了高速增长，2010~2012年，城镇居民人均可支配收入平均增幅达

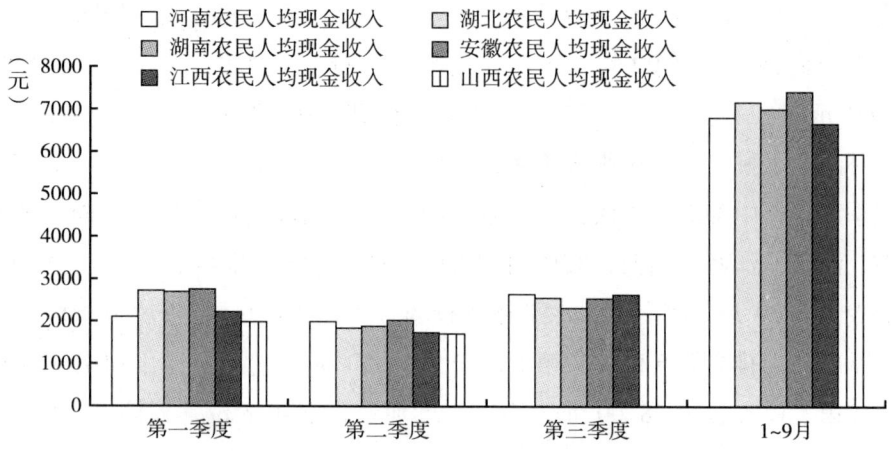

图5 2013年前三季度中部6省农民人均现金收入

12.5%，农民人均现金收入平均增幅达12.8%。2013年河南城乡居民收入继续这一好的势头，在1~9月城镇居民人均可支配收入达到9.6%的增幅，农民现金收入达到12.5%的增幅。尽管如此，这与河南人均收入小省的省情依然没有发生改变，与全国平均水平相比还有不少距离。

2. 分配结构还存在不完善之处

从上文的分析数据来看，河南城乡居民收入分配结构有了一定的改善，如工资性收入比重在不断缩小，其他收入在不断提高，但分配结构还不完善，工资性收入在城乡居民收入中仍占较高比例，如2013年1~9月，城镇居民工资性收入贡献率高达67.0个百分点，农民工资性收入和经营性收入的贡献率均高达87.4%。可见，收入分配结构有待于进一步完善，继续增加其财产性收入是河南实现收入倍增计划的重要选择。

3. 农民收入水平仍然不高

近几年，随着政府出台了一系列惠农优农政策，河南的农民收入水平有了较大提高，2010~2012年，河南农民人均现金收入增幅都在13%以上，其中2011年创下最大年增长幅度19.6%，2013年河南农民收入延续了这一态势，在1~9月，增幅达到12.5%。但河南农民收入的基础依然较低，与城镇居民的差距依然较大，因此，实现收入倍增计划，仍然需要大幅度提高农民收入水平。

二 2014年河南省城乡居民收入展望与预测

2014年是践行收入倍增计划的关键之年,也是全面建成小康社会奠定坚实基础的重要一年,2013年前3个季度的数据释放了实现这一目标的积极信号,城镇居民人均可支配收入和农村居民人均现金收入的增速都高于GDP增速,预期2014年城乡居民的收入增速将继续高于GDP增速,预计2014年城乡居民收入实际增长幅度可望达到9%以上;居民收入在国民经济收入分配中的比重进一步提高,初次分配比重进一步缩小,再分配比重进一步提高,预计2014年工资性收入所占比例将进一步缩小。具体而言,预期2014年居民收入呈现以下特点。

(一)居民收入在国民经济分配中的比重进一步提高

进一步提高居民收入在国民经济分配中的比重,是河南城乡居民实现收入倍增计划的重要基础。长期以来,河南城乡居民收入总体水平并不高,在国民经济中所占的比例也不高,2011年以前城乡居民收入的增长幅度长期低于国内生产总值的增长幅度,而实现收入倍增计划,需要不断提高居民收入的分配比例,且增速要快于国内生产总值的增长速度。因此,提高城乡居民收入在国民经济分配中的比重将是今后一段时间工作重点之一。从2013年前三个季度指标来看,2013年河南城镇居民收入增速快于国内生产总值增速,且在国民经济分配中所占比重较2012年有所提高,预计2014年将延续这一态势,并有不断增长之势。

(二)居民收入分配结构进一步优化

居民收入分配结构的不断优化,是河南城乡居民实现收入倍增计划的关键环节。长期以来,河南居民收入分配结构较为单一,城镇居民主要以工资性收入为主,农村居民主要以家庭经营收入和工资性收入为主,缺乏其他形式的较为稳定的收入来源,如财产性收入所占的比例仍比较低,可见,进一步优化居民收入分配结构,拓展除工资性收入以外的其他收入来源,并不断增加其在居民收入分配中所占份额将是下一阶段实现收入倍增计划的工作着力点之一。从2013年前三个季度指标来看，2013年河南城镇居民收入分配结构有了变化，城镇居民工资性收入占人均总收入的比重较2012年降低了8.3%，农民工资性收入和经营性收入之和占人均总收入的比重较2012年降低了5.2%，预计2014年将延续这一态势，居民收入分配结构进一步得到优化。

（三）收入分配政策不断调整和完善

进一步调整和完善相关分配政策措施，是河南城乡居民实现收入倍增计划重要的制度保障。长期以来，河南收入分配政策比较单一，主要以初次分配政策为主，再分配政策能力还比较弱，而完善再分配政策是提高收入分配能力的重要手段，可见，收入分配政策不断调整和完善是今后一段时间工作的重要任务之一。政府和学界近年来一直关注收入分配，并在此方面展开了一系列研究，完善初次分配政策，如最低工资政策的调整、工资谈判机制的推行、就业数量和就业质量的提高、就业结构的改变等分配政策将在今后一段时间逐步调整和完善；完善再分配政策，如提高税收调节力度、实行财产税、遗产税、房产税等再分配政策将可能陆续出台；完善监管配套政策，如完善收入监管制度、税收监管制度等政策措施将陆续推出。

（四）农村居民收入快速增长

河南是一农业大省、农村人口大省，农村居民收入的快速增长将成为河南实现居民收入倍增计划的重要保障。近两年，河南农村居民收入快速增长，其增长幅度超过城镇居民可支配收入，但城乡居民收入分配不合理、不均衡状况并没有从根本上得到扭转，收入差距依然明显，可见，城乡居民收入差距已经成为制约河南经济社会发展的一大瓶颈，严重影响到城市经济社会发展转型，因此，继续提高农村居民收入仍是下一阶段工作重心之一。2013年农村居民收入的增速高于城镇居民可支配收入的增长速度，预期2014年这种态势将继续延续，且有加大之势。

三 提高河南省城乡居民收入水平的建议

(一)加快经济发展,做大可分配"蛋糕"

河南居民收入水平的提高其基础来源于经济发展,河南经济发展了,可分配收入的"蛋糕"就变得更大,提高居民收入就更有保证。

1. 打造河南经济升级版,提升河南经济发展质量

与全国相比,河南城乡居民收入水平的基数还比较低,单靠收入分配还不足以解决河南居民收入倍增问题,因此,需要加快河南经济发展,做大河南经济发展总量。面对有限的资源和生态环境约束,河南应加快发展方式转变,优化和提升产业结构,降低消耗,提高投入产出效率,增强可持续发展能力。在注重增强经济发展的同时,河南要注重经济发展的居民收入效应,提高经济的收入弹性,使居民收入的增长速度快于河南国内生产总值的增长速度,最终使广大居民能更多地分享现代化成果。

2. 激活河南民营经济,享服务业红利

以中小微企业为主体的民营经济是市场经济中最具有活力的细胞,也是经济发展的主力军。鼓励和扶持民营经济发展不仅是实施"全产业链战略",加快构建现代产业体系的题中之义,同时也是居民收入增长重要的保障。一是大力发展现代服务业。在继续推进传统服务业发展的同时,要大力发展诸如电子商务、创意产业、总部经济、楼宇经济、服务外包等新兴服务业,使服务业持续健康发展。二是实行多层次保障工程。继续促进大企业上规模、强实力和增效;不断引导中小企业进行产业配套,促进其快速发展;简化行政审批手续,进一步促进小微企业创立和发展,激发各层次民营经济持续健康发展。三是继续推动河南县域经济发展,不断增强农业经济实力,提高农民收入水平。以县域特色为载体,因地制宜,发挥县域特色和优势,不断增强县域经济实力,从而实现农民收入水平的提高。

(二)调整分配结构,增加居民收入

当前河南的收入分配结构不合理、不均衡状况并没有发生根本扭转,在一

定程度上制约着河南收入水平的增加，因此河南城乡居民收入水平的提高离不开分配改革的推行。一是完善城镇居民收入分配结构。在增加劳动工资性收入的同时，要提高居民的财产性收入，如拓宽居民投融资渠道、提高存款利息等。二是要完善农村居民收入分配结构。不断加大农业经营性收入，要顺应农业市场化、国际化趋势，因地制宜调整农业产业结构，促进农业生产资源向知识和技术密集型、高附加值、高效益、少污染的产业和产品转移，延长农业产业链，最终实现农民经营性收入在现有基础上跨越发展；继续加大农民工资性收入，积极推动农业产业化经营和农业合作社建设，将农民变成社员，并享有工资性收入。三是健全农业用工信息体制，增加劳务输出途径，扩大劳务输出规模，提升劳务输出档次，使劳动力有序转移。

（三）拓宽就业渠道，提高居民就业率

实现就业是居民获取收入的重要渠道，实现收入倍增计划，离不开就业水平的提升。因此，拓宽就业渠道，切实提高居民就业率是河南实现收入倍增计划的关键一环。一是要实施积极的就业政策。推行更加有利于促进河南就业的财政、金融、保障支持政策，构建有利于就业的综合政策体系；进一步完善河南就业公共服务平台建设，不断完善人力资源市场建设，建设全省性就业信息服务平台，加强基础就业培训和实训机构建设，形成多层次的有利于就业的公共服务平台体系；多渠道开发公益性岗位，鼓励开展对外劳务合作；完善就业补贴政策，推动就业服务建设，完善收入减免、岗位补贴、培训补贴、社会保险补贴、技能鉴定补贴等政策，促进高校毕业生、农村转移劳动力、城镇就业困难人员就业。二是要积极鼓励和扶持居民自主创业。加强创业培训，将有创业愿望和培训需求的人员纳入培训范围，鼓励并帮助其自主创业；完善和落实小额贷款、财政贴息、场地安排等鼓励自主创业的政策，促进各类群体创业带动就业；构建创业公共服务信息平台，帮助创业者和创业项目两者间搭建信息交流平台。

（四）健全分配制度，缩小居民收入差距

城乡居民收入差距，高收入行业与低收入行业差距等各种形式的居民收入

差距，是河南实现收入倍增计划的"绊脚石"，因此，健全分配制度，缩小居民收入差距是实现收入倍增的必然选择。一是完善收入分配体系，做到公平与效率兼顾。坚持完善按劳分配为主体，多种分配方式并存的分配制度，鼓励劳动、资本等生产要素按贡献参与分配，初次分配中兼顾公平，应完善企业正常工资运行机制、工资增长机制以及支付保障机制，确保职工工资收入的稳定；国民收入再分配也应注重公平，完善社会保障，加快河南农村养老保险全覆盖，并逐步提高农村养老保险水平，不断完善民营企业社会保障体系，并逐步与其他国有企业接轨；进一步推进城乡一体的公共服务体系建设，逐步提升各类公共服务的能力和水平。二是健全税制，充分发挥税收的调节作用。要继续增加居民的财产性收入，扩大中等收入群体，不断创新税种，征收遗产税、财产税等来调节贫富差异；要增加河南地方财政投入的长效机制，确保民生工程的有序推进。三是调节行业差距，严格控制垄断行业的收入。垄断行业的高收入是造成河南贫富差距的主要来源之一，应加强对垄断行业的工资管理力度，控制其快速增长的势头；进一步推进垄断企业内部工资制度改革，实行岗位工资制，形成与市场工资接轨的激励约束机制。四是加大监管力度，依法取缔非法收入。要不断健全法律法规，实行阳光工资制度，并加大对收入的监管力度，确保收入的合法性。

（五）完善社会保障和救助制度，减轻居民生活负担

完善社会保障和救助制度，可以最低限度地减轻居民负担，为河南实现收入倍增计划提供重要保障。一是健全社会保险制度。探索符合河南发展实际的养老保险体系，在进一步推行城镇养老保险全覆盖的基础上，不断完善城镇居民基本养老保险制度，并创新企业年金、个人储蓄性养老模式以及商业保险，形成多层次的养老保险体系；建立适合河南的医疗保障体系，在进一步完善基本医疗保障的同时，鼓励有条件的地方和企业实行补充医疗保障，形成多层次医疗需求的医疗保障体系；探索促进再就业的失业保障体系，在保障失业人员基本生活的同时，倾向培养失业人员的再就业能力。二是健全和完善社会救助体系。按照"应保尽保、分类施保"的原则，建立城乡居民最低生活保障标准合理增长机制，确保城乡低保对象的保障水平与河南省经济发展和广大群众

生活水平相协调;进一步发展廉租房建设,确保低收入者有房可居。三是加快社会福利事业发展。积极探索符合河南发展的河南福利事业发展模式,在依靠政府力量的同时,鼓励社会力量参与社会福利事业,鼓励设立民间性质的福利基金,确保河南社会福利事业不断向前推进。

参考文献

魏国学、常兴华:《2012年城乡居民收入形势分析与2013年展望》,《中国物价》2013年第1期。

陈胜良:《广西实现城乡居民收入倍增的难点及路径研究》,《广西社会科学》2013年第8期。

河南省统计局:《河南统计月报》2013年第9期。

B.17 2013～2014年河南省财政形势分析与展望

刘 倩*

摘　要： 一年来，各级财政部门积极发挥职能作用，稳中有为，持续求进，全省财政收支保持平稳较快增长，预算执行情况总体良好。随着粮食生产核心区、中原经济区、郑州航空港经济综合实验区三大战略规划深入实施，河南发展空间不断拓展，经济保持较长时期快速增长的基础比较坚实，但当前经济运行中还存在不少矛盾和问题，经济发展状况会直接反映到财政运行上，预计2013年河南公共财政收入增长15%，公共财政支出增长8%。

关键词： 河南　财政形势　分析展望

2013年，面对复杂的经济形势，河南省各级财政认真落实省委、省政府部署，依法加强收支管理，统筹调度财政资金，着力保障和改善民生，公共财政收支均超序时进度，财政运行总体平稳。

一　2013年财政运行情况

2013年1～10月，河南省财政总收入3070.4亿元，增长12%；公共财政

---
* 刘倩，河南省财政厅。

预算收入1984.6亿元,增长17.5%;全省公共财政预算支出4197.5亿元,增长9.2%。主要呈现出以下几个特点。

(一)财政收入总体增长较快,收入指标位次有所前移

受近几个月工业税收形势持续好转带动,财政收入总体继续保持较快增长。1~10月,全省财政总收入增长12%,比一季度、上半年和和前三季度分别提高3.8个、1.7个和0.5个百分点;公共财政预算收入增长17.5%,与前三季度持平,比一季度和上半年分别提高0.4个和0.8个百分点。河南省财政总收入分月累计增长情况详见图1。

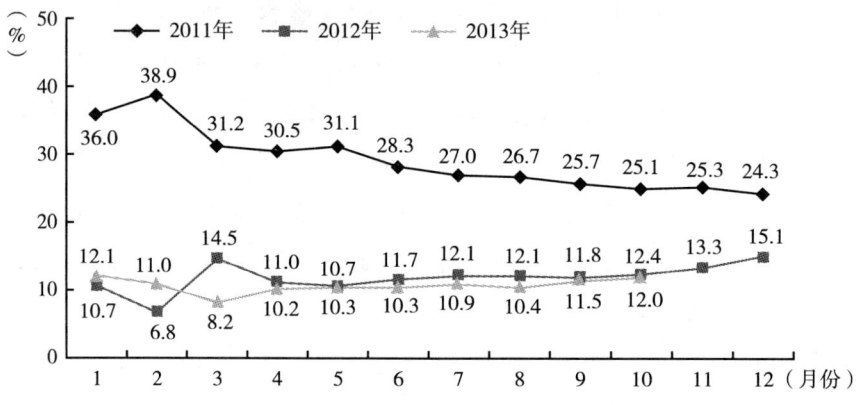

图1 2011~2013年财政总收入分月累计增长速度

2013年以来,全省财政收入相关指标在区域对比中相对靠前。从全国看,全省公共财政预算收入比全国地方级平均增幅(13%)高4.5个百分点,居全国第7位,比上年同期和上年全年分别提高13个和9个位次;地方税收收入比全国地方级平均增幅(14%)高5.5个百分点,居全国第5位,仅次于西藏、贵州、福建、湖北。从中部6省看,河南省公共财政预算收入比中部六省平均增幅(16.9%)高0.6个百分点,居中部6省第4位,比湖北、安徽、江西3省分别低2.3个、0.4个和0.03个百分点;河南省税收收入比中部6省平均增幅(17.0%)高2.5个百分点,居中部6省第2位,比首位湖北低0.1个百分点;河南省税收收入占公共预算收入比重比中部6省平均水平(70.9%)高2.9个百分点,居中部6省第2位。

（二）收入结构持续优化，部分行业税收增长乏力

2013年1～10月，地方税收收入占公共财政预算收入的比重为73.8%，比前三季度和1～8月分别提高0.7个和0.2个百分点，比上年同期和上年全年分别提高1.2个和1.8个百分点。工业税收总体好转首次实现累计正增长，比一季度、上半年和前三季度分别回升8.8个、5.0个和1.3个百分点。但部分行业税收仍然增长乏力甚至下降。1～10月，全省4大传统优势产业税收仅增长1.0%，其中有色、纺织产业税收分别下降2.8%和5.9%，化工和钢铁行业税收累计增长4.0%和10.6%。全省6大高成长性产业税收仅增长1.8%，其中汽车、装备制造、建材产业税收分别下降10.1%、2.0%和9.2%。房地产业税收仍保持较快增长，但增幅继续回落，1～10月，全省房地产和建筑安装业税收分别增长33.7%和27.1%，房地产业税收比上半年和前三季度分别回落8.2个和1.1个百分点，其中房地产营业税分别回落8.5个和2.1个百分点，建筑安装营业税分别回落2.8个和1.5个百分点，契税分别回落23.1个和8.4个百分点。分行业税收情况详见表1。

表1 2013年1～10月产业税收情况

单位：万元，%

项目	1～10月累计			
	完成数	同期数	增长率	增长额
合计	27432995	23981630	14.4	3451365
一 第一产业	29296	28087	4.3	1209
二 第二产业	12591777	12122407	3.9	469370
（一）采矿业	2152896	2448511	-12.1	-295615
1. 煤炭开采和洗选业	1300906	1555004	-16.3	-254098
2. 石油和天然气开采业	348951	372852	-6.4	-23901
3. 黑色金属矿采选业	37601	39910	-5.8	-2309
4. 有色金属矿采选业	302909	319156	-5.1	-16247
5. 非金属矿采选业	114108	108289	5.4	5819
6. 其他采矿业	48421	53300	-9.2	-4879
（二）制造业	7225008	7185095	0.6	39913
1. 农副食品加工业	208707	182769	14.2	25938
2. 食品制造业	190487	163220	16.7	27267

续表

项 目	1~10月累计			
	完成数	同期数	增长率	增长额
3. 酒、饮料和精制茶制造业	212247	176258	20.4	35989
4. 烟草制品业	2238662	2299892	-2.7	-61230
5. 纺织业	123457	138244	-10.7	-14787
6. 纺织服装、服饰业	43226	38811	11.4	4415
7. 皮革、毛皮、羽毛及其制品和制鞋业	71432	66248	7.8	5184
8. 木材加工和木竹藤棕草制品业	27806	24720	12.5	3086
9. 家具制造业	12094	11517	5.0	577
10. 造纸和纸制品业	78364	71588	9.5	6776
11. 印刷和记录媒介复制业	50205	43766	14.7	6439
12. 文教、工美、体育和娱乐用品制造业	63018	53775	17.2	9243
13. 石油加工、炼焦和核燃料加工业	567052	588794	-3.7	-21742
14. 化学原料和化学制品制造业	312754	328919	-4.9	-16165
15. 医药制造业	150027	119487	25.6	30540
16. 化学纤维制造业	12136	13273	-8.6	-1137
17. 橡胶和塑料制品业	124105	114374	8.5	9731
18. 非金属矿物制品业	549671	617573	-11.0	-67902
19. 黑色金属冶炼和压延加工业	172282	149940	14.9	22342
20. 有色金属冶炼和压延加工业	280139	280826	-0.2	-687
21. 金属制品业	99461	114358	-13.0	-14897
22. 通用设备制造业	280567	299292	-6.3	-18725
23. 专用设备制造业	350515	373847	-6.2	-23332
24. 汽车制造业	328236	365029	-10.1	-36793
25. 铁路、船舶、航空航天和其他运输设备制造业	78055	71269	9.5	6786
26. 电气机械和器材制造业	248147	232562	6.7	15585
27. 计算机、通信和其他电子设备制造业	178815	109252	63.7	69563
28. 仪表仪器制造业	29673	28201	5.2	1472
29. 其他制造业	143668	107291	33.9	36377
(三)电力、热力、燃气及水的生产和供应业	1165738	877717	32.8	288021
(四)建筑业	2048135	1611084	27.1	437051
三 第三产业	14811922	11831136	25.2	2980786
(一)批发和零售业	3599549	2926443	23.0	673106
(二)交通运输、仓储和邮政业	566922	479987	18.1	86935
(三)住宿和餐饮业	208417	216940	-3.9	-8523
(四)信息传输、软件和信息技术服务业	416528	411697	1.2	4831

续表

项 目	1~10月累计			
	完成数	同期数	增长率	增长额
(五)金融业	2229385	1889646	18.0	339739
(六)房地产业	5424715	4056791	33.7	1367924
(七)租赁和商务服务业	504558	470441	7.3	34117
(八)科学研究和技术服务业	168803	147320	14.6	21483
(九)居民服务、修理和其他服务业	539755	340395	58.6	199360
(十)教育	27472	26218	4.8	1254
(十一)卫生和社会工作	37720	27013	39.6	10707
(十二)文化、体育和娱乐业	69441	64239	8.1	5202
(十三)公共管理、社会保障和社会组织	65198	29744	119.2	35454
(十四)其他行业	1003459	744262	34.8	259197
附:				
工业税收	10543642	10511323	0.3	32319
煤炭	1343379	1648707	-18.5	-305328
6大高成长性产业	3586438	3523150	1.8	63288
汽车	328236	365029	-10.1	-36793
电子信息设备制造	456635	370015	23.4	86620
装备制造	957284	976970	-2.0	-19686
食品	611441	522247	17.1	89194
轻工业	469602	448669	4.7	20933
建材	763240	840220	-9.2	-76980
4大传统优势产业	1558636	1542940	1.0	15696
化工	599022	576053	4.0	22969
有色	583048	599982	-2.8	-16934
钢铁	209883	189850	10.6	20033
纺织	166683	177055	-5.9	-10372

(三)财政预算支出大幅增加,继续向民生领域倾斜

2013以来,各级财政部门积极采取多项措施强化预算执行管理,落实"保重点、惠民生、严预算、降三公"等要求,着力提高预算支出的及时性、均衡性和有效性,切实发挥财政支出对经济运行和资源配置的调控作用。1~10月,全省地方公共预算支出完成4197.5亿元,同比增长9.2%。支出规模在全国排第5位。全省民生支出合计2967.3亿元,占公共财政预算支出比

重为70.7%，继续保持在七成以上。10项重点民生工程资金总体落实较好，1~10月份共落实各类资金1055.4亿元，其中财政资金共落实868亿元，到位率102%，保障了民生工程顺利实施。

（四）社会保险基金收支情况

2013年起，省本级正式编制社会保险基金预算，社保基金收入包括保险缴费收入、财政补贴收入和利息收入等，专项用于社保对象待遇支出。1~10月，社会保险基金预算收入334.12亿元；社会保险基金预算支出317.06亿元。

二 2014年财政收支形势

2014年，河南财政运行面临诸多有利条件，也有较多不稳定、不确定因素。

有利因素：一是从世界范围看，经济全球化的大趋势没有变，工业化、城镇化、信息化、农业现代化仍在较快发展的大格局没有变，还将释放大量的需求。二是从河南本省看，河南省粮食生产核心区、中原经济区、郑州航空港经济综合实验区三大战略规划深入实施，河南战略地位明显提升，发展空间不断拓展，基础实施日趋完善，经济保持较长时期快速增长的基础比较坚实，有利于财政稳定发展。

不利因素：一是经济走势不容乐观，世界经济难以强劲复苏，需求不足格局短期内难以改变，全省结构调整和转型升级仍处于攻坚期，财政收入增幅有可能继续回落。二是财税改革压缩收入空间，实施营改增试点、暂免小微企业增值税营业税、取消部分行政事业性收费，将进一步影响财政收入增幅。三是支出压力较大，同时保障和改善民生，加快推进各项社会事业发展，增支项目多、刚性大、政策性强，中央压缩专项支出也可能影响河南部分专项支出。以上方面都将会加剧收支矛盾。

三 做好2014年财政工作的对策建议

2014年，河南各级财政部门应深入贯彻十八届三中全会精神，落实省委、省政府和财政部的工作部署,积极发挥财政职能作用,稳中有为、持续求进,积极组织收入,保障重点支出,推进财政改革,确保全省财政工作再上新台阶。

(一)着力稳增长调结构

坚持把稳增长作为稳财政的基础,把做大优质产业与调结构、促转型、惠民生有机结合起来,围绕省委、省政府决策部署,全力服务全省改革发展大局。采取以奖代补、先建后补、贷款贴息、投资补助等方式,发挥财政资金"四两拨千斤"的作用,放大财政资金使用效果,重点支持郑州航空港经济综合实验区建设,支持农业农村经济发展,推进新型城镇化建设,促进金融、物流等服务业发展,培育提升优质产业等。

(二)重视保障改善民生

认真落实各项教育投入政策,加快实施全民技能振兴工程,落实好支持高校毕业生就业各项政策。及时足额落实各项社会保障补助资金,保障好各类社保对象待遇,继续推进医药卫生体制改革。完善保障性住房建设筹资机制,继续稳步推进规范津贴补贴工作。积极推进道路交通事故社会救助基金筹集、管理和发放工作,尽快发挥其保障群众生命安全的作用。

(三)加强财政收支管理

一是在全面落实国家税收优惠和取消、免征行政事业性收费政策的同时,积极支持税务部门依法征税,加强重点行业、重点企业、重点项目税收分析监控,完善征管机制,堵塞跑冒滴漏,努力做到应收尽收。二是严格支出管理,努力提高预算支出均衡性,严格落实预算执行责任制,细化责任目标。牢固树立过紧日子的思想,认真落实中央"八项规定"、国务院"约法三章"和河南省贯彻落实意见,进一步强化预算约束,从严控制临时追加,压缩一般性支出。三是通过细化预算编制、加快预算执行进度、清理压缩结余结转资金、强化国库资金管理等方式,激活存量资金,让有限的财政资金尽早发挥效益、发挥出最大效益。

（四）深化财税体制改革

组织实施好营改增试点工作，及时研究解决改革中出现的新情况新问题，认真总结试点经验，为下一步扩大改革范围做好准备。落实好支持小微企业发展税收政策，切实减轻小微企业税收负担，为其加快发展创造更加宽松有利的环境。十八届三中全会提出要深化财税体制改革，必须完善立法、明确事权、改革税制、稳定税负、透明预算、提高效率，建立现代财政制度，发挥中央和地方两个积极性。要改进预算管理制度，完善税收制度，建立事权和支出责任相适应的制度。河南财政要密切关注、认真研究这些改革对河南省产业发展、结构调整和财政运行的影响，积极提出政策建议，提前做好测算分析和应对准备工作。

B.18 2013~2014年河南省房地产业发展形势分析与展望

杜书云*

摘　要：

2013年河南省房地产市场呈现4大特征：走势与全国基本吻合；郑州跃升为国家调控的焦点；市场分化加剧且依行政等级递次减弱；结构失衡、空置过高局部风险尚存。2014年房地产调控政策将实现4大转变：由短期机制向"长效机制"转变；由抑制需求为主转变为供给需求双管齐下；从市场的出口改革为主转变为进、出口改革并举；以增量改革为主转变为增量、存量改革相结合。市场会发生三大变化：低价保障房入市对市场稳定作用；个人住房信息系统联网对房地产市场冲击明显；房产税扩容以及土地获取方式的改变使得房地产企业面临不确定性。为此提出3点建议：房地产企业应回归市场理念，从内部成本控制中拓展利润空间；政府要实现职能转变并协同调控；消费者要改变消费理念实现理性置业。

关键词：

房地产　形势分析　市场展望

始于2003年的中国房地产市场"景气"长周期，伴随着步步升级的宏观调控以及屡屡抛出的"泡沫破灭"预言，至今没有结束的迹象。在限贷、限购和限价调控政策均不见效的情况下，2013年2月20日国务院常务会议确定了五项加强房地产市场调控的政策措施即"新国五条"，2013年3月1日与之

---

* 杜书云，郑州大学房地产市场研究中心主任，旅游管理学院院长，教授，博士生导师。

相配套的细则出台,然而,全年中国房地产市场价格昂扬向上的局面丝毫没有被撼动,河南省尤其是郑州市房地产市场与全国相比有过之而无不及。

一 2013河南省房地产市场运行的主要特征

(一)河南省房地产市场走势与全国基本吻合,但各项指标差异不尽相同

从土地供应情况看。土地购置面积是反映房地产市场运行的重要指标,它既与当期房地产市场景气正相关,又决定未来房地产市场的产品供给规模和结构。据国家统计局数据,2013年1~9月,全国房地产开发企业土地购置面积25167万平方米,同比下降3.3%,降幅比1~8月收窄5.8个百分点。全省1~9月,房地产企业土地购置面积923.24万平方米,比上年同期下降24.4%,降幅比1~8月收窄0.5个百分点。由上可以看出,尽管河南土地购置面积与全国均为下降,但河南下降的程度远比全国严重,而且,持续下降的趋势并未根本改变。

从房地产投资情况看。全省房地产开发投资增长快于全国,而住宅投资与全国相比增长势头更显强劲。2013年1~9月,全国房地产开发投资61120亿元,同比名义增长19.7%,增速比1~8月提高0.4个百分点;其中,住宅投资41979亿元,增长19.5%,增速提高0.3个百分点,占房地产开发投资的比重为68.7%。全省1~9月累计完成房地产开发投资2610.40亿元,比上年同期增长24.3%,增速比1~8月加快1.4个百分点;在房地产开发投资中,住宅投资1909.48亿元,增长26.2%,增速比1~8月加快1.0个百分点。

从房地产销售情况看。全省商品房销售面积同比增长速度快于全国,但增速回落幅度比全国大。增速回落主要是因为进入下半年,郑州为遏制高房价采取的强硬"零增长"行政手段所致。因为,在调控背景下开发商多采取捂盘观望,而郑州在全省销售面积中占比较大。1~9月,全国商品房销售面积84383万平方米,同比增长23.3%,增速比1~8月回落0.1个百分点,其中住宅销售面积增长23.9%。同期,全省商品房销售面积为4171.42万平方米,比上年同期增长27.8%,增速比1~8月回落0.8个百分点。其中商品住宅销售面积为3766.67万平方米,同比增长24.6%,增速比1~9月回落1.1个百分点。

（二）省会郑州市场持续一枝独秀，跃升国家调控的焦点城市

近年来，随着中原经济区和郑州航空港经济综合实验区建设步伐的加快，郑州作为区域性中心城市的地位大大提升，城市对各种资源的"虹吸效用"放大，再加上郑州市公共服务优于各地市等原因，外来居住人口对郑州市房地产的刚性需求和外地人的投资性需求不断增加，限购前商品房至少有60%是卖给郑州市区之外的购房者，限购之后这一需求结构并未改变，致使郑州市除第三季度商品房销售面积因"零增长"调控措施下降外，其余各项指标均好于全省，更好于全国。

据郑州市住房保障和房地产管理局资料显示，2013年1~9月，郑州市房地产开发同比增长28.8%，房地产开发企业资金到位同比增长26.1%，商品房新开工面积同比增长30.7%，其中商品住宅新开工面积同比增长46.4%。而第三季度，土地出让面积和成交金额同比增长分别为206.47%、307.15%。2013年7月，郑州市商品房价格涨幅在全国70个大中城市中环比排名第2位，同比排名第7位，年初制定的商品房价格涨幅不高于城镇居民人均可支配收入的房地产调控目标半年已经到顶。郑州市作为限购的省会城市，房地产市场高位运行已经成为国家宏观调控关注的焦点城市，使其平稳健康发展显得十分必要。

2013年1~9月郑州市与全国几组指标的比较，见图1~图4。

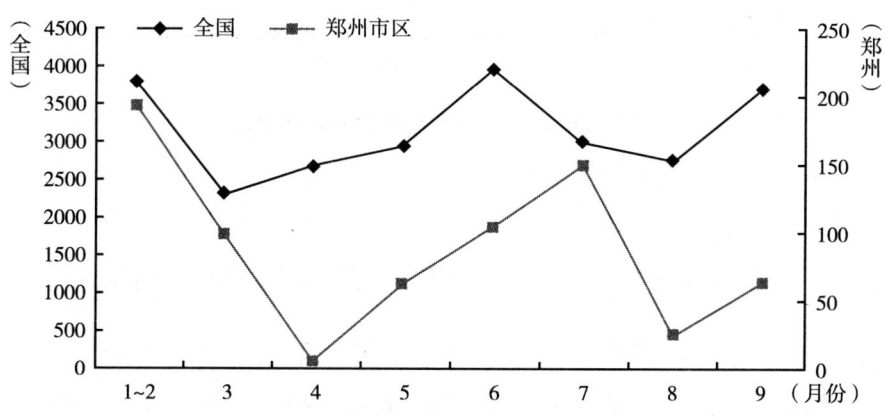

图1　2013年1~9月购置面积走势对比（万平方米）

数据来源：国家统计局，中国指数研究院。

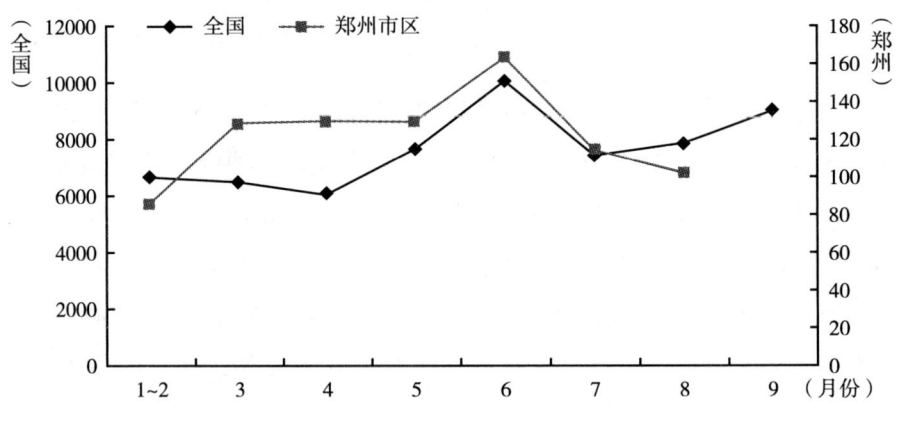

图 2　2013 年 1～9 月投资总额走势对比（亿元）

数据来源：国家统计局，郑州统计局。

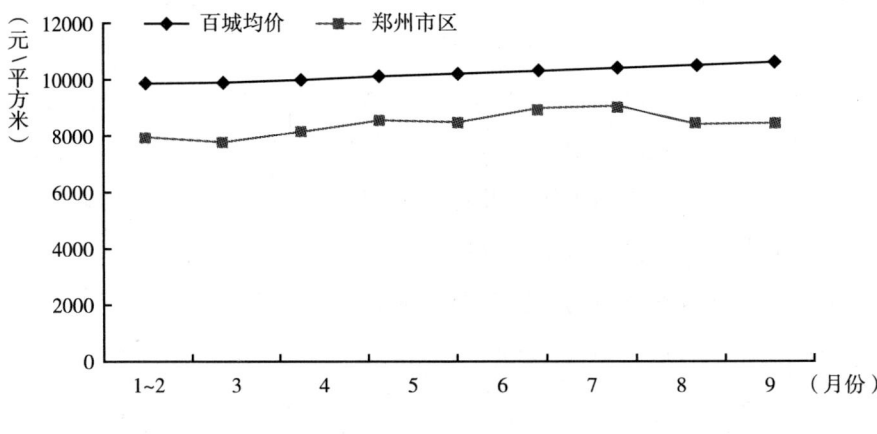

图 3　2013 年 1～9 月销售均价走势对比

数据来源：中国指数研究院，郑州市房管局。

（三）市场分化开始加剧，依行政等级由高向低递次减弱

与全国一线城市量价齐升、三线城市困难重重的基本格局大致相同，2013年河南省房地产市场分化十分明显。首先，作为河南一线的郑州、洛阳表现自然不俗。据河南省房地产业商会提供的数据显示，今年前三季度，郑州、洛阳的房地产投资额分别为993.34亿元、204.32亿元，两个城市的房

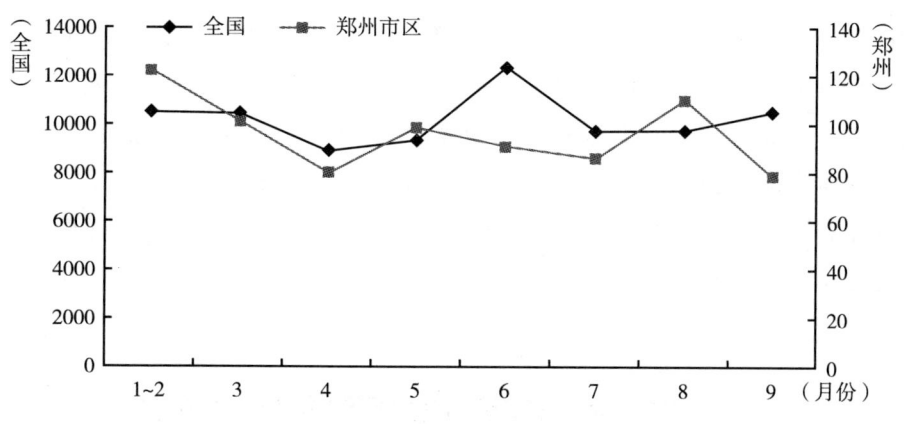

图 4　2013 年 1～9 月销售面积走势对比（万平方米）

数据来源：国家统计局，郑州市房管局。

地产投资额总和（1197.66 亿元）占全省的 45.88%，几近是半壁江山。其次，其他省辖市表现尚可。前三季度，就房地产投资额而言，除安阳市以 0.8% 的负增长外，其他省辖市同比都在上涨。但市场运营环境与郑洛不能同日而语。最后，县（市）级房地产开发，因基础设施、收入水平以及私人建房等因素影响，再加上全国房地产市场大背景，不少县（市）房地产市场表现远不如前两年。

（四）结构失衡、空置过高局部存在，防范风险势在必行

第一，存在住宅与非住宅开发结构失衡的问题。随着部分城市住宅限购，加上非住宅置业投资者增加，不少开发商转而投资非住宅。当然，非住宅用地与住宅用地的价格差异也使得政府在供地结构上会主动加大非住宅用地的供应。以郑州为例，2012 年中期，待售商品房中非住宅首次超过住宅，供销比一度高达 3.35∶1。2013 年第一季度非住宅供销比有所下降，为 2.58∶1，但因投放量一直过大，9 月，郑州市区非住宅累计可售面积高达 799.03 万平方米，再创历史新高。非住宅尤其是写字楼过度投放，不但导致稀缺的土地资源不能得到合理利用，而且极易引发房地产风险。

第二，空置比例过高现象不断累积。商品房空置有两种现象：一是报告期商品房空置数量占报告期可供销售、出租商品房数量的比重过大，其结果

是商品房积压卖不出去。某县城，非农人口不足15万，而投放到市场的待售商品房多达4万套，按户均3口人计，可容纳12万人。随着开发商开发战略下移，此类风险不能不防范。二是房子虽已出售但长期无人居住，闲置不用，一定区域该类情况过多，极易形成所谓的"鬼城"。看一个地区房地产市场是否健康，不但要看前者，还要看后者，对不切实际的造城现象应该引起高度关注。

二　2014年河南省房地产市场及政策展望

（一）2014年房地产调控政策展望

中国房地产作为一个产业出现是始于20世纪90年代初。20年来，房地产产业的发展极大地改善了居民的居住条件，使我国城市居民的居住面积从人均不到4平方米增加到人均30多平方米，改变了城市的形象，提升了土地资产的价值，带动了相关产业乃至国民经济的发展。然而，在2003~2013年的10年里，除2008年下半年至2009年上半年外，中国的房地产一直都是高位运行，房地产价格出现了越调越涨的局面。新一届政府主政以来，只在2013年7月31日召开的中共中央政治局会议中提出"促进房地产市场平稳健康发展"，至今唯有具体的调控措施出台，房地产市场尤其是一线城市房地产价格连续逐月攀升，据媒体报道，北京房价已经连续上涨超过了20个月，房租连续55个月上涨，"顶层设计"、"长效机制"充斥各种媒体。未来中国的房地产市场调控政策会发生哪些变化？可以肯定的是政府不会对房地产价格上涨熟视无睹，对房地产的调控从来没有停止过，相反实行的是内紧外松的调控方式。郑州"限购升级版"就是在这种背景下出台的。未来房地产调控政策将会发生如下几个转变。

第一，房地产调控由短期机制向"长效机制"转变。以往房地产市场的宏观调控大多在价格上涨难以承受的条件下进行，于是以价格控制为首要目标的短期调控机制就成为必然选择，比如限购、制定年度价格增长目标等。未来的房地产调控仍以稳定市场为主要目标，但通过系统、整体设计调控方案，同时把调节市场供求、平衡各方利益也当成调控的主要目标，即所谓的"长效机制"。

第二，房地产调控由抑制需求为主转变为供给需求双管齐下。在助长我国房地产价格上涨的各种因素中，投资性需求膨胀无疑是主要原因。所以，以往房地产市场的宏观调控多以抑制需求尤其是投资性需求为主（如限购），其有效性和可操作性不尽如人意，此政策的对策是以假离婚、办居住证等办法来应对。未来的房地产调控除抑制投资性需求外，还把增加有效供给作为稳定市场的主要手段，如保障房并轨以及房产税等均有此作用。

第三，从市场出口的改革为主转变为进、出口改革并举。房地产价格的调控有几个节点：土地供应、外来居民购房条件把控、物价部门的监督和房管部门的监控。以往我们只是由房管部门通过预售环节监管价格，也就是说只关注商品房出口的管理。未来的房地产调控是对市场进口的成本和市场出口的价格双管齐下的，如通过土地制度改革实行农地入市，并把土地征购与农民社会保障捆绑，可以通过减少土地获得成本而实现房地产市场价格的稳定。再比如，财政分配制度改革会改变"土地财政"问题，都是通过制度的根本改革从入口解决房价问题。

第四，以增量改革为主转变为增量、存量改革相结合。中国经济体制改革往往在试点的基础上从增量改革入手，减少了改革的阻力，非常有效。在房产税的试点上便沿用了这种办法，如房产税试点的"上海模式"和"重庆模式"。从媒体的消息判断，未来房产税作为房地产调控手段要"扩容"，不仅要扩大试点城市的数量，还要扩大房产税覆盖面，存量房地产也将纳入房产税试点之中，即增量改革和存量改革相结合。

（二）2014年房地产市场运行趋势展望

中国房地产业从产生之初就始终伴随着宏观调控，可以说，房地产没有"后调控时代"。中国的房地产市场运营某种程度上取决于政府的政策，而政府的调控政策往往又视企业和市场的表现。如果未来的改革内容不太出乎人们的预期和意料，2014年中国的房地产市场"将会产生重大影响"，民间资本发展空间将进一步拓展、审批环节减少以节约商务成本等均为利好之外，下列3

个方面将使得房地产开发、消费以及市场更趋理性。

第一,低价保障房的大量入市对市场稳定起积极作用。在"十二五规划"中确定了在"十二五"期间,我国计划要建设3600万套保障房,尽管指标按年度按区域进行了分解,尽管各地都完成或超额完成了建设任务,但因建设资金等因素,保障房投放不尽如人意。"十二五"后期是保障房大量集中投放期,再加上住建部将提速"公租房并轨",除经济适用房供应将逐步减少甚至取消外,公租房与廉租房并轨运行,通过财政发放房租补贴的方式补贴不同收入人群。低价保障房集中入市将对缓解刚性需求、稳定市场起积极作用。

第二,个人住房信息系统与住建部联网工作对房地产市场的冲击明显。2010年4月,国务院办公厅发布《国务院关于坚决遏制部分城市房价过快上涨的通知》,要求住房和城乡建设部要加快个人住房信息系统的建设,2012年6月30日前应实现40个重点城市的个人住房信息系统与住建部联网。据住建部信息,2013年3月40个重点城市已基本实现联网。住房信息联网期限2013年6月已至,500城市联网工作正在进行之中。个人住房信息系统联网对房地产市场的影响将不亚于"八项规定"对高端酒店业的影响。

第三,房产税扩容以及土地获取方式的改变使得房地产企业运营具有不确定性。随着经济体制改革的深化,房产税试点城市和试点覆盖面的扩大,房地产持有成本将进一步加大,房地产投资利润空间大大缩水,对投资性需求无疑是致命打击。再加上土地制度改革,农地直接入市,企业获取土地的方式、路径以及成本都具有不确定性,2014年对房地产企业来说可能是很关键的一年。

三 促进河南省房地产市场平稳健康发展的政策建议

2013年中国乃至河南房地产的好日子也得益于"稳增长、调结构、促改革"的宏观经济目标,因为政府需要房地产在"稳增长"中挑大梁。2014年面对实体经济发展形势的好转,在政府调控政策的转变和市场运营环境的改变的条件下,很难判断房地产业、房地产市场是否还会延续10年上涨行情,为此提出三点建议。

（一）房地产企业应回归市场理念，从内部成本控制中拓展利润空间

针对房价越调越高的中国独有的经济现象，有人认为政府对市场是无能为力的。因此，有人要让市场"看不见的手"来替代政府"闲不住的手"。其实，中国房地产10年的运行，是中央政府与地方政府博弈的结果，地方政府从来不想、也没有动真格来抑制房价（除非真正问责）。房地产企业也得益于这种博弈（只管盖房子，不愁销房子；只要买到地，就能挣到钱）。未来政府不管以什么程度退出都会为市场机制发挥作用腾出空间。市场机制真正要更有效发挥作用，房地产开发商必须对市场变化有正确研判，适时调整投资计划，扎实作好房地产"前营销"，同时要加强企业内部成本控制，抓住住宅产业化契机，实现产品创新和转型。

（二）政府要实现职能转变，对房地产市场应协同调控

"以依法行政、公开透明、大幅度实质性减少行政审批为重点，深化政府行政管理体制改革"是国务院发展研究中心公开"383"改革方案的核心内容之一。此改革对政府和房地产开发企业意义重大。一方面政府通过备案制服务于开发企业，另一方面也倒逼政府必须切实转变职能。对河南房地产的调控，不能由物价、房管部门对产品出口的调控，更要由土地、规划和公安部门把住产品生产关。只有多部门协同调控，才能使房地产市场平稳健康发展。

（三）消费者要改变消费理念，实现理性置业

多年来，中国房地产价格一路攀升。郑州在国际金融危机后的2009年1月商品住宅销售均价只有3908元/平方米，2013年7月郑州商品住宅销售均价已达7771元/平方米，几乎翻一番。尽管说它是多因素共同作用的结果，但消费者不理性的置业行为对房价的上涨起着推波助澜的作用。一是不顾自身的收入水平和住房需求，追求大房子、新房子；二是听信市场传言盲目追涨（如新国五条）。中国政府早在2004年就提出"住有所居"的住房改革思路，并基本建立了多层次的住房供给体系，"十二五"加大了保障性住房建设的投

资力度,住房供求矛盾会不断得到缓解。转变消费观念保持理性置业是正确的选择。

参考文献

中华人民共和国国家统计局网站,http://www.stats.gov.cn/。
郑州市住房保障和房地产管理局网站,http://www.zzfdc.gov.cn/。
中国指数研究院网站,http://industry.soufun.com/。
杜书云:《2012~2013河南省房地产市场运行态势分析与趋势预测》,载于喻新安主编《河南经济发展报告(2013)》,社会科学文献出版社,2013。
杜书云:《河南省房地产市场分析与展望》,载于喻新安主编《河南经济发展报告(2012)》,社会科学文献出版社,2011。

(侯杨杨、尚闻思、凌祯蔚、赵酒芳参与数据搜集、整理和附图的制作)

B.19 2013～2014年河南省交通运输业发展分析与展望

侯红昌*

摘　要：

交通是全局性、战略性基础设施和基础产业。国务院针对河南出台的一系列指导意见和批复为河南加快综合运输体系建设和推进物流业发展、打造河南经济升级版提供了难得的历史机遇。为此应进一步加快现代综合枢纽的建设步伐，全方位多举措筹措建设资金，深化交通运输体制改革，加快交通科技创新，进一步提升交通运输服务水平，以期能在新一轮的发展周期中继续保持并拓展河南的交通区位新优势，为打造河南经济升级版服务。

关键词：

交通运输业　综合交通枢纽　展望与预测

近年来，国务院出台的《关于支持河南省加快建设中原经济区的指导意见》和批复的《河南粮食生产核心区建设规划（2008～2020）》、《中原经济区规划（2012～2020年）》、《郑州航空港经济综合实验区发展规划（2013～2025年）》，为河南省加快综合运输体系建设和推进物流业发展、打造河南经济升级版提供了难得的历史机遇。交通是全局性、战略性基础设施和基础产业。现代综合交通运输体系由多种交通运输方式构成，以信息化为基础，在运输组织上具有快捷转换、相互借重的特征，在经济社会发展进程中具有决定性

---

* 侯红昌，河南省社会科学院副研究员，主要从事区域经济与物流业发展研究。

作用。加快现代综合交通运输体系建设，强化枢纽功能，巩固和提升交通区位优势，是进一步扩大河南对外开放、融入全球大循环的重要基础，是引导城镇和产业合理布局、促进"三化"协调发展、增强区域综合竞争力的重要前提，是统筹城乡发展、提高居民生活水平、全面建成小康社会的重要条件，是加快中原经济区建设、实现中原崛起河南振兴的重要保障。

一 河南交通运输业发展现状

（一）2013 年前三季度运行分析

2013 年前三季度，河南交通运输业总体保持平稳增长态势，货物运输增速呈逐月回升趋势。机场运输呈现快速增长态势，货邮与旅客吞吐量增速逐月攀升。铁路和公路客货运增速继续保持稳定增长。邮电业务总量保持稳定增长。交通运输业固定资产投资继续保持增长态势，投资规模进一步扩大。

1. 运输业总体保持稳定增长态势，货物运输增速逐月回升

旅客运输增速逐步趋稳。前三季度全省累计完成旅客运输量 16.6 亿人次，较上年同期增长 8%，增速比上半年下降 0.2 个百分点，与上月持平，增速逐步趋稳；完成旅客周转量 1755.0 亿人公里，较上年同期增长 8.3%，增速比上半年提高 0.1 个百分点，比上月提高 0.3 个百分点。旅客运输总体保持稳定增长态势，与全国走势基本一样，受客运季节性影响，客运增速呈先高后低、再稳步回升的态势。

货物运输增速呈稳中逐步回升态势。前三季度全省累计完成货物运输量 22.1 亿吨，较上年同期增长 11.8%，增速比上半年提高 0.2 个百分点；完成货物周转量 7484.4 亿吨公里，较上年增长 9.3%，增速比上半年提高 0.7 个百分点。货物运输保持稳定增长，增速自 2 月以来呈逐月回升态势。

2. 机场运输呈现快速增长态势，货邮与旅客吞吐量增速逐月攀升

3 月 7 日，国务院正式批复全国首个航空港——郑州航空港经济综合实验区的发展规划实施，机场的货邮吞吐量一直保持较高增长速度。前三季度完成货邮吞吐量 14.2 万吨，较上年同期增长 40.3%，增速比第一季度提高 5.6 个百分点，比上半年提高 10.3 个百分点，比上月提高 6.8 个百分点。今年以来货邮吞吐量保持较高增长速度，增速均高于 29%，但 6 月增速有所下滑，随后，就一直保持快速攀升势头。

机场旅客吞吐量增速稳中逐月回升。前三季度全省 3 个民用机场累计完成旅客吞吐量 1048.8 万人次，较上年同期增长 10.5%。今年以来增速逐月回升，三季度增速比上半年提高 3 个百分点，比一季度提高 5.2 个百分点，比上月提高 0.8 个百分点。

3. 铁路客货运输增速继续保持，公路客货运输稳定增长

自 2012 年四季度郑武、郑石铁路高速客运专线先后开通运营后，河南铁路旅客运输能力明显增强。2013 前三季度全省铁路旅客累计发送量 0.9 亿人次，比上年同期增长 17.1%；完成旅客周转量 674.2 亿人公里，比上年同期增长 9.6%，增速逐步回稳。铁路货运方面，受宏观经济增速放缓影响，前三季度累计完成货物运输量 0.9 亿吨，虽然比上年同期下降 0.7%，持续呈现负增长态势，但降速比一季度和上半年均收窄 5.3 个百分点，比 1~8 月降幅收窄 1.4 个百分点。全省铁路客货运输总周转量增速高于全国平均水平并且位次前移。1~8 月，河南铁路客货运输总周转量增速 2.5%，高于全国平均水平 1.8 个百分点。

公路运输总体保持稳定增长态势。前三季度全省公路累计完成旅客运输量 15.7 亿人次，完成旅客周转量 1037.0 亿人公里，分别比上年同期增长 7.3% 和 7.7%；公路累计完成货物运输量 20.6 亿吨，货物周转量 5535.0 亿吨公里，分别比上年同期增长 12.5% 和 12.0%。公路货物运输增速持续回升。全省公路累计客货运周转量增速在全国的位次持续上升。

4. 固定资产投资继续保持增长态势，投资规模继续扩大

2013 年前三季度，交通固定资产投资完成 367.3 亿元，占中部地区交通业固定资产投资的 14%，其中公路建设完成 358.8 亿元，占中部地区交通业固定资产总投资的 14.4%，内河建设完成 8.5 亿元。全省交通业固定资产投资延续了年初以来平稳较快增长态势，投资规模继续扩大，投资结构变化积极。

（二）近几年发展特征

近年来，按照中央关于建设中部地区综合交通运输枢纽的总体要求，河南坚持交通先行，着力完善综合交通网络，优化运输结构，强力推进铁路和高速公路建设，实施民航优先发展战略，巩固提升郑州综合交通枢纽地位，综合交通实现了又好又快发展。

1. 公路建设成效显著

"十一五"期间，以高速公路和农村公路为重点，全面加快路网建设，5年累计完成投资1661亿元。高速公路建设实现新跨越，通车里程突破5000公里，连续5年保持全国第1位，5年新增2338公里，累计完成投资1111亿元。干线公路等级进一步提升，全省二级及以上公路占干线公路比重达到88%，比"十五"末提高8个百分点，建设养护得到加强，通行效率明显提高。截至2012年年底，实现高速公路通车总里程5800多公里。农村公路面貌显著改善，2007年在中西部地区率先实现所有建制村通水泥（油）路，农村客运实现了"乡乡有客运场站"的目标后，2012年10月，河南省"10+1"快速通道项目全部建成通车，全省所有县（市）基本实现20分钟上高速。

2. 民航建设实现跨越

全省实施民航优先发展战略，采取一系列措施加快民航业发展。2007年郑州机场一期改扩建工程建成投用，年旅客吞吐能力由380万人次提高到1200万人次；客货运量快速增长，航线航班大幅增加，日均起降架次是2005年的2.5倍，开通了韩国首尔、中国台北、泰国曼谷、马来西亚吉隆坡等国际和地区航线，进入全国大型机场行列；郑州机场二期工程和郑州航空枢纽建设全面启动。洛阳、南阳机场新航站楼建成投用，基础设施保障能力进一步增强；商丘、明港军民合用机场前期工作稳步推进。2012年，全省3个机场共完成旅客吞吐量1268.87万人次，同比增长18.1%；完成货邮吞吐量15.46万吨，同比增长46%。

3. 铁路建设全面加快

以郑州为中心的"十"字客运专线网建设全面启动，具有标志意义的郑州至西安客运专线建成通车，石家庄至武汉客运专线开工建设；以郑州为中心的城际铁路网建设全面展开，郑开、郑焦、郑州至新郑机场等城际铁路开工建设；京广、陇海、京九、焦柳、新月、新菏等干线铁路全部实现电气化，晋豫鲁铁路和漯阜铁路增建二线工程开工建设，宁西、孟平铁路复线电气化工程和新月增建第二双线等项目前期工作基本完成，铁路网运输能力和行车速度得到全面提升。"十一五"期间，全省铁路建设完成投资943亿元。截至2012年年底，全省铁路运营里程达到4700公里以上，在建铁路里程达到1489公里。

4. 综合交通枢纽建设取得突破

强化多种交通方式的衔接，推进综合枢纽建设，开工建设了集铁路客运专线、城际铁路、地铁、长途客车、公交、出租等多种交通方式于一体的新郑州东站和郑州新郑国际机场综合交通换乘中心。郑州铁路集装箱中心站建成投用，郑州国家一类铁路口岸的货运吞吐能力大幅度提升。郑州、洛阳等9个国家公路运输枢纽建设全面展开。郑州市城市轨道交通规划获国家批复，地铁1号线、2号线开工建设，开通了城市快速公交；打破行业、地域分割，先后开通了郑开、郑焦、郑新、郑许等城际公交。

总体看，近些年是河南省交通投资力度最大、发展速度最快、能力增加最多的一个时期，全省交通基础设施建设成效显著，运输能力显著增强，服务水平明显提升，初步形成了以铁路、高速公路为骨架，以国省干线公路为依托，公路、铁路、民航及水运、管道运输等多种交通方式协调发展的综合交通运输体系框架。

二 河南交通运输业存在的突出矛盾

近些年来，伴随历届省委、省政府对交通运输业的高度重视，河南的交通运输在基础设施总量规模和质量、运输能力供给方面得到了很大的发展，与国民经济发展严重不适应的状况得到了扭转。交通运输本身也从初始的规模扩展和基本布局进入了各种运输方式协调、普及与重点提高并进、实施一体化运输的新发展阶段。但是，随着经济发展不断加快，交通运输能力，尤其是铁路、航空运输能力的短缺日益突现，供需持续紧张，再次成为制约经济发展的主要"瓶颈"，河南不仅需要面对上一轮大规模建设期过后，交通运输面临如何健康持续发展的问题，还需要面对当前新一轮的以高铁为代表的交通运输建设新周期中，河南的交通优势不再的风险。所有这些因素都促成了一些矛盾和问题在河南交通运输业的发展中显得特别突出。

1. 基础设施总量依然不足

国家铁路运力紧张的局面仍未得到根本改观，地方铁路运输通道尚未形成，铁路运输"瓶颈"制约依然存在。货运请车满足率低、客运"一票难求"仍未缓解。民航发展滞后，运输规模偏小，全省现有的郑州、洛阳、南阳3个民航机场远不能满足河南的航空业发展需要，其基础设施条件也亟须进一步改善。全省干线公路规模不足，路网结构不尽合理，一级公路发展缓慢，一般干线公路技术标准偏低。交通枢纽、城市交通与交通干线之间的衔接不够顺畅。各种运输方式之间尚未形成有效的协调配合，运输设施缺乏统筹规划，运输场站发展滞后。邮政快递基础设施薄弱。

2. 建设资金不足，矛盾突出

当前交通运输经济运行面临的主要问题是建设资金筹措难度加大。由于是"十二五"的前期阶段，资金供求原本就较为紧张。再加之受当前宏观经济周期的拖累，货币政策持续从紧使得银行贷款规模受到较大限制。而一直以来，河南交通运输建设的融资渠道匮乏，融资结构单一，银行贷款比重偏高，贷款合同正常履行受到较大影响。与此同时，贷款利率上浮，中央清理地方政府融资平台和地方性债务，进一步加剧了这一困境。此外，沥青等各种原材料价格不断上浮，人工费价格一直保持上涨态势，也进一步加剧了全省交通建设资金紧张的状况。

3. 管理体制机制亟须完善

交通运输业与经济社会发展高度紧密关联的特性，不仅要求其必须与经济社会的发展相协调，而且还要求发展应有一定超前性。因多年来沉淀积压形成的交通运输管理体制机制发展滞后，导致交通运输成为制约国民经济正常发展的主要因素，至今尚未得到根本扭转，其根本原因就是交通运输发展管理体制需进一步深化改革，法规体系需要进一步完善。铁路、公路、民航等运输服务水平亟待提升。应急保障能力较弱，公路超限超载问题依然突出，城市交通管理水平亟待提高。综合交通公共信息互联互通发展滞后。

三 河南交通运输业发展前景展望与趋势预测

河南经济发展到今天，已走到从量变到质变的关口。质变的关键，是要坚定不移推进经济结构战略性调整，转变经济发展方式，千方百计打造"河南经济升级版"，努力使河南这个人口大省成为先进制造业大省、现代物流大省、信息消费大省和金融服务大省，这给交通运输业的发展带来难得历史机遇。

（一）发展前景展望

1. "丝绸之路经济带"的建设带来难得发展机遇

习近平总书记今年9月访问中亚4国时，提出建设"丝绸之路经济带"，将"贸易路"的概念扩展到了"经济带"，给沿线各国家、城市之间的经贸往来提供了更为广阔的平台。中原作为古丝绸之路起点，再次面临新的发展机遇。郑欧国际货运班列的开通运行，仿佛在古丝绸之路上搭建起一座新的"亚欧大陆桥"，给河南交通运输业的发展带来新的历史机遇。

2. 发展大物流是打造"河南经济升级版"的制胜利器

当前，现代物流业正在引领全球经济新潮流。2012年，我国实现社会物流总额177万亿元，是全国约52万亿元GDP的3倍多，随着电子商务时代到来，物流业日益成为如日方升的朝阳产业。"郑州航空港经济综合实验区"的获批和开建，为河南参与国际分工提供了平台，区位、交通、人口、市场的优势让现代物流业成为河南最具发展潜力的产业。河南省委书记郭庚茂提出，"建设大交通、发展大物流、形成大产业、促进大发展"。使得发展现代物流业成为推动河南经济结构调整、加快经济发展方式转变和区域经济布局优化的制胜利器，而物流业的基础就是大交通的发展。

3. 交通区位优势仍是发展现代物流业的"第一优势"

作为全国重要的公路和铁路枢纽，河南航空货物的陆路运输衔接优势在国内堪称"无可替代"。以郑州机场为圆心，2小时航程内覆盖人口和GDP分别为12亿人和43万亿元，分别占到全国的90%和83%。河南得天独厚的区位优势和四通八达的综合交通网络,为物流的大进大出、快进快出提供了最佳集散点。2013年9月27日,河南省政府和国家交通运输部共同签署了"河南省人民政府、交通运输部'共同推进河南省综合交通运输体系 建设加快物流业发展'会谈纪要",为河南交通事业明确了发展目标。提出要到2020年,将河南建成国家重要的现代综合交通枢纽和全国重要的现代物流中心,充分发挥河南的交通区位优势。

(二)发展趋势预测

以河南省交通运输业2012年及以前的历史数据为基准,在考虑各种运输方式运量增长规律的基础上,综合各种宏观、中观,以及微观经济因素,在预计河南总体经济增速保持在8.5%左右的假设前提下,运用计量经济学中的ARMA模型(自回归移动平均模型),预测河南交通运输业的增速将保持在9.7%左右(见表1)。

表1 2014年交通运输邮电业发展趋势预测

单位:%

项目\年份	2013年1~9月(实际值)	2013年(预测值)	2014年(预测值)
交通运输、仓储和邮政业增速	5.6	6.0	9.7
货物运输量增速	11.8	12.0	13.0
货物周转量增速	9.3	9.5	10.9
旅客运输量增速	8.0	8.0	8.7
旅客周转量增速	8.3	8.5	9.0
邮电业务总量增速	10.0	11.3	13.0
机场旅客吞吐量增速	10.5	9.8	14.2
机场货邮吞吐量增速	40.3	43.1	47.7

四 河南建设现代综合交通运输体系的对策建议

河南地理位置重要,交通基础较好,在这一条件下推动建设现代综合交通运输体系能够统筹现有的公路、铁路、航空、邮政、水运等各种运输方式的有效衔接，进一步优化和发挥各种运输方式的优势。为此，河南省委、省政府制定了"交通优先"发展战略，把交通运输作为经济社会发展的先行军、主力军，以期用交通枢纽带动大物流，用大物流带动大产业，用大产业带动城市群，用城市群带动中原崛起河南振兴。

（一）进一步加快建设现代化综合交通枢纽

坚持民航优先发展，突出"铁"、"公"、"机"联运一体，"港"、"站"、"运"功能衔接，统筹组织各种交通方式，形成整体优势，构建以郑州枢纽为中心、地区性枢纽为节点，联动运输、功能强大、集疏高效的现代综合枢纽格局。

1. 加快构建全国重要的郑州现代综合交通枢纽

一是大力完善郑州货运枢纽功能。加快构建郑州航空物流港，建设航空货运仓储设施，积极开辟国际货运航线，形成郑州国际航空货运集散中心；加快建设郑州内陆港，依托郑州铁路集装箱中心站、北编组站、欧亚大陆桥和公路物流港，在铁路集装箱中心站毗邻地区规划建设综合性物流园区，引入口岸服务和沿海港口作业功能，打造东联西出的郑州内陆物流港；适时推动建设航空港实验区与京广铁路、铁路集装箱中心站的铁路专用线，加强场站间联系，实现空铁货运港站高效衔接。二是全力打造客运中转枢纽。以郑州东站为中心，增加高铁始发列车，创造中转换乘便捷条件；以郑州站为中心，优化普速列车运行线路，加强普速列车与客运专线的联程；依托通达全国的铁路列车和空中航线，构建以郑州为中心的立体运营网络。三是加快实验区交通设施建设。重点推进区区、区港间集疏系统和对外通道建设，为实验区建设提供强有力的地面交通运输支撑。加快推进机场至周边城市的城际铁路建设，形成以机场枢纽为中心的城际铁路网。全面建成郑港大道、大学路南延等项目，形成与周边地区便捷联系的"两纵三横"快速通道网。大力发展区内公交，实现空陆交通便捷换乘、快速集散。

2. 全力推进河南地区性综合交通枢纽建设

一是发挥洛阳产业优势和交通优势，建成带动豫西、呼应郑州的省内副枢纽。二是发挥商丘、南阳、信阳、安阳等地机场、铁路、高速公路的综合交通优势,立足门户特色和功能定位,与省内外城市融合发展,形成对接周边、服务郑州的地区性门户枢纽。三是加快许昌东站综合交通枢纽建设,形成郑州新郑国际机场汇集南部客流的中转中心,与郑州东站形成空铁联运南北双枢纽。

3. 大力完善城市枢纽的交通基础设施

一是要构建完善快速城市交通体系。建成郑州地铁1号、2号线,开工建设3号、5号线。加快洛阳轻轨前期工作,争取开工建设1号线。其他百万人口城市,启动城市轨道交通研究工作。完善城市道路网体系,建设高架道路,畅通城市出口快速道路。加快城区重要路段立交桥、隧道、人行天桥、地下通道及停车场建设。二是提升城市交通管理水平。加强交通法律法规宣传,强化交通规则意识。加大执法力度,规范城市交通秩序。积极应用交通智能管理系统,提高城市交通系统运行效率。三是加强城市内外交通衔接。依托城际铁路、城市高架道路及市区快速通道与干线铁路网、高速公路网连接,实现城市内外通道的无缝衔接。科学设计枢纽场站,合理布局大型物流站场和分拨、配送网点,实现城市内外客货的便捷高效换乘与衔接。

(二)进一步加大建设资金筹措力度

一是要充分发挥省交通投资集团、铁路投资公司、收费还贷高速公路管理中心、国土资源开发投资管理中心和民航发展投资公司等省级融资平台的作用,创新融资理念和方式,通过引进保险资金和发行企业债、私募债、中期票据以及交通项目沿线土地储备开发,为全省综合交通运输体系建设提供资金支持。二是要尽快出台城际铁路建设和运营补贴有关政策措施,坚持以地补路、以商补公、综合经营,建立可持续发展的长效机制。积极吸引社会资本参与高速公路、铁路、机场、港口、公路服务区等经营性或具有盈利能力的交通基础设施建设。三是要大力鼓励各地充分发挥本级投融资平台的作用,采用BT(建设—转让)、BOT(建设—经营—转让)、TOT(转让—经营—转让)等模式推进交通基础设施建设。四是要积极争取国家资金、政策,支持河南综合交通枢纽、运输大通道建设和集中连片特困地区开发。

（三）进一步深化交通体制改革

一是要按照综合协调发展的理念，加强铁路、民航、公路、水运等管理部门衔接，统筹各种交通方式一体化发展。明确交通基础设施的公益性质，研究制定促进普通公路、水运发展、道路运输和场站建设的政策，逐步形成以公共财政为基础、多渠道筹资、责任清晰、财力和事权相匹配的投融资长效机制。二是要进一步推进运输管理体制改革，理顺部门职能，加大超限超载治理力度，加强运输市场管理，提高运输效率。推进干线公路养护市场化，提高干线公路养护质量；探索建立专业养护和群众养护相结合、灵活多样的农村公路养护机制。三是要配合国家推进铁路投融资体制改革和低空空域管理体制改革。合理划分公路运输场站的公益属性界限，建立以市场运作为主、财政资金引导为辅的投资管理体制，对场站建设项目具有公益属性的部分给予适当补助。

（四）进一步加快交通科技创新

一是要适应运输装备现代化的要求，加大交通科技投入，积极推动交通智能技术的研发与应用，使用先进技术和装备改造交通运输业。进一步建立健全全省综合运输管理和公共信息平台，逐步实现省内信息资源互联共享，提高管理效能和服务水平。二是要加强节能新技术、新工艺、新装备、新材料的研发与推广应用，淘汰高耗能交通设施设备和工艺。加大交通运输节能减排力度，加强交通建筑施工废弃物回收、再利用。合理规划使用通道、桥位资源，集约节约利用土地，提高资源的综合利用水平。三是要鼓励应用清洁环保交通技术和装备。要强化交通项目环境影响评价，尽量避免交通线路穿越各类保护区和矿区，严格执行环境保护措施预案，实行全程环境影响动态监测，切实保护环境。

（五）进一步提升交通运输服务水平

一是要加快发展专业化物流。加强运输与物流服务的融合，鼓励交通运输企业功能整合和服务延伸，加快向现代物流企业转型。按照专业化、大型化、厢式化要求，加快货物运输车辆更新，不断提高交通运输装备水平，满足不同行业物流发展需要。二是要加强口岸功能与枢纽的融合。依托大型综合交通枢纽，创新海关、商检查验和监管模式，建设电子口岸，提升通关便利化水平。加快推进航空、铁路、公路口岸与保税区、无水港的"区港联动"、"区区联动"，加强枢纽场站与沿海及边境口岸的合作联动，建立完善的通关联络协调机制，打造互联互通、高效运转的对外开放合作平台。三是要推进城乡交通一体化发展。根据新型农村社区布局，适应城乡一体化发展要求，加强城乡路网衔接，大力发展农村客货运输，推进农村公交班车化，扩大班线覆盖范围，基本实现所有建制村通客运班车，建成与农村经济社会发展水平相适应的农村公路网络和运输体系。

参考文献

喻新安、赵铁军：《着力打造河南经济升级版——把国家战略转化为河南发展新优势》，《河南日报》2013年8月28日。

董娉、周爱娟：《大交通引领大物流　打造河南经济升级版》，《河南日报》2013年10月28日。

王俊本、董娉：《现代物流再现丝路辉煌》，《河南日报》2013年10月15日。

河南省人民政府：《河南省"十二五"现代综合交通运输体系发展规划》，河南省人民政府网站，2012年12月31日；http：//www.henan.gov.cn/zwgk/system/2013/02/07/010365408.shtml。

河南省统计局：《河南统计月报》，2013年9月。

航空经济篇

B.20
打造河南经济升级版的战略突破口
——郑州航空港经济综合实验区建设

河南省社会科学院课题组*

摘　要： 作为国务院批准的全国首个航空经济实验区，郑州航空港经济综合实验区着眼于建设竞争力强的国际航空货运枢纽，建设航空偏好型的高端产业集聚区和现代航空都市。未来一个时期，郑州航空港经济综合实验区要以郑州大型航空枢纽为依托，以发展国际航空货运为突破口，着力推进高端制造业和现代服务业集聚，着力推进产业与城市融合发展，着力推进对外开放合作和体制机制创新，探索以航空港经济促进发展方式转变的新模式，为打造河南经济升级版提供强有力支撑。

---

* 课题组长：喻新安、完世伟、王玲杰；课题组成员：唐晓旺、崔理想、袁金星、高璇、林园春、陈锐；执笔：唐晓旺、崔理想。

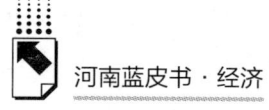

关键词： 河南经济升级版　航空港经济　实验区

《郑州航空港经济综合实验区发展规划（2013~2025年）》（以下简称《规划》）于2013年3月7日获得国务院正式批复，标志着郑州航空港经济综合实验区建设正式拉开序幕，这是继国家粮食核心区、中原经济区之后，河南又一个上升为国家战略的发展规划。郑州航空港经济综合实验区，既是中原经济区建设的战略突破口，也是打造河南经济升级版的战略突破口。系统研究和把握航空港经济发展的规律，探索郑州航空港经济综合实验区可持续发展之路，为打造河南经济升级版提供了动力支撑，同时也为内陆地区开放型经济发展提供了可资借鉴的示范。

一　郑州航空港经济综合实验区建设的战略意义

郑州航空港经济综合实验区的成立标志着郑州首开中国航空港经济发展的先河，其发展立足于建设一流的国际航空货运枢纽和建设航空偏好型高端产业集聚区和现代航空都市，为全省经济结构调整和发展方式转变找到了战略突破口，对于打造河南经济升级版具有重要的理论价值和现实意义。

（一）为河南走向世界打开了新通道

河南地处中国内陆腹地，是全国重要的经济大省、新兴工业大省和有影响的文化大省，具有巨大的消费市场优势、要素成本优势、人力资源优势和产业基础优势，是全国极具发展潜力的区域。近年来，河南全面实施建设中原经济区、加快中原崛起河南振兴总体战略，齐心协力，积极作为，务实发展，强力推进产业结构调整、开放招商、机制创新、载体建设等重大举措，实现了河南经济良好发展，综合竞争力不断提升，继续保持了好趋势、好态势、好气势。然而多年来受深居内陆局限性的影响，相较于东南沿海省份，河南经济社会发展的步伐相对迟缓，信息获取能力相对较弱，发展理念及模式相对落后，发展水平相对较低，诸多优势发挥不充分。在经济全球化深入发展的今天，尤其是后国际金融危机时期，河南欲实现崛起、振兴的中原梦，急需寻求新的发展引擎和实现路径。郑州航空港经济综合实验区的获批，为河南适应国内外复杂严峻形势实现经济转型发展提供了良好的机遇和契机，为河南诸多优势更大发挥、摆脱滞后发展局面提供了可能，为河南特色文化、特色产品等河南品牌走向世界创造了新的通道。郑州航空港经济综合实验区的建设，将突破河南深居内陆的局限性，借助陆空对接，提升参与国际国内分工层次，推动河南航空经济发展，以航空经济发展带动河南省走向世界。

（二）为河南优化产业结构带来了新契机

产业结构优化，是经济增长的源泉，是三次产业重新定位、分工及资源要素优化整合的过程，其目的在于促进区域经济内涵发展、高端发展、融合发展及开放发展，实现区域经济产业层次更高、创新能力更强、市场活力更足、发展环境更优、质量效益更好等发展目标。进入后国际金融危机时期，世界经济已进入结构深度调整期，发达国家及地区制造业向发展中国家及欠发达地区加速转移，此为河南承接产业转移、优化产业结构提供了良好契机。2011年以来，河南省按照"竞争力最强、成长性最好、关联度最高"原则，选择了汽车、电子信息、装备制造、食品、轻工、建材等6大高成长性产业，化工、钢铁、有色、纺织服装等4大传统优势产业，新能源汽车、生物、新能源、新材料等4大先导产业，金融、物流、文化、旅游等4大现代服务业共18个产业，推动现代产业体系建设，着力提高产业竞争力。综合实验区建设，将吸引一大批与航空关联的高端产业加速向综合实验区转移，为加快河南优化产业结构提供了新的契机。《规划》提出，郑州航空港经济综合实验区将依托郑州大型航空枢纽，以发展航空货运为突破口，大力发展航空设备制造及维修、电子信息、生物医药等重点高端制造业产业和专业会展、电子商务、航空金融、服务外包等现代服务业，着力推进高端制造业和现代服务业集聚发展，充分利用全球资源和国际、国内两个市场，形成全球生产和消费供应链重要节点。

（三）为河南转变发展方式提供了新动力

自 2010 年以来，河南积极转变经济发展方式，坚持"四个重在"（重在持续、重在提升、重在统筹、重在为民）实践要领，大力推进"一个载体、三个体系"（以产业集聚区为主的科学发展载体和现代产业体系、现代城镇体系、自主创新体系）建设，经济总体平稳较快发展，工作成效显著。但仍存在一些较为突出的矛盾和问题，诸如经济结构性矛盾依然突出、投资结构不均衡、综合竞争力不强等，归根结底在于河南经济发展方式尚未根本改变。面对国内外复杂严峻的经济社会发展新形势及新要求，加快转变发展方式是河南顺应时代要求创造发展新优势的必然选择，也是河南实现科学发展、转型发展、和谐发展、创新发展、开放发展、绿色发展等建设目标的必经路径。郑州航空港经济综合实验区建设的根本目的是推进河南省经济结构调整和发展方式转变。稳步有序建设郑州航空港经济综合实验区，探索以航空港经济促进发展方式转变新模式，其内在要求就是要实现河南巨大的消费市场、要素成本、人力资源、产业基础等优势与高端产业骨干企业的研发、创新、生产、销售等优势有机结合，吸引与航空关联的航空物流、电子信息等高端产业在综合实验区集中布局，实现产业高端化，形成以航空经济为引领的现代产业基地和中原经济区经济增长极，推动河南航空港经济发展，带动河南产业结构优化升级和发展方式转变。

（四）为河南新型城镇化发展开辟了新空间

新型城镇化是经济社会发展的客观趋势，其本质是用科学发展观来统领城镇化建设，其内在要求是不以牺牲农业和粮食、生态和环境为代价，实现城乡统筹发展、产城互动发展、资源节约集约发展、环境优美健康发展。近年来，河南把加快推进新型城镇化作为一项重点工作来抓，扎实推进，持续探索以新型城镇化为引领的不以牺牲农业和粮食、生态和环境为代价的新型城镇化、新型工业化、新型农业现代化"三化"协调科学发展之路，其中一重要建设着力点就是产城融合。在推进城镇化过程中，河南以生态文明为理念和原则，以人的城镇化为核心，以集约、智能、绿色、低碳为要求，以不断提高城镇化质量为目标,着力提高内在承载力,注重培育城镇产业经济,重视产业转型升级,力促产城融合,城乡互补、协调发展,新型城镇化引领成效初显。河南新型城镇化发展,是一项长期而艰巨的事业,诸多矛盾和问题一时难以全部解决,如目前产城融合的程度不深、产业吸收劳动力转移的潜力还未发挥等。而郑州航空港经济综合实验区建设,为河南新型城镇化发展开辟了新的空间,主要体现在:综合实验区的建设,将依托郑州大型航空枢纽,以枢纽带物流,以物流促产业,以产业兴城镇,吸引大量的人才、产业、资本等要素向实验区及周边地区集中布局,辐射带动实验区及周边地区关联产业及服务业发展,推进产城融合、人口转移以及新型社区建设,形成空港、产业、居住、生态功能区共同支撑的现代航空城市。

(五)为河南构建内陆开放高地带来了新引擎

当前,我国对外开放的中心正在向中西部地区转移。河南地处中国内陆腹地,其巨大的消费市场优势、要素成本优势、人力资源优势、产业基础优势、环境承载力优势等,已成为内陆地区承接产业转移、对外开放的最佳区域之一。近年来,河南实施对外开放带动主战略,以开放促发展,努力扩大开放空间,提升开放质量水平,打造开放新高地,助推中原经济区建设、中原崛起、河南振兴,成效显著。180个省级产业集聚区、11个城市新区、7个国家经济技术开发区、4个国家级高新技术产业开发区成为引进外资的重要平台,河南省获准设立中部地区首个综合保税区,河南保税物流中心通过验收等,这些都表示河南省内各地竞相开放的格局初步形成,对外开放环境日趋优化。河南开放型经济目前虽然实现了较快发展,但总体上看,开放程度还比较低,对外贸易规模还比较小,利用境内外资金结构不太合理,对全省的经济带动作用也很有限。提高对外开放质量和水平,是河南未来发展的重要任务之一。发展航空港经济,是突破河南对外开放瓶颈的必经之路。郑州航空港经济综合实验区建设,为河南构建内陆开放高地带来了新引擎。内陆地区对外开放重要门户,是郑州航空港经济综合实验区建设的战略定位之一。借助综合实验区建设,构建全球资源和国际市场利用平台,提升河南开放门户功能,发挥其在生产供应链和消费供应链的服务带动作用,构筑对外开放新优势。概而言之,扎实推进郑州航空港经济综合实验区建设,十分有利于提高河南对外开放的质量和水平,将河南打造成内陆开放高地,成为中西部地区全方位扩大开放新途径的新探索成果。

二 郑州航空港经济综合实验区建设的环境分析

河南发展航空港经济,建设郑州航空港经济综合实验区,既有丰富的优越条件和基础,同时也有不容回避的困难和不利因素。对于优越条件和发展基础,应科学规划,充分发挥;对于困难和不利因素,应保持清醒的头脑,集思广益,逐个突破。

(一)有利条件

1. 区位和空域条件较好

郑州航空港经济综合实验区地处中国内陆腹地,经比较和论证发现,实验区的区位和空域条件均较好,一方面便于接入国内外主要航路航线,连接多方向性航线,形成区域重要航空枢纽,带动区域航空经济发展;另一方面便于与陆路运输系统衔接,建成综合交通运输系统,提高综合运输效率。郑州航空港经济综合实验区建设的扎实推进,将有利于辐射京津冀、大西北、大西南、长三角、珠三角等诸多主要经济片区,促进河南及周边地区产业结构调整和发展方式转变,使实验区成为承东启西、连南通北的区域航空枢纽,成为东部产业转移、西部资源输出、南北经贸交流的桥梁和纽带。

2. 交通运输条件优越

河南是全国重要的铁路、公路、航空枢纽,全省铁路营业里程目前已达到4822公里,以郑州为中心的"米"字形城际铁路网正在加快建设中;全省高速公路通车里程已达到5830公里,境内全部县城均可实现20分钟内上高速公路;郑州机场是全国八大区域枢纽机场之一,以郑州机场为中心的1.5小时航程可涵盖全国2/3的主要城市,3/5的人口。航空枢纽、高速铁路、城际铁路、高速公路等客运零换乘和物流无缝衔接的综合交通枢纽建设进入实施阶段,航空港地区陆空高效衔接、多式联运、内捷外畅、效益倍增的综合交通运输网络正在形成,综合交通运输系统地位和功能持续提升。优越的交通运输条件为郑州航空港经济综合实验区的发展创造了非常有利条件。

3. 产业基础和发展态势良好

据中国民航局的数据，2012年郑州机场的航空货运量逆势增长了47%，高于全国平均增幅约44个百分点，标志郑州机场货邮吞吐量增速及增量已位居全国重要机场前列。近年来，随着国内外产业向中西部地区加速转移，航空运输、电子信息、生物医药等一批企业加快向郑州航空港经济综合实验区集聚，诸如美国联邦快递、俄罗斯空桥以及顺丰、国航等知名航空货运企业，富士康等国际知名企业。产业有序承接，企业有序入驻，项目有序建设等工作的有序开展和推进，使得航空枢纽建设和航空关联型产业互动发展的良好局面已初步形成。同时，依托河南保税物流中心开展以快件邮件为主要内容的跨境贸易电子商务试点已获得国家批准，为郑州发展航空物流和电子商务带来了新机遇。

4. 要素支撑条件较好

一是资金政策支撑。郑州航空港是河南省经济社会发展的核心增长极和改革发展综合试验区之一，也是河南省对外开放的重要窗口和基地，河南对航空港建设高度重视，未来很长一个时期内必将继续为实验区建设加大资金投入和制定优惠扶持政策。二是交通运输支撑。河南是全国重要的铁路、公路、航空枢纽，有利于实现陆空高效衔接，更大程度上提升综合运输效率。三是消费市场支撑。河南是全国第一人口大省，消费市场潜力巨大，以消费活市场，以市场带发展，以发展兴产业，以产业增运输，为实验区发展提供强大的引擎。四是人力资源支撑。河南作为人口大省，劳动力资源丰富，教育和科技发展很快，将为实验区发展提供强大的人才支撑。五是要素成本支撑。河南是资源大省，土地、矿产、水等资源十分丰富，为实验区相关产业的发展创造了有利条件。

5. 开放体系日益完善

经过近年的大力发展，实验区的开放体系日益完善，开放活力凸显。综合保税区的保税功能，吸引更多的跨国企业选择郑州作为国际中转地；综合保税区大量的保税展示、保税维修等运输需求，促使货物吞吐量急剧增加，推动郑州物流业的升级与发展，为郑州航空枢纽港建设奠定更加坚实的基础。河南保税物流中心自2011年5月11日正式开关运营以来，已发展成为中原经济区重要国际采购、分拨和配送中心，河南省重要的外向型经济服务平台。同时，出口加工区、集装箱中心站（铁路）等平台集中布局，使得航（空）铁（路）公（路）口岸功能不断完善，园区与航空港联动机制日益完善。另外，跨境贸易电子商务服务试点即将启动，将使通关便捷化程度更高，开放型经济发展前景更为广阔。

（二）不利因素

1. 经济发展水平相对较低

当前，一批电子信息、航空运输等企业已在实验区集聚，产业结构得到一定调整，但总体上看，现阶段实验区及周边地区产业临空指向性还不显著，产业间关联度不强，产业链质量不高，产业带、产业群发展不明显，产业链前端和价值链低端的格局依然存在，产业综合竞争力不强；产城融合的程度不深，产业吸收劳动力转移的潜力未充分发挥，经济带动作用尚有限。同时，过度依赖龙头企业的现象出现。据河南省商务厅公布的数据，河南2013年1~9月进出口增幅未达到全年15%的省定目标，主要受富士康出口同比减少的影响，第四季度河南省外贸增速面临压力。"外贸主要靠少数龙头企业拉动"的增长模式是脆弱不稳定的，在短期内是难以改变的。

2. 机场规模尚未适应发展趋势

郑州机场地处中原腹地、沿海地区和中西部地区的接合部，是我国重要的干线机场。然而，相较于郑州市在全国铁路、公路系统中的枢纽地位，航空运输还很薄弱，枢纽地位不突出，与郑州市区域交通枢纽地位不协调。中原经济区建设、中原崛起、河南振兴等战略的实施，为河南经济发展提供了强大动力和引擎，开放经济的发展需求日益增大，而现有的机场规模及运输能力并不能满足其需要。随着郑州航空港经济综合实验区的稳步建设，建成更加完善的陆空对接、多式联运、内捷外畅、效益倍增的现代交通运输体系，打造成为全国大型复合枢纽机场和国际货运枢纽，届时将有效改变这一矛盾。

3. 基础设施配套不足

按照计划，2013年实验区将推进约50亿元水、电、气、暖、通等市政基础设施建设，推进实验区外围"两纵两横"井字形高速路网建设。截至8月，郑州航空港经济综合实验区46个在建基础设施建设项目已完成投资40.5亿元，同比增长160%，呈现快速发展的势头。然而，相较于企业和居民的需求而言，航空港实验区基础设施建设仍显滞后，其服务配套能力还明显不足。特别是航空亲近型高端产业的集聚发展，对信息、数据处理及物流、仓储等基础设施建设提出了较高的要求。未来一个时期，随着航空港实验区的推进，一大批高端产业、一大批人才资源将加快向实验区集聚，郑州航空港经济综合实验区面临的基础设施建设压力依然较大。

4. 体制制约因素较多

一是经济体制制约因素。目前，河南经济在很大程度上还属于政府主导型的经济，以政府主要领导的执政理念将一定程度上影响着实验区经济发展方式的选择。比如政府实施积极的财政政策，在短期内对实验区经济发展起到拉动作用，但对市场化的发展和长期发展内生机制的形成存在不利影响。二是社会体制制约因素。市场经济建设要求公民具有较高的知识和业务水平，而现阶段公民的整体素质还处于较低阶段，尤其是农村地区发展相对滞后，客观上也影响了航空港实验区的发展。三是政治体制制约因素。现阶段政府行政管理体制与经济转型不相适应，与建立服务型政府的要求还存在较大差距，特别是部分领导为保政绩有法不依、执法不严、司法不公等现象仍然存在，形成了对实验区建设的现实制约。

5. 区域竞争日益激烈

后国际金融危机时期，国际国内需求不足问题将长期存在，企业、区域间的竞争将日益激烈。一是来自国外的竞争。当前先进制造业加速向发达国家回流，招商引资的难度显著增加，形成了实验区加快发展障碍。二是来自于省外的竞争。受外需不振的影响，沿海发达地区外向型企业出口受阻，把注意力转向内地，和内地企业争夺市场，使市场竞争更加激烈。三是来自河南内部地区之间的竞争。当前，河南经济百花齐放，各地市县、高新区、经开区、产业集聚区等发展很快，各个主体之间围绕资源、要素、市场展开竞争，也形成了对郑州航空港经济综合实验区的挑战。

三 郑州航空港经济综合实验区建设的对策建议

按照国务院发展规划的要求，未来一段时期，郑州航空经济实验区要突出打造河南经济升级版的战略突破口,为全省经济社会改革发展探索新路。为此,我们必须准确把握实验区的功能定位,高水平编制总体规划及专项规划,高标准建设软硬件设施,建立健全高效率的运营管理体制,推动实验区高速度、可持续、跨越式发展。

(一)坚持错位发展,建设世界一流的航空货运枢纽

河南地处内陆,是经济欠发达地区,民航客运发展相对滞后。2012年,郑州机场旅客吞吐量为1167万人次,不仅远远落后于北京、广州、上海、成都等地机场,甚至与西安、武汉、长沙等中西部地区的机场相比也处于下风,在全国排名第18位,与全国第一人口大省相比极不适应。与此对比,郑州机场在货运方面却有着相对优势。2012年,郑州机场货运共完成吞吐量15.12万吨,同比增长47.07%,在全国大型机场中增速居第1位,其中国际货邮呈现迅猛增长态势,吞吐量达到4.61万吨,同比增长309.8%。基于在航空货运方面的比较优势,郑州机场要想做大做强,就必须与北京、上海、广州等机场主要功能错开,重点突出航空货运发展。为此,郑州航空港要重点推进机场基础设施建设,加快推进二期工程、T2航站楼和综合交通换乘中心建设,推进许昌等地候机楼的二、三级配套工程建设;强化空地交通衔接,构建完善的机场集疏系统;加快引进基地航空公司,拓展优化国际航线网络,尽快开通郑州前往洛杉矶、悉尼、仁川、东京、大阪、多哈等货运航线,完善快件集散、海关监管体制、机制,形成航空货运特色鲜明的国际航空货运枢纽。

(二)坚持高端发展,建设现代航空经济产业集聚区

改革开放30多年,河南的经济发展取得了辉煌的成就,经济总量连续多年居全国第5位。然而,河南省资源型经济突出,重化工业所占比重较大,高技术制造业、现代服务业所占比重较小,在产业结构中产业链前端和价值链低端的比例偏重,正面临着结构调整和转变发展方式的重大挑战。作为打造河南经济升级版的战略突破口,郑州航空港经济综合实验区建设,必须坚持高端发展。一是加快发展航空物流业。加快发展航空快递、国际中转、电子商务等物流业态,重点发展电子信息、药品、食品、花卉等特色产品物流,完善航空物

流配套服务。二是加快发展高端制造业。重点发展航空设备制造及维修、电子信息、生物医药等产业，规模化发展珠宝饰品、工艺美术制品、高档服装等高端产品，推动实验区周边发展汽车电子、冷鲜食品、鲜切花等产业。同时，通过产业联动发展模式，重点发展电子商务、航空金融、服务外包、专业会展等现代服务业，形成全省重要的高端服务业集聚区。

（三）坚持开放发展，努力打造内陆开放型经济高地

经过30多年的改革开放，河南进出口规模和利用外资规模迈上新台阶，但与发达省份比较，河南省开放程度总体仍然偏低。2012年进出口总额占国内生产总值比重仅为10.6%，外贸结构不尽合理，高端产品加工贸易特征明显，附加值较低，利用外资的层次与水平不高。基于郑州机场在拉近河南与世界距离方面的特殊功能，建设航空港经济实验区，必须坚持开放发展，构建国际化的营商环境，打造内陆开放新高地。一是提升开放门户功能，发挥生产和消费供应链的服务带动功能，为中西部地区利用全球资源和国际市场提供平台支撑。二是整合海关特殊监管区域，完善物流、仓储、展示和研发等功能，推动发展国际采购、中转、配送等业务。三是完善提升航空口岸功能，不断提高信息化、机械化水平，规范业务流程，促进通关便利化。四是加快构建国际化的营商环境。加快引进法律、会计、贸易、通关等国际专业服务机构，在企业注册登记、投资融资、跨境结算等方面加快与国际规则接轨。

（四）坚持产城融合，高起点建设现代航空大都市

产城融合强调产业发展与城市功能协调同步，是现代城市可持续发展的核心理念。郑州航空港经济综合实验区占地面积广阔，涉及中牟、新郑、尉氏部分区域，规划面积415平方公里，除机场部分功能相对完善外，其他部分基本是处于待开发状态，在城市建设上是一张"白纸"。要在这张"白纸"上画出"最美丽的图画"，就必须坚持产城融合，打造高效便捷的交通网络、宜居宜业的生活环境、有序集约的城市空间，建设现代化航空大都市。一是加快高端商务商贸区建设，完善商务商贸、中介服务、文化创意、航空金融等综合服务功能，建设高水平城市综合服务区。二是完善内部交通网络，推进市政公用设

施和公共服务设施建设。三是加强生态建设和环境保护，构建绿色低碳、环境优美、宜居宜业的现代航空都市。

（五）大胆先行先试，大力度推进体制、机制创新

郑州航空经济综合实验区上升为国家战略，国务院赋予河南在航空管理、海关监管制度、服务外包政策、财税政策等方面一系列先行先试的优惠。加上此前国务院赋予中原经济区在城乡资源要素配置、土地节约集约利用、农村人口有序转移、行政管理体制改革等方面先行先试的权利，河南建设航空经济实验区的政策环境得天独厚。在此背景下，河南要大力度推进体制机制创新，提高航空港实验区建设水平。一是创新对外开放体制。加大实验区对外开放力度，鼓励和推动外资进入民航业，积极争取开放第五航权和第七航权。鼓励和支持中外航空公司经营往返郑州的国际客货运航线。二是创新海关监管模式。整合发展海关特殊监管区域，推动综合保税区功能创新和多元化发展，探索建立开放度较高的自由贸易区。三是提升航空经济管理水平。航空经济是一种新的经济形态，成功的经验相对有限，我们对其运行规律的认识非常少，相关信息了解也很少。要充分利用国家支持郑州航空经济发展的机会，认真研究、探索航空经济发展规律，为全国航空经济发展提供示范。

参考文献

河南省社科院、河南日报社课题组：《着力打造河南经济升级版》，《河南日报》2013年8月28日。

张占仓、蔡建霞：《郑州航空港经济综合实验区建设与发展研究》，《郑州大学学报（哲社版）》2013年第7期。

郭恒亮、曹青、郑紫瑞：《郑州航空港经济综合实验区建设若干问题的思考》，《河南科技》2013年第7期。

河南日报报业集团：《奋飞——郑州要建航空港》，河南大学出版社，2013。

B.21 加快培育高端航空港经济产业体系研究

林园春*

摘　要：
高端航空港经济产业体系是增强郑州航空港经济综合实验区核心竞争力的有效载体和重要依托，具有重要的战略意义。近年来，郑州航空港区在加快培育高端产业体系方面做出了很多努力，也取得了明显的成效，但也面临诸多问题。为此，要提升航空港经济综合实验区产业发展水平，必须加强规划引导、加快培育主导产业、完善配套服务体系、强化招商引资、拓展融资渠道、实施创新驱动战略等，促进高端航空港经济产业体系高效快速发展。

关键词：
高端产业　航空港经济　产业体系

2013年3月7日，国务院正式批复的《郑州航空港经济综合实验区发展规划（2013～2025年）》明确提出："依托航空货运网络，加强与原材料供应商、生产商、分销商、需求商的协同合作，充分利用全球资源和国际国内两个市场，形成特色优势产业的生产供应链和消费供应链，带动高端制造业、现代服务业集聚发展，构建以航空物流为基础、航空关联产业为支撑的航空港经济产业体系。"郑州航空港经济综合实验区作为河南的三大国家战略之一，加快培育高端航空港经济产业体系对加快河南经济发展方式转变，打造河南经济升级版具有重要的战略意义和典型示范作用。

---

* 林园春，河南省社会科学院经济研究所助理研究员。

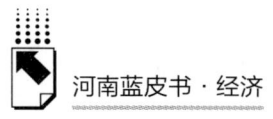

一 培育高端航空港经济产业体系的战略意义

航空港经济是以航空枢纽为依托,以现代综合交通运输体系为支撑,以提供高时效、高质量、高附加值产品和服务并参与国际市场分工为特征,吸引航空运输业、高端制造业和现代服务业集聚发展而形成的一种新的经济形态。依托郑州航空港经济综合实验区,加快培育高端产业体系有利于提升河南产业发展层次,加快经济转型升级,加速打造河南经济升级版。

(一)培育高端航空港经济产业体系是打造河南经济升级版的客观要求

打造河南经济升级版意味着河南需要更加注重内涵发展、高端发展,意味着产业发展层次更高、质量与效益更好,更意味着河南需要加快转变发展方式,走转型升级、科学发展的路子。但是目前,河南在转型发展方面仍面临较大压力,产业结构低端化、创新能力偏弱、综合竞争力不强等深层次矛盾依然存在。培育高端航空港产业体系,可以集聚整合创新资源,带动自主研发集群、高科技产业集群不断发展壮大,从而形成科技进步的发生器、加速器。同时,培育高端航空港经济产业体系,可以吸引高端要素汇聚,催生新的商业模式、新的经济形态,破解河南经济转型升级的难题。培育高端航空港产业体系,是立足河南实际、顺应时代发展潮流、打造河南经济升级版、构筑河南发展新优势的客观要求。

(二)培育高端航空港经济产业体系是构建中原经济区核心增长极的必然选择

一个国家或一个地区在生产力水平一定的条件下,要实现均衡发展几乎是不可能的,区域经济发展的基本规律是非均衡发展,就是依靠条件较好的少数地区和少数产业优先发展,通过极化效应,带动区域整体发展。河南是一个经济欠发达的省份,建设中原经济区,必须培育和发挥增长极的作用,通过增长极的带动和示范作用,加快中原经济区建设。郑州航空港经济综合实验区有着得天独厚的区位、交通、产业、市场优势,把郑州航空港经济综合实验区打造成国际航空物流中心、航空偏好型现代产业基地、内陆地区对外开放门户、现代航空都市,是中原经济区建设的客观要求。培育高端航空港经济产业体系,支撑国际航空物流中心和现代航空都市建设,通过航空港经济综合实验区经济发展的极化效应和乘数效应,带动中原经济区经济持续快速稳定发展。既是郑州航空港经济综合实验区科学发展的内在要求,也是加快中原经济区建设的必然选择。

(三)培育高端航空港经济产业体系是增强航空港核心竞争力的现实需要

区域产业体系的完善是区域经济发展的重中之重,往往代表了区域经济发展的核心竞争力。得益于郑州航空港区三大主导产业的培育与发展,郑州航空港区经济发展呈现出好的气势、好的态势和好的趋势,2012年,郑州航空港经济综合实验区实现地区生产总值190.7亿元,同比增长77.6%;工业生产总值达到1265亿元,同比增长168%,成为全省首个超千亿元产业集聚区;实现规模以上工业增加值169亿元,同比增长105.2%;实现外贸进出口总值285亿美元,同比增长220%,占全市比重的78.2%,占全省比重的55.1%,其中出口总值156.5亿元,同比增长214.8%,对全省外贸进出口增长的贡献率为91.2%。可见,加快培育高端航空港经济产业体系,可以促进航空港区产业发展的高端化、高新化,为郑州市产业转型升级起到助推器的作用,为增强郑州航空港经济综合实验区核心竞争力奠定坚实基础。

二 培育高端航空港经济产业体系面临的主要问题

近年来,在国家和河南省、郑州市政府的大力支持下,郑州航空港经济综合实验区,按照"建设大枢纽、培育大产业、塑造大都市"的战略定位,明确"一城五区"(一城即航空城,五区即机场核心区、电子信息产业园区、生物医药产业园区、临空物流园区、国际化商务社区)规划布局,大力承接产业转移,在加快培育高端航空港经济产业体系方面取得明显成效。2010年7

月富士康项目签约入住郑州航空港区,并在2012年完成产值1210亿元,成为河南首家超千亿元的企业。在富士康的集聚效应和雁阵效应带动下,郑州航空港区成为国内外信息产业开发商的投资首选地,目前已有100多家富士康协力厂商、400多家配套企业落户郑州航空港区,为培育高端航空港经济产业体系创造了条件;以台湾科技园建设为载体,加快生物医药功能平台建设,吸引了一批生物医药企业投资入驻;依托郑州机场,大力开辟国际航线,着力提升航空物流产业发展层次,2012年郑州机场国内航线达到77条,国际航线13条。综合保税区、保税物流中心、出口加工区、铁路集装箱中心站等集中布局,航空、铁路、公路口岸功能不断完善。2012年郑州航空港经济综合实验区实现外贸进出口总值285亿美元,对全省外贸进出口增长的贡献率达到91.2%,拉动全省进出口总额位居中部6省第1位,国际航空物流中心的地位正在稳步形成。

在肯定成绩的同时,还应清醒地认识到,虽然高端航空港经济产业体系建设呈现出快速发展的良好势头,但由于其起步较晚,仍面临许多制约因素,需要在今后的发展实践中加以克服和解决。

(一)高端产业集聚效应尚未发挥,产业布局有待完善

目前,高端航空港经济产业体系建设还处于起步阶段,产业基础还比较薄弱,仅仅拥有富士康等一两个龙头企业,具有较强带动能力的高端企业或高端产业仍然是凤毛麟角,高端产业集聚的效应还不够明显。已经确立的电子信息、生物医药、航空产业三大主导产业,规模较小,集中度不够,上下游和外围服务企业配套不紧密,产业链条发展不完善,航空运输、航空航材制造维修、航空物流、保税加工、展示交易等产业尚处发育期。同时,目前入驻郑州航空港经济综合实验区的企业,多数是通过政府规划的平台"被集中"在一起的,企业之间尚未建立有效的协作机制和联动机制,无法发挥高端产业集聚所形成的外部规模经济和范围经济的优势,航空枢纽建设和航空关联产业互动发展的局面尚未真正形成。因此,加快培育高端航空港经济产业体系,需要依托国际航空货运网络,积极融入国际经济体系,加强与全球原材料供应商、生产商、分销商、需求商的协同合作,形成高端航空港产业的生产供应链和消费供应链,促进郑州航空港经济综合实验区高端产业集聚发展。

（二）基础设施建设滞后，产业服务体系不健全

郑州航空港经济区的产业已粗具规模，但产业发展所必需的生活服务设施还不健全，商务功能、物流功能、科研功能、健康疗养、休闲娱乐功能等设施都还不到位，航空金融、服务外包、电子商务等外围服务业发展滞后，专业培训机构、法律服务、融资服务、市场咨询等中介服务机构普遍缺乏。这些发展环境上的不足，在相当程度上影响了各类生产要素的供给和高效利用以及整体产业结构的优化提升，严重制约了高端航空港经济产业体系的完善与发展。

（三）自主创新能力较弱，创新支撑能力有待加强

内生的技术创新是经济增长的主要源泉，高端航空港经济产业体系的高端性特点决定了创新的重要地位，但是目前郑州航空港经济综合实验区的自主创新能力还比较薄弱。第一，创新的本质在于人才，河南没有"985"高校，高档次的科研机构相对不足，导致河南航空港经济相关专业人才严重匮乏，加之目前还缺乏产业高端人才引进和培养机制，这些都在一定程度上制约了航空港产业体系的高端化发展。第二，由于郑州航空港经济综合实验区建设起步较晚，2010年10月才起步，2年多的时间很难构建起高质量的科技创新平台，更难以在较短的时间内搭建起与高端航空港经济产业体系配套的创新网络和研发队伍。第三，郑州航空港经济综合实验区许多企业从事的产业科技含量还比较低，与电子信息、生物医药、航空产业的关联度不高，并处于产业链的低端，这些企业的创新意识和创新能力都还比较薄弱，这些都影响了高端航空港经济产业体系的培育和壮大。

（四）资金缺口较大，融资渠道有待扩展

资金是区域经济社会发展的血液，是经济增长的发动机。高起点、高标准打造竞争力强的高端航空港经济产业体系、自主创新体系、现代综合交通体系、高素质的人力资源开发体系、可持续发展的资源环境体系等，都需要巨额的资金投入。由于航空港经济区正处于建设初期，起步晚、底子薄、基础弱，目前建设资金缺口很大，使得与高端航空港经济产业体系相配套的基础设施和

服务功能还不能满足发展的需要。此外，尽管郑州航空港经济综合实验区已经建立了一些投融资平台，但受制于运营经验和体制机制的制约，利用资本市场融资的能力还十分有限，这也在很大程度上制约了高端航空港经济产业体系的培育和发展。

三 培育高端航空港经济产业体系的国内外经验借鉴

一些发达国家和地区的实践证明：依托航空港，发展枢纽经济或临空经济，对于拉动区域经济发展具有十分重要的意义。郑州航空港经济综合实验区应积极学习国内外的先进经验，加快培育高端航空港经济产业体系。

（一）德国法兰克福航空经济区：航空服务业集聚效应凸显

法兰克福机场位于德国中部黑森州境内，是欧洲第二大国际机场，机场的枢纽运营使得世界上各国的航空公司和航空货运公司均在法兰克福设有分支机构。法兰克福机场拥有29家航空货运公司，运营飞往44个国家的国际航线，它们在做大航空运输的同时，更是大力发展国际商务。与枢纽运营直接相关的会展、金融、贸易、物流等商务服务也在机场周边聚集。法兰克福正是凭借着以机场为基础的合理规划，以及高端产业集聚对周边地区形成的经济带动作用，使得法兰克福成为德国第一个金融城市，德国也成为欧洲的商业神经中枢和经济增长极。

区域的竞争优势在于集群化，从法兰克福航空港经济的发展来看，其成功的最主要因素在于，构建了航空经济全产业链。通过完整的产业链降低了物流成本、提高了生产效率、产生了聚集效益。郑州航空港经济综合实验区要加快培育高端航空港经济产业体系，就要充分发挥富士康等龙头企业的带动效应，吸引相关高端企业，整合上下游产业链，从单一企业发展到产业簇群，并逐步构建高端航空经济产业生态系统，从而形成高端产业集聚效应。

（二）韩国仁川机场自由经济区：形成功能完备的多产业综合体

韩国的仁川国际机场位于韩国仁川市永宗岛上，隶属于韩国首都经济圈，是一座多功能现代化国际空港，如今已成为以国际物流枢纽机场为引擎、以首都经济圈为腹地的泛航空新城。仁川机场以物流及产业园区为核心驱动，大力发展货运物流及产业园区，在周边规划了商务会展中心、综合娱乐设施、博彩酒店、购物休闲区，并建立国外高校的分校、引进国外的医疗机构，努力将航空城发展成为融住宅、购物、休闲、旅游、娱乐、国际商务、物流中心、教育、医疗为一体的多产业综合体。依托航空港，大力开发休闲、旅游产业，在机场四周建设了梦幻主题公园、水上运动公园、航空城公园、时装主题公园等4个大型休闲旅游项目，以优质人文生态环境彰显航空港的特色。从韩国仁川机场自由经济区发展的成功经验可以看出，郑州航空港经济综合实验区要加快培育高端航空港经济产业体系，也要大力发展高端服务业，以城市综合体、商贸广场、休闲度假基地等项目为引领，促进高端服务业集聚发展，使其成为培育高端航空港经济产业体系的重要载体和平台。

（三）我国北京顺义临空经济区：高端产业合理布局

首都国际机场，是亚洲唯一3座航站楼、3条跑道同时运营的机场，每天超过70家航空公司的1400个航班在此起降，旅客吞吐量位居亚洲第1位，全球第2位。顺义临空经济区依托首都机场，培育壮大临空指向型产业，经过20多年的发展，成为东西优化、南北拓展、辐射周边的特色首都临空经济区，以航空产业、高新技术产业、现代物流业、现代制造业、会展业为代表的临空产业集群，呈现出向周边辐射发展的强劲态势，已经成为拉动首都经济社会发展的重要力量。顺义的成功得益于其高端产业的合理布局：机场西侧，发展高时效性、高附加值的高科技产业和航空产业；机场东侧，发展现代制造业，微电子产业基地；机场北侧，结合机场新货运区的功能需求，发展现代物流业，建立顺义空港物流基地和综合保税区；机场南侧，发展总部经济和现代服务业，着重吸引各航空公司总部、区域总部及具有临空指向性的跨国公司总部和地区总部聚集，并规划发展商业、文化娱乐、金融保险、法律和会计事务所等中介机构以及广告、公共型研发机构、教育培训等现代服务产业。借鉴顺义临空经济区的发展经验，郑州航空港经济综合实验区要加快培育高端航空港经济产业体系，首先要做的就是规划先行，合理布局，促进产业与城市融合发展。

四 加快培育高端航空港经济产业体系的政策建议

针对目前高端航空港产业体系建设中存在的问题，借鉴国内外培育高端航空港经济产业体系的经验，加快培育高端航空港经济产业体系需要注重解决好以下问题：

（一）加强规划引导，优化高端产业布局

科学规划是先导，只有注重规划的科学性、针对性、前瞻性、协调性，才能以规划的高起点实现建设的高水平、发展的高端化。培育高端航空港经济产业体系要坚持规划先行。所谓规划先行主要体现在：一是规划的科学性。科学规划是构建高端航空港经济产业体系的前提。按照国务院批准的《郑州航空港经济综合实验区发展规划（2013~2025年）》要求，结合郑州航空港产业基础、资源禀赋、市场环境等，在充分把握产业发展规律和借鉴国内外航空港产业发展经验的基础上，制定具有战略性、前瞻性、科学性和可操作性的产业发展规划，用于指导郑州航空港经济综合实验区的产业发展。二是规划的全面性。规划内容既要涵盖主导产业，又要涵盖配套产业；既要涉及微观层面，又要涉及宏观层面；既要有长远规划，又要有近期规划。只有规划全面、系统，才具有指导意义，才能使高端航空港经济产业体系的构建有序推进。三是规划的约束性。产业规划一旦出台，就要确保规划的严肃性和约束性。要科学制定规划实施评价指标体系，实时动态监测评价，确保规划的顺利实施。

（二）突出区域特色，加快培育主导产业

目前，郑州航空港经济综合实验区已经确立了电子信息、生物医药、航空航材3大主导产业。加快培育高端航空港经济产业体系，就要围绕这3大主导产业发展壮大，做好3方面的工作：一是加快电子信息产业基地建设。着力引进一批龙头型、基地型项目，加快配套企业集群式引进，促进智能手机品牌商、代工商、配套协力商、运营商、物流商"五商"并进，培育"全链条、全服务、全要素、无障碍"的"三全一无"产业集群，打造全球最大的智能

手机生产基地和全国重要的电子信息产业基地。二是加快生物医药产业园区建设。以生物医药产业集聚区先导区——台湾科技园建设为载体，加快建设生物医药功能平台，完善生物医药产业投融资服务体系建设，面向国内外引进一批生物医药创新团队，完善生物医药产业孵化、加速机制，加快把郑州航空港区打造成国家高技术生物医药自主创新基地。三是加快培育航空航材产业。大力开辟国际航线，引进基地航空公司，提升航空运能，做好美国UPS、荷兰TNT、中国外运、中国国货航、俄罗斯空桥等项目集聚，着力提升航空产业发展层次。依托航空港，加强与中国民用航空局合作，加快引进和培育航空航材产业，逐步形成航空器材设计、制造、维修、改装等产业链条，使其成为国内重要的航空航材产业基地。

（三）完善服务体系建设，优化产业发展环境

完善的产业配套服务设施，是产业发展环境的重要标志，是形成产业集聚效应的根本条件。要培育高端航空港经济产业体系，需要不断完善产业配套服务体系建设：一是以专业化、品牌化、国际化为方向，高标准建设会展基础设施，加强与跨国制造商、贸易商和会展商的战略合作，借鉴国际经验，创造条件积极筹办全球性的航材设备、机场装备、航空技术、通用航空等航空展会，为航空港产业招商引资提供平台和商机。二是建立健全物业管理、法律服务、人才市场等中介服务机构，满足高端航空港经济产业体系在科技、劳动、培训、信息、市场等方面的服务需求。三是以正弘城市综合体、丹尼斯购物广场、上海华都国际设计中心、韩国三星医疗健康城、新豪休闲度假基地等项目为引领，促进现代服务业集群集聚发展，强化城市功能，吸引高端人才、留住高端人才。四是坚持集约、智能、绿色、低碳的发展理念，优化空间布局，坚持产城融合、生态宜居，实现以航兴区、以区促航的发展目标，加快信息基础设施建设，加强生态环境保护，建设智慧港区、绿色港区、文明港区、平安港区，为打造高端航空港经济产业体系营造良好的外部环境。

（四）构建自主创新体系，实施创新驱动战略

打造高端产业体系离不开科技创新的支撑，培育高端航空港经济产业体

系，必须把构建自主创新体系，实施创新驱动战略放在十分重要的位置上。一是加强创新人才队伍建设。围绕高端航空港经济产业体系发展需求，立足重大科技项目及重点学科、重点实验室、博士后工作站等载体，依托省内外高校，加强产学研合作，委托有关高校扩大航空航材制造与维修、电子信息、生物医药等专业的招生规模，为郑州航空港高端产业发展培养科技创新人才和高级管理人才。同时，加大人才引进力度，重点引进高端航空港产业领军人才、资本运作人才和高端技术人才，满足高端航空港经济产业体系对人才的需求。二是强化产业技术创新。围绕高端航空港经济产业体系建设，引进国内外重点企业研发机构，与国内外高校科研机构合作成立产业研究院所，鼓励企业组建产业技术创新战略联盟等，加强在航空航材制造与维修、精密设备、电子信息、生物医药、信息服务等领域的技术创新，使其成为国内同行业的研发高地。三是加大科技创新投入。加快建立政府投入为引导、企业投入为主体、社会投入为补充的多元化、多层次的科技投入体系。对于航空港区三大主导产业共性和关键性技术难题，可采取实施科技重大专项的方式，提升产业创新能力，提高产业竞争力。

（五）强化招商引资，拓展融资渠道

在招商方面，要摆脱过去大招商的理念，树立招大商的思路，紧紧围绕高端这一特色，加强对电子信息、生物医药、航空航材产业、现代服务业的招商力度。同时，从关注招商数量向注重招商质量转变，从注重招商前期工作向注重项目后期服务转变，采取外资并购、增资扩股、知识产权投资、风险基金投资等招商引资方式，提高招商引资的质量和效率。在融资方面，一方面要加快信贷市场和担保市场建设，引导和鼓励金融机构对符合构建高端航空港经济产业体系要求的产业或项目予以重点信贷支持。创新融资方式方法，通过PE、VC等新兴金融工具及小额贷款公司等新兴金融机构，引导民间资本投资航空港产业建设。另一方面要积极引进国内外金融机构总部或分支机构，完善多元化金融机构体系，增强金融业对郑州航空港经济综合实验区高端产业发展的支持力度。支持金融机构开展金融创新，发展供应链融资和进出口贸易融资，拓展航空运输保险业务，建设特色鲜明的航空金融聚集区，服务高端航空港经济产业体系。

参考文献

张占仓:《郑州建设国际航空港的历史趋势与战略方向》,《区域经济评论》2013年第3期。

张占仓:《中国经济升级版的科学内涵与地方响应》,《河南日报》2013年6月19日。

曹允春:《临空经济发展的关键要素、模式及演进机制分析》,《城市观察》2013年第2期。

张大卫:《郑州航空港经济综合实验区——经济全球化时代推动发展方式转变的探索与实践》,《区域经济评论》2013年第3期。

B.22 打造郑州国际航空物流中心的路径及对策研究

杜明军*

摘　要： 打造郑州国际航空物流中心基础条件具备资源优势明显。但面临着基础设施不足、物流网络化程度低、规则创新亟待加强等重大挑战。必须谨慎选定目标定位、发展思路，明确路径选择、运用发展对策措施。

关键词： 郑州航空港　国际航空物流中心　路径选择　对策措施

已获得国务院批复的郑州航空港经济综合实验区规划，明确了其作为国际航空物流中心、以航空经济为引领的现代产业基地、内陆地区对外开放门户、现代航空都市、中原经济区核心增长极等"五个战略定位"；依托对高端制造业和现代服务业集聚、产业与城市融合发展、对外开放合作和体制机制创新等"三个着力推进"，以实现立足航空港经济促进发展方式转变新模式，努力把实验区建设成为全国航空港经济先行区、形成全国示范效应的"一个规划目标"。纵观郑州航空港的战略目标和定位，打造国际航空物流中心是郑州航空港内涵目标和规划指导思想的基础依托，要充分利用现实基础优势资源，找准关键挑战，理清发展路径，明确对策措施。

---

* 杜明军，经济学博士，河南省社会科学院经济研究所副研究员。

一 打造郑州国际航空物流中心基础条件具备优势资源明显

打造郑州国际航空物流中心有中国和河南经济持续、快速、健康的发展提供的强大基础；世界经济一体化将有力地推动对外经贸的增长，形成良好的外部环境；国内民航业已认识到发展现代航空物流业的重要性，成为坚实的思想基础，在此良好的外部环境背景下，打造郑州国际航空物流中心的内部条件更是得天独厚。

（一）河南区位优越突出，打造郑州国际航空物流中心可实现无缝对接

郑州地处中原，位于中国东西南北的地域空间交汇处，是全国交通大动脉的中心，陆路交通四通八达，是物流和客流的便利集聚中心，对打造郑州国际航空物流中心，提供了天然区位优势。经初步测算，以郑州机场为中心，在半径1000公里内，通过"空陆联运"的方式，全部可通过卡车集聚货物。目前，河南拥有郑州、洛阳和南阳3个机场，下一步将改造提升洛阳、南阳机场，建成商丘、明港机场，开工建设豫东北、鲁山民用机场，还将建设郑州上街、安阳等通用航空基地，支持具备条件的市、县（市）建设通用航空起降点。此外，郑州跨境"E贸易"的全国试点及综合保税区与机场口岸的"区港联动"，也为打造郑州国际航空物流中心奠定了基础。

（二）河南软环境优越突出，打造郑州国际航空物流中心条件独特

国家民航管理部门已经在发展国家综合交通枢纽试点建设的决定中，把郑州新郑国际机场作为"十二五"期间的全国唯一首选；随着规划的批复，郑州航空港经济综合实验区已上升为国家战略层阶，其中航空物流将是郑州航空经济发展的一个基础支撑，是重点倾斜发展对象；作为国内唯一的在航空港内拥有综合保税区的城市，郑州新郑机场口岸与保税区可以实现"区港联动"，一次性验关，为打造郑州国际航空物流中心发展创造了条件；河南新制定了一

系列国际航空物流中心发展的促进政策20条，主要在航线航班补助、市场开拓奖励、机场使用费减免补助、用地保障、融资担保、通关检验、高端人才引进等方面，以政策支持推动航空物流业快速发展。目前，郑州机场共有22家客运航空公司和5家货运航空公司开航运营，开通航线86条，通航城市57个，基本形成覆盖全国和东南亚的干支结合航线网络。

（三）河南航空物流业发展态势良好，势头强劲，打造郑州国际航空物流中心的经济基础雄厚

打造郑州国际航空物流中心势头正盛。统计显示，2011年郑州新郑国际机场年旅客吞吐量突破1000万人次，货运吞吐量突破10万吨，一直保持20%左右的增幅，已经跻身国内大型空港和繁忙机场行列。2012年全球经济下滑，世界航空货运下降7.8%，中国航空货运下降5.6%，然而郑州机场全年实现货邮吞吐量达到15吨，同比增长50%，在全国前30个主要机场中连续两年增速第一。2012年7月19日，河南省人民政府主办"2012中国郑州国际航空物流对接会"，俄罗斯空桥、中国香港国泰、美国UPS、日本航空、大韩航空、阿联酋航空、卡塔尔货运航空等世界级航空物流巨头齐聚郑州，共商中原航空物流发展大计，标志着河南航空物流跨入快速成长期。

二 打造郑州国际航空物流中心面临重大挑战

打造郑州国际航空物流中心过程中存在着发展意识、管理理念、运行模式及基础条件等方面的严峻挑战。

（一）航空物流理念缺乏

长期受计划体制和行业垄断的影响，在打造郑州国际航空物流中心进程中，现代航空物流和服务价值链的理念引入较慢、或正在形成，具体在业务上表现为多式联运模式尚未形成，物流全程服务运作极为有限，郑州航空港现有的航空物流业态基础仍具有"多、大、快、散、低"等特点，现代物流运作范式成型程度极低。物流运作形式单一，大部分只是关注物流的空中输送，且

采用收货—托运—取货的简单范式。具有高增值功能的"门到门"服务范式发展极少。物流流转的空中运输与陆地运送服务功能延伸不统一、不协调，网络化程度低。收货、仓储、运输、配送、信息与其他增值服务功能之间的专业化、一体化程度低。航空物流与增值服务环节间的有机联系被割裂，物流服务体系的系统化发展受到制约。整个航空物流的效率、增值能力和竞争力低下。

（二）航空物流的基本软硬条件不足

与国内外相比，打造郑州国际航空物流中心面临着基本硬件设施、软件条件不足的问题。一方面场地狭小，仓库简陋，装卸设备差，机场国际口岸建设滞后，缺少现代专业性的货运及工业加工型机场设施，影响了航空运力的合理使用。另一方面物流软件信息系统开放度低，机场管理机构、物流及中介公司、航空运输部门、海关、商检等各相关物流主体的信息平台各自为政，信息共享性差，信息交换缺乏统一、缺乏效率。机场口岸向外籍航空公司的开放度有待进一步提升。

（三）航空物流网络化程度低

打造郑州国际航空物流中心面临着航空运输与其他物流运输方式间相互割裂的态势，网络一体化程度差。突出表现在物流的空中运输与地面协调配套程度低。一般而言，航空物流的优势在于突出时间价值，需要地面仓储、运输等设施配套，以及配套运作的及时性，否则，会导致基于时间价值的物流成本上升，甚至出现物流流转的利益纠纷。另外，基于航空物流发展的竞争服务功能延伸，注定了提供从机场到门（A to D）的服务成为航空物流的必然趋势，快捷、高效的地面派送网络是竞争者之间区分高下的有力手段。因此，打造郑州国际航空物流中心面临着网络的可达性与通达性问题。需要向美国的 UPS 与 Fed Ex 等航空快递公司学习，构建高效的地面派送网络，实现货物的快速分散与快速聚集。因此，打造郑州国际航空物流中心关键不仅在于与谁合作，而在于需要物流的观念统一、方案一致、模式协同。

（四）航空物流人才保障匮乏

航空物流的人才需要兼具物流、交通、运输、贸易、法律法规等知识的复合型人才。不仅需要了解商品的制造、流通和销售，还要了解信息技术、电子商务等知识，更需要知晓商检、海关、出口等部门的业务运作。所需要的知识是集信息、营销、运输、仓储、网络、贸易、法律于一体的多领域、多学科的系统化集成。航空物流竞争是专业技能人才的竞争，日渐激烈，已成为打造郑州国际航空物流中心所面临的一个严峻挑战。

（五）航空物流规则创新亟待加强

打造郑州国际航空物流中心面临着法律法规和运行规则创新的挑战。已获得国务院批复的郑州航空港经济综合实验区规划明确了其国际航空物流中心、以航空经济为引领的现代产业基地、内陆地区对外开重要门户、现代航空都市、中原经济区核心增长极等"五大战略定位"。依托对高端制造业和现代服务业集聚、产业与城市融合发展、对外开放合作和体制机制创新等"三个着力推进"，实现探索以航空港经济促进发展方式转变新模式，努力把实验区建设成为全国航空港经济发展先行区、对全国提供示范效应的"一个规划目标"。纵观郑州航空港经济综合实验区的战略目标和战略定位，航空物流是航空港发展的重要基础，需要先行先试，推进航空物流规则创新的挑战。

总之，郑州航空港尚处于起步阶段，基本上还处于低层次航空货运发展水平，在管理体制和运行机制方面还存在许多矛盾和新的挑战。在机场定位、机场管理方式及航空物流运营模式方面，在机场与基地公司利益和谐共赢方面，还不能完全适应打造郑州国际航空物流中心的需求。还没有建立现代航空物流经营服务模式，除要在航空运输的配套系统方面下足工夫外，也要在人力资源和管理经验两个方面下工夫。

三 打造郑州国际航空物流中心的路径选择

打造郑州国际航空物流中心面临着理念缺乏、软硬件基础不足、网络化程度低、人才保障、运行规则创新的严峻挑战，必须谨慎选择发展定位、目标思路，明确路径选择。

（一）打造郑州国际航空物流中心的目标定位和发展思路

1. 打造郑州国际航空物流中心的目标定位

综合郑州新郑国际机场以及中原经济区航空物流发展的现状特征、发展态势，以及需要应对的重大战略问题，应以郑州新郑国际机场现有的航空快递和物流集聚基础为依托，把郑州新郑国际机场建成河南和中部地区，辐射中国西部，联系海内外的国际性的物流航空运输中心、物流中转枢纽；对郑州新郑国际机场的综合保税区功能与国内外物流大亨进行内引外联，整合物流优势资源，提高物流网络化水平，推进集约化和专业化能力，构建国际水平的物流平台，形成面向国际、辐射中部的物流集聚效应，打造物流产业基地和相关产业群，驱动郑州临空经济的高效、持续、跨越发展。

2. 打造郑州国际航空物流中心的发展路经

充分利用郑州新郑国际机场现有的区位、天时和比较优势，以郑州航空港综合经济试验区规划的国家批复和建设启动为契机，积极吸引物流相关企业入驻郑州新郑国际机场物流规划园区，聚集产业效应，推进航空物流发展的功能专业化、服务一体化、运作网络化、互动信息化、运输便利化。积极稳步完善郑州新郑国际机场的总体发展环境，树立信誉，传递正向信息，在机场毗邻区构建物流资源源泉持续、密集化程度高的物流集散基地。注意促进大、中、小航空物流相关利益主体的互动并存，优化运作结构，促进分工专业化水平和协作社会化水平的提升，形成利益共享的航空物流产业有机系统，实现郑州国际航空物流中心目标定位。

（二）打造郑州国际航空物流中心的路径选择

1. 形成功能服务一体化系统

打造郑州国际航空物流中心必须转型物流服务运作模式，整合信息互动、生产加工、包装、营销、接货、装卸、运输、仓储、配送等物流服务功能，构建一体化的运作模式，形成以航空公司、物流公司、集散中心等为依托的

"空、海、地"三位一体的综合性系统化航空物流网络。高度重视发展地面物流服务功能的综合一体化运作，使之成为航空物流价值链持续增值的不懈源泉。

2. 动态化重组航空物流的优势资源

打造郑州国际航空物流中心需要促进国内外航空物流资源的互动、合作，提升优势资源联合运作、动态重组功能。要充分利用现代信息技术优势，促进物流资源与信息手段的结构性融合。在物流单位内部重组组织结构、职能结构、运作模式，在行业内部重新划分社会分工的功能界限。随着信息技术的融入融合，传统物流的内在含义、服务功能和运作模式都将发生颠覆性革命，因此打造郑州国际航空物流中心需要整合产业价值链，加快航空物流基础设施建设，构建整合平台，加快现代化的仓储、商务办公、信息处理中心、物流分拣等物流基础软硬件的合理布局。需要加快完善地面交通体系，根据城市交通规划和物流产业布局，规划建设郑州新郑国际机场的航空物流枢纽系统，加快郑州新郑机场与周边城市商业物流集散中心、火车站物流集散中心，以及与主要产业集聚区、开发区物流交通通道系统的衔接，提高以郑州国际机场为中心枢纽的物流聚散的效率和能力。

3. 整体服务链上各关联方密切合作互利共赢

众多事实证明，结成稳固的战略联盟是提升服务链、价值链的关键。打造郑州国际航空物流中心必须重视物流价值链的利益最大化均衡发展，基于利益共赢倡导物流关联方的密切合作，确保郑州国际航空物流中心服务整个价值链的运转顺畅。要促进单个物流运作主体的高效运作，更要促进物流整体服务链的协作能力。

4. 物流输配综合网络功能完善，运作高效

物流输配的空中与地面系统协调共赢发展、紧密互动衔接，影响着航空物流系统的整体运作效率。打造郑州国际航空物流中心应重视地面物流输配的体系化和网络化融合发展，重视地面与空中物流输配网络系统的协调配套，实现在时间上的无缝衔接，提高物流运转的效率效能。加快物流输配网络组织管理系统的建设，打破行政分割、部门分割、利益非均衡分割，建立统一的物流输配综合网络体系，提高整个物流输配综合网络系统效率。

四 打造郑州国际航空物流中心的对策建议

综合郑州新郑国际机场物流发展的基础特点、发展现状及发展态势，依据打造郑州国际航空物流中心的目标定位、发展思路与路径选择，应采取如下发展措施。

（一）转变国际航空物流发展意识，创新服务功能

鉴于国际航空物流的发展意识淡薄，观念落后的现实障碍，打造郑州国际航空物流中心必须创新服务意识，提升服务功能，转变国际航空物流发展模式。要具有市场需求意识、客户导向意识、服务价值意识。应创造航空物流服务功能意识，整合装卸、运输、仓储、配送及相关物流服务的增值资源，提升航空物流服务功能一体化的价值，提升郑州航空港的航空物流竞争力。

（二）积极招商引资，优先引进国内外知名物流企业

物流企业是郑州国际航空物流中心物流集聚的最基本要素，大量规模不同、实力各异的物流企业集聚，优化发展、协调发展，才能形成打造郑州国际航空物流中心的基础。目前郑州航空港物流中心的聚集功能有限，对日益增长的中原经济区航空物流服务需求尚待充分挖掘，尚待进一步满足。要积极做好招商引资工作，注意吸引实力强、潜力大、标准高的物流企业，打造郑州国际航空物流中心向高级化演进基础。

（三）扩展优化国际航空物流网络，增强榜样的力量

扩展优化国际航空物流网络是提升国际航空物流能力的重要手段。打造郑州国际航空物流中心应引入世界信誉好、能力强、辐射广、潜力大的著名航空公司，发挥其榜样的力量，形成示范带动效应，构建国内外航空公司聚集郑州新郑国际机场的高地，完善优化国内外航线网络，提升郑州国际航空物流中心的辐射半径，增强打造郑州国际航空物流中心的运作基础和实力。

（四）加强与国际航空快递巨人合作，形成跨越式发展的雪球效应

国际航空快递巨人的进入有助于郑州新郑国际机场物流的网络化、国际化，促进国际物流需求的中转和聚集加速，使其相关的雪球效应促进相关配套服务的聚集成型，促进郑州国际航空物流中心的跨越式发展，缩短区域物流集聚成型的时间进程，产生强大的辐射带动效应。一般而言，飞机引入的投资效应等价于中型企业的投产运作；国际航空快递公司基地的"锚"项目形成，等价于数十家上下游相关物流企业和中转中心的集聚，相当于数十条国内外黄金航线的倍增效应，从而拓展航空网络辐射范围，提升郑州国际航空物流中心的区域吸附及辐射能力；附带集聚具有临空偏好的加工出口产业集群，形成郑州新郑国际机场航空物流的国际化核心功能，实现郑州国际航空物流中心外向型的跨越式发展。

（五）积极扶持国内区域性的航空物流规模化核心企业，实现双赢多赢

在打造郑州国际航空物流中心初级阶段，引入国际性的航空物流巨头难度较大，要深入研究，积极借鉴国际航空物流巨头成功发展的历史经验、历史进程，积极扶持具有企业家创新眼光、内部运作机制健全、发展潜力巨大的国内航空物流公司，促使其做大做强，实现跨越式、规模化发展，实现区域经济发展、物流公司扩张与郑州国际航空物流中心多赢式发展。通过软件和硬件基础设施投入的资金支持，在土地利用、人才培育等方面的支撑，提升中原经济区本土航空物流企业的规模能力，打造郑州国际航空物流中心的整体竞争力基础，抗衡国际航空物流公司，与国际同行平等竞争，竞相发展，增强区域性航空物流企业带动整个郑州国际航空物流中心的健康快速发展的能力。

（六）搭建物流信息系统平台，实现机场内外物流网络的有效衔接

系统网络成型和信息互动一体是现代物流的核心特征所在，基于信息技术和互联网基础的物流信息互动交换，缩短了物流的在途时间，提升了物流运作

的时间节奏。在打造郑州国际航空物流中心的进程中，要完善网络化程度，促进信息流的顺畅，提升物流高效流通的基础。要高度重视郑州新郑国际机场物流信息运作平台的构建完善，促使物流信息系统化、一体化高效流动，为郑州新郑国际航空港与周边火车站、汽车站、物流集散中心的对接，为腹地物流网络的有效对接，促进物流快速、高效流转奠定基础。

（七）大力引进培养航空物流专业人才

航空物流集复合型人才和技术密集型人才于一体，打造郑州国际航空物流中心必须加强人才建设，不仅大力引进，更要着力培养与郑州国际航空物流中心发展需要相结合的各类专门航空物流专业人才。要注重学习国外专项航空物流技术，吸收先进理念，学习掌握专门技能，为郑州国际航空物流中心的跨越式发展提供坚实的人才基础。

（八）创新运行规则、完善监管辅助体系

国际航空物流具有快速正点、安全可靠等高要求的特征，整体协同性服务要求强，涉及的运作流程和规范规则，领域广泛，技术复杂。打造郑州国际航空物流中心必须在现有发展基础上，按照郑州航空港综合经济实验区的规划目标，先行先试的内在要求，创新法制法规建设，按照物流运作多元供应的原则，创新运行规则，维护多方利益，形成完备的监管体系，辅助郑州国际航空物流中心快速发展、和谐发展、高水平发展。

郑州新郑国际机场具有得天独厚的区位交通等资源优势，强劲的发展势头以及政府的政策关爱，使得河南的国际航空物流发展已在良性循环的轨道上提速运行。同时，中原经济区未来的发展，呼唤着能够真实准确反映其腹地经济繁荣程度的国际航空物流支撑。打造郑州国际航空物流中心前景美好而任重道远。

参考文献

曹学明、王喜富：《中国航空物流可持续发展战略研究》，《物流技术》2009年第

11期。

周彪:《中国航空物流发展的对策》,《物流工程与管理》2013年第3期。

徐凤:《中国航空物流发展的"四度"策略》,《物流工程与管理》2009年第11期。

陈红霞:《我国航空物流的发展现状与对策分析》,《网络财富》2009年第24期。

代锦:《我国航空物流存在的问题及对策分析》,《中国商贸》2009年第15期。

曹允春、王王争:《天津机场周边航空物流集群发展分析》,《空运商务》2009年第21期。

秦岩:《论航空物流与综合运输的共同发展》,《综合运输》2009年第12期。

B.23
以郑州航空港建设提升河南开放型经济发展质量

陈 萍*

摘　要：

国务院在《郑州航空港经济综合实验区发展规划（2013～2025年)》中提出，郑州航空港要成为有利于建设内陆开放高地，探索中部地区全方位扩大开放的新途径，培育引领中西部地区发展的重要引擎。文章从航空经济形态对内陆地区开放型经济发展的作用机理入手，探讨航空港的建设对河南开放型经济发展的重大意义。同时，分析郑州发展航空经济的现实基础，并对航空港如何更好提升河南开放型经济发展提出一些可行的对策建议。

关键词：

郑州航空港　开放型经济　航空经济

随着经济全球化和国际产业分工布局的调整，产业体系和城市格局正顺应消费方式、生产方式的变化而变化。突出表现为航空运输正在成为继海运、河运、铁路、公路之后推动区域经济发展的巨大力量。近年来，在国家的大力支持和指导下，河南省顺应民航发展的大趋势，大力实施民航优先发展战略，主动开展与国内外各大航空公司合作，加强机场与公路、铁路交通系统的高效衔接，巩固提升郑州综合交通运输枢纽的区位优势，支撑中原经济区建设，努力提高区域竞争力，并获批建航空港经济综合实验区。建设郑

---

* 陈萍，河南省社会科学院助理研究员。

州航空经济综合实验区顺应了全球化、现代化背景下航空经济加速发展的潮流。在国务院正式批复的《郑州航空港经济综合实验区发展规划（2013～2025年）》中明确指出，郑州航空港要成为有利于建设内陆开放高地，探索中部地区全方位扩大开放的新途径，培育引领中西部地区发展的重要引擎。这就要求我们用全新的发展理念探索如何以航空经济发展吸引承接高端制造业、现代服务业和战略性新兴产业等与航空业紧密相关的先进经济业态在该区域集聚，并利用航空经济的开放性形成后发优势和战略突破口，实现河南开放型经济的跨越式发展。

一 郑州航空港：内陆开放型经济发展的一种新形式

在铁路、公路支撑地区发展的时代，沿海、沿江地区利用其便利的区位优势，借助国家改革开放的优惠政策，扩大进出口，对外贸易快速发展，这种以海运出口拉动经济增长的开放型经济发展方式，带来了我国东部沿海地区的繁荣。而广大内陆地区，由于远离出海口，通过海运、陆运出口产品的成本过高，在国际市场上根本不具有竞争力。因此，无法完全照搬东部地区的方式来发展经济。而破解内陆地区发展开放型经济瓶颈的关键是如何改变这种由于区位导致的高成本问题。

在全球经济一体化的背景下，速度是降低成本获得竞争优势的关键，也将是内陆地区开放型经济具有国际竞争力的首要因素。航空经济就是要依托民用航空业使人流、物流、信息流、资金流等经济的各种要素迅速向机场周边聚集，逐渐形成航空港经济这种新的经济形态，所以它的发展有着一定的必然性。

（一）航空经济是促进内陆地区开放型经济发展的新动力

依托大型枢纽机场，在全球范围内吸引产业、贸易、物流、技术、资金、信息、人才等优势资源在周边集聚，集聚促进了高端制造业、服务业为特征的航空经济加速发展，进而对区域经济发展产生强大的辐射带动作用，集聚是推动区域经济发展的根本力量，集聚的结果形成一个综合性的经济功能区——航空港。同时，航空港的建设本身就是要利用航空网络，促进要素的流动，全面推进区域对外开放，航空港区就是多个开放性要素综合而成的开放性系统。一方面航空港区内部的经济活动要从区外获得资源和要素，需要利用区外市场，并经常受到来自外部环境的影响。另一方面航空港区也需要通过对外联系来扩散影响，提高自己的地位，寻求发展机遇。航空运输正是通过机场的航线网络，带动微观要素流入和流出国内和国外的工商业大城市，将航空港区的要素快速融入全球经济浪潮，带来整个经济要素的循环。开放性带来的要素空间流动是航空港区改善条件、获得发展机会和动力的源泉。可以说航空经济本身的开放性决定了航空港作为开放门户的地位。随着经济全球化深入发展，航空运输正成为在全球范围内配置高端生产要素、提升国家和区域竞争力的重要途径，航空经济成为一种推动经济发展的新引擎和开放型区域经济发展的新模式，建设国际航空港也成为航空经济大发展的载体。

（二）以航空经济带动内陆地区开放型经济发展的新路径

前面提到，航空经济促进开放型经济发展的根本原因在要素的集聚，以要素集聚带来经济增长。作为内陆地区，依托航空经济，其区位劣势将极大弱化。试想，将一部手机从郑州运至美国跟从上海运至美国，运输成本会有多大差别？答案是几乎没有。依托航空港发展以临空型产业，比如轻、薄、短、小的高附加值产业，将这些产业在航空港周边集聚，通过航线网络将产品运输到世界各地，将带来较大的利润。郑州航空港在引进具有标志性意义的国际化企业富士康之后，引致大批国际化程度较高的企业落地河南，富士康以及大批国际化企业集聚，促进河南省进出口额在全国异军突起，连续两年增长速度都在58%以上，开放型经济发展实现重大突破。在产业得到发展的同时，引致大量人流、货物流向航空港周边集聚，从而又带来客运与货运的高速增长。预计到2015年郑州机场将达到年旅客吞吐量2900万人次、货运吞吐量50万吨，成为继上海虹桥机场之后全国第二个将城际铁路、高速公路、高速铁路等交通方式立体引入并有效衔接的机场。这种利用航空经济带来企业集聚，企业的集聚又推动航空客货运、货运发展，再次将航空港区的要素快速融入全球经济浪潮，参与全球产业分工，从而带来整个经济要素循环的开放型经济发展路径，对于中西部地区以及发展中国家内陆地区均具有重要的理论借鉴意义和实际应用价值。

(三) 构建内陆省份在全球化背景下对外开放新平台

作为一个内陆地区,要想实现开放型经济的大发展,必须做好4个方面的工作,一是引进外资,二是发展进出口贸易,三是完善物流集散和辐射中心功能,四是鼓励企业走出去,在世界上进行投资发展。只有做到这4个方面的工作,开放高地作用才能突显。郑州航空港经济综合实验区着力做大做强大型航空枢纽和新郑综合保税区"两大平台"。大型航空枢纽建设以郑州机场二期工程为核心,旅客可通过多种交通形式实现"零距离换乘",货物运送可实现"无缝隙衔接"。2011年11月封关运行的综合保税区一期,已经吸引并带动了上百家企业落户,以富士康项目为代表的电子信息产业发展迅猛,郑州航空港区也因此成为河南省首个产值超千亿元的产业集聚区。为了给航空货运发展创造便利条件,河南正在加快推进保税物流中心二期、河南电子口岸和"区港联动"项目建设,实行24小时预约通关,预约查验,探索"一次申报、一次查验、一次放行"的快速通关模式。另外,国家级跨境贸易电子商务服务试点项目——郑州"E贸易"业务已在郑州测试运行,正在规划建设具有综合保税功能的中原陆港国际物流中心,培育空铁高效衔接的物流网络,形成航空港、铁路港、公路港"三港一体"、多式联运的格局。这些开放平台的搭建必将引领河南开放型经济更大的发展。

二 郑州建设内陆开放型航空港的现实基础

美国、欧洲及韩国的一些地区依托航空枢纽,吸引和配置全球资源,积极发展航空经济,提升核心竞争力,取得非常显著的成效。我国借鉴国际先进经验,正在优化全国航空运输布局,核心内涵是提升北京、上海、广州三大门户机场的国际中转功能,打造国际航空枢纽,同时在中部地区选择一个机场建设国内大型航空枢纽,承担三大门户机场剥离出来的国内中转换乘和货运集散功能。经过专家认真评估,国家发改委和国家民航局认为郑州机场航班经停和中转率高,绕航率低,具备发展成为国内大型航空枢纽的条件,为河南发展航空经济带来了难得机遇。从河南目前条件来看,发展航空经济具有现实基础。

(一)河南处于航线网络中心,空域条件良好

河南属于内陆腹地,周口的上空是全国最重要的航空枢纽,河南正好处于航路中心,便于接入航路,适宜衔接东西南北的航线,开展联程联运,空域条件比较好,有发展航空运输的独特优势。同时,郑州腹地开阔,按照目前的航线进行设计,有1000多条航线都可以从郑州经过,而且从郑州机场出发两个小时基本上能够到达中国90%的国土。所以,河南发展航空事业非常有利。

(二)河南具备健全的综合交通运输体系

河南是全国重要的铁路、公路枢纽,全省高速公路通车里程达5830公里,连续多年居全国首位,所有县城均可20分钟内上高速公路;铁路通车里程达4822公里,京广、郑西高铁建成通车,以郑州为中心的"米"字形铁路网加快规划建设,郑州作为全国重要铁路枢纽的地位进一步提升;连接机场的城际铁路、高速公路、干线公路建设全面展开,以机场枢纽为核心陆空高效衔接、内捷外畅的综合交通运输体系日益完善。"双十字"铁路和"五纵六横"干线公路相交,坐拥"双枢纽"的郑州机场在"陆空高效衔接"上,注定有着其他地方难以企及的优势与广阔的空间。郑州机场二期建设正在加快推进,铁路网和公路网建设全面展开,郑州航空港地区陆空交通体系高效衔接的态势正在显现,将形成多式联运、内捷外畅的综合交通运输网络,为郑州航空经济综合实验区发展提供有力支撑。

(三)河南具备开放型经济发展的重要平台

经过20多年的探索,海关特殊监管区域已成为我国开放型经济发展的先导区和加工贸易转型升级的重要平台。河南目前已有综合保税区、出口加工区、保税物流中心各一个,在中部地区是海关特殊监管区域和保税监管场所较为齐备的省份。综合保税区,是目前我国开放层次最高、优惠政策最多、功能最齐全、手续最简化的特殊开放区域,叠加了保税区、出口加工区和保税物流

中心的全部功能和优惠政策。拥有保税加工、保税物流、口岸作业和综合服务四大功能。保税加工的快速增加，将带来大量的货运需求。综合保税区本身具备的保税功能，将使更多的跨国企业选择郑州作为国际中转地。加之大量的保税展示、保税维修等运输需求，货物吞吐量急剧增加，新郑综合保税区必将推动郑州物流业的升级与发展，建设郑州航空枢纽港的基础更加坚实。目前综合保税区已成功吸引富士康集团等企业投资入驻，河南与富士康、苹果、UPS等国际有影响力的企业，在航空、物流、金融、制造、服务等领域的一系列合作不断深化。

（四）郑州机场保持良好的发展态势

郑州机场货邮吞吐量增速居全国重要机场前列，持续保持客运增长20%以上、货运增长30%以上的态势，明显快于全国发展速度。位于机场周边的智能手机生产基地初步形成，一批电子信息、生物制药、航空运输等企业加快集聚，呈现出航空枢纽建设和航空关联产业互动发展的良好局面。同时，河南已完成了《郑州机场总体规划》、《郑州航空城总体规划》等一系列重大战略规划。郑州机场规划面积47平方公里，建设5条跑道，机场发展前景广阔。

三 以航空港建设提升河南开放型经济发展质量的对策建议

建设郑州航空经济综合实验区是河南持续提升对外开放水平的需要。通过建设郑州航空经济综合实验区，促进航空经济发展，有利于在更广领域、更高层次上融入全球化进程，提高参与国际分工和贸易的知名度与竞争力，使之成为全球供应链中的重要一环，形成内陆开放新高地和全球重要的国际航空货运集散中心，进一步提升郑州乃至全省的对外开放水平和战略地位。

（一）提升郑州航空港的开放门户功能

开放门户是指一个国家或地区对外开放的接口或出入口，是国际货物流、信息流、资金流、客商流等资源要素大规模集中交会的区域，通常由具有区位、港口、交通、开放、市场等优势的城市承担。在经济全球化发展趋势和国际产业分工深度调整的大背景下，依托郑州航空港经济综合实验区利用全球资源和国际市场，提升经济的国际化水平，最重要的是发挥好四大平台的作用，一是产业集聚园区。门户功能的发挥最重要的是集聚资源，产业集聚区是最好的平台，一定要明确主导产业，并延伸为产业链条，发挥生产链和消费链的服务带动作用，让河南经济参与全球分工体系。二是金融平台。加强与金融机构的联系，争取重点金融机构设立区域总部，为航空港的发展提供金融支持。三是信息平台。开放门户必然要集聚大量信息，才能带来人流和物流，因此，互联网、电信网络等基础设施信息平台的搭建，将会加速港区的集聚功能。四是保税物流平台。这个在前面已述及，保税不但能吸引跨国企业选择郑州作为货物中转地，更能增加货物吞吐量。只有建好这4大平台，才能更好地培育对外开放新优势，形成中西部地区乃至全国对外开放的新高地。

（二）构建国际化营商环境，为引进外资和扩大进出口贸易创造条件

航空港建设要引进国际企业，突出国际化，就要遵循国际惯例，了解国际市场的规则。为此要引进国际专业服务机构，为各类企业提供法律、会计、贸易、通关、支付等优质服务。同时，加强与国际规则和国际惯例接轨，以更有利于企业注册登记、跨境交易、融资、履约、投资者保护、结算等。具体政策的出台，将逐步改善中原经济区的营商环境，吸引更多外来投资，使企业更加无障碍地参与国际贸易，扩大进出口贸易。

（三）加大口岸建设，完善物流集散和辐射中心功能

航空港区要成为综合性的物流集散中心，不但要做到集聚本地货物，同时可以集聚周边地区货物，并将其转口到世界各地，抑或全世界各地的货物通过该航空港辐射到其他地方，实现要素集聚与辐射的口岸功能。郑州航空港现已具备综合物流中心和综合保税区，实行海关、商检、边检联动服务和24小时预约通关、预约查验，进出口货物可以在当地完成报关、报检等出口手续，这与企业联系沿海港口、完成一系列复杂的出口手续相比，可以节省大量的时间和运输成本。同时，电子口岸平台建设更快更便捷地实现物流集散功能。企业

可以通过互联网"一点接入"办理报关、报检、结付汇核销、出口退税等手续，放大航空港区域优势，将企业迅速集聚到航空港区，成为促进区域开放型经济发展的微观动力源。

（四）强化实验和创新功能，为全国航空港发展提供示范

郑州航空港经济综合实验区是全国第一个航空经济实验区，没有现行的经验可以学习，在发展中面临着诸多的问题，比如区域竞争的重大压力，经济转型、产业升级和提高经济素质、提升发展环境的艰巨任务，为实现跨越发展寻找突破口和路径的困难选择。在工作中建立一系列有效的工作机制，比如口岸通关采用"属地报关、口岸验放"通关模式，征询了重点进出口企业对郑州口岸环境建设的意见和建议，鼓励进出口企业积极申报，通过企业自身诚信规范管理，提高通关效率，降低通关成本。对经过郑州的航班可享有中途分程权，以便利外国航空公司将已有的或拟开通的至河南的国际航班在郑州经停或延伸至郑州的作用。同时在财税金融、土地管理、服务外包等方面进行积极探索，先行先试，为全国航空经济提供示范，为全国航空经济建设探索出一条新路子。

参考文献

曹允春：《临空经济发展的关键要素、模式及演进机制分析》，《城市观察》2013 年第 2 期。

刘秉镰：《经济全球化与港城关系》，《港口经济》2002 年第 2 期。

张大卫：《郑州航空港经济综合实验区——经济全球化时代推动发展方式转变的探索与实践》，《区域经济评论》2013 年第 3 期。

王喜成：《推进郑州航空港建设的路径思考》，《区域经济评论》2013 年第 3 期。

陈萍：《内陆开放型航空港：基于要素流动的空间效应》，《区域经济评论》2013 年第 3 期。

杜君：《现代服务临空升级》，《河南日报》2013 年 5 月 27 日。

〔美〕约翰·卡赛德：《航空大都市：21 世纪的商业流动性与城市竞争力》，《城市观察》2013 年第 2 期。

曹江涛：《临空经济区与区域经济发展的互动关系研究》，南京航空航天大学，2007年硕士学位论文。

曹允春、李晓津：《机场周边经济腾飞与"临空经济"概念》，《经济日报》2004年5月25日。

刘雪妮、宁宣熙、张冬青：《发展临空产业集群的动力机制研究》，《现代经济探索》2007年第1期。

B.24
郑州航空港要素保障体系建设的策略研究

王 芳*

摘　要： 郑州航空港经济综合实验区的建设发展是一项庞大的系统工程，需要大量资金、土地、技术等资源要素的支持，急需构建能够支撑航空港发展的要素保障体系。科学合理的要素保障体系的建立必须以科学发展观为指导，统筹好保障发展与保护生产要素资源的关系，在破解航空港发展要素瓶颈制约的同时，建立要素资源优化配置、集约利用和持续利用的发展模式，最终形成资源节约、环境友好，临空经济快速发展的良好局面。依据以上思路，研究探讨了建设资金、土地、智力、政策、组织等保障体系的战略措施。

关键词： 郑州　航空港　要素保障

2013年3月7日，国务院正式批复了《郑州航空港经济综合实验区发展规划（2013～2025年）》，这是全国首个上升为国家战略的以航空港经济为主题的区域发展规划，对河南乃至全国经济发展都具有重要意义，其战略定位和发展目标也彰显了在推进河南省经济结构调整和发展方式转变的引领性作用。而国际性的航空港建设是一项庞大的系统工程，涉及机场规划建设、运营管理、产业发展、城市建设等诸多方面，这些都离不开强大的资金、技术、人

---

* 王芳，经济学硕士，河南省社会科学院助理研究员。

才、土地等资源要素支持。如何构建完善的要素保障体系以推动郑州航空港经济综合实验区跨越式发展，是当前和今后一段时期郑州航空港建设的重要任务。

一 构建郑州航空港要素保障体系的意义

郑州航空港经济综合实验区规划指出，要依托建设竞争力强的国际航空货运枢纽，形成高端航空港经济产业体系，打造绿色智慧的航空都市。通过这三者的联动，推动建设内陆开放型的航空港区，打造区域核心增长极，推动中西部经济实现可持续发展。目前，航空港区与郑州市区及其他园区、中原城市群之间的交通较为顺畅，公路及铁路运输条件优越，应注重不同交通方式交汇节点的基础设施建设，尽快实现航空客运与高速铁路、城市轨道、公路客运的交通零换乘，以及航空货运、铁路集装箱货运、公路货运的多种形式联运、无缝衔接，以削减成本，提高郑州航空港的综合竞争力。从产业体系来看，郑州航空港区产业仍然以物流、低端制造、纺织等传统产业居多，一些临空指向性的产业，如生物医药、电子信息等产业刚开始在临空经济区聚集。一方面这类企业与传统企业对资源、环境需求的差异性难以统筹、有序规划港区发展，土地稀缺性和产业结构偏低性的矛盾日益凸现；另一方面郑州航空港区高端人才的引进和培养机制还比较欠缺，大学、科研机构和企业之间的良性互动和共同发展的良好局面尚未形成，严重制约了高端航空港产业体系的形成与发展。同时，还要认识到，现在的空港已不仅仅是搭乘飞机的地方，还是整合人流、物流、信息流，融合产业、休闲、商务、居住等功能的现代航空城。郑州航空港经济综合试验区规划就明确提出要在415平方公里的土地上，打造成一个由空港、产业、居住、生态功能区共同支撑的绿色智慧航空都市。以城市化推进临空经济区基础设施建设，已经迫在眉睫。

美国经济学家罗斯托的经济起飞理论告诉我们，一个地区的经济起飞如同飞机起飞一样，需要强大的推动力。郑州航空港区的起飞，同样需要资金、技术等资源要素的大力支持。如前文所述，交通枢纽设施、交通道路网络、水电气等基础设施、服务配套设施等建设需要充足的资金及土地支持。同时临空经济区的高端产业体系建设，诸如特色产业的培育、重点产业项目投资、重大技术改造、自主创新及品牌建设等都需要投入大量的资金及技术。在政府财政资金、土地资源、科技创新资源有限的情况下，迫切需要根据郑州航空港区自身特点，创新思路、大胆尝试，尽快建立和完善港区快速健康发展的要素保障体系。

二 构建郑州航空港要素保障体系的思路

把郑州航空港建设成国家级航空经济发展的实验区，是郑州乃至河南发展的重大机遇，同时也是一个全新的概念和业态，是一项庞大的系统工程，需要我们以开放的思维、战略的眼光进行深入的思考与谋划。构建郑州航空港要素保障体系，必须坚持以科学发展观为指导，坚持以人为本，统筹好保障发展与保护生产资源的关系，既要保障航空港区的科学发展，依托临空经济产业促进全省发展方式的转变，又要合理利用资源环境，最大限度发挥现有资源的作用，使有限的生产要素资源、自然环境资源能够满足航空港区经济社会不断发展的需求。

构建科学合理且行之有效的郑州航空港要素保障体系，一要着力破解航空港发展的要素瓶颈制约。遵循分阶段滚动发展模式，详细研究机场发展阶段与规模，确定不同阶段的发展重点与目标，把握好整体开发节奏，集中资源要素向重大项目倾斜，确保重点项目建设顺利进行。同时，建立深度的资源要素开发利用模式，探索多种渠道多种方式破解资源要素制约，抢占发展高地，增强发展后劲。二要着力建立要素资源优化配置、集约利用和持续利用的发展模式。树立资源要素节约、集约及可持续利用的社会意识，在航空港区的发展建设中充分考虑资源要素的承载能力，切实加强对各种资源要素的整合和合理开发利用，努力实现在现有条件下资源配置的最优化和利用效率的最大化，在经济发展中不断提高航空港区的区域经济竞争力。三要形成资源节约、环境友好、临空经济又好又快发展的良好局面。坚持生态优先和集约、智慧、绿色、低碳发展理念，建立健全科学的资源要素管理机制，尊重自然、顺应自然，打造临水和陆地生态体系，发展循环经济，推进清洁生产，绿色制造，实现生产和生活方式的革命性变化，使实验区真正成为一个宜居、生态、绿色、环保为一体的绿色智慧新都市。

三 构建郑州航空港要素保障体系的战略措施

（一）建立资金保障体系

资金是经济发展的血液，是区域经济增长的第一推动力和持续推动力。建立合理的郑州航空港资金保障体系，一要培育发展郑州航空港区产业投资基金。每年由省、市财政共同承担设立30亿～50亿元的投资基金并制定有效的使用管理办法，主要用于扶持培育包括航空物流业、高端制造业与高端服务业等航空港区的主导产业，产业发展的谋划咨询、航空市场开拓、通用航空及其他航空产业发展，以及机场跑道、候机楼、机场地面交通等基础设施建设。二要着力提升国有投融资平台功能，发挥财政及国有资产投资效应。利用政府控股的投资公司，投资有利于临空经济发展壮大的项目；以政府控股的投资公司作为发起人，以开放的姿态鼓励外来资本参股、并购，通过引入战略合作者加强融资战略合作，吸引动员更多的社会资金参与临空经济区项目建设，形成以财政资金和国有资产为引导、社会投资主体广泛参与的多元化投资机制。三要加大银行信贷对航空港区建设的支持力度。积极借鉴先进地区经验，创新信贷产品和服务方式，深入研究如何发展与航空密切相关的融资租赁、离岸结算、航运保险、贸易融资等业务，提高金融服务的有效性；积极争取世界银行、亚洲开发银行等国际金融组织和外国政府的优惠贷款，优先安排航空港区主导产业和枢纽基础设施项目，加强郑州航空港企业和项目对外宣传力度，吸引国外商业银行的贷款，拓宽信贷渠道。四要大力拓展航空港区建设的直接融资渠道。针对一些重大基础设施建设项目可以采用"BOT"（建设—经营—移交）、"BT"（建设—移交）等项目融资模式，积极引进外来资本参与航空港的建设和发展；制定激励政策，重点推进一批具备较大资产规模和技术力量、运作规范、符合条件的优质龙头骨干企业在主板或境外市场上市融资，并将新的融资用于临空经济区的项目建设上来；学习厦门、上海、深圳、广州机场建设的经验，研究探索郑州新郑国际机场的上市计划及方案，通过股票市场筹集建设发展资金，破解融资难题。

（二）建立土地保障体系

随着郑州航空港经济发展和城市化建设的快速推进，用地需求不断加大，土地供需矛盾日益突出。要破解土地要素制约，一要制定完善的土地利用规划，科学合理配置用地资源。依据郑州航空港经济综合实验区规划中的主体功能区划，适时修编和逐步完善土地利用总体规划，按照"有保有压"的原则，实行差别化供地政策；积极争取追加各类用地指标，及时收回和调剂不能使用的指标，对于有限的可利用土地资源，使用地计划指标优先保障民生、基础设施、重大产业和重点项目，使有限的土地资源向优势产业和重点项目集中。二要加强集约利用，提高土地资源开发强度。进一步改进土地供应方式，对符合航空经济产业政策、科技含量高、附加值高、污染小的项目以及建设多层标准化厂房的用地项目，优先安排用地计划，优先安排供地；对一些限制性的项目要限制供地，对国家禁止供地的项目，一律不予供地；积极鼓励区内企业通过设备更新、工艺改造等技术创新途径上项目、扩规模，做到"增资不增地"，不断提高土地的投资强度和总体效益，在内涵发展中实现土地资源利用效益的最大化。三要加快消化利用速度，挖掘盘活存量土地资源。运用法律、经济、行政的手段，加大对存量土地和闲置土地的清理处置力度；通过进一步建立和完善土地储备制度，对于擅自改变土地用途、减少投资强度、建设容积率低的项目用地，以及超过建设时限未动工的项目用地，航空港区应该坚决予以收回，并进行二次出让；探索建立土地融资平台，提高土地收储能力，对于要求转让土地使用权的地块，必要时航空港区可进场收购，用于下一轮开发用地，实现土地增值和收益的最大化。四要强化用地管理，完善土地供后监管制度。在土地供应后，要加大管理力度，严格按合同约定的开工时间和竣工验收制度，建立履约保证金制度；对未开工的或已开工但未达到合同约定等涉嫌闲置、违规的土地，能处置的立即处置，暂时不能处置的，纳入监管范围，跟踪情况，适时处置。五要改进服务水平，提高土地管理和审批效率。积极探索供地审批、办证等相关制度的改革，压缩审批流程，加快审批速度，对重大项目实行"一对一"跟踪服务、限时办结，增强服务的主动性和能动性；加大征地报批力度，及早确定征地报批规模和时序，积极做好建设用地预审，加大组织报件和征地拆迁的工作力度，确保各类项目依法及时用地。

（三）建立智力保障体系

郑州航空港经济综合实验区的建设是国家战略的伟大实践，需要强有力的智力支撑，亟待各类人才的参与推动。为此，必须加大对航空港建设所需人才的开发力度，加强紧缺人才的引进和培养。一要采用多层次的人才引进模式。一方面要引进国内领军人才，坚持"不为所有，但求所用"原则，加强与国家部委和科研院校合作，谋划建设重点实验室、技术研究中心等科研机构，以此引进科技拔尖人才和高新技术人才；另一方面要抢抓"海归"人才，采取全职、柔性引进、挂靠创业等多种方式，引进一批海外学术功底深厚、科研成果世界领先的留学归国人才和创新项目团队，汇聚外国籍诺贝尔奖获得者、美国科学院院士等顶级科学顾问。二要采取多种途径的人才培养方式。与省内高校、职业院校、技工学校结合，根据航空港区经济发展不同阶段的人才需求，有针对性地培养人才，打造人才梯队；围绕航空物流业、高端制造业与高端服务业等航空港主导产业的人才需求，根据产业特点，科学设置专业，引导和支持行业协会或有实力的高校开展对河南省航空港专业人才的培养，同时，借用有优势的省外高校资源培养急需紧缺的人才；实施专业技术人才和管理人员知识更新工程，加强对现有技术、管理人员的再培训和再教育，通过定期举办讲座或培训班等形式，提高技术和管理人员的素质，加快建设一支适应航空港发展的人才队伍。三要加强人才交流，建立高层次的国际人才交流机构，积极参与国际人才合作和竞争；扶持和发展符合市场经济规律的特色人才中介机构，加强人才市场供求信息发布，引导人才流动，促进航空港区人力资源的合理配置。四要营造良好的人才发展环境。打造不拘一格选才、用才，营造各类人才用当其时、才尽其用、各得其所的用人环境；创新激励和退出机制，营造人才优胜劣汰、能进能出的竞争环境；尊重人才的差异性，包容多样性，营造鼓励创新、宽容失败的舆论环境；建立健全住房、教育、医疗、就业、社保等公共服务体系，为高层次人才提供临时办公场所、政策咨询、知识产权保护、出入境管理、法律援助等配套服务，打造拴住人才的服务环境。

（四）建立政策保障体系

目前，河南省已出台支持郑州航空港建设发展的政策主要有《河南省扶持郑州新郑国际机场开拓航空市场专项资金使用管理办法（修订）》，省里已签发待市里转发的《河南省扶持郑州新郑国际机场引进基地航空公司优惠政策》，上街区代市政府起草的支持通用航空产业发展文件等。这些政策都有利于推动航空港的建设和发展，下一步需要调整完善适应空港经济发展的各项政策，着力营造公开透明、一视同仁的政策环境，充分发挥政策对航空港发展的激励作用。一要实行区域产业导向政策。鼓励和支持各类投资主体投资于高新技术先导产业、支柱产业及运用高新技术改造传统产业、现代服务业和社区服务业等领域，依法禁止浪费资源、污染严重的产业和产品，限制发展低技术水平的产品。二要实行积极平衡的财政政策。深化投融资体制改革，引导和规范政府投资行为，集中财力办大事；探索组建各类建设投资公司、开发投资公司，设立政府创业投资基金，运用财政铺垫资金，通过市场运作对空港城区进行滚动开发；完善财政性扶持资金的使用机制，逐年适度安排一定额度的财政资金用于高新技术产业投资资金和风险担保资金，加大税收优惠和费用减免力度，对临空高新技术产业项目予以重点支持。三要实行积极的消费政策。根据郑州航空港人流物流的总体需求，优化消费结构，拓宽消费领域，改善消费环境，以积极的消费政策促进航空港经济的快速增长。四要实行鼓励外商投资的优惠政策。如允许外商以各种方式投资企业和其他非国有企业并享有与区内企业同等的待遇，外商投资BOT、TOT（移交—经营—移交）项目享受鼓励类外商投资的各项优惠政策，进一步放宽外商投资商业项目的经营年限和注册资本金，对于外商投资基础设施和鼓励类发展产业的项目允许开展多形式的融资等。五要完善人才发展政策体系。建立健全航空港区引进高层次人才相关政策，从安居、科研、创业、培训、激励、税收、保障7个方面给予扶持，设立人才发展、创新创业发展等专项资金，为创新创业项目和人才团队提供安家补助、科研启动经费、工作补贴等资助。

（五）建立组织保障体系

郑州航空港经济综合实验区的开发建设是一项事关全局的系统性战略工程，在充分发挥市场配置资源基础作用的同时，要突出政府的主导作用，强化其在促进航空港发展方面的综合协调能力。一要坚持规划先行，着力搞好顶层设计，以全球视野和站位，认真做好近期、中期、远期规划等总体规划和交通、产业、服务等专项规划，同时要加强对规划实施情况的跟踪分析、进展评估和督促检查，并不断总结、修改、完善。二要建立高位协调工作机制，加大区域内跨界协调力度，研究决策空港地区发展中遇到的重大问题，共同制定地区发展策略，统筹协调规划建设中的具体问题，避免重复建设与恶性竞争，促进本地区资源整合与充分利用。三要建立交流沟通制度，从转变服务方式、增强服务实效入手，搭建建设业主与要素保障单位的交流沟通平台和桥梁，在资金、人才及土地等方面遇到困难时，组织各建设业主和要素保障企业面对面沟通，现场分析解决要素保障工作中存在的各种问题并采取应急措施。四要加强机场与城市的联动发展。加强管理协作，推进合作机制创新，优化客货流动，从而形成多方面良性互动、无缝对接的局面，使机场发展和航空港产业发展两者之间相辅相成、相互促进。

参考文献

曹允春、董磊：《郑州航空港区临空高科技产业体系的构建研究》，《交通与运输》2011年第7期。

孙久文、李川：《中国空港经济区建设的融资路径研究》，《城市观察》2013年第2期。

张占仓、蔡建霞：《郑州航空港经济综合实验区建设与发展研究》，《郑州大学学报（哲学社会科学版）》2013年第7期。

王喜成：《推进郑州航空港建设的路径思考》，《区域经济评论》2013年第3期。

Abstract

This book is compiled by a group of researchers from Henan Academy of Sciences. Using "Building Henan Economic Upgrade" as the theme, we make in-depth and systematic analysis on the main features of the economic operation of Henan in 2013 and the trend in economic development of Henan in 2014. Then we multi-dimensionally research and discuss the practice and effects in Henan province of steady growth, structural adjustment and reform promotion. We also give some policy advice on advance steadily in building Henan economic upgrade.

The general report in this book is written by the research group of Henan Academy of Social Sciences. It represents the basic view of this book on analyzing and forecasting the Henan economic situation in 2013 to 2014, and the general idea, prospective situation and policies building Henan economic upgrade. In B. 1, in 2013, under the complicated and grim domestic and international economic situation, Henan conscientiously implement the arrangements of the central and provincial party committee on economic work, thoroughly implemented the core of grain producing area strategy, the of Central Economic Zone development strategy and the Zhengzhou air harbor economic comprehensive experimentation area development strategy, striving to build Henan economic upgrade. The economic operation of the whole province maintained a smooth and steady rising trend, According to the research group's forecast for 2013, Henan province's GDP will grow by 9%, above-scale industrial added value will increase by 11.8%, fixed asset investment up by 23.6%, total retail sales of social consumer goods will grow by 13.6%; consumer price index will be 103.2; exports will grow by 19.5%, imports will grow by 8.5%. In 2014, Henan's GDP will grow by 9.5%, above-scale industrial added value will increase by 12.5%; urban fixed asset investment growth will be 23.8%; total retail sales of social consumer goods will increase by

Abstract

13.8%; the consumer price index will be 103; exports will increase by 20%, imports will increase by 10%. According to B.2, entering into a new growth period, and building Henan economic upgrade are the strategic choices for accelerating the rise of central China and the revitalization of Henan, and the chapter makes a situation analysis and prospect for building Henan economic upgrade. Then, building Henan economic upgrade, should adhere to improve the quality of economic development benefits as the center, and to promote the transformation of six aspects on the development quality and efficiency, developmental pattern, the development of power, industrial development, economic structure and the well-being of the people, to promote the quality and benefit of Henan economic higher, vitality and power stronger, equitable and sustainable better.

The report part of this book, mainly through the establishment of index system and quantitative model, conducted a comprehensive evaluation on the evaluation of integrated economic competitiveness for cities in Central Plains Economic Region and the quality of county's economic development for Henan in 2013. In the industry report part, mainly based on the trend analysis of Henan current economic development in different fields and industries, and forecast for 2014, then the author separately bring out the corresponding measures about accelerating structural adjustment, promoting the transformation and upgrading and building Henan economic upgrade.

Aiming at different requirements in promoting the construction of building Henan economic upgrade, this book invites the famous experts and scholars, which is from relevant scientific research institutes, universities and government departments, to research and analyze the key and difficult points in the area of steady growth, adjusting structure, promoting reform, and to propose the countermeasures and suggestions of building Henan economic upgrade in different aspect.

Contents

B. 1 Economic Development Analysis and Prediction of Henan for 2013 −2014

Research Group of Henan Academy of Social Sciences / 001

Abstract: In 2013, Henan's economic situation is shown the overall smooth, stable and slight increase and stability to be good. The research group forecast 2013 Henan Province's GDP will grow by 9%, above-scale industrial added value will increase by 11.8%, fixed asset investment up by 23.6%, total retail sales of social consumer goods will grow by 13.6%; consumer price index will be 103.2; exports will grow by 19.5%, imports will grow by 8.5%. In 2014, Henan's GDP will grow by 9.5%, above-scale industrial added value will increase by 12.5%; urban fixed asset investment growth will be 23.8%; total retail sales of social consumer goods will increase by 13.8%; the consumer price index will be 103; exports will increase by 20%, imports will increase by 10%.

Key Words: Henan; Economic Situation; Analysis and Prospect

1. Economic Analysis on Henan Province for 2013
2. The Situation and the Overall Trend of Henan Economic in 2014
3. The Suggestions to Promote Steady and Relatively Fast Growth of Henan's Economy

B. 2 The Situation Analysis and Prospect of Building Henan Economic Upgrade

Research Group of Henan Academy of Social Sciences / 026

Abstract: Building Henan economic upgrade is the strategic choice of the central rising and Henan revitalization. In recent years, Henan province is to seek the span for the rise abruptly, to build a well-off society for making people rich and to revitalize Henan for rising central plains as a goal. Efforts to steady growth, adjusting structure, promoting reform, laid a solid foundation for the building the Henan economic upgrades. Entering a new growth stage, building Henan economic upgrades, should adhere to improve the quality and benefits of economic development as the center, and to promote the transformation of six upgrades, such as the development quality and efficiency, development mode, development power, industry development, economic structure and the well-being of the people, and to promote the quality and benefit of Henan economic development higher, the activity and the power stronger, the fairness and sustainability better.

Key Words: Henan; Economic Upgrades; The Situation Analysis; The Prospect

1. The Necessity and Urgency of Building Henan Economic Upgrade
2. The Realistic Basis of Building Henan Economic Upgrade
3. The Situation Analysis and Prospect of Building Henan Economic Upgrade
4. The Suggestions of Building Henan Economic Upgrade

B.3 Evaluation of Overall Economic Competitiveness for Cities in the Central Plains Economic Region (2013)

Research Group of Henan Academy of Social Sciences / 051

Abstract: Municipal economic competitiveness is a comprehensive measure of regional development capacity which covers economic, social, technological environmental and many other factors. Since Central Plains Economic Region (CPER) became the national strategy more than two years age, the regional economy has achieved rapid and healthy development. The overall economic competitiveness of the 30 cities from CPER grew steadily. This paper improves the evaluation index system for the overall competitiveness of the 30 cities in 2013, and their overall economic competitiveness in the 2014 is evaluated. We also make evaluations for the sub-index, analyze some typical cities. Finally, we put forward a series of policy suggestions for regional economy and overall economic competitiveness for cities.

Key Words: Central Plains Economic Region; Provincial Cities; Overall Economic Competitiveness; AHP Method

B.4 Evaluation Report on County Territory Economy Development Quality of Henan Province In 2013

Research Group of Henan Academy of Social Sciences / 071

Abstract: According to the development quality characteristics of county territory economy, the index system of the development quality of county territory economy has been built up, and the Scoring and ranking on the development quality of county territory economy have been evaluated, and the evaluation report has been finished on county territory economy development quality of Henan Province in 2013.

Key Words: County Territory Economy; Economy Development Quality; Entropy Method

B.5 Analysis and Prospect of Promoting Economic Restructuring and Upgrading by Optimizing the Investment in Henan

Li Hongchang / 107

Abstract: This article makes an in-depth research on Henan's economic and investment structure since the twelfth five-year plan, pointing out the existing problems. Meanwhile, based on the analysis of the relationship between the investment optimization and economic transformation and upgrading, corresponding countermeasures and suggestions are put forward. Furthermore, the development prospects of Henan and even the central plains economic zone are also discussed in this paper.

Key Words: Investment Optimization; Structure Adjustment; Transformation and Upgrading

B.6 Research on the Optimization and Upgrading of the Consumption Structure of Henan Province

Yuan Jinxing / 123

Abstract: Upgrading of the consumption structure is an important content of economic structure adjustment. The consumption structure of residents in Henan province has experienced three major adjustment, is in the important period to enjoy the type, development type transformation, We must grasp the characteristics of the upgrading of the consumption structure, overcome the existing problem, take measures to promote the optimization and upgrading of the consumption structure.

Key Words: Consumption Structure; Optimization and Upgrading; Henan

B.7 The Breakthrough Point and Path of the Industrial Structure Optimization and Upgrading in Henan

Cui Lixiang / 133

Abstract: The optimization and upgrading of industrial structure is not only an important support for achieving economic transformation and upgrading of Henan, but also is an integral part of creating Henan's economic upgrade edition. Based on the analysis of status and problems of Henan's industry development in the present, the paper explores three breakthrough points of the optimization and upgrading of Henan's industrial structure, namely incremental optimization and inventory control, innovation-driven, optimize investment structure. Finally, the paper tries to put forward some more targeted realizing paths.

Key Words: Industrial Structure; Optimization and Upgrading; Path

B.8 Researches of Building Economic Upgrade Through Henan Industry Cluster Districts

Chen Rui / 144

Abstract: China's economy is entering in a new stage of development, and creating economic upgrade is the main task, so Henan province also must rely on the big background to develop its economy, build economy upgrades of Henan province. Recent years Henan's Industrial Cluster Districts are in relatively rapid development, and Industrial Cluster Districts are the main form of development of modern industry system, also are the important symbol of modern industry matures. As industrial and agricultural big province, Henan's core of building industry upgrade is the further development of their own advantage industry, so Henan must get rid of the low hierarchical industry development, and Industrial Cluster Districts are the most important carrier to achieve this purpose. This paper discusses the Industrial Cluster Districts for the building of Henan economic significance, studies development present situations and deficiencies of Industrial Cluster Districts in Henan province, and the concrete means to develop Industrial Cluster Districts for building economic upgrade versions in Henan province.

Key Words: Industrial Cluster Districts; Economic Upgrade; Industrial Chains; Henan Province

B. 9   A Study on Countermeasures of Undertaking Industries Transfer for Upgrading Henan Economy

Li Bin / 156

Abstract: In this study, we take the connotation of Henan economy upgrade version as a perspective, and analyze the strategic significance of undertaking industries transfer for upgrading Henan economy, based on this analysis, we analyze the current situation and the restricting factors in the process of undertaking industries transfer for upgrading Henan economy. The restricting factors include these factors: the uneven distribution of industries, industrial comprehensive supporting ability is insufficient, the industrial transfer in the provincial competition increases, the pressure on resources and environment, government environment improvement was not large. Then, some suggestions are put forward to improve the level of undertaking industries transfer for upgrading Henan economy.

Key Words: Undertaking Industries Transfer; Economy Upgrade Version of Henan; Countermeasures and Suggestions

B. 10   The Impulse Response Analysis and Policy from Financial Support to Economic Upgrade of Henan Province

Zhao Ran, Shi Tao / 166

Abstract: Ander the new international and domestic background, the economy of Henan province needed to upgrade urgently, however, the financial system, which called the economy blood, has yet to support the economy development efficiently. This paper based on the data in Henan province from 2001 ~ 2012, by using the method of the impulse response function, which based on the model of structural vector autoregression (SVAR), analysis the effect from the financial support to the "Economic Upgrade" of Henan province. "Economic Upgrade" of Henan province lack of support from finance, and needed urgently, and access to financial support to provide a strong impetus for economic upgrading.

Key Words: Financial Support; Economic Upgrade; SVAR-impulse Response Function

B.11 Analysis and Prospect of Escalated Situation on Agricultural Economy in Henan Province

Wu Yiping, Chen Suyun / 181

Abstract: In 2013, a good development momentum is maintained at agricultural economy in Henan province. Its main features are the production of major farm crops increased and the price was relatively smooth, the income of rural residents has increased steadily, new agricultural entities grew fast as well as agricultural infrastructure investment was increased. But there are some problems with agricultural economy: Growth rate of agricultural output has declined and prices of agricultural production means rose slightly, proportion of scale economy is still low and the ability to anti-risk is still weak. The development of agricultural economy in Henan province is also faced with prominent contradictions. How to increase the farmers' income and ensure food security at the same time? How to improve the environment and develop agricultural economy at the same time? How to solve the contradiction between socialization of agricultural production and farmers decentralized management? How to solve contradiction between the weak agricultural foundation and inadequate fund? Under the background of economic restructuring, acceleration of urbanization and reform of land circulation system, the agricultural economy in Henan province will have larger development space in 2014.

Key Words: Economic Escalation; Supply and Demand of Agricultural Products; Land System; Operation Entities

B. 12　Analyze and Forecast on Industrial Transformation and Upgrading for Henan Province in 2013 – 2014

Cao Wujun / 197

Abstract: Based on the connotation of industrial transformation and upgrading, in combination with the current situation of the development of Henan province, this paper gives out a comprehensive summary of the main characteristics and the problems of Henan's industrial transformation and upgrading from January to September in 2013. Then on the basis of the analysis of the situation at home and abroad, this paper forecasts the process of the industrial transformation and upgrading in Henan province in 2014, and the key tasks on Henan's industrial transformation and upgrading in 2014 are put forward.

Key Words: Henan; Industrial Development; Transformation and Upgrade

B. 13　Service Upgrades Situation Analysis and Prospect of Henan for 2013 – 2014

Ding Xiuping / 207

Abstract: In the macro situation of the country and Henan's economic slowdown running, Henan's services achieves a steady growth, and has many highlights of the industry development, and shows a good trend of development in 2013. But some problems still persist, such as service lagging behind, less industry competitive, etc.. In the future, the development of Henan's service will have more favorable conditions and positive factors, broad space for development. At this situation, how to speed up the development of Henan's service? How to accelerate transformation of Henan's service? How to improve service functions and support the overall economic transformation and upgrading through service's transformation? Research on these issues will be the main line of the development of Henan's service in the future.

Key Words: Service Transformation; High-end Services; Service Functions

河南蓝皮书·经济

B. 14　Analysis of Present Situation and Prospect of Henan Opening to the Outside World

Ren Xiaoli / 217

Abstract: the opening to the outside world is the basic policy of Henan Province, Henan is a key decision for the future and destiny of the. Insist on the implementation of the opening-up policy, continue to open to the outside world as to deal with complex situations and solve all kinds of control strategy for the most direct, the most effective, the most comprehensive, for Henan to seize the new historical period of new opportunities in China, adhere to the internal and external opening, and speed up the formation of all-round, multi-level, wide-ranging opening pattern, to build the inland open, accelerate the realization of the rise of central China, the revitalization of Henan is of great realistic significance. Therefore, it is necessary to summarize the achievements of Henan open, Henan open gap analysis, forecasting the future development trend of Henan's opening up to the outside world, and then basically put forward Henan accelerated path of opening to the outside world and policy choice.

Key Words: Open to the Outside World; Henan Province; Basic Policy; Policy Choice

B. 15　Analysis and Prediction of Henan's Consumer Prices Trend

Cai Yuping, Wang Leiling / 229

Abstract: The consumer price in Henan province not only complies with the basic situation of the national price changes but also presents the obvious regional characteristics. Along with the dropping economic growth rate, the CPI growth in Henan province has shown a tendency of the faint ascent after the descent and maintains within 3% for a long time since 2012. Although the price level has some fluctuate in 2013, it appears overall a slight increasing. Compared with the national consumer price, the consumer price changes in Henan province have these characteristics such as rising early, large fluctuations, high gains, which are mainly due to the economic development level and the characteristics of the economic structure in Henan province. In The fourth quarter of 2013 and 2014 consumer price movements in Henan province will either face the upward momentum or have a downward pressure and the consumer price index has a slow rise on the whole, while the rising trend is not too high. In 2013 CPI rises within 3.5% and will probably reach to 4% by the year 2014. In light of the slow rise in the consumer price index of Henan province, the province government should pay more attention to take some feasible measures to promote the steady and fastness of the economic growth and at the same time relieve the increasing CPI stress in maximum.

Key Words: CPI; Carryover Effect; Inflation Expectations

B.16 The Situation Analysis and Prospects of Residents Income in Henan Province

Gao Xuan / 245

Abstract: In 2013, the income of residents in Henan province is still maintained a high growth situation, the income of residents continue to grow faster than economic growth, the income gap is narrowing, the income structure is improving steadily. Of course, there are also some problems, the overall level is still low, the income structure need to be further improved, the income of the farmers also need to be improved. In 2014, the income of urban and rural residents in Henan province will continue to show rapid growth, the income structure will be further optimized, distribution policy to be further improved, the income of the farmers will constantly improve, and from speeding up economic development, adjusting allocation structure, improving the social security system, improving the distribution system, Henan income doubling plan will lay a solid foundation in 2020.

Key Words: Henan Province; the Income of Residents; Current Situation and Prospect Analysis

B.17 Analysis and Prospect of Fiscal Situation in Henan Province from 2013 to 2014

Liu Qian / 257

Abstract: This year, financial departments play a role actively, for stability, continue to make progress, Fiscal revenue and expenditure maintain steady and rapid growth, financial revenue budget implementation condition overall is good. As the three strategic planning in-depth implementation, comprehensive experimental area of henan development space is expanding, the basis of economic to keep a long time of rapid growth is solid, but also exists many contradictions and problems in current economic operation, economic development will directly reflect the Fiscal balances, expected 15% full-year 2013 henan public finance income, public finance expenditure growth rate of 8%.

Key Words: Henan; Fiscal Situation; Analysis and Prospect

B.18 Analysis and Prospect of Real Estate Development in Henan Province from 2013 to 2014

Du Shuyun / 265

Abstract: In 2013, Henan's real estate market showed four characteristics: the trend was basically consistent with the nation's; Zhengzhou emerged as the focus of state regulation; the market fragmentation increased and decreased in the order of administrative levels; local risks from structural imbalance and high vacancy were still exist. So Henan's real estate control policies will achieve four major changes in 2014: changing the short-term mechanism into "long-term mechanism"; changing the curb demand-based into two-pronged approach of supply and demand;

changing the reform of export-oriented into the reform of import and export; changing the reform of increment-oriented into the reform of increment and stock. At the same time, three major changes of the real estate market will occur: low-income housing be effecting on stabilizing the market; networking systematically the individual housing information be having a significant impact on the real estate market; the expansion of property tax and the changes in the way of land acquisition be making the real estate enterprises facing some uncertainties. Based on the above, the paper puts forward three proposals: real estate enterprises should return to the market concept and expand the profit margin from controlling the internal cost; government should achieve functional transformation and synergistically regulation; consumers should change their consumption concept and achieve rational home.

Key Words: Real Estate; Situation Analysis; Market Prospect

B.19 The Development of Transportation Industry Analysis and Prospects of Henan for 2013 – 2014

Hou Hongchang / 275

Abstract: Traffic is global, strategic infrastructure and basic industries. The State Council issued a series of guidance and approval for Henan to speed up the construction of comprehensive transportation system and promote the development of the logistics industry, provides a rare historical opportunity to build the Henan economic upgrade. We should accelerate the pace of building a modern comprehensive transportation hub, a full range of initiatives to raise funds for construction, deepening the reform of the transportation system, accelerate traffic science and technology innovation, further improve the transportation service level, with a view to keep the advantage of traffic location in the new round of development cycle, and to service building the economic upgrading version.

Key Words: Transportation; Comprehensive Transportation Hub; Analysis and Prospects

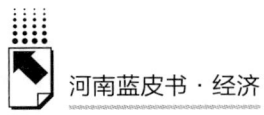

B.20 The strategic Breakthrough of Building Henan's Economic Upgrade

Research Group of Henan Academy of Social Sciences / 287

Abstract: As the State Council officially approved the country's first Airport Economic Experimental Zone, Zhengzhou Airport Economic comprehensive experimental zone to focus on building competitive international air cargo hub, building high-end aviation preference type industrial parks and modern aviation metropolis. Future period Zhengzhou Airport Economic comprehensive experimental zone in Zhengzhou to rely on large-scale aviation hub for the development of international air cargo as a breakthrough, efforts to promote high-end manufacturing and modern service industry, efforts to promote industrial development and urban integration, efforts to promote open cooperation and institutional innovation to explore the development of aviation in Hong Kong to promote the transformation of the mode of economic new model, to build Henan's economic upgrade version offers powerful support.

Key Words: Henan's Economic Upgrade; Airport Economic Development; Experimental Zone

B.21 Study on how to Accelerate Cultivating High-end Industrial System of Airport Economy

Lin Yuanchun / 299

Abstract: High-end industry system is effective supporter to strengthen the core competence of Zhengzhou airport economy comprehensive experimental area. In recent years, Zhengzhou airport took lots of effort to accelerate cultivating high-end industrial system, and received noticeable effect, but it still faces many problems. Therefor, we must enhance the planning guide, accelerate cultivate the leading industries, improve the service system, strengthen investment invitation, expand financing channel, implement innovation driven, and promote rapid growth of high-end airport economy industrial system.

Key Words: High-end Industry; Airport Economy; Industrial System

B. 22 Study on Path and Countermeasures on Zhengzhou Airport Building the International Aviation Logistics Center

Du Mingjun / 310

Abstract: There have been foundation and obvious resources advantages in Zhengzhou Airport building international aviation logistics center. But there have been major challenges faced with, including inadequate infrastructure, low degree of logistics network, little capacity of regulation innovation etc. Target positioning, operation ideas, path selection, countermeasures of development be selected clearly.

Key Words: Zhengzhou Airport; International Aviation Logistics Center; Path Selection; Countermeasures

B. 23 Promoting Henan Open Economy Quality by the Construction of Zhengzhou Airport

Chen Ping / 321

Abstract: The development plan of Zhengzhou airport Economic comprehensive experimental area puts forward the following ideas: Zhengzhou Airport should benefit constructing inland area open altitude, explore the new pathway of Middle China expanding open, cultivate important engine which guide the development of Middle China and West China. This article starts from the mechanism between airport economy and inland open economy, discusses the significance of airport to Henan open economy. Meanwhile, it analyses the practical base of Zhengzhou developing airport economy, and proposes some countermeasures on how does airport better promotes Henan open economy development.

Key Words: Zhengzhou Airport; Open Economy; Airport Economy

B.24 Strategy Research on Elements Security System's Construction of Zhengzhou air Harbor

Wang Fang / 330

Abstract: The construction and development of Zhengzhou air harbor comprehensive experimental area is a huge project, requires a lot of capital、land、technology and other resources to support, urgent to construct elements of security system which could supporting the development of air harbor. Scientific and rational elements of security system must take the scientific development concept as a guide, coordinate the relationship between development and factors of production, in solving the air port development elements of the bottleneck at the same time, establish elements of optimization configuration, intensive use and sustainable use mode of development, ultimately take shape a good situation of a resource-saving、environment-friendly and rapid development of airport economy. Based on the above ideas, research on strategic measures of construct funds、land、intellectual、policy、organizational and other security systems.

Key Words: Zhengzhou; Air Harbor; Elements of Security

中国皮书网
www.pishu.cn

发布皮书研创资讯，传播皮书精彩内容
引领皮书出版潮流，打造皮书服务平台

栏目设置：

- □ 资讯：皮书动态、皮书观点、皮书数据、皮书报道、皮书新书发布会、电子期刊
- □ 标准：皮书评价、皮书研究、皮书规范、皮书专家、编撰团队
- □ 服务：最新皮书、皮书书目、重点推荐、在线购书
- □ 链接：皮书数据库、皮书博客、皮书微博、出版社首页、在线书城
- □ 搜索：资讯、图书、研究动态
- □ 互动：皮书论坛

中国皮书网依托皮书系列"权威、前沿、原创"的优质内容资源，通过文字、图片、音频、视频等多种元素，在皮书研创者、使用者之间搭建了一个成果展示、资源共享的互动平台。

自2005年12月正式上线以来，中国皮书网的IP访问量、PV浏览量与日俱增，受到海内外研究者、公务人员、商务人士以及专业读者的广泛关注。

2008年、2011年中国皮书网均在全国新闻出版业网站荣誉评选中获得"最具商业价值网站"称号。

2012年，中国皮书网在全国新闻出版业网站系列荣誉评选中获得"出版业网站百强"称号。

当代中国与世界发展的高端智库平台

权威报告　热点资讯　海量资源

皮书数据库　　www.pishu.com.cn

皮书数据库是专业的人文社会科学综合学术资源总库，以大型连续性图书——皮书系列为基础，整合国内外相关资讯构建而成。该数据库包含七大子库，涵盖两百多个主题，囊括了近十几年间中国与世界经济社会发展报告，覆盖经济、社会、政治、文化、教育、国际问题等多个领域。

皮书数据库以篇章为基本单位，方便用户对皮书内容的阅读需求。用户可进行全文检索，也可对文献题目、内容提要、作者名称、作者单位、关键字等基本信息进行检索，还可对检索到的篇章再作二次筛选，进行在线阅读或下载阅读。智能多维度导航，可使用户根据自己熟知的分类标准进行分类导航筛选，使查找和检索更高效、便捷。

权威的研究报告、独特的调研数据、前沿的热点资讯，皮书数据库已发展成为国内最具影响力的关于中国与世界现实问题研究的成果库和资讯库。

皮书俱乐部会员服务指南

1. 谁能成为皮书俱乐部成员？

- 皮书作者自动成为俱乐部会员
- 购买了皮书产品（纸质皮书、电子书）的个人用户

2. 会员可以享受的增值服务

- 加入皮书俱乐部，免费获赠该纸质图书的电子书
- 免费获赠皮书数据库100元充值卡
- 免费定期获赠皮书电子期刊
- 优先参与各类皮书学术活动
- 优先享受皮书产品的最新优惠

卡号：5168452978036998
密码：

3. 如何享受增值服务？

（1）加入皮书俱乐部，获赠该书的电子书

第1步 登录我社官网（www.ssap.com.cn），注册账号；

第2步 登录并进入"会员中心"—"皮书俱乐部"，提交加入皮书俱乐部申请；

第3步 审核通过后，自动进入俱乐部服务环节，填写相关购书信息即可自动兑换相应电子书。

（2）免费获赠皮书数据库100元充值卡

100元充值卡只能在皮书数据库中充值和使用

第1步 刮开附赠充值的涂层（左下）；

第2步 登录皮书数据库网站（www.pishu.com.cn），注册账号；

第3步 登录并进入"会员中心"—"在线充值"—"充值卡充值"，充值成功后即可使用。

4. 声明

解释权归社会科学文献出版社所有

皮书俱乐部会员可享受社会科学文献出版社其他相关免费增值服务，有任何疑问，均可与我们联系
联系电话：010-59367227　企业QQ：800045692　邮箱：pishuclub@ssap.cn
欢迎登录社会科学文献出版社官网（www.ssap.com.cn）和中国皮书网（www.pishu.cn）了解更多信息

社会科学文献出版社　皮书系列

"皮书"起源于十七、十八世纪的英国，主要指官方或社会组织正式发表的重要文件或报告，多以"白皮书"命名。在中国，"皮书"这一概念被社会广泛接受，并被成功运作、发展成为一种全新的出版形态，则源于中国社会科学院社会科学文献出版社。

皮书是对中国与世界发展状况和热点问题进行年度监测，以专业的角度、专家的视野和实证研究方法，针对某一领域或区域现状与发展态势展开分析和预测，具备权威性、前沿性、原创性、实证性、时效性等特点的连续性公开出版物，由一系列权威研究报告组成。皮书系列是社会科学文献出版社编辑出版的蓝皮书、绿皮书、黄皮书等的统称。

皮书系列的作者以中国社会科学院、著名高校、地方社会科学院的研究人员为主，多为国内一流研究机构的权威专家学者，他们的看法和观点代表了学界对中国与世界的现实和未来最高水平的解读与分析。

自20世纪90年代末推出以《经济蓝皮书》为开端的皮书系列以来，社会科学文献出版社至今已累计出版皮书千余部，内容涵盖经济、社会、政法、文化传媒、行业、地方发展、国际形势等领域。皮书系列已成为社会科学文献出版社的著名图书品牌和中国社会科学院的知名学术品牌。

皮书系列在数字出版和国际出版方面成就斐然。皮书数据库被评为"2008~2009年度数字出版知名品牌"；《经济蓝皮书》《社会蓝皮书》等十几种皮书每年还由国外知名学术出版机构出版英文版、俄文版、韩文版和日文版，面向全球发行。

2011年，皮书系列正式列入"十二五"国家重点出版规划项目；2012年，部分重点皮书列入中国社会科学院承担的国家哲学社会科学创新工程项目；2014年，35种院外皮书使用"中国社会科学院创新工程学术出版项目"标识。

法律声明

"皮书系列"（含蓝皮书、绿皮书、黄皮书）由社会科学文献出版社最早使用并对外推广，现已成为中国图书市场上流行的品牌，是社会科学文献出版社的品牌图书。社会科学文献出版社拥有该系列图书的专有出版权和网络传播权，其LOGO（ ）与"经济蓝皮书"、"社会蓝皮书"等皮书名称已在中华人民共和国工商行政管理总局商标局登记注册，社会科学文献出版社合法拥有其商标专用权。

未经社会科学文献出版社的授权和许可，任何复制、模仿或以其他方式侵害"皮书系列"和LOGO（ ）、"经济蓝皮书"、"社会蓝皮书"等皮书名称商标专用权的行为均属于侵权行为，社会科学文献出版社将采取法律手段追究其法律责任，维护合法权益。

欢迎社会各界人士对侵犯社会科学文献出版社上述权利的违法行为进行举报。电话：010-59367121，电子邮箱：fawubu@ssap.cn。

社会科学文献出版社

权威·前沿·原创

社会科学文献出版社

皮书系列

2014年

盘点年度资讯　预测时代前程

社会科学文献出版社 学术传播中心 编制

社长致辞

我们是图书出版者,更是人文社会科学内容资源供应商;

我们背靠中国社会科学院,面向中国与世界人文社会科学界,坚持为人文社会科学的繁荣与发展服务;

我们精心打造权威信息资源整合平台,坚持为中国经济与社会的繁荣与发展提供决策咨询服务;

我们以读者定位自身,立志让爱书人读到好书,让求知者获得知识;

我们精心编辑、设计每一本好书以形成品牌张力,以优秀的品牌形象服务读者,开拓市场;

我们始终坚持"创社科经典,出传世文献"的经营理念,坚持"权威、前沿、原创"的产品特色;

我们"以人为本",提倡阳光下创业,员工与企业共享发展之成果;

我们立足于现实,认真对待我们的优势、劣势,我们更着眼于未来,以不断的学习与创新适应不断变化的世界,以不断的努力提升自己的实力;

我们愿与社会各界友好合作,共享人文社会科学发展之成果,共同推动中国学术出版乃至内容产业的繁荣与发展。

社会科学文献出版社社长
中国社会学会秘书长

2014 年 1 月

社会科学文献出版社

皮书系列

"皮书"起源于十七、十八世纪的英国，主要指官方或社会组织正式发表的重要文件或报告，多以"白皮书"命名。在中国，"皮书"这一概念被社会广泛接受，并被成功运作、发展成为一种全新的出版形态，则源于中国社会科学院社会科学文献出版社。

皮书是对中国与世界发展状况和热点问题进行年度监测，以专家和学术的视角，针对某一领域或区域现状与发展态势展开分析和预测，具备权威性、前沿性、原创性、实证性、时效性等特点的连续性公开出版物，由一系列权威研究报告组成。皮书系列是社会科学文献出版社编辑出版的蓝皮书、绿皮书、黄皮书等的统称。

皮书系列的作者以中国社会科学院、著名高校、地方社会科学院的研究人员为主，多为国内一流研究机构的权威专家学者，他们的看法和观点代表了学界对中国与世界的现实和未来最高水平的解读与分析。

自20世纪90年代末推出以经济蓝皮书为开端的皮书系列以来，至今已出版皮书近1000余部，内容涵盖经济、社会、政法、文化传媒、行业、地方发展、国际形势等领域。皮书系列已成为社会科学文献出版社的著名图书品牌和中国社会科学院的知名学术品牌。

皮书系列在数字出版和国际出版方面成就斐然。皮书数据库被评为"2008~2009年度数字出版知名品牌"；经济蓝皮书、社会蓝皮书等十几种皮书每年还由国外知名学术出版机构出版英文版、俄文版、韩文版和日文版，面向全球发行。

2011年，皮书系列正式列入"十二五"国家重点出版规划项目，一年一度的皮书年会升格由中国社会科学院主办；2012年，部分重点皮书列入中国社会科学院承担的国家哲学社会科学创新工程项目。

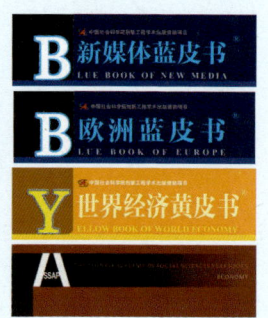

经济类

皮书系列
重点推荐

经 济 类

经济类皮书涵盖宏观经济、城市经济、大区域经济，提供权威、前沿的分析与预测

经济蓝皮书
2014年中国经济形势分析与预测（赠阅读卡）

李 扬 / 主编　　2013年12月出版　　估价：69.00元

◆ 本书课题为"总理基金项目"，由著名经济学家李扬领衔，联合数十家科研机构、国家部委和高等院校的专家共同撰写，对2013年中国宏观及微观经济形势，特别是全球金融危机及其对中国经济的影响进行了深入分析，并且提出了2014年经济走势的预测。

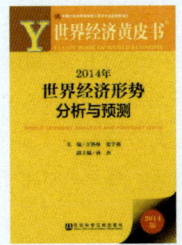

世界经济黄皮书
2014年世界经济形势分析与预测（赠阅读卡）

王洛林　张宇燕 / 主编　　2014年1月出版　　估价：69.00元

◆ 2013年的世界经济仍旧行进在坎坷复苏的道路上。发达经济体经济复苏继续巩固，美国和日本经济进入低速增长通道，欧元区结束衰退并呈复苏迹象。本书展望2014年世界经济，预计全球经济增长仍将维持在中低速的水平上。

工业化蓝皮书
中国工业化进程报告（2014）（赠阅读卡）

黄群慧　吕 铁　李晓华 等 / 著　　2014年11月出版　　估价：89.00元

◆ 中国的工业化是事关中华民族复兴的伟大事业，分析跟踪研究中国的工业化进程，无疑具有重大意义。科学评价与客观认识我国的工业化水平，对于我国明确自身发展中的优势和不足，对于经济结构的升级与转型，对于制定经济发展政策，从而提升我国的现代化水平具有重要作用。

皮书系列重点推荐

经济类

金融蓝皮书

中国金融发展报告（2014）（赠阅读卡）

李扬 王国刚/主编　2013年12月出版　定价:69.00元

◆ 由中国社会科学院金融研究所组织编写的《中国金融发展报告（2014）》，概括和分析了2013年中国金融发展和运行中的各方面情况，研讨和评论了2013年发生的主要金融事件。本书由业内专家和青年精英联合编著，有利于读者了解掌握2013年中国的金融状况，把握2014年中国金融的走势。

城市竞争力蓝皮书

中国城市竞争力报告 No.12（赠阅读卡）

倪鹏飞/主编　2014年5月出版　估价:89.00元

◆ 本书由中国社会科学院城市与竞争力研究中心主任倪鹏飞主持编写，汇集了众多研究城市经济问题的专家学者关于城市竞争力研究的最新成果。本报告构建了一套科学的城市竞争力评价指标体系，采用第一手数据材料，对国内重点城市年度竞争力格局变化进行客观分析和综合比较、排名，对研究城市经济及城市竞争力极具参考价值。

中国省域竞争力蓝皮书

中国省域经济综合竞争力发展报告（2012~2013）（赠阅读卡）

李建平 李闽榕 高燕京/主编　2014年3月出版　估价:188.00元

◆ 本书充分运用数理分析、空间分析、规范分析与实证分析相结合、定性分析与定量分析相结合的方法，建立起比较科学完善、符合中国国情的省域经济综合竞争力指标评价体系及数学模型，对2011~2012年中国内地31个省、市、区的经济综合竞争力进行全面、深入、科学的总体评价与比较分析。

农村经济绿皮书

中国农村经济形势分析与预测(2013~2014)（赠阅读卡）

中国社会科学院农村发展研究所　国家统计局农村社会经济调查司/著
2014年4月出版　估价:59.00元

◆ 本书对2013年中国农业和农村经济运行情况进行了系统的分析和评价，对2014年中国农业和农村经济发展趋势进行了预测，并提出相应的政策建议，专题部分将围绕某个重大的理论和现实问题进行多维、深入、细致的分析和探讨。

权威 前沿 原创

经济类　　皮书系列 重点推荐

西部蓝皮书

中国西部经济发展报告（2014）（赠阅读卡）

姚慧琴　徐璋勇/主编　　2014年7月出版　　估价：69.00元

◆ 本书由西北大学中国西部经济发展研究中心主编，汇集了源自西部本土以及国内研究西部问题的权威专家的第一手资料，对国家实施西部大开发战略进行年度动态跟踪，并对2014年西部经济、社会发展态势进行预测和展望。

气候变化绿皮书

应对气候变化报告（2014）（赠阅读卡）

王伟光　郑国光/主编　　2014年11月出版　　估价：79.00元

◆ 本书由社科院城环所和国家气候中心共同组织编写，各篇报告的作者长期从事气候变化科学问题、社会经济影响，以及国际气候制度等领域的研究工作，密切跟踪国际谈判的进程，参与国家应对气候变化相关政策的咨询，有丰富的理论与实践经验。

就业蓝皮书

2014年中国大学生就业报告（赠阅读卡）

麦可思研究院/编著　王伯庆　郭娇/主审
2014年6月出版　估价：98.00元

◆ 本书是迄今为止关于中国应届大学毕业生就业、大学毕业生中期职业发展及高等教育人口流动情况的视野最为宽广、资料最为翔实、分类最为精细的实证调查和定量研究；为我国教育主管部门的教育决策提供了极有价值的参考。

企业社会责任蓝皮书

中国企业社会责任研究报告（2014）（赠阅读卡）

黄群慧　彭华岗　钟宏武　张蒽/编著
2014年11月出版　估价：69.00元

◆ 本书系中国社会科学院经济学部企业社会责任研究中心组织编写的《企业社会责任蓝皮书》2014年分册。该书在对企业社会责任进行宏观总体研究的基础上，根据2013年企业社会责任及相关背景进行了创新研究，在全国企业中观层面对企业健全社会责任管理体系提供了弥足珍贵的丰富信息。

皮书系列 重点推荐　社会政法类

社会政法类

社会政法类皮书聚焦社会发展领域的热点、难点问题，提供权威、原创的资讯与视点

社会蓝皮书

2014年中国社会形势分析与预测（赠阅读卡）

李培林　陈光金　张翼／主编　2013年12月出版　估价:69.00元

◆ 本报告是中国社会科学院"社会形势分析与预测"课题组2014年度分析报告，由中国社会科学院社会学研究所组织研究机构专家、高校学者和政府研究人员撰写。对2013年中国社会发展的各个方面内容进行了权威解读，同时对2014年社会形势发展趋势进行了预测。

法治蓝皮书

中国法治发展报告No.12（2014）（赠阅读卡）

李林　田禾／主编　2014年2月出版　估价:98.00元

◆ 本年度法治蓝皮书一如既往秉承关注中国法治发展进程中的焦点问题的特点，回顾总结了2013年度中国法治发展取得的成就和存在的不足，并对2014年中国法治发展形势进行了预测和展望。

民间组织蓝皮书

中国民间组织报告（2014）（赠阅读卡）

黄晓勇／主编　2014年8月出版　估价:69.00元

◆ 本报告是中国社会科学院"民间组织与公共治理研究"课题组推出的第五本民间组织蓝皮书。基于国家权威统计数据、实地调研和广泛搜集的资料，本报告对2012年以来我国民间组织的发展现状、热点专题、改革趋势等问题进行了深入研究，并提出了相应的政策建议。

社会政法类　　皮书系列 重点推荐

社会保障绿皮书
中国社会保障发展报告（2014）No.6（赠阅读卡）
王延中 / 主编　　2014年9月出版　　估价：69.00元

◆　社会保障是调节收入分配的重要工具，随着社会保障制度的不断建立健全、社会保障覆盖面的不断扩大和社会保障资金的不断增加，社会保障在调节收入分配中的重要性不断提高。本书全面评述了2013年以来社会保障制度各个主要领域的发展情况。

环境绿皮书
中国环境发展报告（2014）（赠阅读卡）
刘鉴强 / 主编　　2014年4月出版　　估价：69.00元

◆　本书由民间环保组织"自然之友"组织编写，由特别关注、生态保护、宜居城市、可持续消费以及政策与治理等版块构成，以公共利益的视角记录、审视和思考中国环境状况，呈现2013年中国环境与可持续发展领域的全局态势，用深刻的思考、科学的数据分析2013年的环境热点事件。

教育蓝皮书
中国教育发展报告（2014）（赠阅读卡）
杨东平 / 主编　　2014年3月出版　　估价：69.00元

◆　本书站在教育前沿，突出教育中的问题，特别是对当前教育改革中出现的教育公平、高校教育结构调整、义务教育均衡发展等问题进行了深入分析，从教育的内在发展谈教育，又从外部条件来谈教育，具有重要的现实意义，对我国的教育体制的改革与发展具有一定的学术价值和参考意义。

反腐倡廉蓝皮书
中国反腐倡廉建设报告No.3（赠阅读卡）
中国社会科学院中国廉政研究中心 / 主编
2013年12月出版　　估价：79.00元

◆　本书抓住了若干社会热点和焦点问题，全面反映了新时期新阶段中国反腐倡廉面对的严峻局面，以及中国共产党反腐倡廉建设的新实践新成果。根据实地调研、问卷调查和舆情分析，梳理了当下社会普遍关注的与反腐败密切相关的热点问题。

皮书系列重点推荐　行业报告类

行业报告类

行业报告类皮书立足重点行业、新兴行业领域，提供及时、前瞻的数据与信息

房地产蓝皮书
中国房地产发展报告 No.11（赠阅读卡）

魏后凯　李景国 / 主编　　2014年4月出版　　估价：79.00元

◆ 本书由中国社会科学院城市发展与环境研究所组织编写，秉承客观公正、科学中立的原则，深度解析2013年中国房地产发展的形势和存在的主要矛盾，并预测2014年及未来10年或更长时间的房地产发展大势。观点精辟，数据翔实，对关注房地产市场的各阶层人士极具参考价值。

旅游绿皮书
2013~2014年中国旅游发展分析与预测（赠阅读卡）

宋瑞 / 主编　　2013年12月出版　　定价：69.00元

◆ 如何从全球的视野理性审视中国旅游，如何在世界旅游版图上客观定位中国，如何积极有效地推进中国旅游的世界化，如何制定中国实现世界旅游强国梦想的线路图？本年度开始，《旅游绿皮书》将围绕"世界与中国"这一主题进行系列研究，以期为推进中国旅游的长远发展提供科学参考和智力支持。

信息化蓝皮书
中国信息化形势分析与预测（2014）（赠阅读卡）

周宏仁 / 主编　　2014年7月出版　　估价：98.00元

◆ 本书在以中国信息化发展的分析和预测为重点的同时，反映了过去一年间中国信息化关注的重点和热点，视野宽阔，观点新颖，内容丰富，数据翔实，对中国信息化的发展有很强的指导性，可读性很强。

行业报告类　皮书系列 重点推荐

企业蓝皮书

中国企业竞争力报告（2014）（赠阅读卡）

金 碚 / 主编　　2014 年 11 月出版　　估价 :89.00 元

◆ 中国经济正处于新一轮的经济波动中，如何保持稳健的经营心态和经营方式并进一步求发展，对于企业保持并提升核心竞争力至关重要。本书利用上市公司的财务数据，研究上市公司竞争力变化的最新趋势，探索进一步提升中国企业国际竞争力的有效途径，这无论对实践工作者还是理论研究者都具有重大意义。

食品药品蓝皮书

食品药品安全与监管政策研究报告（2014）（赠阅读卡）

唐民皓 / 主编　　2014 年 7 月出版　　估价 :69.00 元

◆ 食品药品安全是当下社会关注的焦点问题之一，如何破解食品药品安全监管重点难点问题是需要以社会合力才能解决的系统工程。本书围绕安全热点问题、监管重点问题和政策焦点问题，注重于对食品药品公共政策和行政监管体制的探索和研究。

流通蓝皮书

中国商业发展报告（2013~2014）（赠阅读卡）

荆林波 / 主编　　2014 年 5 月出版　　估价 :89.00 元

◆ 《中国商业发展报告》是中国社会科学院财经战略研究院与香港利丰研究中心合作的成果，并且在 2010 年开始以中英文版同步在全球发行。蓝皮书从关注中国宏观经济出发，突出中国流通业的宏观背景反映了本年度中国流通业发展的状况。

住房绿皮书

中国住房发展报告（2013~2014）（赠阅读卡）

倪鹏飞 / 主编　　2013 年 12 月出版　　估价 :79.00 元

◆ 本报告从宏观背景、市场主体、市场体系、公共政策和年度主题五个方面，对中国住宅市场体系做了全面系统的分析、预测与评价，并给出了相关政策建议，并在评述 2012~2013 年住房及相关市场走势的基础上，预测了 2013~2014 年住房及相关市场的发展变化。

国别与地区类

国别与地区类

国别与地区类皮书关注全球重点国家与地区，提供全面、独特的解读与研究

亚太蓝皮书

亚太地区发展报告（2014）（赠阅读卡）

李向阳 / 主编　　2013年12月出版　　定价:69.00元

◆ 本书是由中国社会科学院亚太与全球战略研究院精心打造的又一品牌皮书，关注时下亚太地区局势发展动向里隐藏的中长趋势，剖析亚太地区政治与安全格局下的区域形势最新动向以及地区关系发展的热点问题，并对2014年亚太地区重大动态作出前瞻性的分析与预测。

日本蓝皮书

日本研究报告（2014）（赠阅读卡）

李　薇 / 主编　　2014年2月出版　　估价:69.00元

◆ 本书由中华日本学会、中国社会科学院日本研究所合作推出，是以中国社会科学院日本研究所的研究人员为主完成的研究成果。对2013年日本的政治、外交、经济、社会文化作了回顾、分析与展望，并收录了该年度日本大事记。

欧洲蓝皮书

欧洲发展报告(2013~2014)（赠阅读卡）

周　弘 / 主编　　2014年3月出版　　估价:89.00元

◆ 本年度的欧洲发展报告，对欧洲经济、政治、社会、外交等面的形式进行了跟踪介绍与分析。力求反映作为一个整体的欧盟及30多个欧洲国家在2013年出现的各种变化。

国别与地区类 皮书系列 重点推荐

拉美黄皮书
拉丁美洲和加勒比发展报告（2013~2014）（赠阅读卡）
吴白乙 / 主编　2014 年 4 月出版　估价 : 89.00 元

◆ 本书是中国社会科学院拉丁美洲研究所的第 13 份关于拉丁美洲和加勒比地区发展形势状况的年度报告。本书对 2013 年拉丁美洲和加勒比地区诸国的政治、经济、社会、外交等方面的发展情况做了系统介绍，对该地区相关国家的热点及焦点问题进行了总结和分析，并在此基础上对该地区各国 2014 年的发展前景做出预测。

澳门蓝皮书
澳门经济社会发展报告（2013~2014）（赠阅读卡）
吴志良　郝雨凡 / 主编　2014 年 3 月出版　估价 : 79.00 元

◆ 本书集中反映 2013 年本澳各个领域的发展动态，总结评价近年澳门政治、经济、社会的总体变化，同时对 2014 年社会经济情况作初步预测。

日本经济蓝皮书
日本经济与中日经贸关系研究报告（2014）（赠阅读卡）
王洛林　张季风 / 主编　2014 年 5 月出版　估价 : 79.00 元

◆ 本书对当前日本经济以及中日经济合作的发展动态进行了多角度、全景式的深度分析。本报告回顾并展望了 2013~2014 年度日本宏观经济的运行状况。此外，本报告还收录了大量来自于日本政府权威机构的数据图表，具有极高的参考价值。

美国蓝皮书
美国问题研究报告（2014）（赠阅读卡）
黄平　倪峰 / 主编　2014 年 6 月出版　估价 : 89.00 元

◆ 本书是由中国社会科学院美国所主持完成的研究成果，它回顾了美国 2013 年的经济、政治形势与外交战略，对 2013 年以来美国内政外交发生的重大事件以及重要政策进行了较为全面的回顾和梳理。

地方发展类

地方发展类皮书关注大陆各省份、经济区域，提供科学、多元的预判与咨政信息

社会建设蓝皮书
2014年北京社会建设分析报告（赠阅读卡）

宋贵伦/主编　2014年4月出版　估价：69.00元

◆ 本书依据社会学理论框架和分析方法，对北京市的人口、就业、分配、社会阶层以及城乡关系等社会学基本问题进行了广泛调研与分析，对广受社会关注的住房、教育、医疗、养老、交通等社会热点问题做了深刻了解与剖析，对日益显现的征地搬迁、外籍人口管理、群体性心理障碍等进行了有益探讨。

温州蓝皮书
2014年温州经济社会形势分析与预测（赠阅读卡）

潘忠强　王春光　金浩/主编　2014年4月出版　估价：69.00元

◆ 本书是由中共温州市委党校与中国社会科学院社会学研究所合作推出的第七本"温州经济社会形势分析与预测"年度报告，深入全面分析了2013年温州经济、社会、政治、文化发展的主要特点、经验、成效与不足，提出了相应的政策建议。

上海蓝皮书
上海资源环境发展报告（2014）（赠阅读卡）

周冯琦　汤庆合　王利民/著　2014年1月出版　估价：59.00元

◆ 本书在上海所面临资源环境风险的来源、程度、成因、对策等方面作了些有益的探索，希望能对有关部门完善上海的资源环境风险防控工作提供一些有价值的参考，也让普通民众更全面地了解上海资源环境风险及其防控的图景。

地方发展类　皮书系列 重点推荐

广州蓝皮书
2014年中国广州社会形势分析与预测（赠阅读卡）

易佐永　杨　秦　顾涧清 / 主编　　2014年5月出版　　估价:65.00元

◆ 本书由广州大学与广州市委宣传部、广州市人力资源和社会保障局联合主编，汇集了广州科研团体、高等院校和政府部门诸多社会问题研究专家、学者和实际部门工作者的最新研究成果，是关于广州社会运行情况和相关专题分析与预测的重要参考资料。

河南经济蓝皮书
2014年河南经济形势分析与预测（赠阅读卡）

胡五岳 / 主编　　2014年4月出版　估价:59.00元

◆ 本书由河南省统计局主持编纂。该分析与展望以2013年最新年度统计数据为基础，科学研判河南经济发展的脉络轨迹、分析年度运行态势；以客观翔实、权威资料为特征，突出科学性、前瞻性和可操作性，服务于科学决策和科学发展。

陕西蓝皮书
陕西社会发展报告（2014）（赠阅读卡）

任宗哲　石　英　江　波 / 主编　　2014年1月出版　估价:65.00元

◆ 本书系统而全面地描述了陕西省2013年社会发展各个领域所取得的成就、存在的问题、面临的挑战及其应对思路，为更好地思考2014年陕西发展前景、政策指向和工作策略等方面提供了一个较为简洁清晰的参考蓝本。

上海蓝皮书
上海经济发展报告（2014）（赠阅读卡）

沈开艳 / 主编　　2014年1月出版　估价:69.00元

◆ 本书系上海社会科学院系列之一，报告对2014年上海经济增长与发展趋势的进行了预测，把握了上海经济发展的脉搏和学术研究的前沿。

皮书系列
重点推荐

地方发展类·文化传媒类

广州蓝皮书

广州经济发展报告（2014）（赠阅读卡）

李江涛　刘江华／主编　　2014年6月出版　　估价：65.00元

◆ 本书是由广州市社会科学院主持编写的"广州蓝皮书"系列之一，本报告对广州2013年宏观经济运行情况作了深入分析，对2014年宏观经济走势进行了合理预测，并在此基础上提出了相应的政策建议。

文化传媒类

 文化传媒类皮书透视文化领域、文化产业，探索文化大繁荣、大发展的路径

新媒体蓝皮书

中国新媒体发展报告 No.4(2013)（赠阅读卡）

唐绪军／主编　　2014年6月出版　　估价：69.00元

◆ 本书由中国社会科学院新闻与传播研究所和上海大学合作编写，在构建新媒体发展研究基本框架的基础上，全面梳理2013年中国新媒体发展现状，发表最前沿的网络媒体深度调查数据和研究成果，并对新媒体发展的未来趋势做出预测。

舆情蓝皮书

中国社会舆情与危机管理报告（2014）（赠阅读卡）

谢耘耕／主编　　2014年8月出版　　估价：85.00元

◆ 本书由上海交通大学舆情研究实验室和危机管理研究中心主编，已被列入教育部人文社会科学研究报告培育项目。本书以新媒体环境下的中国社会为立足点，对2013年中国社会舆情、分类舆情等进行了深入系统的研究，并预测了2014年社会舆情走势。

经济类

产业蓝皮书
中国产业竞争力报告（2014）No.4
著(编)者:张其仔　2014年5月出版 / 估价:79.00元

长三角蓝皮书
2014年率先基本实现现代化的长三角
著(编)者:刘志彪　2014年6月出版 / 估价:120.00元

城市竞争力蓝皮书
中国城市竞争力报告No.12
著(编)者:倪鹏飞　2014年5月出版 / 估价:89.00元

城市蓝皮书
中国城市发展报告No.7
著(编)者:潘家华 魏后凯　2014年7月出版 / 估价:69.00元

城市群蓝皮书
中国城市群发展指数报告(2014)
著(编)者:刘士林 刘新静　2014年10月出版 / 估价:59.00元

城乡统筹蓝皮书
中国城乡统筹发展报告（2014）
著(编)者:程志强、潘晨光　2014年3月出版 / 估价:59.00元

城乡一体化蓝皮书
中国城乡一体化发展报告（2014）
著(编)者:汝信 付崇兰　2014年8月出版 / 估价:59.00元

城镇化蓝皮书
中国城镇化健康发展报告（2014）
著(编)者:张占斌　2014年10月出版 / 估价:69.00元

低碳发展蓝皮书
中国低碳发展报告（2014）
著(编)者:齐晔　2014年7月出版 / 估价:69.00元

低碳经济蓝皮书
中国低碳经济发展报告（2014）
著(编)者:薛进军 赵忠秀　2014年5月出版 / 估价:79.00元

东北蓝皮书
中国东北地区发展报告（2014）
著(编)者:鲍振东 曹晓峰　2014年8月出版 / 估价:79.00元

发展和改革蓝皮书
中国经济发展和体制改革报告No.7
著(编)者:邹东涛　2014年7月出版 / 估价:79.00元

工业化蓝皮书
中国工业化进程报告（2014）
著(编)者: 黄群慧 吕铁 李晓华 等
2014年11月出版 / 估价:89.00元

国际城市蓝皮书
国际城市发展报告（2014）
著(编)者:屠启宇　2014年1月出版 / 估价:69.00元

国家创新蓝皮书
国家创新发展报告（2013~2014）
著(编)者:陈劲　2014年3月出版 / 估价:69.00元

国家竞争力蓝皮书
中国国家竞争力报告No.2
著(编)者:倪鹏飞　2014年10月出版 / 估价:98.00元

宏观经济蓝皮书
中国经济增长报告（2014）
著(编)者:张平 刘霞辉　2014年10月出版 / 估价:69.00元

减贫蓝皮书
中国减贫与社会发展报告
著(编)者:黄承伟　2014年7月出版 / 估价:69.00元

金融蓝皮书
中国金融发展报告（2014）
著(编)者:李扬 王国刚　2013年12月出版 / 定价:69.00元

经济蓝皮书
2014年中国经济形势分析与预测
著(编)者:李扬　2013年12月出版 / 估价:69.00元

经济蓝皮书春季号
中国经济前景分析——2014年春季报告
著(编)者:李扬　2014年4月出版 / 估价:59.00元

经济信息绿皮书
中国与世界经济发展报告（2014）
著(编)者:王长胜　2013年12月出版 / 定价:69.00元

就业蓝皮书
2014年中国大学生就业报告
著(编)者:麦可思研究院　2014年6月出版 / 估价:98.00元

民营经济蓝皮书
中国民营经济发展报告No.10（2013~2014）
著(编)者:黄孟复　2014年9月出版 / 估价:69.00元

民营企业蓝皮书
中国民营企业竞争力报告No.7（2014）
著(编)者:刘迎秋　2014年1月出版 / 估价:79.00元

农村绿皮书
中国农村经济形势分析与预测（2014）
著(编)者:中国社会科学院农村发展研究所
　　　　国家统计局农村社会经济调查司 著
2014年4月出版 / 估价:59.00元

企业公民蓝皮书
中国企业公民报告No.4
著(编)者:邹东涛　2014年7月出版 / 估价:69.00元

企业社会责任蓝皮书
中国企业社会责任研究报告（2014）
著(编)者:黄群慧 彭华岗 钟宏武 等
2014年11月出版 / 估价:59.00元

气候变化绿皮书
应对气候变化报告（2014）
著(编)者:王伟光 郑国光　2014年11月出版 / 估价:79.00元

区域蓝皮书
中国区域经济发展报告（2014）
著(编)者:梁昊光　2014年4月出版 / 估价:69.00元

皮书系列 2014全品种

经济类·社会政法类

人口与劳动绿皮书
中国人口与劳动问题报告No.15
著(编)者:蔡昉　2014年6月出版 / 估价:69.00元

生态经济（建设）绿皮书
中国经济（建设）发展报告（2013~2014）
著(编)者:黄浩涛　李周　2014年10月出版 / 估价:69.00元

世界经济黄皮书
2014年世界经济形势分析与预测
著(编)者:王洛林　张宇燕　2014年1月出版 / 估价:69.00元

西北蓝皮书
中国西北发展报告（2014）
著(编)者:张进海　陈冬红　段庆林　2014年1月出版 / 定价:65.00元

西部蓝皮书
中国西部发展报告（2014）
著(编)者:姚慧琴　徐璋勇　2014年7月出版 / 估价:69.00元

新型城镇化蓝皮书
新型城镇化发展报告（2014）
著(编)者:沈体雁　李伟　宋敏　2014年3月出版 / 估价:69.00元

新兴经济体蓝皮书
金砖国家发展报告（2014）
著(编)者:林跃勤　周文　2014年3月出版 / 估价:79.00元

循环经济绿皮书
中国循环经济发展报告（2013~2014）
著(编)者:齐建国　2014年12月出版 / 估价:69.00元

中部竞争力蓝皮书
中国中部经济社会竞争力报告（2014）
著(编)者:教育部人文社会科学重点研究基地
　　　　南昌大学中国中部经济社会发展研究中心
2014年7月出版 / 估价:59.00元

中部蓝皮书
中国中部地区发展报告（2014）
著(编)者:朱有志　2014年10月出版 / 估价:59.00元

中国科技蓝皮书
中国科技发展报告（2014）
著(编)者:陈劲　2014年4月出版 / 估价:69.00元

中国省域竞争力蓝皮书
中国省域经济综合竞争力发展报告（2012~2013）
著(编)者:李建平　李闽榕　高燕京　2014年3月出版 / 估价:188.00元

中三角蓝皮书
长江中游城市群发展报告（2013~2014）
著(编)者:秦尊文　2014年6月出版 / 估价:69.00元

中小城市绿皮书
中国中小城市发展报告（2014）
著(编)者:中国城市经济学会中小城市经济发展委员会
　　　　《中国中小城市发展报告》编纂委员会
2014年10月出版 / 估价:98.00元

中原蓝皮书
中原经济区发展报告（2014）
著(编)者:刘怀廉　2014年6月出版 / 估价:68.00元

社会政法类

殡葬绿皮书
中国殡葬事业发展报告（2014）
著(编)者:朱勇　副主编　李伯森　2014年3月出版 / 估价:59.00元

城市创新蓝皮书
中国城市创新报告（2014）
著(编)者:周天勇　旷建伟　2014年7月出版 / 估价:69.00元

城市管理蓝皮书
中国城市管理报告2014
著(编)者:谭维克　刘林　2014年7月出版 / 估价:98.00元

城市生活质量蓝皮书
中国城市生活质量指数报告（2014）
著(编)者:张平　2014年7月出版 / 估价:59.00元

城市政府能力蓝皮书
中国城市政府公共服务能力评估报告（2014）
著(编)者:何艳玲　2014年7月出版 / 估价:59.00元

创新蓝皮书
创新型国家建设报告（2014）
著(编)者:詹正茂　2014年7月出版 / 估价:69.00元

慈善蓝皮书
中国慈善发展报告（2014）
著(编)者:杨团　2014年6月出版 / 估价:69.00元

法治蓝皮书
中国法治发展报告No.12（2014）
著(编)者:李林　田禾　2014年2月出版 / 估价:98.00元

反腐倡廉蓝皮书
中国反腐倡廉建设报告No.3
著(编)者:李秋芳　2013年12月出版 / 估价:79.00元

非传统安全蓝皮书
中国非传统安全研究报告（2014）
著(编)者:余潇枫　2014年5月出版 / 估价:69.00元

社会政法类 | 皮书系列 2014全品种

妇女发展蓝皮书
福建省妇女发展报告（2014）
著(编)者：刘群英　　2014年10月出版 | 估价：58.00元

妇女发展蓝皮书
中国妇女发展报告No.5
著(编)者：王金玲　高小贤　　2014年5月出版 | 估价：65.00元

妇女教育蓝皮书
中国妇女教育发展报告No.3
著(编)者：张李玺　　2014年10月出版 | 估价：69.00元

公共服务满意度蓝皮书
中国城市公共服务评价报告（2014）
著(编)者：胡伟　　2014年11月出版 | 估价：69.00元

公共服务蓝皮书
中国城市基本公共服务力评价（2014）
著(编)者：侯惠勤　辛向阳　易定宏
2014年10月出版 | 估价：55.00元

公民科学素质蓝皮书
中国公民科学素质调查报告（2013~2014）
著(编)者：李群　许佳军　　2014年2月出版 | 估价：69.00元

公益蓝皮书
中国公益发展报告（2014）
著(编)者：朱健刚　　2014年5月出版 | 估价：78.00元

国际人才蓝皮书
中国海归创业发展报告（2014）No.2
著(编)者：王辉耀　路江涌　　2014年10月出版 | 估价：69.00元

国际人才蓝皮书
中国留学发展报告（2014） No.3
著(编)者：王辉耀　　2014年9月出版 | 估价：59.00元

行政改革蓝皮书
中国行政体制改革报告（2014）No.3
著(编)者：魏礼群　　2014年3月出版 | 估价：69.00元

华侨华人蓝皮书
华侨华人研究报告（2014）
著(编)者：丘进　　2014年5月出版 | 估价：128.00元

环境竞争力绿皮书
中国省域环境竞争力发展报告（2014）
著(编)者：李建平　李闽榕　王金南
2014年12月出版 | 估价：148.00元

环境绿皮书
中国环境发展报告（2014）
著(编)者：刘鉴强　　2014年4月出版 | 估价：69.00元

基本公共服务蓝皮书
中国省级政府基本公共服务发展报告（2014）
著(编)者：孙德超　　2014年1月出版 | 估价：69.00元

基金会透明度蓝皮书
中国基金会透明度发展研究报告（2014）
著(编)者：基金会中心网　　2014年7月出版 | 估价：79.00元

教师蓝皮书
中国中小学教师发展报告（2014）
著(编)者：曾晓东　　2014年4月出版 | 估价：59.00元

教育蓝皮书
中国教育发展报告（2014）
著(编)者：杨东平　　2014年3月出版 | 估价：69.00元

科普蓝皮书
中国科普基础设施发展报告（2014）
著(编)者：任福君　　2014年6月出版 | 估价：79.00元

口腔健康蓝皮书
中国口腔健康发展报告（2014）
著(编)者：胡德渝　　2014年12月出版 | 估价：59.00元

老龄蓝皮书
中国老龄事业发展报告（2014）
著(编)者：吴玉韶　　2014年2月出版 | 估价：59.00元

连片特困区蓝皮书
中国连片特困区发展报告（2014）
著(编)者：丁建军　冷志明　游俊　　2014年3月出版 | 估价：79.00元

民间组织蓝皮书
中国民间组织报告（2014）
著(编)者：黄晓勇　　2014年8月出版 | 估价：69.00元

民族发展蓝皮书
中国民族区域自治发展报告（2014）
著(编)者：郝时远　　2014年6月出版 | 估价：98.00元

女性生活蓝皮书
中国女性生活状况报告No.8（2014）
著(编)者：韩湘景　　2014年3月出版 | 估价：78.00元

汽车社会蓝皮书
中国汽车社会发展报告（2014）
著(编)者：王俊秀　　2014年1月出版 | 估价：59.00元

青年蓝皮书
中国青年发展报告（2014）No.2
著(编)者：廉思　　2014年6月出版 | 估价：59.00元

全球环境竞争力绿皮书
全球环境竞争力发展报告（2014）
著(编)者：李建平　李闽榕　王金南　　2014年11月出版 | 估价：69.00元

青少年蓝皮书
中国未成年人新媒体运用报告（2014）
著(编)者：李文革　沈杰　季为民　　2014年6月出版 | 估价：69.00元

皮书系列 2014全品种

社会政法类・行业报告类

区域人才蓝皮书
中国区域人才竞争力报告No.2
著(编)者：桂昭明 王辉耀　2014年6月出版 / 估价：69.00元

人才蓝皮书
中国人才发展报告（2014）
著(编)者：潘晨光　2014年10月出版 / 估价：79.00元

人权蓝皮书
中国人权事业发展报告No.4（2014）
著(编)者：李君如　2014年7月出版 / 估价：98.00元

世界人才蓝皮书
全球人才发展报告No.1
著(编)者：孙学玉 张冠梓　2013年12月出版 / 估价：69.00元

社会保障绿皮书
中国社会保障发展报告（2014）No.6
著(编)者：王延中　2014年4月出版 / 估价：69.00元

社会工作蓝皮书
中国社会工作发展报告（2013~2014）
著(编)者：王杰秀 邹文开　2014年8月出版 / 估价：59.00元

社会管理蓝皮书
中国社会管理创新报告No.3
著(编)者：连玉明　2014年9月出版 / 估价：79.00元

社会蓝皮书
2014年中国社会形势分析与预测
著(编)者：李培林 陈光金 张翼　2013年12月出版 / 估价：69.00元

社会体制蓝皮书
中国社会体制改革报告（2014）No.2
著(编)者：龚维斌　2014年5月出版 / 估价：59.00元

社会心态蓝皮书
2014年中国社会心态研究报告
著(编)者：王俊秀 杨宜音　2014年1月出版 / 估价：59.00元

生态城市绿皮书
中国生态城市建设发展报告（2014）
著(编)者：李景源 孙伟平 刘举科　2014年6月出版 / 估价：128.00元

生态文明绿皮书
中国省域生态文明建设评价报告（ECI 2014）
著(编)者：严耕　2014年9月出版 / 估价：98.00元

世界创新竞争力黄皮书
世界创新竞争力发展报告（2014）
著(编)者：李建平 李闽榕 赵新力　2014年11月出版 / 估价：128.00元

水与发展蓝皮书
中国水风险评估报告（2014）
著(编)者：苏杨　2014年9月出版 / 估价：69.00元

危机管理蓝皮书
中国危机管理报告（2014）
著(编)者：文学国 范正青　2014年8月出版 / 估价：79.00元

小康蓝皮书
中国全面建设小康社会监测报告（2014）
著(编)者：潘璠　2014年11月出版 / 估价：59.00元

形象危机应对蓝皮书
形象危机应对研究报告（2014）
著(编)者：唐钧　2014年9月出版 / 估价：118.00元

政治参与蓝皮书
中国政治参与报告（2014）
著(编)者：房宁　2014年7月出版 / 估价：58.00元

政治发展蓝皮书
中国政治发展报告（2014）
著(编)者：房宁 杨海蛟　2014年6月出版 / 估价：98.00元

宗教蓝皮书
中国宗教报告（2014）
著(编)者：金泽 邱永辉　2014年8月出版 / 估价：59.00元

社会组织蓝皮书
中国社会组织评估报告（2014）
著(编)者：徐家良　2014年3月出版 / 估价：69.00元

政府绩效评估蓝皮书
中国地方政府绩效评估报告（2014）
著(编)者：贠杰　2014年9月出版 / 估价：69.00元

行业报告类

保健蓝皮书
中国保健服务产业发展报告No.2
著(编)者：中国保健协会 中共中央党校
2014年7月出版 / 估价：258.00元

保健蓝皮书
中国保健食品产业发展报告No.2
著(编)者：中国保健协会
　　　　　中国社会科学院食品药品产业发展与监管研究中心
2014年7月出版 / 估价：198.00元

保健蓝皮书
中国保健用品产业发展报告No.2
著(编)者：中国保健协会　2014年3月出版 / 估价：198.00元

保险蓝皮书
中国保险业竞争力报告（2014）
著(编)者：罗忠敏　2014年1月出版 / 估价：98.00元

行业报告类

皮书系列 2014全品种

餐饮产业蓝皮书
中国餐饮产业发展报告（2014）
著(编)者：中国烹饪协会 中国社会科学院财经战略研究院
2014年5月出版 / 估价:59.00元

测绘地理信息蓝皮书
中国地理信息产业发展报告（2014）
著(编)者：徐德明　2014年12月出版 / 估价:98.00元

茶业蓝皮书
中国茶产业发展报告（2014）
著(编)者：李闽榕 杨江帆　2014年4月出版 / 估价:79.00元

产权市场蓝皮书
中国产权市场发展报告（2014）
著(编)者：曹和平　2014年1月出版 / 估价:69.00元

产业安全蓝皮书
中国出版与传媒安全报告（2014）
著(编)者：北京交通大学中国产业安全研究中心
2014年1月出版 / 估价:59.00元

产业安全蓝皮书
中国医疗产业安全报告（2014）
著(编)者：北京交通大学中国产业安全研究中心
2014年1月出版 / 估价:59.00元

产业安全蓝皮书
中国医疗产业安全报告（2014）
著(编)者：李孟刚　2014年7月出版 / 估价:69.00元

产业安全蓝皮书
中国文化产业安全蓝皮书(2013~2014)
著(编)者：高海涛 刘益　2014年3月出版 / 估价:69.00元

产业安全蓝皮书
中国出版传媒产业安全报告（2014）
著(编)者：孙万军 王玉海　2014年12月出版 / 估价:69.00元

典当业蓝皮书
中国典当行业发展报告（2013~2014）
著(编)者：黄育华 王力 张红地
2014年10月出版 / 估价:69.00元

电子商务蓝皮书
中国城市电子商务影响力报告（2014）
著(编)者：荆林波　2014年5月出版 / 估价:69.00元

电子政务蓝皮书
中国电子政务发展报告（2014）
著(编)者：洪毅 王长胜　2014年2月出版 / 估价:59.00元

杜仲产业绿皮书
中国杜仲橡胶资源与产业发展报告（2014）
著(编)者：杜红岩 胡文臻 俞瑞
2014年9月出版 / 估价:99.00元

房地产蓝皮书
中国房地产发展报告No.11
著(编)者：魏后凯 李景国　2014年4月出版 / 估价:79.00元

服务外包蓝皮书
中国服务外包产业发展报告（2014）
著(编)者：王晓红 李皓　2014年4月出版 / 估价:89.00元

高端消费蓝皮书
中国高端消费市场研究报告
著(编)者：依绍华 王雪峰　2013年12月出版 / 估价:69.00元

会展经济蓝皮书
中国会展经济发展报告（2014）
著(编)者：过聚荣　2014年9月出版 / 估价:65.00元

会展蓝皮书
中外会展业动态评估年度报告（2014）
著(编)者：张敏　2014年8月出版 / 估价:68.00元

基金会绿皮书
中国基金会发展独立研究报告（2014）
著(编)者：基金会中心网　2014年8月出版 / 估价:58.00元

交通运输蓝皮书
中国交通运输服务发展报告（2014）
著(编)者：林晓言 卜伟 武剑红
2014年10月出版 / 估价:69.00元

金融监管蓝皮书
中国金融监管报告（2014）
著(编)者：胡滨　2014年9月出版 / 估价:65.00元

金融蓝皮书
中国金融中心发展报告（2014）
著(编)者：中国社会科学院金融研究所
　　　　　中国博士后特华科研工作站 王力 黄育华
2014年10月出版 / 估价:59.00元

金融蓝皮书
中国商业银行竞争力报告（2014）
著(编)者：王松奇　2014年5月出版 / 估价:79.00元

金融蓝皮书
中国金融发展报告（2014）
著(编)者：李扬 王国刚　2013年12月出版 / 估价:69.00元

金融蓝皮书
中国金融法治报告（2014）
著(编)者：胡滨 全先银　2014年3月出版 / 估价:65.00元

金融蓝皮书
中国金融产品与服务报告（2014）
著(编)者：殷剑峰　2014年6月出版 / 估价:59.00元

金融信息服务蓝皮书
金融信息服务业发展报告（2014）
著(编)者：鲁广锦　2014年11月出版 / 估价:69.00元

皮书系列 2014全品种 · 行业报告类

抗衰老医学蓝皮书
抗衰老医学发展报告（2014）
著(编)者：罗伯特·高德曼 罗纳德·科莱兹 尼尔·布什 朱敏 金大鹏 郭弋
2014年3月出版 / 估价：69.00元

客车蓝皮书
中国客车产业发展报告（2014）
著(编)者：姚蔚 2014年12月出版 / 估价：69.00元

科学传播蓝皮书
中国科学传播报告（2014）
著(编)者：詹正茂 2014年4月出版 / 估价：69.00元

流通蓝皮书
中国商业发展报告（2014）
著(编)者：荆林波 2014年5月出版 / 估价：89.00元

旅游安全蓝皮书
中国旅游安全报告（2014）
著(编)者：郑向敏 谢朝武 2014年6月出版 / 估价：79.00元

旅游绿皮书
2013~2014年中国旅游发展分析与预测
著(编)者：宋瑞 2013年12月出版 / 估价：69.00元

旅游城市绿皮书
世界旅游城市发展报告（2013~2014）
著(编)者：张辉 2014年1月出版 / 估价：69.00元

贸易蓝皮书
中国贸易发展报告（2014）
著(编)者：荆林波 2014年5月出版 / 估价：49.00元

民营医院蓝皮书
中国民营医院发展报告（2014）
著(编)者：朱幼棣 2014年10月出版 / 估价：69.00元

闽商蓝皮书
闽商发展报告（2014）
著(编)者：李闽榕 王日根 2014年12月出版 / 估价：69.00元

能源蓝皮书
中国能源发展报告（2014）
著(编)者：崔民选 王军生 陈义和
2014年10月出版 / 估价：59.00元

农产品流通蓝皮书
中国农产品流通产业发展报告（2014）
著(编)者：贾敬敦 王炳南 张玉玺 张鹏毅 陈丽华
2014年9月出版 / 估价：89.00元

期货蓝皮书
中国期货市场发展报告（2014）
著(编)者：荆林波 2014年6月出版 / 估价：98.00元

企业蓝皮书
中国企业竞争力报告（2014）
著(编)者：金碚 2014年11月出版 / 估价：89.00元

汽车安全蓝皮书
中国汽车安全发展报告（2014）
著(编)者：赵福全 孙小端 等 2014年1月出版 / 估价：69.00元

汽车蓝皮书
中国汽车产业发展报告（2014）
著(编)者：国务院发展研究中心产业经济研究部
中国汽车工程学会 大众汽车集团（中国）
2014年7月出版 / 估价：79.00元

清洁能源蓝皮书
国际清洁能源发展报告（2014）
著(编)者：国际清洁能源论坛（澳门）
2014年9月出版 / 估价：89.00元

人力资源蓝皮书
中国人力资源发展报告（2014）
著(编)者：吴江 2014年9月出版 / 估价：69.00元

软件和信息服务业蓝皮书
中国软件和信息服务业发展报告（2014）
著(编)者：洪京一 工业和信息化部电子科学技术情报研究所
2014年6月出版 / 估价：98.00元

商会蓝皮书
中国商会发展报告No.4（2014）
著(编)者：黄孟复 2014年4月出版 / 估价：59.00元

商品市场蓝皮书
中国商品市场发展报告（2014）
著(编)者：荆林波 2014年7月出版 / 估价：59.00元

上市公司蓝皮书
中国上市公司非财务信息披露报告（2014）
著(编)者：钟宏武 张旺 张蒽 等
2014年12月出版 / 估价：59.00元

食品药品蓝皮书
食品药品安全与监管政策研究报告（2014）
著(编)者：唐民皓 2014年7月出版 / 估价：69.00元

世界能源蓝皮书
世界能源发展报告（2014）
著(编)者：黄晓勇 2014年9月出版 / 估价：99.00元

私募市场蓝皮书
中国私募股权市场发展报告（2014）
著(编)者：曹和平 2014年4月出版 / 估价：69.00元

体育蓝皮书
中国体育产业发展报告（2014）
著(编)者：阮伟 钟秉枢 2013年2月出版 / 估价：69.00元

行业报告类

皮书系列 2014全品种

体育蓝皮书·公共体育服务
中国公共体育服务发展报告（2014）
著(编)者：戴健　　2014年12月出版 / 估价：69.00元

投资蓝皮书
中国投资发展报告（2014）
著(编)者：杨庆蔚　　2014年4月出版 / 估价：79.00元

投资蓝皮书
中国企业海外投资发展报告（2013~2014）
著(编)者：陈文晖　薛誉华　　2013年12月出版 / 估价：69.00元

物联网蓝皮书
中国物联网发展报告（2014）
著(编)者：龚六堂　　2014年1月出版 / 估价：59.00元

西部工业蓝皮书
中国西部工业发展报告（2014）
著(编)者：方行明　刘方健　姜凌等
2014年9月出版 / 估价：69.00元

西部金融蓝皮书
中国西部金融发展报告（2014）
著(编)者：李忠民　　2014年10月出版 / 估价：69.00元

新能源汽车蓝皮书
中国新能源汽车产业发展报告（2014）
著(编)者：中国汽车技术研究中心
　　　　　日产（中国）投资有限公司
　　　　　东风汽车有限公司
2014年9月出版 / 估价：69.00元

信托蓝皮书
中国信托业研究报告（2014）
著(编)者：中建投信托研究中心　中国建设建投研究院
2014年9月出版 / 估价：59.00元

信托蓝皮书
中国信托投资报告（2014）
著(编)者：杨金龙　刘屹　　2014年7月出版 / 估价：69.00元

信息化蓝皮书
中国信息化形势分析与预测（2014）
著(编)者：周宏仁　　2014年7月出版 / 估价：98.00元

信用蓝皮书
中国信用发展报告（2014）
著(编)者：章政　田侃　　2014年4月出版 / 估价：69.00元

休闲绿皮书
2014年中国休闲发展报告
著(编)者：刘德谦　唐兵　宋瑞
2014年6月出版 / 估价：59.00元

养老产业蓝皮书
中国养老产业发展报告（2013~2014年）
著(编)者：张车伟　　2014年1月出版 / 估价：69.00元

移动互联网蓝皮书
中国移动互联网发展报告（2014）
著(编)者：官建文　　2014年5月出版 / 估价：69.00元

医药蓝皮书
中国药品市场报告（2014）
著(编)者：程锦锥　朱恒鹏　　2014年12月出版 / 估价：79.00元

中国林业竞争力蓝皮书
中国省域林业竞争力发展报告No.2（2014）（上下册）
著(编)者：郑传芳　李闽榕　张春霞　张会儒
2014年8月出版 / 估价：139.00元

中国农业竞争力蓝皮书
中国省域农业竞争力发展报告No.2（2014）
著(编)者：郑传芳　宋洪远　李闽榕　张春霞
2014年7月出版 / 估价：128.00元

中国信托市场蓝皮书
中国信托业市场报告（2013~2014）
著(编)者：李旸　　2014年10月出版 / 估价：69.00元

中国总部经济蓝皮书
中国总部经济发展报告（2014）
著(编)者：赵弘　　2014年9月出版 / 估价：69.00元

珠三角流通蓝皮书
珠三角商圈发展研究报告（2014）
著(编)者：王先庆　林至颖　　2014年8月出版 / 估价：69.00元

住房绿皮书
中国住房发展报告（2013~2014）
著(编)者：倪鹏飞　　2013年12月出版 / 估价：79.00元

资本市场蓝皮书
中国场外交易市场发展报告（2014）
著(编)者：高峦　　2014年3月出版 / 估价：79.00元

资产管理蓝皮书
中国信托业发展报告（2014）
著(编)者：智信资产管理研究院　　2014年7月出版 / 估价：69.00元

支付清算蓝皮书
中国支付清算发展报告（2014）
著(编)者：杨涛　　2014年4月出版 / 估价：45.00元

文化传媒类

传媒蓝皮书
中国传媒产业发展报告（2014）
著(编)者：崔保国　2014年4月出版 / 估价：79.00元

传媒竞争力蓝皮书
中国传媒国际竞争力研究报告（2014）
著(编)者：李本乾　2014年9月出版 / 估价：69.00元

创意城市蓝皮书
武汉市文化创意产业发展报告（2014）
著(编)者：张京成　黄永林　2014年10月出版 / 估价：69.00元

电视蓝皮书
中国电视产业发展报告（2014）
著(编)者：卢斌　2014年4月出版 / 估价：79.00元

电影蓝皮书
中国电影出版发展报告（2014）
著(编)者：卢斌　2014年4月出版 / 估价：79.00元

动漫蓝皮书
中国动漫产业发展报告（2014）
著(编)者：卢斌　郑玉明　牛兴侦　2014年4月出版 / 估价：79.00元

广电蓝皮书
中国广播电影电视发展报告（2014）
著(编)者：庞井君　杨明品　李岚
2014年6月出版 / 估价：88.00元

广告主蓝皮书
中国广告主营销传播趋势报告N0.8
著(编)者：中国传媒大学广告主研究所
　　　　中国广告主营销传播创新研究课题组
　　　　黄升民　杜国清　邵华冬等
2014年5月出版 / 估价：98.00元

国际传播蓝皮书
中国国际传播发展报告（2014）
著(编)者：胡正荣　李继东　姬德强
2014年1月出版 / 估价：69.00元

纪录片蓝皮书
中国纪录片发展报告（2014）
著(编)者：何苏六　2014年10月出版 / 估价：89.00元

两岸文化蓝皮书
两岸文化产业合作发展报告（2014）
著(编)者：胡惠林　肖夏勇　2014年6月出版 / 估价：59.00元

媒介与女性蓝皮书
中国媒介与女性发展报告（2014）
著(编)者：刘利群　2014年8月出版 / 估价：69.00元

全球传媒蓝皮书
全球传媒产业发展报告（2014）
著(编)者：胡正荣　2014年12月出版 / 估价：79.00元

视听新媒体蓝皮书
中国视听新媒体发展报告（2014）
著(编)者：庞井君　2014年6月出版 / 估价：148.00元

文化创新蓝皮书
中国文化创新报告（2014）No.5
著(编)者：于平　傅才武　2014年7月出版 / 估价：79.00元

文化科技蓝皮书
文化科技融合与创意城市发展报告（2014）
著(编)者：李凤亮　于平　2014年7月出版 / 估价：79.00元

文化蓝皮书
2014年中国文化产业发展报告
著(编)者：张晓明　胡惠林　章建刚
2014年3月出版 / 估价：69.00元

文化蓝皮书
中国文化产业供需协调增长测评报（2013）
著(编)者：高书生　王亚楠　2014年5月出版 / 估价：79.00元

文化蓝皮书
中国城镇文化消费需求景气评价报告（2014）
著(编)者：王亚南　张晓明　祁述裕
2014年5月出版 / 估价：79.00元

文化蓝皮书
中国公共文化服务发展报告（2014）
著(编)者：于群　李国新　2014年10月出版 / 估价：98.00元

文化蓝皮书
中国文化消费需求景气评价报告（2014）
著(编)者：王亚南　2014年5月出版 / 估价：79.00元

文化蓝皮书
中国乡村文化消费需求景气评价报告（2014）
著(编)者：王亚南　2014年5月出版 / 估价：79.00元

文化蓝皮书
中国中心城市文化消费需求景气评价报告（2014）
著(编)者：王亚南　2014年5月出版 / 估价：79.00元

文化蓝皮书
中国少数民族文化发展报告（2014）
著(编)者：武翠英　张晓明　张学进
2014年3月出版 / 估价：69.00元

文化传媒类

文化建设蓝皮书
中国文化建设发展报告（2014）
著(编)者：江畅 孙伟平　2014年3月出版 / 估价：69.00元

文化品牌蓝皮书
中国文化品牌发展报告（2014）
著(编)者：欧阳友权　2014年5月出版 / 估价：75.00元

文化软实力蓝皮书
中国文化软实力研究报告（2014）
著(编)者：张国祚　2014年7月出版 / 估价：79.00元

文化遗产蓝皮书
中国文化遗产事业发展报告（2014）
著(编)者：刘世锦　2014年3月出版 / 估价：79.00元

文学蓝皮书
中国文情报告（2014）
著(编)者：白烨　2014年5月出版 / 估价：59.00元

新媒体蓝皮书
中国新媒体发展报告No.5（2014）
著(编)者：唐绪军　2014年6月出版 / 估价：69.00元

移动互联网蓝皮书
中国移动互联网发展报告（2014）
著(编)者：官建文　2014年4月出版 / 估价：79.00元

游戏蓝皮书
中国游戏产业发展报告（2014）
著(编)者：卢斌　2014年4月出版 / 估价：79.00元

舆情蓝皮书
中国社会舆情与危机管理报告（2014）
著(编)者：谢耘耕　2014年8月出版 / 估价：85.00元

粤港澳台文化蓝皮书
粤港澳台文化创意产业发展报告（2014）
著(编)者：丁未　2014年4月出版 / 估价：69.00元

地方发展类

安徽蓝皮书
安徽社会发展报告（2014）
著(编)者：程桦　2014年4月出版 / 估价：79.00元

安徽社会建设蓝皮书
安徽社会建设分析报告（2014）
著(编)者：黄家海 王开玉 蔡宪　2014年4月出版 / 估价：69.00元

北京蓝皮书
北京城乡发展报告（2014）
著(编)者：黄序　2014年4月出版 / 估价：59.00元

北京蓝皮书
北京公共服务发展报告（2014）
著(编)者：张耘　2014年3月出版 / 估价：65.00元

北京蓝皮书
北京经济发展报告（2014）
著(编)者：赵弘　2014年4月出版 / 估价：59.00元

北京蓝皮书
北京社会发展报告（2014）
著(编)者：缪青　2014年10月出版 / 估价：59.00元

北京蓝皮书
北京文化发展报告（2014）
著(编)者：李建盛　2014年5月出版 / 估价：69.00元

北京蓝皮书
中国社区发展报告（2014）
著(编)者：于燕燕　2014年8月出版 / 估价：59.00元

北京蓝皮书
北京公共服务发展报告（2014）
著(编)者：施昌奎　2014年8月出版 / 估价：59.00元

北京旅游绿皮书
北京旅游发展报告（2014）
著(编)者：鲁勇　2014年7月出版 / 估价：98.00元

北京律师蓝皮书
北京律师发展报告No.2（2014）
著(编)者：王隽 周塞军　2014年9月出版 / 估价：79.00元

北京人才蓝皮书
北京人才发展报告（2014）
著(编)者：于淼　2014年10月出版 / 估价：89.00元

城乡一体化蓝皮书
中国城乡一体化发展报告·北京卷（2014）
著(编)者：张宝秀 黄序　2014年6月出版 / 估价：59.00元

创意城市蓝皮书
北京文化创意产业发展报告（2014）
著(编)者：张京成 王国华　2014年10月出版 / 估价：69.00元

创意城市蓝皮书
青岛文化创意产业发展报告（2014）
著(编)者：马达　2014年5月出版 / 估价：69.00元

创意城市蓝皮书
无锡文化创意产业发展报告（2014）
著(编)者：庄若江 张鸣年　2014年8月出版 / 估价：75.00元

皮书系列 2014全品种 — 地方发展类

服务业蓝皮书
广东现代服务业发展报告（2014）
著(编)者：祁明 程晓　2014年1月出版 / 估价：69.00元

甘肃蓝皮书
甘肃舆情分析与预测（2014）
著(编)者：陈双梅 郝树声　2014年1月出版 / 估价：69.00元

甘肃蓝皮书
甘肃县域社会发展评价报告（2014）
著(编)者：魏胜文　2014年1月出版 / 估价：69.00元

甘肃蓝皮书
甘肃经济发展分析与预测（2014）
著(编)者：魏胜文　2014年1月出版 / 估价：69.00元

甘肃蓝皮书
甘肃社会发展分析与预测（2014）
著(编)者：安文华　2014年1月出版 / 估价：69.00元

甘肃蓝皮书
甘肃文化发展分析与预测（2014）
著(编)者：周小华　2014年1月出版 / 估价：69.00元

广东蓝皮书
广东省电子商务发展报告（2014）
著(编)者：黄建明 祁明　2014年11月出版 / 估价：69.00元

广东蓝皮书
广东社会工作发展报告（2014）
著(编)者：罗观翠　2013年12月出版 / 估价：69.00元

广东外经贸蓝皮书
广东对外经济贸易发展研究报告（2014）
著(编)者：陈万灵　2014年3月出版 / 估价：65.00元

广西北部湾经济区蓝皮书
广西北部湾经济区开放开发报告（2014）
著(编)者：广西北部湾经济区规划建设管理委员会办公室 广西社会科学院 广西北部湾发展研究院
2014年7月出版 / 估价：69.00元

广州蓝皮书
2014年中国广州经济形势分析与预测
著(编)者：庾建设 郭志勇 沈奎　2014年6月出版 / 估价：69.00元

广州蓝皮书
2014年中国广州社会形势分析与预测
著(编)者：易佐永 杨秦 顾涧清　2014年5月出版 / 估价：65.00元

广州蓝皮书
广州城市国际化发展报告（2014）
著(编)者：朱名宏　2014年9月出版 / 估价：59.00元

广州蓝皮书
广州创新型城市发展报告（2014）
著(编)者：李江涛　2014年8月出版 / 估价：59.00元

广州蓝皮书
广州经济发展报告（2014）
著(编)者：李江涛 刘江华　2014年6月出版 / 估价：65.00元

广州蓝皮书
广州农村发展报告（2014）
著(编)者：李江涛 汤锦华　2014年8月出版 / 估价：59.00元

广州蓝皮书
广州青年发展报告（2014）
著(编)者：魏国华 张强　2014年9月出版 / 估价：65.00元

广州蓝皮书
广州汽车产业发展报告（2014）
著(编)者：李江涛 杨再高　2014年10月出版 / 估价：69.00元

广州蓝皮书
广州商贸业发展报告（2014）
著(编)者：陈家成 王旭东 荀振英
2014年7月出版 / 估价：69.00元

广州蓝皮书
广州文化创意产业发展报告（2014）
著(编)者：甘新　2014年10月出版 / 估价：59.00元

广州蓝皮书
中国广州城市建设发展报告（2014）
著(编)者：董皞 冼伟雄 李俊夫
2014年8月出版 / 估价：69.00元

广州蓝皮书
中国广州科技与信息化发展报告（2014）
著(编)者：庾建设 谢学宁　2014年8月出版 / 估价：59.00元

广州蓝皮书
中国广州文化创意产业发展报告（2014）
著(编)者：甘新　2014年10月出版 / 估价：59.00元

广州蓝皮书
中国广州文化发展报告（2014）
著(编)者：徐俊忠 汤应武 陆志强
2014年8月出版 / 估价：69.00元

贵州蓝皮书
贵州法治发展报告（2014）
著(编)者：吴大华　2014年3月出版 / 估价：69.00元

贵州蓝皮书
贵州社会发展报告（2014）
著(编)者：王兴骥　2014年3月出版 / 估价：59.00元

贵州蓝皮书
贵州农村扶贫开发报告（2014）
著(编)者：王朝新 宋明　2014年3月出版 / 估价：69.00元

贵州蓝皮书
贵州文化产业发展报告（2014）
著(编)者：李建国　2014年3月出版 / 估价：69.00元

地方发展类

海淀蓝皮书
海淀区文化和科技融合发展报告（2014）
著（编）者：陈名杰 孟景伟　2014年5月出版 / 估价：75.00元

海峡经济区蓝皮书
海峡经济区发展报告（2014）
著（编）者：李闽榕 王秉安 谢明辉（台湾）
2014年10月出版 / 估价：78.00元

海峡西岸蓝皮书
海峡西岸经济区发展报告（2014）
著（编）者：福建省人民政府发展研究中心
2014年9月出版 / 估价：85.00元

杭州蓝皮书
杭州市妇女发展报告（2014）
著（编）者：魏颖 揭爱花　2014年2月出版 / 估价：69.00元

河北蓝皮书
河北省经济发展报告（2014）
著（编）者：马树强 张贵　2013年12月出版 / 估价：69.00元

河北蓝皮书
河北经济社会发展报告（2014）
著（编）者：周文夫　2013年12月出版 / 估价：69.00元

河南经济蓝皮书
2014年河南经济形势分析与预测
著（编）者：胡五岳　2014年3月出版 / 估价：65.00元

河南蓝皮书
2014年河南社会形势分析与预测
著（编）者：刘道兴 牛苏林　2014年1月出版 / 估价：59.00元

河南蓝皮书
河南城市发展报告（2014）
著（编）者：林宪斋 王建国　2014年1月出版 / 估价：69.00元

河南蓝皮书
河南经济发展报告（2014）
著（编）者：喻新安　2014年1月出版 / 估价：59.00元

河南蓝皮书
河南文化发展报告（2014）
著（编）者：谷建全 卫绍生　2014年1月出版 / 估价：69.00元

河南蓝皮书
河南工业发展报告（2014）
著（编）者：龚绍东　2014年1月出版 / 估价：59.00元

黑龙江产业蓝皮书
黑龙江产业发展报告（2014）
著（编）者：于渤　2014年10月出版 / 估价：79.00元

黑龙江蓝皮书
黑龙江经济发展报告（2014）
著（编）者：曲伟　2014年1月出版 / 估价：59.00元

黑龙江蓝皮书
黑龙江社会发展报告（2014）
著（编）者：艾书琴　2014年1月出版 / 估价：69.00元

湖南城市蓝皮书
城市社会管理
著（编）者：罗海藩　2014年10月出版 / 估价：59.00元

湖南蓝皮书
2014年湖南产业发展报告
著（编）者：梁志峰　2014年5月出版 / 估价：89.00元

湖南蓝皮书
2014年湖南法治发展报告
著（编）者：梁志峰　2014年5月出版 / 估价：79.00元

湖南蓝皮书
2014年湖南经济展望
著（编）者：梁志峰　2014年5月出版 / 估价：79.00元

湖南蓝皮书
2014年湖南两型社会发展报告
著（编）者：梁志峰　2014年5月出版 / 估价：79.00元

湖南县域绿皮书
湖南县域发展报告No.2
著（编）者：朱有志 袁准 周小毛　2014年7月出版 / 估价：69.00元

沪港蓝皮书
沪港发展报告（2014）
著（编）者：尤安山　2014年9月出版 / 估价：89.00元

吉林蓝皮书
2014年吉林经济社会形势分析与预测
著（编）者：马克　2014年1月出版 / 估价：69.00元

江苏法治蓝皮书
江苏法治发展报告No.3（2014）
著（编）者：李力 龚廷泰 严海良　2014年8月出版 / 估价：88.00元

京津冀蓝皮书
京津冀区域一体化发展报告（2014）
著（编）者：文魁 祝尔娟　2014年3月出版 / 估价：89.00元

经济特区蓝皮书
中国经济特区发展报告（2014）
著（编）者：陶一桃　2014年3月出版 / 估价：89.00元

辽宁蓝皮书
2014年辽宁经济社会形势分析与预测
著（编）者：曹晓峰 张晶 张卓民　2014年1月出版 / 估价：69.00元

流通蓝皮书
湖南省商贸流通产业发展报告No.2
著（编）者：柳思维　2014年10月出版 / 估价：75.00元

皮书系列 2014全品种 — 地方发展类

内蒙古蓝皮书
内蒙古经济发展蓝皮书(2013~2014)
著(编)者：黄育华　2014年7月出版 / 估价:69.00元

内蒙古蓝皮书
内蒙古反腐倡廉建设报告No.1
著(编)者：张志华　无极　2013年12月出版 / 估价:69.00元

浦东新区蓝皮书
上海浦东经济发展报告（2014）
著(编)者：左学金　陆沪根　2014年1月出版 / 估价:59.00元

侨乡蓝皮书
中国侨乡发展报告（2014）
著(编)者：郑一省　2013年12月出版 / 估价:69.00元

青海蓝皮书
2014年青海经济社会形势分析与预测
著(编)者：赵宗福　2014年2月出版 / 估价:69.00元

人口与健康蓝皮书
深圳人口与健康发展报告（2014）
著(编)者：陆杰华　江捍平　2014年10月出版 / 估价:98.00元

山西蓝皮书
山西资源型经济转型发展报告（2014）
著(编)者：李志强　容和平　2014年3月出版 / 估价:79.00元

陕西蓝皮书
陕西经济发展报告（2014）
著(编)者：任宗哲　石英　裴成荣　2014年3月出版 / 估价:65.00元

陕西蓝皮书
陕西社会发展报告（2014）
著(编)者：任宗哲　石英　江波　2014年1月出版 / 估价:65.00元

陕西蓝皮书
陕西文化发展报告（2014）
著(编)者：任宗哲　石英　王长寿　2014年3月出版 / 估价:59.00元

上海蓝皮书
上海传媒发展报告（2014）
著(编)者：强荧　焦雨虹　2014年1月出版 / 估价:59.00元

上海蓝皮书
上海法治发展报告（2014）
著(编)者：潘世伟　叶青　2014年1月出版 / 估价:59.00元

上海蓝皮书
上海经济发展报告（2014）
著(编)者：沈开艳　2014年1月出版 / 估价:69.00元

上海蓝皮书
上海社会发展报告（2014）
著(编)者：卢汉龙　周海旺　2014年1月出版 / 估价:59.00元

上海蓝皮书
上海文化发展报告（2014）
著(编)者：蒯大申　2014年1月出版 / 估价:59.00元

上海蓝皮书
上海文学发展报告（2014）
著(编)者：陈圣来　2014年1月出版 / 估价:59.00元

上海蓝皮书
上海资源环境发展报告（2014）
著(编)者：周冯琦　汤庆合　王利民　2014年1月出版 / 估价:59.00元

上海社会保障绿皮书
上海社会保障改革与发展报告（2013~2014）
著(编)者：汪泓　2014年1月出版 / 估价:65.00元

社会建设蓝皮书
2014年北京社会建设分析报告
著(编)者：宋贵伦　2014年4月出版 / 估价:69.00元

深圳蓝皮书
深圳经济发展报告（2014）
著(编)者：吴忠　2014年6月出版 / 估价:69.00元

深圳蓝皮书
深圳劳动关系发展报告（2014）
著(编)者：汤庭芬　2014年6月出版 / 估价:69.00元

深圳蓝皮书
深圳社会发展报告（2014）
著(编)者：吴忠　余智晟　2014年7月出版 / 估价:69.00元

四川蓝皮书
四川文化产业发展报告（2014）
著(编)者：向宝云　2014年1月出版 / 估价:69.00元

温州蓝皮书
2014年温州经济社会形势分析与预测
著(编)者：潘忠强　王春光　金浩　2014年4月出版 / 估价:69.00元

温州蓝皮书
浙江温州金融综合改革试验区发展报告（2013~2014）
著(编)者：钱水土　王去非　李义超　2014年4月出版 / 估价:69.00元

扬州蓝皮书
扬州经济社会发展报告（2014）
著(编)者：张爱军　2014年1月出版 / 估价:78.00元

义乌蓝皮书
浙江义乌市国际贸易综合改革试验区发展报告（2013~2014）
著(编)者：马淑琴　刘文革　周松强　2014年4月出版 / 估价:69.00元

云南蓝皮书
中国面向西南开放重要桥头堡建设发展报告（2014）
著(编)者：刘绍怀　2014年12月出版 / 估价:69.00元

长株潭城市群蓝皮书
长株潭城市群发展报告（2014）
著(编)者：张萍　2014年10月出版 / 估价:69.00元

地方发展类·国别与地区类

郑州蓝皮书
2014年郑州文化发展报告
著(编)者：王哲　2014年7月出版 / 估价：69.00元

中国省会经济圈蓝皮书
合肥经济圈经济社会发展报告No.4(2013~2014)
著(编)者：董昭礼　2014年4月出版 / 估价：79.00元

国别与地区类

G20国家创新竞争力黄皮书
二十国集团(G20)国家创新竞争力发展报告(2014)
著(编)者：李建平　李闽榕　赵新力
2014年9月出版 / 估价：118.00元

澳门蓝皮书
澳门经济社会发展报告(2013~2014)
著(编)者：吴志良　郝雨凡　2014年3月出版 / 估价：79.00元

北部湾蓝皮书
泛北部湾合作发展报告(2014)
著(编)者：吕余生　2014年7月出版 / 估价：79.00元

大湄公河次区域蓝皮书
大湄公河次区域合作发展报告(2014)
著(编)者：刘稚　2014年8月出版 / 估价：79.00元

大洋洲蓝皮书
大洋洲发展报告(2014)
著(编)者：魏明海　喻常森　2014年7月出版 / 估价：69.00元

德国蓝皮书
德国发展报告(2014)
著(编)者：李乐曾　郑春荣等　2014年5月出版 / 估价：69.00元

东北亚黄皮书
东北亚地区政治与安全报告(2014)
著(编)者：黄凤志　刘雪莲　2014年6月出版 / 估价：69.00元

东盟黄皮书
东盟发展报告(2014)
著(编)者：黄兴球　庄国土　2014年12月出版 / 估价：68.00元

东南亚蓝皮书
东南亚地区发展报告(2014)
著(编)者：王勤　2014年11月出版 / 估价：59.00元

俄罗斯黄皮书
俄罗斯发展报告(2014)
著(编)者：李永全　2014年7月出版 / 估价：79.00元

非洲黄皮书
非洲发展报告No.15(2014)
著(编)者：张宏明　2014年7月出版 / 估价：79.00元

港澳珠三角蓝皮书
粤港澳区域合作与发展报告(2014)
著(编)者：梁庆寅　陈广汉　2014年6月出版 / 估价：59.00元

国际形势黄皮书
全球政治与安全报告(2014)
著(编)者：李慎明　张宇燕　2014年1月出版 / 估价：69.00元

韩国蓝皮书
韩国发展报告(2014)
著(编)者：牛林杰　刘宝全　2014年6月出版 / 估价：69.00元

加拿大蓝皮书
加拿大国情研究报告(2014)
著(编)者：仲伟合　唐小松　2013年12月出版 / 估价：69.00元

柬埔寨蓝皮书
柬埔寨国情报告(2014)
著(编)者：毕世鸿　2014年6月出版 / 估价：79.00元

拉美黄皮书
拉丁美洲和加勒比发展报告(2014)
著(编)者：吴白乙　刘维广　2014年4月出版 / 估价：89.00元

老挝蓝皮书
老挝国情报告(2014)
著(编)者：卢光盛　方芸　吕星　2014年6月出版 / 估价：79.00元

美国蓝皮书
美国问题研究报告(2014)
著(编)者：黄平　倪峰　2014年5月出版 / 估价：79.00元

缅甸蓝皮书
缅甸国情报告(2014)
著(编)者：李晨阳　2014年4月出版 / 估价：79.00元

欧亚大陆桥发展蓝皮书
欧亚大陆桥发展报告(2014)
著(编)者：李忠民　2014年10月出版 / 估价：59.00元

欧洲蓝皮书
欧洲发展报告(2014)
著(编)者：周弘　2014年3月出版 / 估价：79.00元

皮书系列 2014全品种

国别与地区类

葡语国家蓝皮书
巴西发展与中巴关系报告2014（中英文）
著(编)者:张曙光 David T. Ritchie
2014年8月出版 / 估价:69.00元

日本经济蓝皮书
日本经济与中日经贸关系发展报告（2014）
著(编)者:王洛林 张季风　2014年5月出版 / 估价:79.00元

日本蓝皮书
日本发展报告（2014）
著(编)者:李薇　2014年2月出版 / 估价:69.00元

上海合作组织黄皮书
上海合作组织发展报告（2014）
著(编)者:李进峰 吴宏伟 李伟　2014年9月出版 / 估价:98.00元

世界创新竞争力黄皮书
世界创新竞争力发展报告（2014）
著(编)者:李建平　2014年1月出版 / 估价:148.00元

世界能源黄皮书
世界能源分析与展望（2013~2014）
著(编)者:张宇燕 等　2014年1月出版 / 估价:69.00元

世界社会主义黄皮书
世界社会主义跟踪研究报告（2014）
著(编)者:李慎明　2014年5月出版 / 估价:189.00元

泰国蓝皮书
泰国国情报告（2014）
著(编)者:邹春萌　2014年6月出版 / 估价:79.00元

亚太蓝皮书
亚太地区发展报告（2014）
著(编)者:李向阳　2013年12月出版 / 估价:69.00元

印度蓝皮书
印度国情报告（2014）
著(编)者:吕昭义　2014年1月出版 / 估价:69.00元

印度洋地区蓝皮书
印度洋地区发展报告（2014）
著(编)者:汪戎 万广华　2014年6月出版 / 估价:79.00元

越南蓝皮书
越南国情报告（2014）
著(编)者:吕余生　2014年8月出版 / 估价:65.00元

中东黄皮书
中东发展报告No.15（2014）
著(编)者:杨光　2014年10月出版 / 估价:59.00元

中欧关系蓝皮书
中国与欧洲关系发展报告（2014）
著(编)者:周弘　2013年12月出版 / 估价:69.00元

中亚黄皮书
中亚国家发展报告（2014）
著(编)者:孙力　2014年9月出版 / 估价:79.00元

皮书大事记

☆ 2012年12月，《中国社会科学院皮书资助规定（试行）》由中国社会科学院科研局正式颁布实施。

☆ 2011年，部分重点皮书纳入院创新工程。

☆ 2011年8月，2011年皮书年会在安徽合肥举行，这是皮书年会首次由中国社会科学院主办。

☆ 2011年2月，"2011年全国皮书研讨会"在北京京西宾馆举行。王伟光院长（时任常务副院长）出席并讲话。本次会议标志着皮书及皮书研创出版从一个具体出版单位的出版产品和出版活动上升为由中国社会科学院牵头的国家哲学社会科学智库产品和创新活动。

☆ 2010年9月，"2010年中国经济社会形势报告会暨第十一次全国皮书工作研讨会"在福建福州举行，高全立副院长参加会议并做学术报告。

☆ 2010年9月，皮书学术委员会成立，由我院李扬副院长领衔，并由在各个学科领域有一定的学术影响力、了解皮书编创出版并持续关注皮书品牌的专家学者组成。皮书学术委员会的成立为进一步提高皮书这一品牌的学术质量、为学术界构建一个更大的学术出版与学术推广平台提供了专家支持。

☆ 2009年8月，"2009年中国经济社会形势分析与预测暨第十次皮书工作研讨会"在辽宁丹东举行。李扬副院长参加本次会议，本次会议颁发了首届优秀皮书奖，我院多部皮书获奖。

社会科学文献出版社
SOCIAL SCIENCES ACADEMIC PRESS (CHINA)

社会科学文献出版社成立于1985年，是直属于中国社会科学院的人文社会科学专业学术出版机构。

成立以来，特别是1998年实施第二次创业以来，依托于中国社会科学院丰厚的学术出版和专家学者两大资源，坚持"创社科经典，出传世文献"的出版理念和"权威、前沿、原创"的产品定位，社科文献立足内涵式发展道路，从战略层面推动学术出版的五大能力建设，逐步走上了学术产品的系列化、规模化、数字化、国际化、市场化经营道路。

先后策划出版了著名的图书品牌和学术品牌"皮书"系列、"列国志"、"社科文献精品译库"、"中国史话"、"全球化译丛"、"气候变化与人类发展译丛""近世中国"等一大批既有学术影响又有市场价值的系列图书。形成了较强的学术出版能力和资源整合能力，年发稿3.5亿字，年出版新书1200余种，承印发行中国社科院院属期刊近70种。

2012年，《社会科学文献出版社学术著作出版规范》修订完成。同年10月，社会科学文献出版社参加了由新闻出版总署召开加强学术著作出版规范座谈会，并代表50多家出版社发起实施学术著作出版规范的倡议。2013年，社会科学文献出版社参与新闻出版总署学术著作规范国家标准的起草工作。

依托于雄厚的出版资源整合能力，社会科学文献出版社长期以来一直致力于从内容资源和数字平台两个方面实现传统出版的再造，并先后推出了皮书数据库、列国志数据库、中国田野调查数据库等一系列数字产品。

在国内原创著作、国外名家经典著作大量出版，数字出版突飞猛进的同时，社会科学文献出版社在学术出版国际化方面也取得了不俗的成绩。先后与荷兰博睿等十余家国际出版机构合作面向海外推出了《经济蓝皮书》《社会蓝皮书》等十余种皮书的英文版、俄文版、日文版等。

此外，社会科学文献出版社积极与中央和地方各类媒体合作，联合大型书店、学术书店、机场书店、网络书店、图书馆，逐步构建起了强大的学术图书的内容传播力和社会影响力，学术图书的媒体曝光率居全国之首，图书馆藏率居于全国出版机构前十位。

作为已经开启第三次创业梦想的人文社会科学学术出版机构，社会科学文献出版社结合社会需求、自身的条件以及行业发展，提出了新的创业目标：精心打造人文社会科学成果推广平台，发展成为一家集图书、期刊、声像电子和数字出版物为一体，面向海内外高端读者和客户，具备独特竞争力的人文社会科学内容资源供应商和海内外知名的专业学术出版机构。

中国皮书网

发布皮书研创资讯，传播皮书精彩内容
引领皮书出版潮流，打造皮书服务平台

栏目设置：

- □ 资讯：皮书动态、皮书观点、皮书数据、皮书报道、皮书新书发布会、电子期刊
- □ 标准：皮书评价、皮书研究、皮书规范、皮书专家、编撰团队
- □ 服务：最新皮书、皮书书目、重点推荐、在线购书
- □ 链接：皮书数据库、皮书博客、皮书微博、出版社首页、在线书城
- □ 搜索：资讯、图书、研究动态
- □ 互动：皮书论坛

www.pishu.cn

中国皮书网依托皮书系列"权威、前沿、原创"的优质内容资源，通过文字、图片、音频、视频等多种元素，在皮书研创者、使用者之间搭建了一个成果展示、资源共享的互动平台。

自2005年12月正式上线以来，中国皮书网的IP访问量、PV浏览量与日俱增，受到海内外研究者、公务人员、商务人士以及专业读者的广泛关注。

2008年10月，中国皮书网获得"最具商业价值网站"称号。

2011年全国新闻出版网站年会上，中国皮书网被授予"2011最具商业价值网站"荣誉称号。

权威报告　热点资讯　海量资源

当代中国与世界发展的高端智库平台

皮书数据库 www.pishu.com.cn

　　皮书数据库是专业的人文社会科学综合学术资源总库,以大型连续性图书——皮书系列为基础,整合国内外相关资讯构建而成。包含七大子库,涵盖两百多个主题,囊括了近十几年间中国与世界经济社会发展报告,覆盖经济、社会、政治、文化、教育、国际问题等多个领域。

　　皮书数据库以篇章为基本单位,方便用户对皮书内容的阅读需求。用户可进行全文检索,也可对文献题目、内容提要、作者名称、作者单位、关键字等基本信息进行检索,还可对检索到的篇章再作二次筛选,进行在线阅读或下载阅读。智能多维度导航,可使用户根据自己熟知的分类标准进行分类导航筛选,使查找和检索更高效、便捷。

　　权威的研究报告,独特的调研数据,前沿的热点资讯,皮书数据库已发展成为国内最具影响力的关于中国与世界现实问题研究的成果库和资讯库。

皮书俱乐部会员服务指南

1. 谁能成为皮书俱乐部会员?
- 皮书作者自动成为皮书俱乐部会员;
- 购买皮书产品(纸质图书、电子书、皮书数据库充值卡)的个人用户。

2. 会员可享受的增值服务:
- 免费获赠该纸质图书的电子书;
- 免费获赠皮书数据库100元充值卡;
- 免费定期获赠皮书电子期刊;
- 优先参与各类皮书学术活动;
- 优先享受皮书产品的最新优惠。

阅 读 卡

3. 如何享受皮书俱乐部会员服务?
(1)如何免费获得整本电子书?
　　购买纸质图书后,将购书信息特别是书后附赠的卡号和密码通过邮件形式发送到pishu@188.com,我们将验证您的信息,通过验证并成功注册后即可获得该本皮书的电子书。

(2)如何获赠皮书数据库100元充值卡?
　　第1步:刮开附赠卡的密码涂层(左下);
　　第2步:登录皮书数据库网站(www.pishu.com.cn),注册成为皮书数据库用户,注册时请提供您的真实信息,以便您获得皮书俱乐部会员服务;
　　第3步:注册成功后登录,点击进入"会员中心";
　　第4步:点击"在线充值",输入正确的卡号和密码即可使用。

皮书俱乐部会员可享受社会科学文献出版社其他相关免费增值服务
您有任何疑问,均可拨打服务电话:010-59367627　QQ:1924151760
欢迎登录社会科学文献出版社官网(www.ssap.com.cn)和中国皮书网(www.pishu.com.cn)了解更多信息

皮书数据库
www.pishu.com.cn

皮书数据库三期即将上线

- 皮书数据库（SSDB）是社会科学文献出版社整合现有皮书资源开发的在线数字产品，全面收录"皮书系列"的内容资源，并以此为基础整合大量相关资讯构建而成。

- 皮书数据库现有中国经济发展数据库、中国社会发展数据库、世界经济与国际政治数据库等子库，覆盖经济、社会、文化等多个行业、领域，现有报告30000多篇，总字数超过5亿字，并以每年4000多篇的速度不断更新累积。2009年7月，皮书数据库荣获"2008~2009年中国数字出版知名品牌"。

- 2011年3月，皮书数据库二期正式上线，开发了更加灵活便捷的检索系统，可以实现精确查找和模糊匹配，并与纸书发行基本同步，可为读者提供更加广泛的资讯服务。

更多信息请登录

中国皮书网
http://www.pishu.cn

中国皮书网	皮书微博	皮书博客	皮书微信
http://www.pishu.cn	http://weibo.com/pishu	http://blog.sina.com.cn/pishu	皮书说

请到各地书店皮书专架/专柜购买，也可办理邮购

咨询/邮购电话：010-59367028　59367070　　　邮　　箱：duzhe@ssap.cn
邮购地址：北京市西城区北三环中路甲29号院3号楼华龙大厦13层读者服务中心
邮　　编：100029
银行户名：社会科学文献出版社
开户银行：中国工商银行北京北太平庄支行
账　　号：0200010019200365434
网上书店：010-59367070　　qq：1265056568
网　　址：www.ssap.com.cn　　　www.pishu.com.cn